歴史文化遺産

日本の町並み

［上巻］

苅谷勇雅・西村幸夫 編著

山川出版社

はじめに　歴史的町並みの魅力

緑なす山々の連なり、滔々たる川の流れ、馥郁《ふくいく》たる風のそよぎ。年月を重ねた村や町の落ち着いた佇まい……。

四季に恵まれた日本列島の各地で、その固有の自然や歴史・社会的条件のなかで、人々の何代にもわたる営みが村や町をつくり、蓄積と洗練を重ねて、歴史的町並みとして今日まで受け継がれてきた。そしてそれらの歴史的町並みは、地域の歴史文化の美しい、確かな証として、また、わが国のかけがえのない財産として、とみに注目されるようになってきた。

かつて開発主導のまちづくりによって地域固有の自然や歴史・文化が次々と失われていったが、今、わが国は成熟社会を迎え、伝統に裏打ちされた確かなものや良質なものを大事にし、それらにさらに磨きをかけて次代に伝えていくことにあらためて高い関心が集まるなど、人々の価値観は大きく変換しつつある。

そして、近年、全国各地の歴史と伝統を伝える宿場町や門前町、武家屋敷や城下町、在郷町や鉱山町、明治以降の近代化を示す洋風建築の町並みなど、多くの歴史的町並みが、そこに住み続けてきた人々の誇りと努力、また自治体や国の強い支援によって、新しい息吹をあげている。そして、男女を問わず若者も年配者も、また外国人も、多くの人々がそれぞれの関心をもって各地の歴史的町並みを訪ね、地域の人々との交流のなかでその魅力を味わっている。

本巻の構成

本シリーズは、国が選定した重要伝統的建造物群保存地区を中心に、多くの歴史的町並みについて、その探訪の案内になるとともに、文化財保存やまちづくり等への深い関心にも応える書籍として企画したものである。今回、編著者が全国の歴史的町並みの保存団体の役員や関係自治体職員、研究者・専門家等に、編著者自身やＮＰＯ法人「全国町並み保存連盟」のネットワークを活用して執筆を依頼したところ、４５７地区の歴史的町並みについて、１５０人に及ぶ方々から、解説文や写真を提供していただくことができた。各歴史的町並みの掲載にあたっては、国が選定している重要伝統的建造物群保存地区及びその他のこれに準ずる重要な町並みについては多数のカラー写真と地図を挿入し、各1～3ページ、その他の町並みは各三分の一ページにまとめることとした。そして、町並みの種別ごとにまとめて、上下二巻に収録した。

いうまでもなく、わが国の歴史的町並みにはそれぞれ特色ある歴史や文化、美しい自然を背景として多数の魅力的な建造物等があり、そこに地域の人々や自治体、研究者・専門家等のさまざまな保存の努力や活動が長期間にわたって蓄積されている。また、今回収録した町並み以外にも多くの歴史的町並みがある。到底それらの全容をこの二巻で納め得るものではないが、簡潔な文章と厳選された写真、地図等により、できる限り多くの最新・最良の情報を提供できるように努めた。現時点でのわが国における最も幅広い歴史的町並みの案内書となったと考えている。なお、特別記事として編者の一人の西村幸夫による海外の興味深い歴史都市・町並みについての論考を収録した。また、各章の区切りに安野光雅画伯の情感あふれる挿画を掲載している。読者の皆様はこの本を携えて、ぜひ豊かな歴史文化の旅、人々とのふれあいの旅に出かけていただきたい。

本シリーズでは、歴史的町並みの種別区分にあたって、全国伝統的建造物群保存地区協議会（伝建協）が毎年発行している『歴史の町並み』での区分を参考に、これに若干付加して整理した。もとより歴史的町並みはその起源が武家町であれ、宿場町であれ、産業の町であっても、歴史的経過のなかでその性格を変えているもの、二つ以上の特性をもっているものなども少なくなく、現状では種別区分がわかりにくいものもある。ここでの区分は一応の目安ととらえていただきたい。

なお、歴史的町並みは、いうまでもなく、現にそこに人々が生活し、活用され、適切に維持管理されることに重要な価値があるが、本シリーズでは近代化遺産群や博物館としての歴史的建造物群等も歴史的町並みに準ずるものとしてその一部を収録している。

歴史的町並みの種別区分及び各巻の収録内容は以下の通りである。

上巻２６４地区

(1)武家を中心とした町並み（武家町、武家地、城下町、陣屋町、武家屋敷、足軽屋敷、麓集落、土居、郷士の里ほか）

(2)社寺の信仰を中心とした町並み（寺町・寺院群、里坊群、宿坊群、講中宿、寺内町、門前町ほか）

(3)街道の宿場を中心とした町並み（宿場町、街道の集落、旅籠町ほか）

(4)生業・産業を中心とした町並み（鉱山町〈金、銀、銅、弁柄等〉、醸造〈酒造、醤油等〉町、製磁・製陶町、漆器・漆工の町、養蚕町、製織・藍師の町、鋳物師町、製塩町、製蠟町ほか）

(5)海や川の港を中心とした町並み（港町〈倉庫群、洋館群、石橋群〉、川〈河〉港、河岸の町ほか）

下巻１９３地区

(1)商業を中心とした町並み（商家町・商家群、在郷町・在郷商人町、市場町ほか）

(2)温泉旅館や茶屋を中心とした町並み（温泉町、茶屋町・料亭町ほか）

(3)山村、農村、漁村等の集落を中心とした町並み（山村集落、養蚕集落、農村集落・農家群、島の農村集落、島の民家集落、漁村・漁家建築群、船主集落、環濠集落ほか）

(4)近代建築の町並み（近代建築群、近代和風建築群、近代化遺産群）

(5)その他（歴史的風土、文化的景観、野外博物館）

合計４５７地区。

2 社寺の信仰を中心とした町並み

※本文中の用語表記は、巻末の「町並み用語解説」に基づいた表記を原則とするが、執筆者の意向により異なる場合がある。

本書の内容は、二〇一五年十二月一日現在のものである。

挿　画　安野光雅
資料提供　津和野町立安野光雅美術館
協　力　株式会社朝日新聞出版

1

武家を中心とした町並み

武家町、武家地、城下町、陣屋町、武家屋敷、足軽屋敷、
麓集落、土居、郷士の里ほか

日本の都市の多くは城下町に起源をもつ。城下町は16世紀末から17世紀初めにかけて建設され、軍事的な配慮と封建的な身分制度に基づいて武家・商人、職人等の居住区や寺社等が配置された計画都市で、武家町は主として城郭近くに置かれた。麓集落は薩摩藩が領内に100余箇所設けた外城で、在郷武士団が集住し、小城下町的機能を有した。

サワラの生垣とともに黒板塀も各所にみられる

弘前市《ひろさきし》仲町《なかちょう》〔武家町〕

サワラの生垣と黒板塀が続く整然とした武家地

重要伝統的建造物群保存地区
選定 昭53・5・31

弘前は津軽平野の南部にあり、戦国時代は三戸南部《なんぶ》氏の支配下にあったが、天正一八年（一五九〇）に南部為信《ためのぶ》が独立して津軽氏を名乗り津軽藩を創設した。為信は慶長八年（一六〇三）、高岡の地に新城を計画し翌年から町割に着手した。同一六年にはほぼできあがり、二代目の信枚《のぶひら》が入城した。城は小高い丘陵の北端部を占め、北を追手として築かれ、駒越川と土淵川との間に城を中心として城下町が形成された。そして城下の東南と西南に寺町を置き、最勝院構え、長勝寺構えとして備えを固めた。城ははじめ高岡城と呼ばれ、城下を高岡町と呼んだが、寛永五年（一六二八）に弘前と改称された。その後、元禄一〇年（一六九七）から宝永二年（一七〇五）にかけて四代の信政《のぶまさ》が城下町の再編・整備を大規模に行った。

◎所在地・青森県弘前市仲町
◎交通・・JR奥羽本線弘前駅下車、バス15分
◎見所・・4カ所の公開武家住宅。サワラの生垣に囲まれ、落ち着いたたたずまい。いずれも無料。石場家は公開されている。
◎問合せ先・弘前市教育委員会文化財保護課
☎0172-82-1642

弘前の城下町は南北に長いほぼ矩形の弘前城を自然地形を活かしながら四方から取り囲むように配置された。弘前城の北側には亀甲町と呼ばれる一筋の町人町をはさんで、いくつか町の武家町が設けられた。仲町の保存地区はそのほぼ3分

サワラの生垣が続く町並み景観。電線類の地中化により岩木山がくっきり見えるようになった

の2にあたる。北側は大久保堰《おおくぼせき》で画す。

仲町の地割は藩政時代の姿をよく伝え、武家住宅は道に面して生垣（サワラ垣）にし、冠木門《かぶきもん》や薬医門《やくいもん》を設け、「ツボ」と称する庭の奥に寄棟造《よせむねづくり》・茅葺きや切妻造《きりづまづくり》・板葺きの主屋を配している。仲町地区にはおもに石高２００〜３００石以下の武士が居住し、当初の家屋は全体的に小さく3間取り程度が多い。この地区の武家住宅は明治以降増改築が進み、伝統的建造物は少ないが、生垣や黒板塀の続く景観はよく保持されている。

旧岩田家は仲町地区の東端中程にあり、敷地は間口《まぐち》約10間、奥行約43間の短冊形で、寛政年間の末から文化年間に建立された。近年の修理によって寄棟造・茅葺き・平家建ての主屋に切妻造の角屋が付属する形に復原され、公開されている。

仲町地区では旧岩田家のほか3棟の武家住宅が公開されている。旧伊東家は、市内他町から保存地区に移築されたもので、移築にともなう解体修理で江戸後期の藩医の住宅として復原された。石高100石前後の中級武士の居宅の様子を伝える貴重な遺構である。旧梅田家は幕末の嘉永年間に建てられた寄棟・茅葺きの武家住宅で、もと市内他町にあったものを移築したものである。また、旧笹森家は保存地区東部にあった武家住宅を解体・保管し、現在地に移築復原したものである。宝暦六年（一七五六）の文献に平面図の記載があることから、地区内に現存する最古の武家住宅と確認されている。主要部分の間取りが建築当初から変わらず、建築当初の部材も多く残っているなど武家住宅の特色をよく伝えている。

この地区は、全体として築城以来の地割を維持し、サワラの生垣に囲まれた緑の環境のなかに、武家の外観や平面構成を伝える主屋や冠木門、薬医門等の伝統的建造物が分布し、今も武家地としての特性を維持している。

なお、弘前城北門と仲町の間に設定された町人町である亀甲町の辻に位置する石場家住宅は一八世紀にさかのぼる建築と推定されている。現在は酒屋であるが、もとは弘前藩出入りの商家で、藁《わら》工品や荒物を扱った。建物は広大な屋敷地の西南隅に建てられ、間口9間の入母屋《いりもや》造《づくり》、柾葺《まさぶ》き、妻入で、道路に沿って角座敷があり、雪国特有の「こみせ」を張り出している。石場家は全体的に木柄《きがら》が太く、江戸中期の数少ない商家の遺構である。（苅谷勇雅）

旧伊東家住宅。19世紀初期建立。元藩医の住宅。県重宝

旧岩田家住宅。寛政年間から文化年間（1787～1818）建立。県重宝

旧梅田家住宅。嘉永年間（1848～1852）建立

旧笹森家住宅。宝暦6年（1756）頃建立。市指定

金ケ崎町《かねがさきちょう》 城内諏訪小路《じょうないすわこうじ》〔武家町〕

生垣で囲われた武家住宅が並ぶ伊達藩の要害

重要伝統的建造物群保存地区
選定 平13・6・15

諏訪小路の細目家のドウダンツツジ等の生垣。生垣は主屋入口まで回り込んで続く

金ケ崎町は岩手県北上市と奥州市の間にある。北上川と宿内川の合流する地点の南西側の舌状台地は古代から中流域の軍事拠点として知られている。豊臣秀吉の奥州仕置き後の天正一九年(一五九一)に伊達《だて》氏・南部《なんぶ》氏の領地が決められ伊達領となったが、金ケ崎は領境に位置し、争いが絶えなかった。金ケ崎は慶長七年(一六〇二)に桑折《こおり》氏、ついで元和元年(一六一五)に留守《るす》氏が支配するところとなったが、寛永二一年(一六四四)に伊達氏の重臣の大町備前定頼《おおまちびぜんさだより》がここに移封され、以後明治まで9代にわたってここを治めた。

伊達藩は家臣が直接知行地《ちぎょうち》を与えられ、自分の領地から収入を得る地方《じかた》知行制を敷き、大身衆《たいしん》は仙台城下とともに知行地にも屋敷を構え自らの家臣団を率いていた。伊達藩は領境、主要宿場、交通要地等の重要拠点には要害を置いたが、金ケ崎は伊達藩の北端を守る防御の要として、領内21の要害のひとつが置かれたところである。

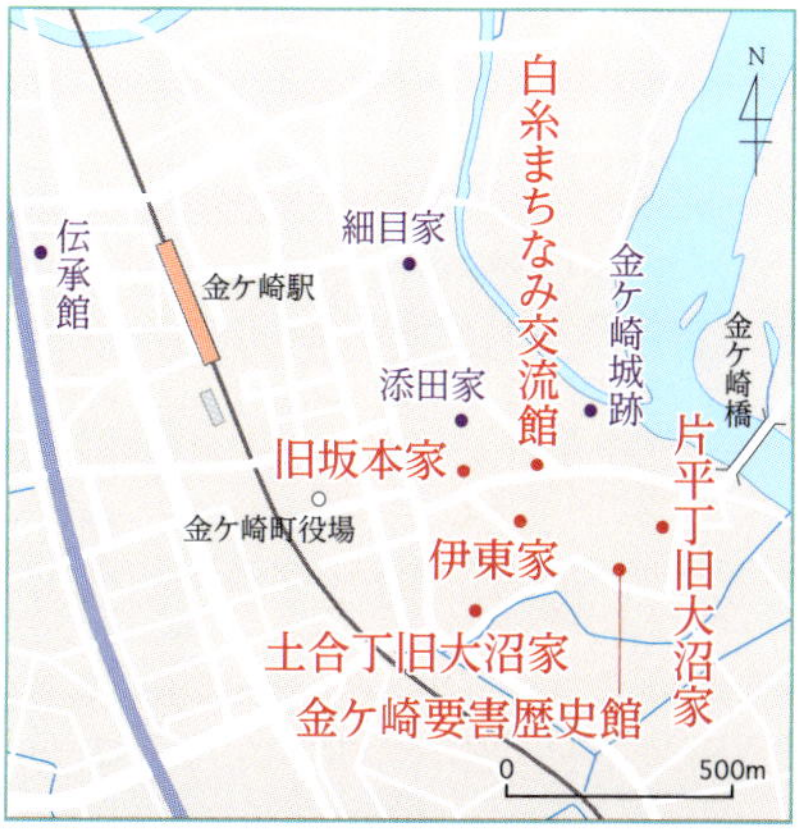

◎所在地・岩手県胆沢郡金ケ崎町諏訪小路
◎交通・・JR東北本線金ケ崎駅下車、徒歩10分
◎見所・・公開建物の旧坂本家住宅、伊東家住宅、土合丁の旧大沼家住宅、片平丁の旧大沼家住宅等。白糸まちなみ交流館はガイダンス施設。金ケ崎要害歴史館は歴史文化の紹介施設。
◎問合せ先・金ケ崎町教育委員会中央生涯教育センター伝統的建造物群係
☎0197-41-2355

諏訪小路の添田家の門。19世紀後期

白糸まちなみ交流館。保存地区の案内所及びボランティアガイドの拠点

表小路の旧坂本家住宅。18世紀中期

金ケ崎の要害は北上川に面して、宿内川沿いに二の丸、蔵館、本丸等6つの郭《かく》を配し、堅固な構えをとり、武家地はそのまわりに鈎《かぎ》型、桝《ます》形、弓形の小路を組み合わせた七路によって囲まれていた。そして要害および武家地の西側を南北に通る奥州街道に沿って町人地が置かれた。

城内諏訪小路地区はかつての要害と武家地のほぼ全域で、要害跡のほか、武家地の矩折や屈曲した小路等の街路構成と敷地割は近世の状況をよく伝えている。それぞれの敷地はヒバの生垣と石積で区画され、敷地の北西部には杉を中心としたエグネと呼ばれる高木の屋敷林がある。敷地内には庭園や多様な樹木、菜園等があり、全体として緑豊かな町並み景観を構成している。

この樹木の間に見え隠れして近世に建てられた武家の主屋8棟のほか、この形式をほぼ踏襲している明治期の主屋3棟、またそれぞれに板倉、土蔵、その他付属屋がある。主屋は桁行7〜8間、梁《はり》間《ま》4〜5間、寄棟造《よせむねづくり》で、屋根は茅葺き

小路の景観。生垣と高い樹木の緑濃い空間が続く

が基本であるが、金属板葺きに変わっているものも多い。各敷地では要害に近いほうを上位と称して、主屋の座敷は上位の位置に置いている。これらの武家屋敷は修理・復原が進み、公開されているものもある。

保存地区のほぼ中央、二の丸跡近くに「白糸まちなみ交流館」がある。古い建物を再生して設けられた保存地区の案内所であり、また地元のボランティアガイドの拠点となっている。地区内の旧武家屋敷のいくつかは公開されており、ボランティアガイドの案内等で見学することができる。また。地区南部の達小路に平成二六年（二〇一四）に「金ケ崎要害歴史館」が新設された。ここでは金ケ崎要害を中心とする地域の歴史文化が展示されている。（苅谷勇雅）

二の丸付近から
北上川を望む

仙北市《せんぼくし》角館《かくのだて》〔武家町〕

大規模な武家住宅にシダレザクラなどの大木が茂る

重要伝統的建造物群保存地区
選定 昭51・9・4

角館は、横手盆地の北部の4つの河川に囲まれた地域にあり、天正一八年(一五九〇)戸沢《とざわ》氏が角館城を古城山に築き、北麓に城下町を建設した。しかし、元和六年(一六二〇)、戸沢氏にかわって芦名《あしな》氏が角館に入ると古城山の南側に新たに町割を施して城下町をつくった。

これが現在の角館の始まりである。その後、明暦二年(一六五六)に芦名氏が断絶すると、秋田藩主佐竹《さたけ》氏はその一族である北家の義隣《よしちか》を角館所預として送り、北家は以後明治の廃藩まで一一代200年余にわたって角館を支配した。角館では北家時代の早くから新田開発や植林が進み、また窯《よう》業や樺《かば》細工、漆器等の奨励・保護が図られて商業が発展し、角館は名実ともにこの地方の政治、経済文化の中心地であった。

芦名氏の角館城下町は古城山南麓に居

青柳家の板塀越しに見える美しい土蔵

岩橋家玄関。江戸末期に改造

◎所在地・秋田県仙北市角館
◎交通・・JR新幹線・田沢湖線角館駅下車、徒歩15分
◎見所・・石黒家、青柳家、岩橋家等6棟が公開されている。樺細工伝承館では樺細工等の展示が見られる
◎問合せ先・仙北市教育委員会文化財課 ☎0187-43-3384

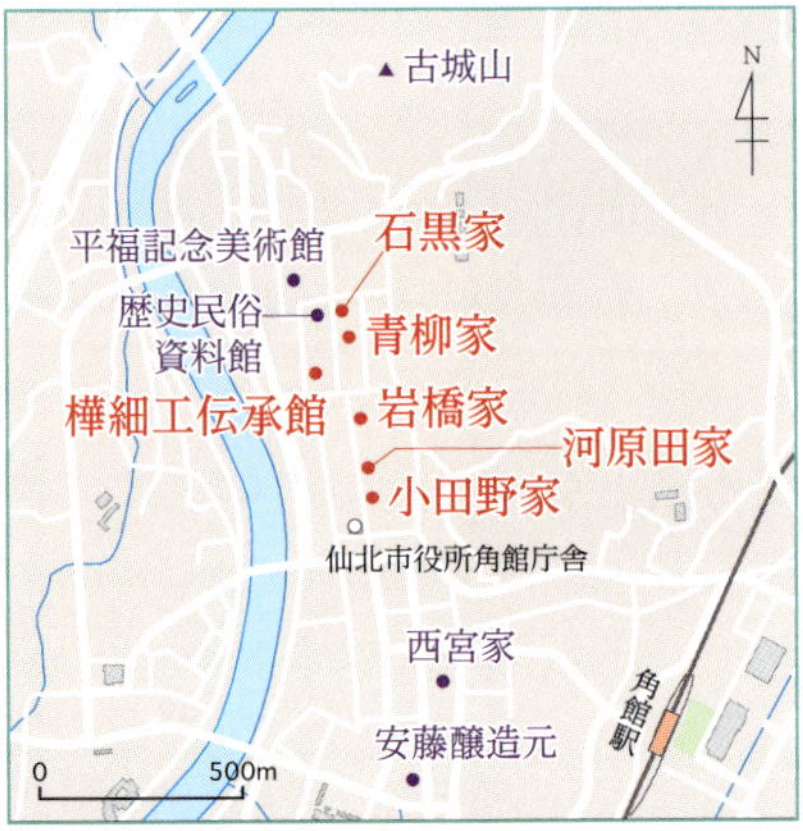

シダレザクラ(天然記念物)やモミの大木が続く

館を構え、ここから南方へ3本の街路を通して武家地をつくり、その南に町人地を設けた。武家地の中央の南北通りである表町、東勝楽町の通りは幅約6間と広く、上級武士が居住し、その東側はこれに準ずる武士、西側は徒士《かち》や足軽の居住区で、通りの幅はどちらも約3間であった。これらの通りの延長のほぼ中間には桝《ます》形が設けられ、また武家地と町人地の間には南北12間、東西１６０間の火除地《ひよけち》を設け、高さ約1丈の土塁《どるい》と堀割によって両者が遮断されていた。武家地は「内《うち》町《まち》」、町人地は「外《と》町《まち》」と呼ばれる。町人地の西部および南部等には寺院が置かれた。元禄年間から万延年間までの4種の城下絵図と比較しても、街路や街区の構成は現在までほとんど変化はない。

武士はその石高に応じて屋敷地が配分されたが、角館の武家敷地は総じて広い。表町、東勝楽町の上級武士の屋敷の表間口は享保年間、万延元年はともに平均約11間であったが、一部の武家は20間以上の間口をもち、かつ次第に屋敷地を間口、奥行とも拡大し、今日もその広大な敷地を維持している。武家屋敷の広い庭には、樹齢200年以上のシダレザクラ（国指定天然記念物）やモミの大木、アカマツその他多種の樹木がていねいに維持管理されており、絢爛な桜、青葉、紅葉、雪景色等、建造物と一体となって四季折々の風趣と歴史的景観を演出している。角館の武家屋敷は周囲に板塀、柴垣、生垣等をめぐらす。通りに面してはおもに黒板塀を建て、板葺きや鉄板葺きの薬医門《やくいもん》等を開く。門の脇の塀に格子ののぞき窓を設けているものもある。隣地境は柴垣や生垣が多い。

主屋の平面は、門に面して起《むく》り破風《はふ》の玄関に続いて表側に取り次ぎの間と座敷を、その裏側にオカミとナンドを設けるという4室構成が基本で、座敷の庭側には土縁をめぐらす。屋根は寄棟造《よせむねづくり》茅葺きが基本であるが、明治以降、切妻造《きりづまづくり》の板葺き屋根も用いられた。

これらの武家屋敷のうち、石黒家、青柳家、岩橋家、河原田家、小田野家等が公開されている。武家屋敷を復原した小野崎家（公民館等として活用）、武家屋敷の風趣を活かしたデザインの角館樺細工伝承館なども興味深い。

なお、毎年九月に行われる、350年以上の伝統を誇る角館祭の「やま行事」（重要無形民俗文化財）は18台の曳山《ひきやま》が引き回され、曳山が激しくぶつかり合う「山ぶっつけ」で知られている。（苅谷勇雅）

武家屋敷の黒板塀と門。覆いかぶさるような緑がまぶしい

河原田家。板塀ののぞき窓

外町。建物はほとんど建て替わっているが、落ち着いた景観を形成している

仙北市《せんぼくし》角館《かくのだて》外町《とまち》・田町《たまち》〔町人地・武家地〕

しっとりとした魅力の角館の武家地と町人地

外町の安藤醸造元の煉瓦造の蔵。黒漆喰塗の蔵座敷等もある

元和六年（一六二〇）に町割された芦《あし》名《な》氏の角館城下町は古城山南麓に居館を構え、ここから南方へ3本の街路を通して武家地をつくり、その南に町人地を設けた。武家地は「内町《うちまち》」、町人地は「外《と》町《まち》」と呼ばれた。外町は内町の武家屋敷とは異なり、敷地は間口《まぐち》が狭く、平均間口は3～4間、奥行が深く、建物は妻入《つまいり》二階建て、木羽《こば》葺きであったという。外町は明治期までたびたび大火に見舞われ、建て替えが進み、歴史的建物はほとんど残っていない。しかし、下新町には煉瓦蔵や黒漆喰《くろしっくい》の文庫蔵をもつ安藤醸造元があり、主屋や蔵が公開されている。

一方、外町の東南側、田町山の麓には、秋田佐竹《さたけ》本藩と直接関係をもつ今宮《いまみや》家臣の武家屋敷地が設けられた。田町の武家屋敷は内町ほど大きくないが、それでも町人地の倍程度の平均間口があった。ここも明治中期までの大火により歴史的建造物を失ったが、今も門、塀が分布し、武家屋敷地の雰囲気を伝えている。武士から富裕な地主となった西宮《にしのみや》家は、主屋と5つの蔵を保存再生している。（苅谷勇雅）

◎所在地・秋田県仙北市外町・田町
◎交通・・JR新幹線・田沢湖線角館駅下車、徒歩10分
◎見所・・外町の安藤醸造元の煉瓦造蔵座敷、主屋は公開。田町の西宮家の主屋や蔵は和風料理店、土産物店。
◎問合せ先・仙北市教育委員会文化財課
☎0187-43-3384

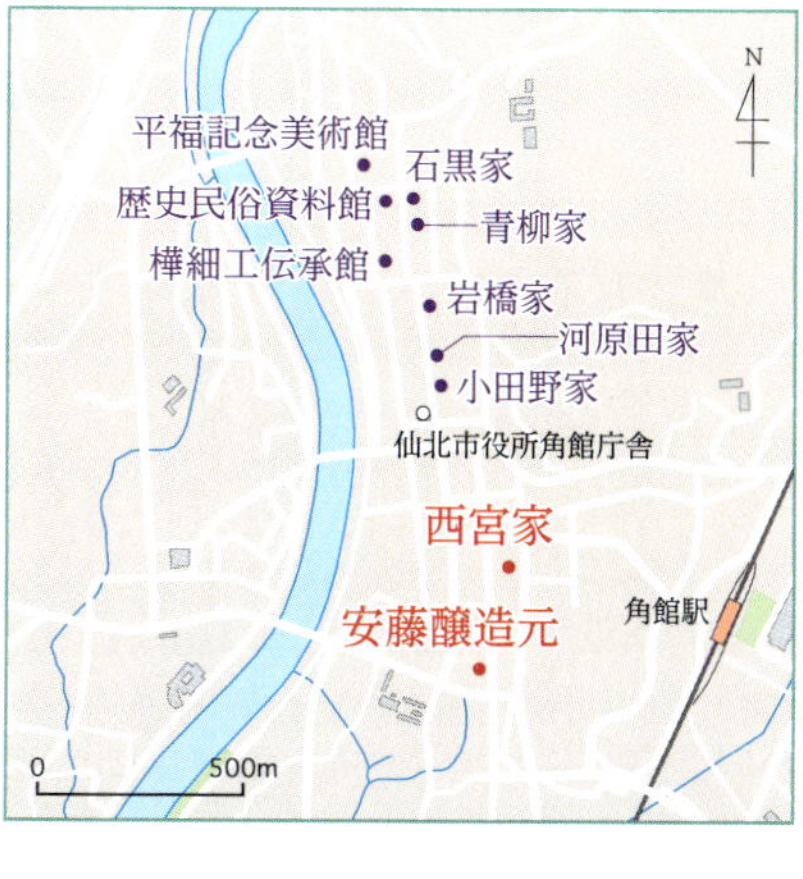

南部家の中門造の主屋。接客空間である座敷部分と正式な出入口であるトノクチ（殿口）

石垣とウコギの生垣が続く町並み

米沢市《よねざわし》芳泉町《ほうせんまち》〔武家町〕

減封に耐え抜いたさまざまな生き残り策

上杉家は関ヶ原戦後に１２０万石から30万石に減封《げんぽう》され、さらに寛文四年（一六六四）に15万石に減らされたが、家臣団は１２０万石時代の人数を維持しつづけた。すべての家臣を城下に収容できないので、下級武士は原方衆《はらかたしゅう》といって城下周辺地を開墾して半士半農の生活を送った。芳泉町もそうして成立した町のひとつであった。街路の両側に間口６～７間の屋敷がおよそ１・４㎞も続く。街路と屋敷の境には低い石垣が築かれて新芽が食用となるウコギの生垣が廻る。石垣は松川の氾濫時に街路を放水路として機能させるための工夫であった。建物はL字型平面の中門造《ちゅうもんづくり》で、街路側は「ひろま」と呼ばれる座敷を中心とした接客空間、奥の突出部は厩《うまや》や流し等の生活空間であった。柿や栗などの食用になる樹木を庭木とし、屋敷の背後は開墾して畑とする。徹底した生活の工夫のなかにも凛とした武士の気概を感じる町並みである。（永井康雄）

◎所在地・山形県米沢市芳泉町
◎交通・・JR米坂線南米沢駅下車、徒歩25分、またはJR奥羽本線米沢駅下車、タクシー10分
◎見所・・春日家、伊藤家、南部家、後藤家、鑪（たら）家などが武士住宅の様子をよく残している。近くには上杉家の重臣直江兼続が江戸初期に築いた蛇堤と呼ばれる松川の堤防が残っている。
◎問合せ先・芳泉町生垣・町並み保存会
☎0238-38-2809山岸

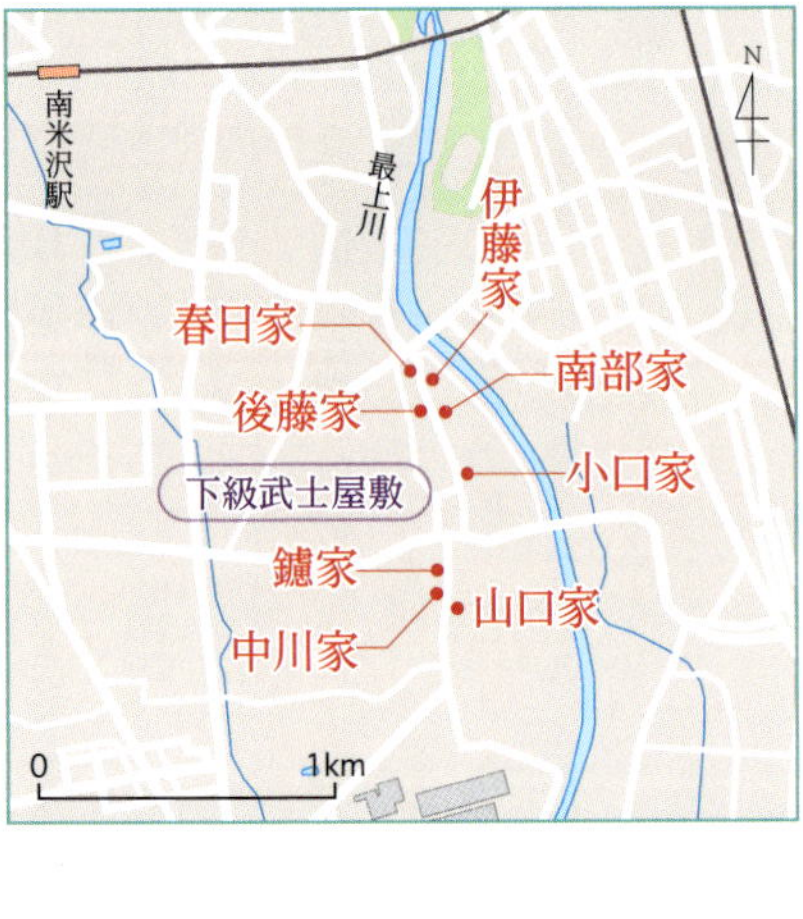

三春町《みはるまち》三春《みはる》〔城下町〕

「三春滝桜」の里に残る土塀や土蔵

城山から見下ろした桜に彩られた城下の町並み

河川改修で整備された裏通りと土蔵を利用した三春郷土人形館

　三春は、福島県のほぼ中央東よりに位置し、その中心市街地が旧城下町を継承する。春には天然記念物三春滝ザクラをはじめとしたたくさんの桜樹により、春色におおいつくされる。

　永正元年（一五〇四）、田村義顕《たむらよしあき》が大《おお》志多山《しだやま》に三春城を築いて町が整備されたと伝えられる。豊臣秀吉の奥羽仕置きで田村家が改易されると、会津に入った蒲生氏郷《がもううじさと》の領地となり、その城代たちが近世の城と町へ改変した。その後、加藤、松下氏の支配を経て、正保二年（一六四五）以降は、秋田氏5万石の城下町として発展した。

　三春の特徴は、大きな河川がなく、狭隘な谷間を這うように町が発達していることだ。三春城の山麓に武家屋敷が配置され、周りを囲む谷からさらに放射状に谷が延び、谷間を通る街道沿いに町家、町家を横断する横丁の奥に寺社が点在する構成で、古い家並みが失われた現在でも、地形に制約された町並みは、中世以来変わらない。（平田禎文）

◎所在地・福島県田村郡三春町
◎交通・・JR磐越東線三春駅下車、徒歩20分
◎見所・・古い土蔵が立ち並ぶ見通しのきかない谷間から、その場その場のランドマークとなる寺社の大屋根や桜の巨木、城山などを望みながら、歩いて回れる小さな町である。
◎問合せ先・三春町歴史民俗資料館
☎0247-62-5263

復元された楽山園の門。滝石組や遣り水、築山の茶屋等を復元整備

甘楽町歴史民俗資料館。煉瓦造二階建て。旧小幡組製糸工場繭倉庫。大正15年（1926）建築

甘楽町《かんらまち》小幡《おばた》〔城下町〕

武家の長屋門とせせらぎ沿いに並ぶ養蚕農家や商家

　群馬県甘楽町は県の南西部にあたり、富岡市と西および北で接している。織田信長の二男信雄《のぶお(かつ)》が元和元年（一六一五）に甘楽の小幡を与えられ、翌年にその子信良《のぶよし》が下仁田街道沿いの福島の御殿に入り、織田氏による小幡藩政が始まった。三代の信昌《のぶまさ》により福島から小幡へ移り、ここに陣屋が設けられ、南面に「楽山園《らくさんえん》」（国指定名勝）と呼ばれる庭園が造営された。織田氏は明和四年（一七六七）には移封《いほう》となり、代わって松平氏が小幡陣屋に入り版籍奉還まで治めた。

　甘楽では養蚕および製糸業が安政六年（一八五九）の横浜開港頃よりとくに盛んとなり、製糸の輸出が増加するにつれて、品質の向上と収益増加をめざし、明治一一年（一八七八）、村の有志により小幡組が結成され、組合制による揚げ返し工場が設立された。富岡製糸場や「清温育」を開発した高山社《たかやましゃ》の指導により夏《か》秋蚕《しゅうさん》が一般化し、収繭《しゅうけん》量は飛躍的に増大した。

◎所在地・群馬県甘楽郡甘楽町小幡

◎交通・・JR高崎駅から上信電鉄で約30分、上州福島駅下車、徒歩40分

◎見所・・史跡「楽山園」は大きな池泉回遊式庭園。「旧小幡藩武家屋敷松浦氏屋敷」は約300m南方。甘楽町歴史民俗資料館は旧小幡組製糸工場繭倉庫を保存・活用し、「ぐんま絹遺産」ほか歴史資料の展示をしている。

◎問合せ先・社会教育課文化財保護係 ☎0274-74-3131

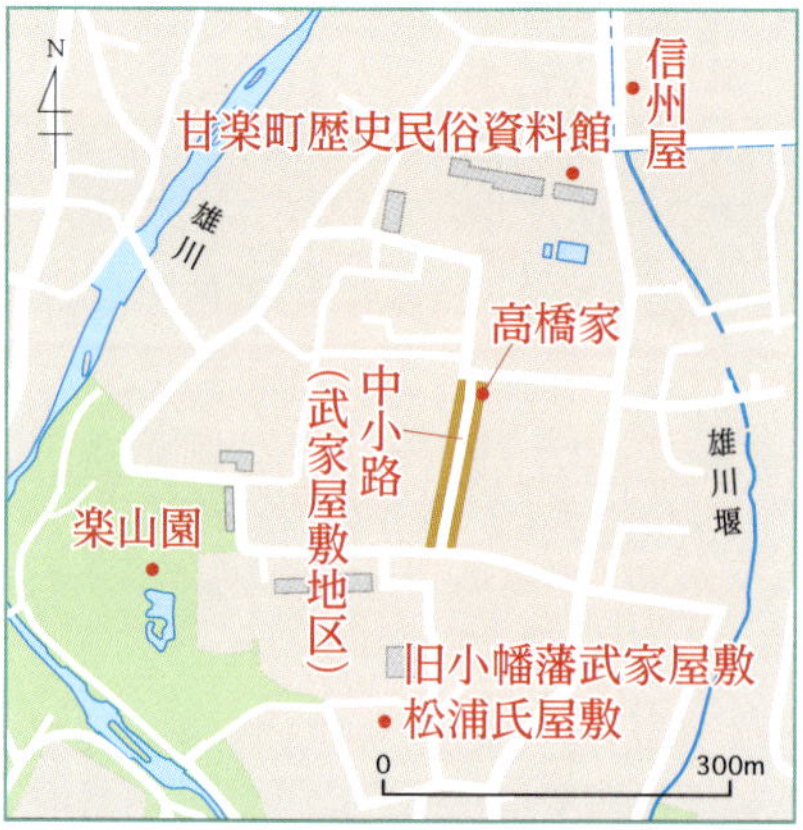

雄川堰と商家（お休み処 信州屋）。町家地区を雄川堰が流れ、桜並木が続いている

高橋家長屋門。中小路に面する小幡藩の武家屋敷のひとつ。高橋家庭園は江戸時代初期に勘定奉行の役宅の庭として造営されたものという

小幡地区を北流する雄川から取水した雄川《おがわ》堰はまず小堰と呼ばれて、武家屋敷地区を網目状に流れて楽山園や武家屋敷の園池に注がれ、環流して大堰として町家地区の生活用水となり、さらに下流の水田を潤している。

小幡地区の南半部の武家屋敷地区は江戸時代の街路構成をほぼ伝え、幅7間《けん》の中小路の両側には石垣が残っている。その一角には大きな長屋門と塀を構える高橋家住宅がある。楽山園は江戸初期、織田氏の藩邸の庭園として造られた池泉回《ちせんかい》遊式《ゆうしき》庭園で、戦国武将庭園から大名庭園へ移行する過渡期の庭園として評価されている。近年、復元整備が実施され、往時の広い池や中島や築山《つきやま》、その上の複数の茶屋等をもつ庭園風景がよみがえっている。また庭園の西側を流れる雄川の対岸の山並みを巧みに借景に取り込み、立体的で奥行きのある庭園としている。あわせて陣屋建物遺構の表示や十九間長屋の復元等も実施されている。

武家屋敷地区の北に続く町家地区の中心には桜並木と雄川堰がほぼ直線状に続き、両側の街路に沿って大型の養蚕農家や商家が並ぶ。小幡八幡宮例大祭の山車《だし》もここを巡行する。

なお、武家屋敷と町家地区の境界付近に煉瓦造の旧小幡組製糸工場繭倉庫がある。大正一五年（一九二六）に建設され、繭や生糸の保管に使用された。現在は甘楽町の歴史民俗資料館として活用されている。（苅谷勇雅）

長町の武家屋敷の土塀と門が続く通り。塀越しの樹木が豊かである

金沢市《かなざわし》長町《ながまち》〔武家町〕

石畳と土塀が続き、用水が奔《はし》る武家屋敷街

金沢市長町武家屋敷群は金沢市の中心街の近傍にあり、鞍月用水と大野庄用水の間に位置する。加賀藩士中・下級武士の屋敷が並んでいたところで、緩やかに屈曲する東西方向の石畳の通りや南北方向に流れる大野庄用水の水路に沿って土塀が続き、長屋門を開いている。土塀の上には見越しの松等の木々の緑が豊かである。長町の通りとほぼ直行する大野庄用水は金沢市で最も古い用水で、金沢城築城時に大量の木材を運ぶために掘られたといい、灌漑、動力、防火、融雪、また武家屋敷の庭園の曲水にも活用されてきた。

長町武家屋敷群地区は金沢市が最初に伝統的景観保全に取り組んだ地域で、昭和三九年（一九六四）から独自に土塀の修理や電線類の地中化等を続けてきた。また、地区内の藩政期末から明治初期の建物を改修して、市の「金沢職人大学校」の付属施設としている。さらに、大野庄用水の石垣や水路の維持修理に努めて、金沢の伝統景観の風情を維持している。

（苅谷勇雅）

◎所在地・石川県金沢市長町
◎交通・・JR金沢駅からバス香林坊方面行きで6分、香林坊下車、徒歩3分
◎見所・・大野庄用水沿いに武家屋敷跡野村家、その北には旧加賀藩士高田家跡の長屋門や庭園、さらに北に「足軽資料館」がある
◎問合せ先・金沢市都市政策局文化財保護課
☎076-220-2469

時鐘堂と高札場（再建）

加賀《かがし》市大聖寺《だいしょうじ》〔武家町〕

中級武家屋敷、山口家のたたずまい

白山信仰より開かれた白山五院のひとつ、「大聖寺」が名前の由来である大聖寺藩は、加賀藩より三代藩主利常《としつね》の三男利治《としはる》が寛永一六年（一六三九）7万石を分封《ぶんぽう》され、統治が始まった。藩邸は大聖寺城のあったお城山（錦城山）の麓を堀や小川で囲み、周りに家老屋敷や馬場等を配置した。ここは全体が湿地帯であるため地震や水害に強い地域に武士が住み、軟弱地盤に町人が割り振りされた。

町割はお城山より、東西に白山連峰が真東に見られる変則碁盤目状である。幹線道路は交差点ごとに緩やかに折れ曲がり、中心線が1・5m程度ずれ、道幅も一定していない等、攻めにくい。武士と町人が敷地裏側で接しており、そこに排水用側溝のドブや大ドブがある。

お城山は発掘調査中で、近々結果報告を受けて保存、活用策が具体的に検討される。織豊期の遺構を色濃く残した貴重な歴史的遺産となるであろう。

大聖寺山の下、寺院群の南のはずれに藩主の菩提寺曹洞宗実性院《じっしょういん》がある。石段より裏山へ登ると、こぢんまりした広場に初代から一四代藩主までの墓、また正室や側室、殉死した家来の墓も並んでいる。一カ所に初代藩主から明治に至るまでのすべての墓が揃っている例は全国的にも珍しい。鬱蒼とした木立のなかにたたずみ、北陸の片田舎で刻んできた、捨石的立場の当藩の歴史を思うと、中空の

◎所在地・石川県加賀市大聖寺本町・山田町・荒町
◎交通・・JR大聖寺駅から中心市街地へ徒歩15分
◎見所・・色むらの多い赤瓦の景観と藩政期の町割や町名がほぼ100％残っている等、歴史的文化の手つかずのよさが魅力である。
◎問合せ先・NPO法人・歴町センター大聖寺（大聖寺観光案内所）☎0761-75-7700

中級武家屋敷。山口家

隙間からすすり泣きが聞こえてきそうである。

当地は官民の垣根が低く協同で行う景観まちづくり活動が盛んである。新川住宅（市営住宅）は城下町大聖寺の特色を町割や外観に生かして再現したものである。赤瓦の屋根に漆喰《しっくい》の蟻壁《ありかべ》、焼き杉桟ざらし等の外壁、セガイや袖壁《そでかべ》等、伝統工法で建てられている。また平成一八年（二〇〇六）より町家再生事業が開始、平成二六年度末で20店の事業所が運営している。

足軽屋敷、喫茶店、銀細工教室、呉服店、多機能ホーム、鍼灸院、画廊、陶磁器工房等、多様な職種が城下町に彩りを添えている。地元NPOの景観町づくり活動によって大聖寺川流し舟の運航や時鐘堂高札場《じしょうどうこうさつば》、大聖寺藩関所跡、足軽屋敷、一里塚等の失われた歴史的遺産の掘り起こしや再生が、着実に実を結びつつある。急激な観光地化を避けた静かで小さな北陸の城下町大聖寺を一度は訪ねていただきたいものである。（瀬戸 達）

折れ曲がった交差点風景

町家再生事業。工芸空間フゾン

藩主の菩提寺実性院の墓群

長野市《ながのし》松代《まつしろ》〔武家町〕

真田氏10万石、海津（松代城）の城下町

旧横田家住宅（国重要文化財）

松代は、長野盆地の南東端に位置する松代藩の城下町である。西に象山《ぞうざん》、南に舞鶴山《まいづるやま》（標高560m）とノロシ山（同843m）、西に奇妙山《きみょうさん》（同1099m）と尼飾山《あまかざりやま》（同780m）、皆神山《みなかみやま》（同659m）があり、北が長野盆地の平坦地に開けている。千曲川《ちくまがわ》は、すぐ北を流れていたが、近世にはるか北へ移された。

築城当初は土居《どい》で縄張りがなされた。のちに、本丸、二の丸、三の丸、花の丸が石で築かれ、城を囲み、真田《さなだ》氏の城下町となった。明治に入って廃城になり、明治五年（一八七二）には長野県庁を松代に移す運動が興ったが、実現せず、明治六年には、大火で中心域の建造物を失った。同年に文武《ぶんぶ》学校内に小学校が創立され、富岡製糸場に伝習工女として赴いていた和田英《わだえい》（一八五七〜一九二九）らの帰郷により、蒸気製糸六工社《ろっこうしゃ》ができ、製糸業が松代で展開した。大正一一年（一九二二）に長野電鉄河東線《かとうせん》（屋代〜須坂）が開業した。

◎所在地・長野県長野市松代町
◎交通・・JR信越本線長野駅下車、バス30分。長野電鉄松代駅下車、徒歩5分
◎見所・・山本勘助が築城したという海津城をはじめ、旧真田邸（真田家新御殿跡）、旧横田家住宅、旧金箱家、長国寺など、真田家ゆかりの武家屋敷や中級武家住宅、町家、古寺が往時の面影を伝えている。
◎問合せ先・長野市教育委員会文化財課
☎026-224-7013

西と南と東で山々に囲まれた松代城下町は、北下りの勾配をもつ。城は城下町の北に位置している。松代では、町のなかを南から北へ流れる水が興味ぶかい。近世の前半期に、河川から取った水に湧水を加えて、北に下る傾斜を利用して町のなかを北に向かって流れる水系が整備された。さらに水を取り入れた庭園が武家屋敷のなかに発達した。昭和五七年（一九八二）に出た伝統的建造物群保存地区対策調査報告書で松代は『庭園都市松代』と題された。

真田家の新御殿跡の庭と建物が遺っており、松代藩の藩校の文武学校も遺って、ともに国史跡として公開されている。また、武家屋敷の姿を伝える旧横田《よこた》家住宅（国重要文化財）など、武家文化を継承した建物と庭が、承け継がれている。松代は、武家地に比べて町人地が占める割合が小さいものの、八田《はった》家住宅や松下《まつした》家住宅があり、いずれも国登録文化財である。また、真田家の霊廟をもつ長《ちょう》国寺《こくじ》など、城下町にゆかりの深い寺が良好に遺存している。

松代は、重要伝統的建造物群保存地区の選定を受けていないものの、古くから文化財を活かしたまちづくりが進められている。近年では、NPO法人である夢《ゆめ》空間《くうかん》が中心となって、活発な活動を展開している。その成果により、現在、松代は国有形登録文化財を多数有する城下町として知られている。また、平成二七年（二〇一五）四月には、長い間、空き家であった旧金箱《かねばこ》家住宅が寺町商家としてオープンし、飲食、休憩、展示、販売など、地域交流の拠点として利活用される姿となって再出発した。

松代城下町の歴史を伝える資料館として、真田宝物館がある。秋には、真田十万石まつりが行われる。（土本俊和）

松代の町並みと周囲の山々

松代城（海津城）跡（国史跡）

昭和8年に建設された木造模擬天守の八幡城（市重文）

郡上市《ぐじょうし》郡上八幡北町《ぐじょうはちまんきたまち》〔城下町〕

山と川の恩恵とともに生きる生活

重要伝統的建造物群保存地区
選定 平24・12・28

郡上市は岐阜県の中央部に位置し、森林が約9割を占める市の中心に旧八幡町は位置する。永禄二年（一五五九）に遠藤盛数《えんどうもりかず》が八幡山に砦を築き、天正一六年（一五八八）稲葉《いなば》貞通《さだみち》が城郭を整備した。江戸時代になると遠藤慶隆《よしたか》が入封《にゅうほう》し、初代郡上藩主となる。承応元年（一六五五）の火災により、横町（現大手町）・鍛冶屋町・本町を焼失したが、城郭の石垣や櫓《やぐら》などの改修とあわせて城下町の再整備が行われた。また、天正～寛文年間で社寺の創建や移転が行われ、城下町の骨格が形成された。城下町は吉田川を境に北側を「北町」、南側を「南町」と称していた。

北町は八幡城の西に位置し、山上には本丸、山麓の二の丸に居館を構えた。南北に3本の通りを配し、東側の柳町、中央の殿町は武家地で、西側は北から職人町、鍛冶屋町、本町と並び、鍛冶屋町の南端から殿町を結ぶ横町とともに町人地であった。

◎所在地・岐阜県郡上市八幡町柳町ほか

◎交通・・JR岐阜駅より岐阜バス（高速バス）で郡上八幡城下町プラザ下車（保存地区内）すぐ

◎見所・・山と川に囲まれた城下町には町家が密度高く建ち並び、見上げると八幡城跡（県史跡）に建つ木造模擬天守八幡城（昭和八年建築、市重要文化財）が緑豊かな城山にそびえ、町を流れる水路の水音も感じる城下町である。

◎問合せ先・郡上市教育委員会社会教育課 ☎0575-67-1128

職人町、鍛冶屋町（旧町人地）の町並みと両側の水路

4月の春祭りで町中を練り歩く岸劔神社の大神楽（県無形民俗）

近代になると、大正八年（一九一九）北町は大火によりそのほとんどを焼失した。道路や水路、貯水池が整備され、住宅は近世から続く町家を継承した形式で建てられた。旧武家地は細分化が進み、町家形式の住宅が建設された。旧武家地、旧町人地と八幡城跡で構成される北町の一部が、平成二四年（二〇一二）に重要伝統的建造物群保存地区に選定された。

旧町人地は短冊形の敷地で奥行があるが、旧武家地で細分化された敷地は奥行が浅いものが多い。どちらも間口《まぐち》は2間半から3間が最も多く、通りに面して主屋を建て、裏手に附属屋等を配す。

主屋は総二階建てで、切妻造平入《きりづまづくりひらいり》、真《しん》壁造《かべづくり》で木部を紅柄塗《ベンガラぬり》とし、土壁を漆喰塗《しっくいぬり》とするものが多い。大正八年の岐阜県令により屋根の不燃化が進み、金属板葺きまたは桟瓦葺きが多い。

間取りは片側土間に3室を1列に並べるものが多く、1室目を土間とする前土間も見られる。表構えは土間部分にガラス戸、1室目には掃き出しのガラス戸や木製格子が設けられ、二階はガラス窓とする。軒はセイガイと呼ばれる腕木《うでぎ》で軒《のき》桁《けた》を受ける形式で、大屋根の下に袖壁《そでかべ》が設けられている。

柳町を流れる柳町用水、殿町と職人町～本町を流れる北町用水は通りに沿って配され、セギ板を落として水位をあげて日常的に使用する。軒下のバケツは町家や水路とともに町並みの景観となっている。また、四月の第三土日に行われる春祭りでは、岸劔《きしつるぎ》神社の大神楽（県無形民俗）が保存地区を練り歩き、七月中旬から九月上旬まで約30夜開催される郡上踊（国無形民俗）の一部が保存地区内で行われる。（齊藤知恵子）

恵那市《えなし》岩村町本通り《いわむらちょうほんどおり》【城下町】

長大な街道に120余の伝統的町家が建ち並ぶ

重要伝統的建造物群保存地区
選定 平10・4・17

明治39年の岩村電気軌道の開設にともない発展してきた新町地区

岩村町は長野県と愛知県、岐阜県の三県に接する恵那市の東南部にあり、戦国時代は、織田氏と武田氏の激戦地となった地域的にも重要な位置にある。

岩村の町並みは、東西延長1・3㎞、面積14・6haで、日本三大山城といわれる岩村城と深く関係している。

戦国期に織田信長配下の河尻秀隆《かわじりひでたか》が城郭と同時に整備着手したとされる城下町は、慶長六年（一六〇一）に入封した初代藩主の松平家乗《いえのり》が本格的に建設を始め、城山西麓の台地に藩主邸と武家地、南の岩村川対岸に町人地を配した。正保年間（一六四四〜四八）の絵図によると、武家地と町人地は2本の橋で結ばれ、現在の本町と呼ばれる本通り沿いの町家が並ぶ形となった。本町は、東部の上町《かんまち》が職人地で、中西部に商人たちが居を構えていた。その後、享保年間（一七一六〜三六）に城下が拡大し、西端に枡形を設置し、柳町の足軽長屋を南に配してい

◎所在地・岐阜県恵那市岩村町
◎交通・・明知鉄道岩村駅から徒歩5分、中央道恵那ＩＣから国道257号で約20分
◎見所・・日本三大山城とされる岩村城下に並ぶ切妻造の平入家屋の町並みは、穏やかな昔の様子を残す。江戸期豪商の木村邸資料館、城下町の館勝川家は、離れも近代和風建築として独特の意匠が施され、見ごたえも十分。地区内の五平餅や、酒、カステラなどの郷土食も楽しんでいただきたい。
◎問合せ先・恵那市文化スポーツ課
☎0573-26-2111

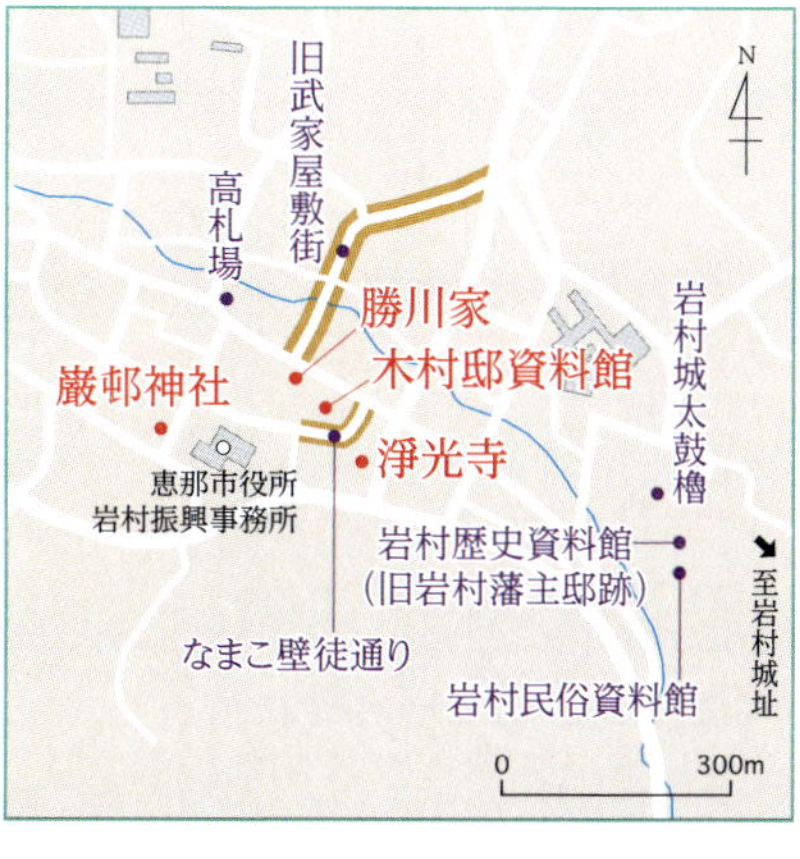

旧岩村藩主邸跡から見渡した本通り保存地区の全景

る。当初2万石程度であった松平氏も、一八世紀中頃から3万石へ加増されている。

明治時代になり、岩村城は廃城となったが、明治三九年（一九〇六）の岩村電気軌道の開設により、町並みの発展が続き、町人地は西町、新町、朝日町とされ、現在の岩村駅方面へ拡張されていった。そのため、岩村の保存地区は、桝形から東の江戸期の町並みと、桝形以西の明治以降の町並みがほどよく調和されて、本通り沿いに並んでいることが、地区の特徴と評価されている。

町家の主屋は、通り庭式の平入《ひらいり》の二階建て、桟瓦葺きや鉄板葺きが主となっている。出桁造《でげたづくり》の多い軒は、車の通行の利便性から一階部分が短く切られていることも特徴のひとつである。江戸期のものは、比較的軒の低い「厨子《つし》二階」が主で、平面は一列3間型や、一列4間型が多く、ドマミセの構造も珍しくない。表の構えも入口は大戸、蔀戸《しとみど》が一般的であったが、現在は引違い戸や出格子《でごうし》に

鎌倉幕府軍に敗れ、護送中に処刑されたとされる一条信能終焉の地

江戸期の風情がある本町と、市指定文化財の木村邸。木村家は藩の御用商人を務めた豪商

10月の第一土曜日、日曜日にかけて行われる秋祭行事（県指定無形民俗文化財）

なっている。本町の中庭には、天正年間（一五七三～九二）に整備されたとされる天正疎水が流れ、生活や防火用水の一部として利用されていた。

明治以降の建物は、切妻造《きりづまづくり》の桟瓦葺きが主で、江戸期の建物に比べて軒の高い二階建てが多い。また、保存地区の壁は、板張りや土壁、漆喰塗《しっくいぬり》が主流である。また比較的新しい時期になると、一部でモルタル仕上げや、タイルの使用も見られる。市指定文化財木村邸の土蔵は、漆喰のなまこ壁が特徴である。その他、ガラス戸は建物の改変後であるが、格子を設け木製手摺を残す家も見られる。このような体裁を保ちながら、往時の様子を今に伝えている。

町家以外にも、置屋根式の土蔵造として珍しい浄光寺《じょうこうじ》（市指定文化財）や、鎌倉時代に後鳥羽上皇《ごとばじょうこう》の近臣として幕府軍との承久の乱に敗れ、岩村で処刑された一条信能《のぶよし》公の終焉の地とされる巖邑《いわむら》神社（県指定史跡）など懐古できる観光地も散在している。

このような歴史的町並みを活かし、毎年一〇月には、鎌倉時代の岩村城創建者とされる加藤景廉《かげかど》、景朝《かげとも》父子を祀る江戸時代から続く「秋祭行事」（県指定無形民俗文化財）で、地元住民が江戸期そのままの衣装に身を包み、雅楽演奏や神輿《みこし》を担いで本通りを渡御《とぎょ》する。また、三月からはおひな祭りも開催され、華やかで多様な雛人形が、訪れる観光客を迎えてくれる。

このように岩村町は、素朴だが落ち着いた日本の故郷を体験できる癒しの町並みとして、永代にわたり残していきたい保存地区である。（三宅英機）

犬山市《いぬやまし》本町《ほんまち》〔城下町〕

木曽川を望む犬山城下に広がる総構《そうがまえ》の城下町

国宝犬山城天守。長く成瀬家の所有であったが、公益財団法人犬山城白帝文庫へと移行した

犬山市は愛知県の最北端に位置し、木曽川をはさんで岐阜県各務原市および坂《さか》祝《ほぎ》町と接する。市北西部の名勝木曽川を望む崖地上に犬山城があり、その南に城下町が広がる。天文四年（一五三五）に織田信康《のぶやす》が現在の城山の南西にある三光寺《さんこうじ》山に城を置き、その後慶長六年（一六〇一）に小笠原吉次《おがさわらよしつぐ》が現在の地に城を築いた。天守ははじめ二層の櫓《やぐら》ができ、成瀬正成《まさなり》が城主であった元和六年（一六二〇）頃に望楼が載り、さらに望楼の基部に唐破風《からはふ》を加えるなどの大きな改造を経て、地下2階・3重4階の現在見るような姿になったとされる。

前記の尾張徳川家の附《つけ》家老成瀬正成は元和三年に犬山に入り、以後明治維新まで成瀬氏が犬山を治めた。城下町の成立については詳らかではないが、正保年間（一六四四〜四八）の城下町図からすると、堀や土塁が四周をめぐり、桝形《ますがた》などを構える総構の城下町の町割が、この時期までにほぼ完成していた。城の南面の大手門から名古屋街道が南へ伸びて本町通りを形成し、本町通りから東へ魚屋町筋までの城下町の中央部分が町人地とされ、その外側の東西に武家町と寺院が配置されていた。また高札場や9カ所の木戸が設けられていた。元文五年（一七四〇）の「犬山城下絵図」では、武家地の整備と拡充がある一方、街道筋や渡し付近などに総構より外への市街の拡大も見られる

犬山の春を彩る犬山祭は寛永一二年

◎所在地・愛知県犬山市内山
◎交通・・名鉄犬山線犬山駅下車、バス10分
◎見所・・国宝犬山城。すぐ南に犬山市文化史料館がある。本町通りの東側に旧磯部家が公開されている。毎年4月第1日曜日の犬山祭にはからくり人形の乗る車山13基が繰り出す。
◎問合せ先・犬山市教育委員会歴史まちづくり課
☎0568-44-0354

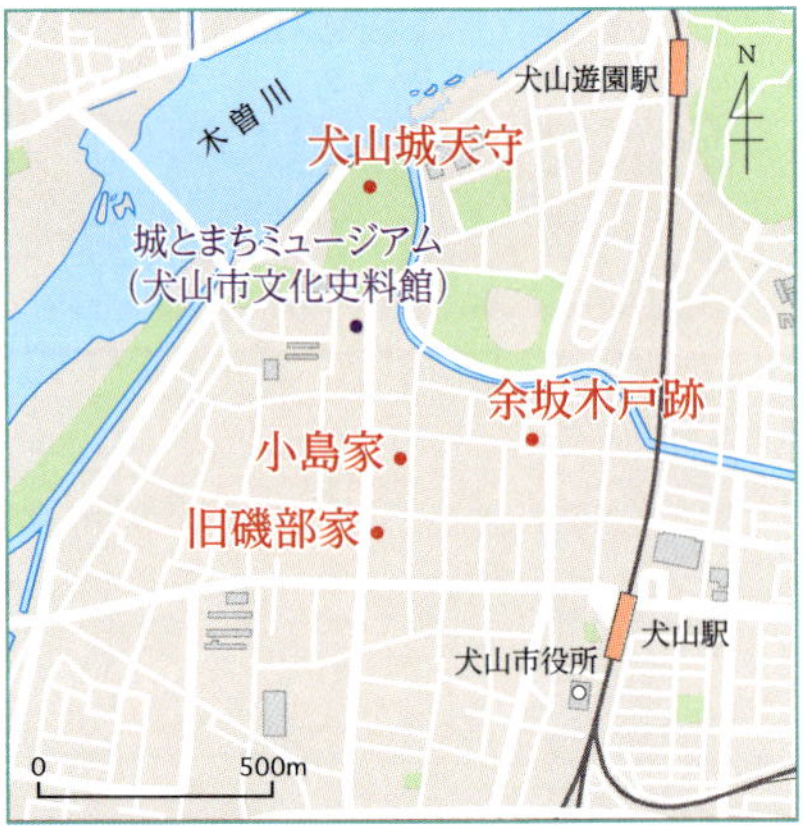

犬山城から南に延びる本町通りの町並み。道路拡幅計画の見直しにより町並みが残った

（一六三五）に針綱《はりつな》神社の祭礼として始まり、慶安三年（一六五〇）からは各町内が車山《だし》や練り物を出して城下を巡行する形式になった。安永年間（一七七二～八一）からは車山に唐子《からこ》などのからくり人形が載る現在と同様の形となり、車山の巡行がいっそう豪華になったという。城下町時代からの町割や町の名称は現在もほぼそのまま維持されており、各町内は今も車山や練り物を出す祭礼組織でもある。

　近代になって総構は急速に姿を消し、市街地は城下町の範囲を超えて拡大した。明治二四年（一八九一）、濃尾地方は大地震に見舞われ、犬山城天守は半壊し、旧城下の多くの建物は倒壊した。現在の建物はほとんどそれ以降の建築であるが、出火しなかったため、倒壊したものを引き起こしたり、建て替えて様式はほぼそのまま維持している。

　旧城下町の伝統的建造物は本町通りや新町《しんまち》通を中心に分布し、平入《ひらいり》、切妻《きりづま》屋根、桟瓦葺きで前面に格子、出入口は吊り上げ大戸形式が多い。旧城下町地区には21件の登録文化財建造物があるが、中本町にある旧磯部《いそべ》家の主屋は慶応年間（一八六五～六八）に建築されたものである。濃尾地震で被災後、仏間から奥は明治三〇年（一八九七）頃に建て替えられている。近年、本格的な修理と整備がなされ、犬山の代表的な町家の一つとして、公開されている。

　犬山は、時代の変化を受けつつも、城と城下町の全体構成をほぼ維持した希有な町といえよう。（苅谷勇雅）

旧磯部家住宅。本町通り東側にある。主屋、裏座敷、蔵等が公開されている

松阪市《まつさかし》殿町《とのまち》〔御城番屋敷〕

江戸の武家屋敷のたたずまいが残る町

三重県の中部に位置する松阪市は、松阪牛で知られているが、文化と歴史を穏やかに感じることのできるまちである。

今も人々の暮らしが営まれている御城番屋敷

天正一六年（一五八八）に蒲生氏郷《がもううじさと》が築いた松坂城の、三の丸跡の裏門跡と搦《からめ》手門《てもん》跡を結ぶ石畳の道の両側に槙垣をめぐらせた武家屋敷が御城番屋敷《ごじょうばんやしき》で、松坂城の警備を任務とする紀州藩士とその家族の住居として文久三年（一八六三）に建てられた。祖先が徳川家康の先鋒隊として活躍し、代々家康の子紀州藩主の頼宣の直臣であることに誇りをもち、明治維新後は苗秀社《びょうしゅうしゃ》を創設し、現在も屋敷に住む子孫の方々の愛着心と努力により、この美しい町並みは長い年月を経た今日でも往時をしのぶことができる。

松坂城跡から見た御城番屋敷

◎所在地・三重県松阪市殿町
◎交通・・JR・近鉄松阪駅から徒歩約15分
◎見所・・江戸時代末期、紀州藩士が松坂城警備のため移り住んだ武家屋敷で、今も人々の暮らしが営まれている。西棟北端の一戸は内部を公開。国重要文化財。景観重点地区指定。
◎問合せ先・松阪市教育委員会文化課
☎0598-53-4393

松阪駅から松坂城跡までの約1㎞の間には、この御城番屋敷をはじめ、国学者本居宣長《もとおりのりなが》旧宅、三井家発祥の地、旧長谷川邸等があり、歴史と文化と豪商のロマンあふれるまちである。（中西士典）

彦根市《ひこねし》善利町《せりまち》【足軽屋敷】

現在もそのまま残る足軽衆の住まい

足軽屋敷の町並み。幅約１間半の道の両側に足軽組屋敷が並んでいた

木戸門と塀で囲まれた足軽組屋敷

足軽組屋敷辻番所。武者窓から辻を見張り警備した

彦根藩の足軽は外堀より外側の7カ所に、足軽組屋敷として居住地が定められていた。善利組はそのなかでも最も規模が大きく、東西約750m、南北約300mを占めていた。幅約1間半の街路が短冊状の地割を形成し、ほぼ同じ規模の敷地が整然と並んでいたことが、天保七年（一八三六）の「御城下惣絵図」などから読み取れる。遠見遮断のための道の「くいちがい」や緩やかな屈曲、攻め込んだ敵を惑わすための「どんつき」は今もよく残る。かなり減少したものの狭い道の両側に散在する足軽屋敷とともに、往時の雰囲気をよく伝えている。

彦根藩の足軽は他藩に比べ優遇されており、間口《まぐち》5間、奥行10間の屋敷地を与えられていた。質素ながらも木戸門と塀で囲まれ、武士としての体裁を整えた一戸建ての屋敷であった。足軽屋敷のうち市指定文化財は、太田家住宅、中居家住宅、旧磯島家住宅、林家住宅、服部家住宅、吉居家住宅、椿居家住宅、北川家住宅があげられる。（濱崎一志）

◎所在地・滋賀県彦根市芹橋
◎交通・・JR東海道本線（琵琶湖線）彦根駅下車、徒歩約20分
◎見所・・旧磯島家住宅とその敷地内に建つ足軽組辻番所は、彦根辻番所の会により土日のみ公開。辻番所は辻の一角に設けた見張り窓のある建物で、現存する唯一の例とされている。
◎問合せ先・彦根市文化財課 ☎0749-26-5833

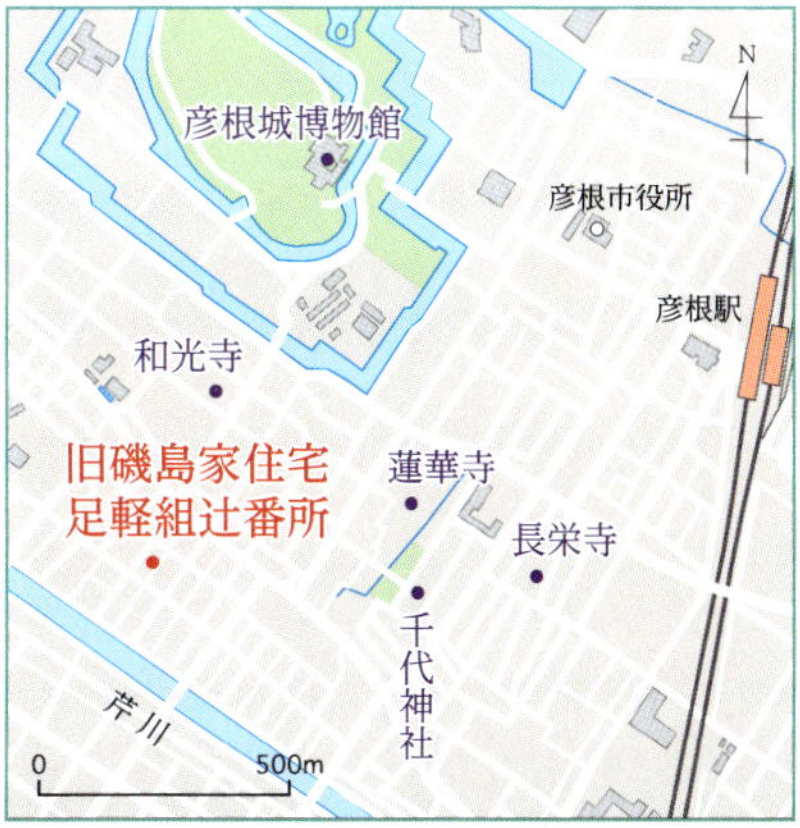

明治４年に建築された出石のシンボル「辰鼓楼」

豊岡市《とよおかし》出石《いずし》〔城下町〕

辰鼓楼《しんころう》が刻を告げる但馬の小京都

重要伝統的建造物群保存地区
選定 平19・12・4

豊岡市は兵庫県の北東端にあり、出石は市の中心部から南東約10㎞に位置する。

出石城下町の形成は、江戸時代初頭に始まる。慶長九年(一六〇四)頃、出石藩主の小出吉英《こいでよしふさ》が有子山山頂の山城を廃し、その北麓に平山城《ひらやまじろ》(出石城)を築いた。出石城下町はこのときに本格的に整備されたと考えられる。以後、5万8000石の出石藩は、宮津、篠山とともに三たん(但馬、丹後、丹波)地方きっての雄藩として知られるようになり、その城下は「出石城下三千軒」と謳われた政治経済の中心地となった。

文化七年(一八一〇)の出石城下絵図によると、出石城下町の町割は、出石城を中心として放射状に、上級武家屋敷地、内堀、町家敷地、外堀となる旧出石川と谷山川、さらに下級武士町の順に広がる。現在の街路構成や街路の幅員は江戸時代のままであり、ほとんどの町名も残っている。

歴史的町並みの構成主体は町家であ

◎所在地・兵庫県豊岡市出石町
◎交通・・JR山陰本線豊岡駅または八鹿駅下車、全但バス出石行き約30分
◎見所・・有子山の緑に抱かれるように、シンボルの時計台「辰鼓楼」のほか、武家屋敷、町家、芝居小屋「出石永楽館」など歴史的見所がコンパクトに集まっており、歩いて回れる。昼食には有名な「出石皿そば」を楽しみたい。
◎問合せ先・豊岡市出石振興局地域振興課
☎0796-52-3111

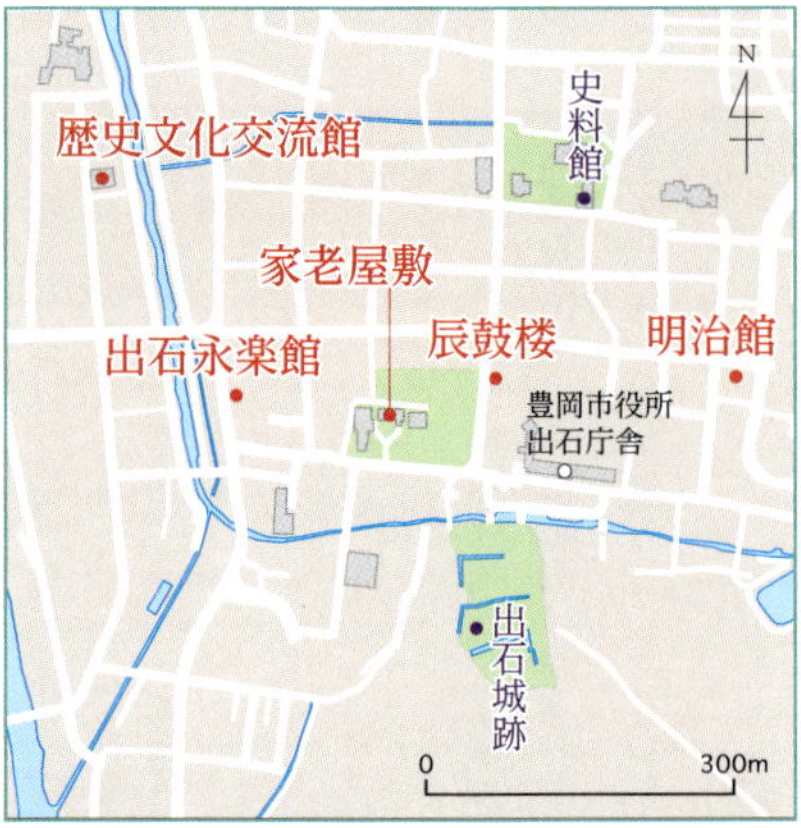

11月3日の出石お城まつりで披露される大名行列の槍振り（市無形民俗文化財）

現存する芝居小屋としては近畿最古（明治34年建築）の出石永楽館

る。平均的な間口《まぐち》は2〜3間で、ほとんどは切妻平入《きりづまひらいり》瓦葺き屋根の総二階建てである。平面構成は、ミセノマ、ナカノマ、ザシキが、通り土間に沿って配置される一列《いちれつ》三《み》間《ま》取《ど》り形式となっている。また、屋根裏まで見える吹き抜けや箱階段が内部にある建物も多い。

　外観的特徴としては、赤茶の土による中塗り、または漆喰塗《しっくいぬり》の真壁造《しんかべづくり》を基本とする。なかには二階を大壁漆喰塗籠《ぬりごめ》にし、重厚な虫籠窓《むしこまど》や卯建《うだつ》をもつものもある。ともに木部はベンガラが塗られ、薄くて繊細な印象の出格子《でごうし》や、装飾が施された腕木《うでぎ》・持ち送り板をもつ町家が多い。町家では、史料館（旧福冨家住宅・市指定文化財）が公開されている。

　町家以外にも、芝居小屋・出石永楽館（県指定文化財）、辰鼓楼（市指定史跡）、家老屋敷（市指定史跡）、近代洋風建築である明治館（旧出石郡役所・市指定文化財）、沢庵和尚《たくあんおしょう》ゆかりの宗鏡寺《すきょうじ》ほか多数の寺社、酒蔵など、様式、建築年代とも多様な建造物が残されており、歴史的景観をより重層的にしている。

市指定文化財の旧福冨家住宅（史料館）

　このような歴史的町並みを活かし、毎年三月には江戸時代から続く「初午《はつうま》大祭」、十月は喧嘩だんじりとも呼ばれる「出石だんじり祭り」、十一月三日に開催される「出石お城まつり」などさまざまな行事で賑わっている。

　さらに出石は名物「出石皿そば」と名産「出石焼」のまちとしても知られ、毎年100万人に近い観光客が訪れる。安らぎと活気がほどよく調和している、魅力的なまちである。（三宅　徹）

御徒士町通り西新町の原家住宅

篠山市《ささやまし》篠山《ささやま》〔城下町〕

篠山城の堀沿いの武家町と街道沿いの商家町

重要伝統的建造物群保存地区
選定 平16・12・10

篠山市は兵庫県の中東部に位置し、北に多紀連山、南に深山山地等の山々に囲まれた篠山盆地の中央にあり、古くから京都と山陰、山陽を結ぶ交通の要衝であった。

篠山城は、慶長一四年（一六〇九）に徳川家康が実子とされる松平康重《やすしげ》に西国の守りの拠点として東の王地山《おうじやま》と西の飛《とび》ノ山《のやま》にはさまれた笹山《ささやま》に城を築かせたことに始まる。築城には池田輝政《いけだてるまさ》や藤堂《とうどう》高虎《たかとら》など西日本の諸大名が名を連ね、早くも同年一二月には初代城主として康重が入城する。翌慶長一五年より城下町の整備が始まった。

篠山城（史跡）は外堀の一辺約400mの方形で、北、東、南の外堀には馬出《うまだし》を設ける。内堀内に本丸と二の丸を築き、内堀と外堀の間に諸役所や家老格を、外堀の外側に上級武士を、さらにその外側に下級武士を配する。山陰道は京都方面から王地山南麓の京口橋を渡り、城を北に回り込む形で進み、城北西の桝《ます》形《がた》を経て城下町を抜ける。この山陰道沿いに商家町を形成し、要所に寺院を置い

◎所在地・兵庫県篠山市西新町・河原町
◎交通・・JR福知山線篠山口駅からバス二階町下車、すぐ
◎見所・・篠山城大書院（復元）、春日神社能舞台（重文）、大正ロマン館（旧篠山町役場）。
◎問合せ先・篠山市教育委員会社会教育・文化財課☎079-552-5792

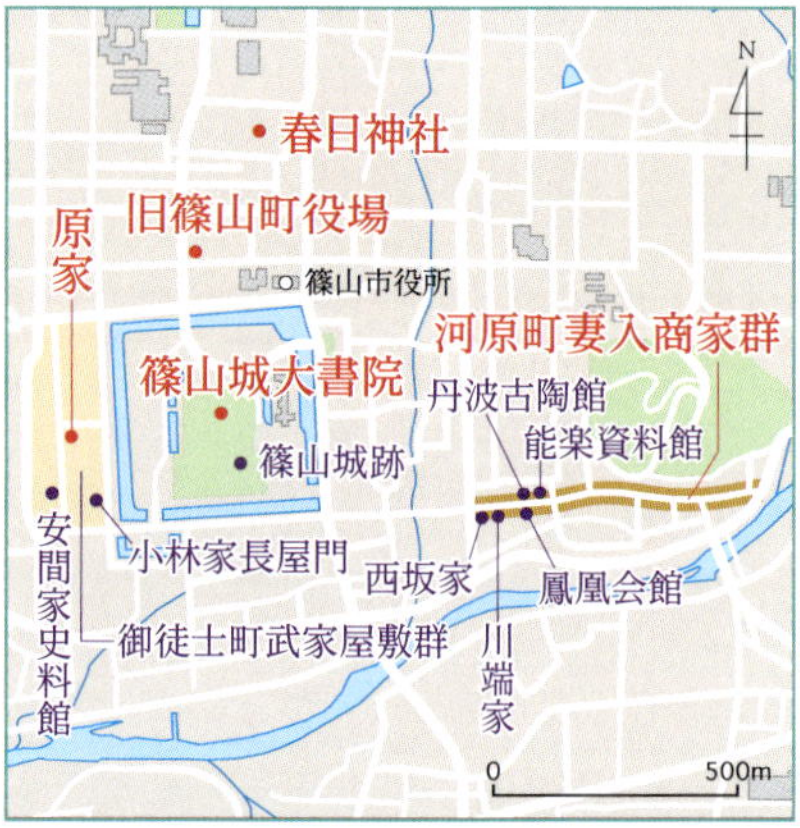

河原町の妻入商家

た。河原町は慶長一七年頃から町家が建ちはじめたという。篠山城下町は築城からおよそ40年で一応の輪郭が整った。寛延二年（一七四九）、国替《くにがえ》により亀山藩主青山忠朝《あおやまただとも》が入封し、以後版籍奉還《はんせきほうかん》まで青山氏が藩主を務めた。

明治以降、篠山郡役所、篠山区裁判所、学校施設や郵便局などの新しい都市機能施設が建てられ、篠山は多紀郡の行政、教育、経済の中枢として機能しつづけた。廃藩置県後も下級武士の一部は篠山にとどまったため茅葺きの主屋や門などが残り、旧武家地の一部は今なお往時の姿をとどめている。一方、王地山南麓の河原町は、江戸時代には城下の商家町として多くの商家が軒を連ね、明治以降も多紀郡内の商業地として栄えた。しかし、明治三二年（一八九九）に阪鶴《はんかく》鉄道の篠山駅が市街地西方に設けられ、大正一〇年（一九二一）にその篠山駅と市街地を結ぶ篠山軽便鉄道が開通し城の北東に篠山町駅ができると、商業の中心は駅に近い呉服町などに移った。

御徒士町通り西新町の安間家史料館。茅葺き・平入、曲屋形式。天保元年以降

西新町西濠端の小林家長屋門。茅葺き入母屋造。文化年間頃。曲屋をつけた住宅兼用の長屋門

下河原町の町並み。手前は川端家住宅。明治・大正期

篠山市篠山伝統的建造物群保存地区は、篠山城跡を中心に城の西側および南側の旧武家地と黒岡川東から京口橋までの山陰道沿いの商家町を含む広い範囲である。城郭全体と城下町の武家屋敷、商家町のそれぞれ一部を含む、他に類をみない保存地区の設定である。

旧武家地は、堀に面して上級武士の小林家などの長屋門を残し、その西の南北通り沿いには、天保元年（一八三〇）の大火後とされる下級武士の屋敷を残す。下級武士の屋敷は通りに面して土塀を設け、棟門《むねもん》等の門を開く。主屋は茅葺き入《いり》母屋《もや》の直屋《すごや》を基本とし、角屋《つのや》を設けるものもある。通り西側の武家屋敷の背後には防御のための竹藪がある。

商家町は、街道に沿って短冊形の敷地を並べる。通りに面して主屋を建て、中庭をはさんでその背後に離座敷、土蔵などを建てる。主屋は切妻造妻入《きりづまづくりつまいり》を基本とし、桟瓦葺き、つし二階が多い。正面に下屋庇《げやびさし》をつけ、二階窓上には庇をつける。一階正面は出格子《でごうし》や格子とし、二階は虫籠《むしこ》または格子窓とする。江戸時代末期から大正期にかけて建てられた妻入の店舗を並べる河原町の商家群は、武家屋敷とともに、よく篠山の歴史的風趣をとどめている。（苅谷勇雅）

旧篠山町役場。大正12年建築。篠山城の北側。現在は大正ロマン館として観光の拠点

下河原町の町並み。手前は鳳凰会館。明治12年、南丹銀行として建築。現在は公民館

たつの市《し》龍野《たつの》〔城下町〕

文化と産業をはぐくんだ風光明媚な城下町

武家地であった上霞城の町並み

龍野は、「日下部里・立野」の地名のいわれが『播磨国風土記』に登場するなど、古くから文化の開けた地域である。町場としてのなりたちのきっかけは、中世一五世紀の中～末期に鶏籠山上に赤松氏の城郭が築かれたことによると考えられる。背後を緑豊かな鶏籠山、的場山、白鷺山に囲まれ、前面に揖保川が流れるまさしく風光明媚というにふさわしい、町としての恵まれた自然や地形条件はその後の城下町の形成にも大きな影響を与えている。

近世に入ると、城郭は三の丸の地に平山城として築かれ、南北の大手と扇状地の武家地の中心を東西に貫く通りが十字に交わって町の骨格をかたちづくっていることが、京極氏が在城した当時の一七世紀中期の龍野城下町絵図で確認できる。平坦な地形に碁盤目状の町割がなされる近世城下町とは異なり、自然地形に適応した町割であることが、逆に中世末までさかのぼるといわれる根拠ともなっ

◎所在地・兵庫県たつの市龍野町
◎交通・・JR本竜野駅より徒歩20分
◎見所・・秋のもみじが美しい聚遠亭、藩主脇坂家の屋敷跡、武家屋敷を活用した武家屋敷資料館、霞城館・矢野勘治記念館、三木露風生家、かどめふれあい館、うすくち龍野醤油資料館、城内にある龍野歴史文化資料館。
◎問合せ先・たつの市教育事業部文化財課
（たつの市埋蔵文化財センター）
☎0791-75-5450

市内最古の醤油蔵の遺構もオータムフェスティバルの活用で賑わう

ている。宝暦二年（一七五二）の城下町絵図からも、扇状地に武家地が配され、沖積低地の部分は町家地区であったことがわかる。なかでも、町家地区の上川原、下川原の町筋は揖保川と平行した自然堤防上に形成されている。

現在、城下町の範囲は、平成二年（一九九〇）に兵庫県の景観形成地区となり、独自の景観まちづくりを展開してきた。伝統的な町家が集中して残る地区は、近世の早い時期に形成された立町、横町、下町、下川原町、上川原町の5町を中心としている。町家の間に寺社が分布し、十文字川や半田用水が身近な水辺を演出し、多様な要素の組み合わせによる景観の美しさを味わうことができる。

たまたま発見された武家屋敷を保存修理し、武家屋敷資料館として継承できたことは幸運であったといえる。生きのびた町割も魅力であるが、さらに、うすくち龍野醤油資料館（ヒガシマル醤油旧本社）や、医院をはじめとする近代洋風建築がちりばめられた町並みも龍野の特徴となっている。

産業施設である醤油蔵が武家地景観や町家の町並みのなかに共存する姿は龍野独自のものといってよい。龍野では一八世紀の町家を醤油蔵に活用した事例も見られるなど、もとの機能を失っても生きのびるために転用や活用を積み重ねることの意義も見出せる。秋に開催のオータムフェスティバルでは、多くの町家が活用されている。

近年、龍野が誇る詩人三木露風《みきろふう》の生家が保存継承されるなど、この地にゆかりのある矢野勘治《やのかんじ》、内海信之《うちうみのぶゆき》、三木清、冨《とみ》井於菟《いおと》といった文人、哲学者をはぐくんだ文化的風土は、龍野の町並みとともに生きのびている。（八木雅夫）

町家を活用した店舗が少しずつ増えてきた

松江市《まつえし》塩見縄手《しおみなわて》【武家屋敷】

国宝松江城の堀沿いに並ぶ武家屋敷群

小泉八雲記念館と武家屋敷の町並み

松江城の北堀から望む塩見縄手の武家屋敷群

松江市は島根県の東部にあり、宍道湖と中海にはさまれて南北に広がる旧城下町で、市街地を縦横に河川や堀割がめぐり、水の都とも呼ばれる。

松江城とその城下町は慶長一二年（一六〇七）から慶長一六年にかけて築かれた。松江城は宍道湖に面する亀田山という低丘陵地に築かれ、城下町は宍道湖畔の水田や湖沼が広がる場所につくられた。松江城を囲む堀割のなかの内山下と呼ばれる地域（殿町等）は上・中級の武家地とされ、その東と北は中・下級の武家地、大橋側の南は町人地とされた。

城山の北側には内堀と外堀を兼ねる広い堀があり、その湾曲する堀に面する北側は塩見縄手と呼ばれる。ここには今でも、享保一八年（一七三三）の大火の直後に建てられたとされる塩見畷《なわて》旧武家屋敷遺構（市指定）、武家屋敷長屋門（田部美術館）、小泉八雲《こいずみやくも》が明治二四年（一八九一）に借りて住んだ武家屋敷（史跡 小泉八雲旧居）等が並び、伝統美観保存区域に指定されている。（苅谷勇雅）

◎所在地・島根県松江市殿町、雑賀町
◎交通・・JR山陰本線松江駅よりバス15分
◎見所・・松江城。小泉八雲旧居。松江城東側の堀沿いに近年「松江歴史館」が開館。松江城の堀を小舟でめぐる「堀川めぐり」は人気がある。
◎問合せ先・松江市教育委員会文化財課
☎0852-22-5880

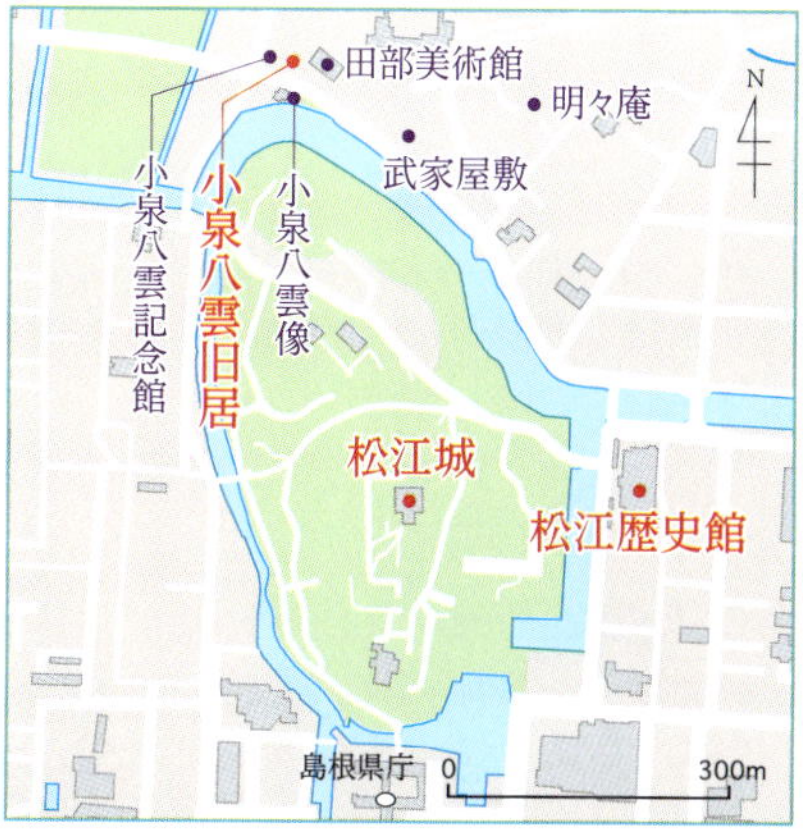

旧藩校養老館（現津和野町民俗資料館）

津和野町《つわのちょう》 津和野《つわの》【武家屋敷】

文豪・森鷗外の原風景となった町並み

重要伝統的建造物群保存地区
選定 平25・8・7

津和野は、平成二五（二〇一三）年八月七日に重要伝統的建造物群保存地区に選定された。もともと山紫水明で山陰の小京都と称されるように、周囲を山々に囲まれ、津和野川の清流と調和した町並みが美しい。明治の文豪・森鷗外《もりおうがい》や明六《めいろく》社を組織した西周《にしあまね》の故郷としても知られている。

津和野の歴史は、永仁三年（一二九五）年に吉見《よしみ》氏が津和野城を築いたことに始まる。江戸時代の初め、元和三年（一六一七）年に藩主となった亀井氏によって城下町の整備が行われ、元禄年間（一六八八〜一七〇四）にほぼ完成する。

津和野城は町の南側に築城された山城であり、城跡は現在、国の史跡に指定されている。山上には石垣や堀、山麓には馬《ば》場《ば》先櫓《さきやぐら》や物見櫓《ものみやぐら》が現存しており、往時をしのばせる。

ネオ・ゴシック様式の
カトリック教会

◎所在地・島根県鹿足郡津和野町
◎交通・・JR山口線津和野駅下車、徒歩10分
◎見所・・津和野町民俗資料館、カトリック教会、津和野町役場が建ち並ぶ一帯は、江戸から近代にかけての津和野の町並みを今に伝える。旧城下町の南側には西周旧居、森鷗外旧宅が残されている。
◎問合せ先・津和野町郷土館
☎0856-72-0300

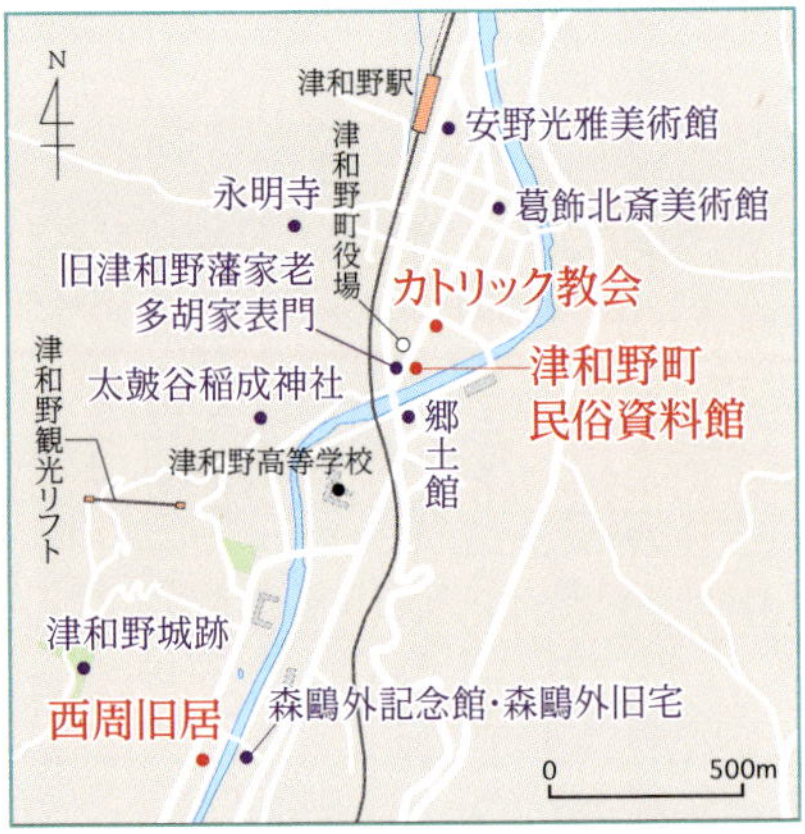

豪商の石州瓦葺きの町家群

旧津和野藩家老多胡家表門

藩主屋敷は現在の津和野高校の位置に置かれ、その周辺が武家地になっていた。森鷗外と西周の旧居は津和野川をはさんで相対して建っており、当時の面影をいまに伝えている。とくに国指定史跡の西周旧居は、安政元年（一八五四）に再建された茅葺きの古民家で、武家屋敷の旧態をよく示している。

一方、曲がりくねった津和野川の北側、殿町一帯には、藩校養老館跡、筆頭家老多胡《たご》家の表門と番所土塀といった近世城下町の遺構と、カトリック教会、津和野町役場といった近代以降の遺構が共存している。藩校養老館は、津和野から多くの人材を輩出する土壌をつくった。ここで学んだ森鷗外は、一一歳で津和野を離れたのち、二度と故郷に戻ることはなかったが、終生の思い出の地となったという。津和野町役場は、大正八年（一九一九）築の旧鹿足《かのあし》郡役所を転用したもので、千鳥破風《ちどりはふ》の玄関がつく近代和風の建物である。カトリック教会は、昭和四年（一九二九）に建てられたネオ・ゴシック様式の教会で、正面にはフランシスコ・ザビエルの所属していた修道会の紋様をあしらっている。

旧山陰道が貫く本町には、酒屋をはじめ、豪商の町家が建ち並んでいる。平入《ひらいり》・切妻《きりづま》の屋根が大半で、赤褐色の石《せき》州瓦《しゅうがわら》で葺かれた屋根と白い漆喰《しっくい》の壁面とのコントラストが商家の町並みを彩っている。豪商の町家には土蔵が設けられており、屋根には石州瓦、壁面には白い漆喰と海鼠壁《なまこかべ》が使われ、町家との調和がとられている。

津和野では、江戸時代の津和野城や武家屋敷、石州瓦の町家に加え、近代以降の遺構も大切に受け継がれている。それらをめぐる景観も、電線の地中化や路面の改良、鯉の泳ぐ水路の継承、蒸気機関車の復活、建物や周囲の自然と調和した土木構造物の建設といったこれまでのたゆみない取り組みによって整備されてきている。津和野の町を歩くとき、こうした重層性の魅力に、あらためて気づかされる。（中野茂夫）

岡山市《おかやまし》足守《あしもり》〔陣屋町〕

足守川の豊かな水を引き入れた池泉庭園

街道沿いの足守の町並み

藤田千年治邸（資料館）

足守地区は、岡山市の北西部に位置し、豊臣秀吉の正室ねねの兄、木下家定がこの地を治め、その後明治に至るまで足守藩2万5000石の陣屋町を形成したところである。

地区内の町並み保存は、昭和六一年（一九八六）に建設省の地域住宅計画（HOPE計画）の指定を受け、平成元年（一九八九）から20年間にわたって、60件を超える改修・修復が県や市の助成も受けながら行われた。

町家の特徴は、2階はなまこ壁と白漆《しろしっ》喰《くい》壁に虫《むし》籠《こ》窓《まど》、1階は白漆喰壁に腰下見《したみ》板張《いたば》りまたは羽目板張りで、窓は繊細なデザインの平格子《ひらごうし》または出格子《でごうし》となっている。

足守町並み保存地区の北端には足守藩主木下家の庭園、名勝「近水園《おみずえん》」があり、すぐ近くに明治の歌人木下利玄《りげん》の生家がある。町並みに沿うように流れる足守川はホタルの生息地としても知られ、豊かな自然のなかに、歴史と伝統を大切に守った情緒あふれる町並みが続く。（中村泰典）

◎所在地・岡山県岡山市北区足守
◎交通・・JR岡山駅から中鉄バス50分
◎見所・・足守藩主木下家の庭園、県指定名勝の近水園。足守藩家老杉原家旧邸宅である侍屋敷。江戸時代の蘭学者・緒方洪庵誕生地。元この地にあった商家を改造した観光情報センター。
◎問合せ先・岡山市教育委員会文化財課
☎086-803-1611

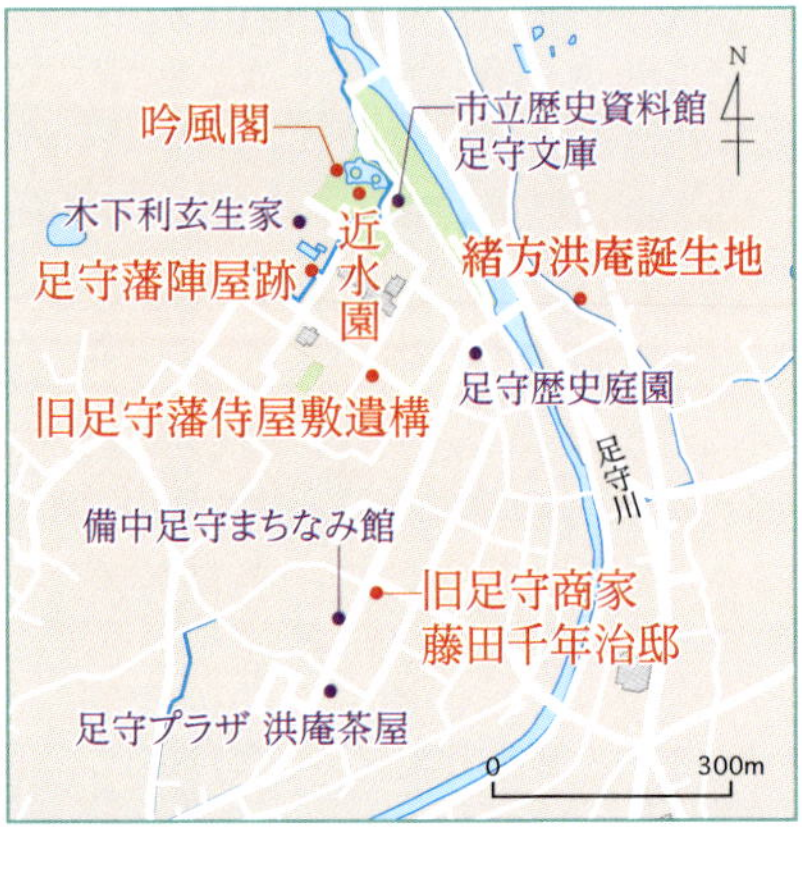

高梁市《たかはしし》旧城下《きゅうじょうか》〔城下町〕

土塀と白壁がそのまま残る石火矢通り

武家屋敷旧折井家。後方の山上に備中松山城が建つ

武家屋敷旧埴原家。後方に折井家・御根小屋跡・松山城

高梁は、鎌倉時代の延応二年(一二四〇)に地頭《じとう》秋庭《あきば》氏が、臥牛山《がぎゅうざん》の大松山に城を築いたことに始まる。天和三年(一六八三)池田長幸《いけだながよし》(姫路城を築いた池田輝政《てるまさ》の弟の家系)が松山藩主となり、城下を必要な規模に拡張する。この池田時代の城下の町割や町(丁)名が現在まで継承されている。建築物の特徴の第一は松山城(国重要文化財)である。現在の城は元和三年(一六八三)に水谷《みずのや》氏により大修理が行われたものが基本になっている。山麓の御根小屋(政庁・御殿)跡も堅固な石垣を残す。第二は武家屋敷である。石火矢町には旧折井家(武家屋敷館)と旧埴原《はいばら》家が公開されている。第三が寺町で、遠州の庭を残す備中の安国寺頼久寺《らいきゅうじ》等が残る。第四が商人町である。舟運で栄えた本町・下町の特徴は、平入《ひらいり》で1階と2階の外壁面が揃い、軒に絵様持ち送りがつく点である。大規模町家の池上醤油店の南部分は町家資料館として公開されている。(渋谷俊彦)

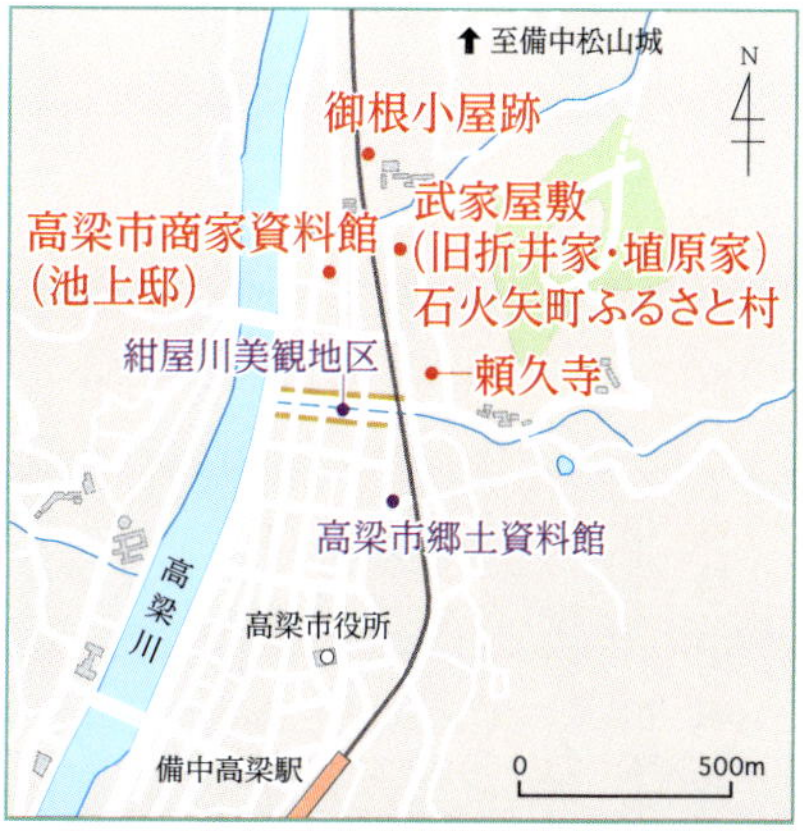

◎所在地・岡山県高梁市石火矢町
◎交通・・JR岡山駅から倉敷駅経由で特急で35分。備中高梁駅下車、徒歩10分で旧城下の南端に至る。
◎見所・・山上に聳える備中松山城、山麓に広がる御根小屋(藩政庁)、武家町と商人町等、城下町の総体が残っている。石火矢町一帯は岡山県石火矢町ふるさと村。岡山県高梁景観モデル地区として平成二年(一九九〇)指定。
◎問合せ先・高梁市教育委員会社会教育課
☎0866-21-1516

岩国市《いわくにし》城下町と錦帯橋《きんたいきょう》〔城下町〕

木造大アーチの錦帯橋が結ぶ武家屋敷と重厚な町家群

錦帯橋の五連木造アーチ橋(名勝)。延宝5年以来架け替えをくりかえしてきた

岩国は山口県の東部に位置し、かつての周防国の玄関口であり、安芸国(現在の広島県)との境界にあたる。

関ヶ原の戦いの後、吉川広家《きっかわひろいえ》は毛利輝《もうりてる》元《もと》の領地内に3万石の地を分知されると、慶長六年(一六〇一)から岩国城と城下町の建設に着手した。錦川の右岸、北西側の横山の頂きに岩国城を構え、麓には御土居《おどい》と呼ばれる居館や諸役所を設けて内堀を配し、その周囲に上級武士の居住区を置いた。錦川を天然の外濠とする、防御を最重要視した構えであった。

岩国城は元和元年(一六一五)の一国一城令により破却され、以後は御土居に陣屋が置かれた。一方、錦川の左岸、南東側の氾濫原を分流と惣土手《そうどて》築造により屋敷地を確保し、広い範囲に中・下級武士の屋敷地や町家を置いた。現在の岩国(錦見《にしきみ》)地区である。

城下町の両地区を結ぶには錦川に恒久的な橋を必要としたが、錦川は川幅約200mに及ぶ山口県最大の河川であり、幾度かの架橋と流失をくりかえした。一七世紀後半に至って、川中に石積橋脚を築造して、その上に刎木《はねき》の桁《けた》を重ねながら迫《せ》り出し帯鉄《おびてつ》で束ねた桁組を載

◎所在地・山口県岩国市岩国・横山
◎交通・・JR山陽本線岩国駅からバス20分
◎見所・・旧目加田家は中級武士住宅。岩国徴古館(煉瓦造平屋建)。
◎問合せ先・岩国市教育委員会文化財課
☎0827-41-0452

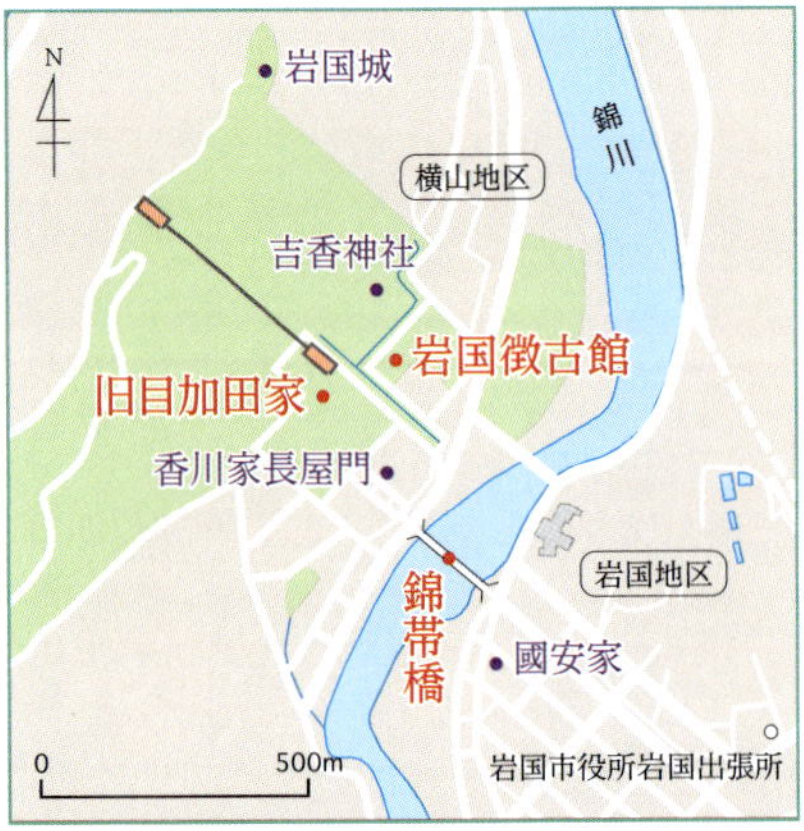

岩国地区本町筋。つし二階の町家が続く。右端は國安家住宅　嘉永3年（1850）以前

せるという画期的な桁組構造が考案され、延宝元年（一六七三）日本で初の木造アーチによる五連の反《そ》り橋、錦帯橋が創建された。繊細で優美な意匠を見せながら、約20間《けん》という伝統工法の木造アーチとしては世界最大の径間を実現したものである。以後、その原型を保持しながら幾度も架け替えをくりかえし、今日まで伝えられている。

横山地区の居館や武家屋敷地区は公園となり、濠跡が残るとともに、岩国藩主歴代の神霊を祀る享保一三年（一七二八）建立の吉香《きっこう》神社が明治一八年（一八八五）に旧居館跡に曳家された。また、一八世紀前半の中級武士の旧目加田家住宅、元禄五年（一六九二）に建築された岩国藩家老香川家の長屋門他、近代に建設された吉川家関係の建築も多く残されている。

岩国地区（錦見地区）は、岩国城下町の中心にあたり、錦帯橋からまっすぐ大明小路（大手通）を通し、その両側と北東部の山手、湾曲して回り込む錦川沿いの南西部等に武家地を配し、その間に町人地を設けた。街区は縦60間、横30間を基本とする碁盤型で、構成は現在までほぼ踏襲されている。この街路に沿って武家地の主屋や門、また町家や寺院等が広範囲に分布しており、全体として江戸時代から近現代までの城下町由来の町並みを感得することができる。（苅谷勇雅）

岩国地区の町並み。魚町南。つし2階の町家が続く

横山地区の旧目加田家住宅。18世紀前半の中級武士住宅。重要文化財

岩国地区の町並み。登富町南。虫籠窓と格子が残る町家

木戸孝允（桂小五郎）旧宅と江戸屋横丁の町並み

呉服町筋に面する菊屋家住宅。主屋は17世紀中頃。重文。右は菊屋横丁

萩市《はぎし》 萩城城下町《はぎじょうじょうかまち》【城下町】

桂小五郎旧宅等が集まる日本近代の揺籃の地

近世城下町としての萩は、関ケ原の戦後、毛利輝元《もうりてるもと》が広島から移り、指月山《しづきやま》に城を築き、町割を行ったことに始まる。「史跡　萩城城下町」は、萩城の外堀の東外側で、北を東西路である呉服町筋（御成道）、南を慶安橋筋に囲まれ、これと直交する西から菊屋横丁、伊勢屋横丁、江戸屋横丁の南北通りからなる約4・5haの範囲である。重要伝統的建造物群保存地区の「堀内地区」はこの西方で、外堀の内側にある。

呉服町筋の菊屋横丁との交差するあたりの北側には豪商の旧久保田家、南側には菊屋家住宅（重文）がある。いずれも間口《まぐち》の広い豪壮な町家である。菊屋横丁沿いには高杉晋作《たかすぎしんさく》誕生地等があり、江戸屋横丁沿いには木戸孝允《きどたかよし》（桂小五郎《かつらこごろう》）旧宅、蘭学医者の青木周弼《しゅうすけ》旧宅の武家屋敷が並ぶ。

これらの横丁は海鼠壁《なまこかべ》や板壁の建物、白壁の土塀が続き、これらを覆うような豊かな樹木や山の緑とともに、城下町の風情を色濃く伝えている。（苅谷勇雅）

◎所在地・山口県萩市呉服町・南古萩町
◎交通・・JR山陰本線玉江駅から徒歩20分、または萩バスセンターから市内循環まぁーるバスに乗り換え萩博物館前バス停下車、徒歩5分
◎見所・・菊屋家住宅、旧久保田家住宅、木戸孝允旧宅、青木周弼旧宅等。
◎問合せ先・萩市観光課
☎0838-25-3139

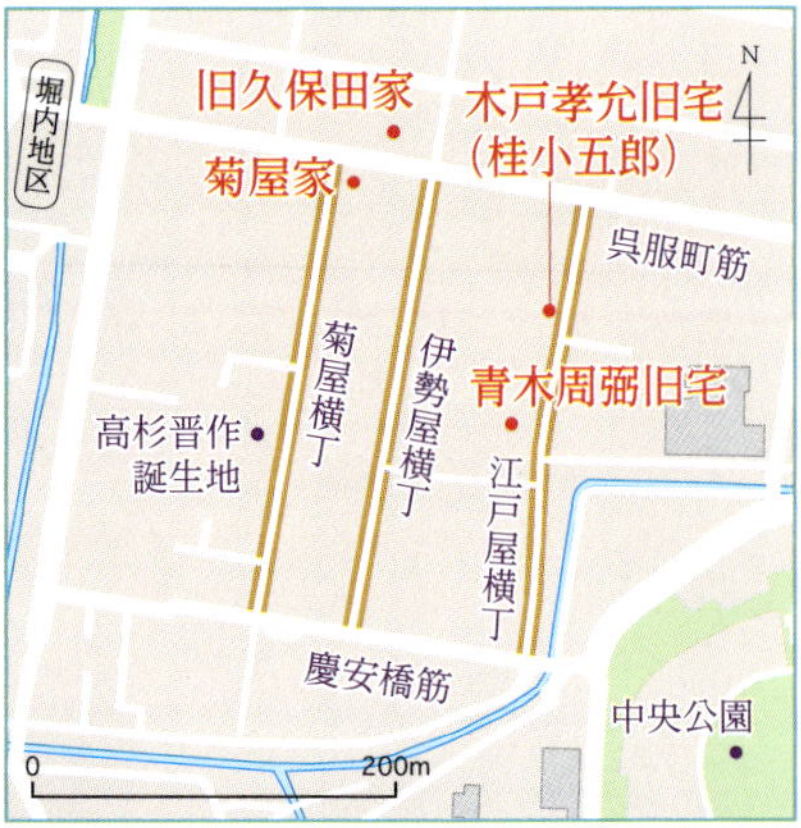

石積み塀が連続する浜の町通り。下部が藩政期の土塀や長屋門の基礎、上部は夏みかん畑の風除けとして後に築かれたもの

萩市《はぎし》堀内地区《ほりうちちく》

萩の歴史を語る土塀と夏みかんの町並み

【武家町】

重要伝統的建造物群保存地区
選定 昭51・9・4

萩城下町は、関ヶ原の戦いに敗れ、周防・長門36万石に減じられた毛利《もうり》輝《てる》元《もと》が、日本海に面した阿武川河口の三角州を新たな拠点に選び、慶長九年（一六〇四）に築城を開始したことに始まる。城下町は、海に突き出した指月山《しづきやま》山麓の本丸を中心に二の丸、三の丸が取り囲み、その周囲の三角州一帯に町人地や寺社を配するなど、天然の地形や川を利用した巧みな町割が行われた。

このうち、巨大な外堀の内側にあることから「堀内」と呼ばれた三の丸には、永代家老・寄組《よりぐみ》など藩の重臣の広大な屋敷や、藩の重要な役所が集中的に配置され、萩藩の中枢機能を担い、城下との行き来は3つの総門のみに限られていた。

広大な屋敷の中央には、庭園に面した座敷や式台玄関を備えた主屋や書院、土蔵が建ち並び、屋敷周囲を本瓦葺きの土塀で囲み、正面に立派な長屋門を構えた。とくに、藩主が通行する「御成道《おなりみち》」沿いには、藩主一門などの重臣の屋敷が整然

◎所在地・山口県萩市堀内
◎交通・・JR山陰本線玉江駅から徒歩15分、または萩バスセンターから市内循環まぁーるバスに乗り換え萩博物館前バス停下車、徒歩1分
◎見所・・堀内の東辺の復元整備された8間幅の外堀周辺は、散策路にもなっている。一部には、土塁や巨大な北の総門も復元され、この門をくぐれば、土塀や長屋門が点在する景観が広がる。
◎問合せ先・萩市観光課
☎0838-25-3139

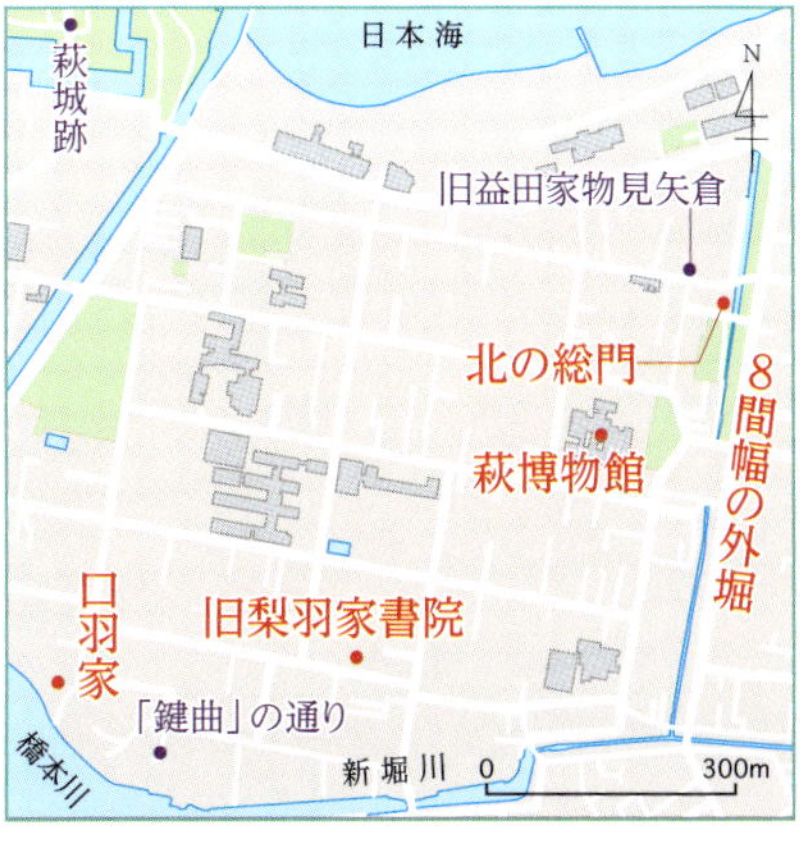

萩市民や観光客に親しまれている、通称「鍵曲(かいまがり)」と呼ばれる鍵の手状に折れ曲がった街路

と並び、通りの両側に続く土塀と長屋門、矢倉が壮麗な景観を演出した。

ところが、幕末を迎えた萩藩は、交通の要衝でもある山陽側の山口に藩庁を移し、萩は城下町ではなくなった。藩の重臣は山口に移り住み、主を失った屋敷にある建物の大半は解体され、堀内は一転して広大な空き地となった。こうした状況を憂えた旧萩藩士により商品栽培が始まった夏みかんは、当時は柑橘類が貴重であったこともあり、その加工菓子も含めて近代の萩を支える一大産業にまで発展した。堀内の広大な屋敷跡は、土質や気候が適していたことに加え、屋敷を取り囲む土塀が果実を守るための絶好の風除けであったことから、あたり一面が夏みかん畑へと変容した。学校や病院など一部に近代施設が設けられたものの、大半の旧屋敷地は夏みかん畑として昭和中期まで安定して維持された。

戦後の高度経済成長期を迎えると、新幹線のキャンペーンや女性ファッション誌の萩・津和野特集などにより、この

堀内と城下を分ける外堀と復元された北の総門と土塁(国指定史跡　萩城跡の一部)

上級武家の名が記された絵図(左)と一面に果樹園(夏みかん畑)が広がる昭和中期の都市計画図(右)(萩博物館所蔵)

旧益田家物見矢倉。通りに面して長屋門などが点在する

「土塀と夏みかん」の景観が注目され、多くの観光客が押し寄せるようになったが、逆に開発により土塀が次々と崩される事態となった。そこで、昭和四七年（一九七二）に萩市歴史的景観保存条例を制定し、萩市独自の町並み保存に乗り出し、昭和五一年（一九七六）に、同じ萩市の平安古《ひやこ》とともに全国最初の国の重要伝統的建造物群保存地区のひとつに選定され、現在まで営々と町並み保存が続けられてきた。

　現在の堀内には多様な形式の土塀・石積みを見ることができる。藩政期に築かれた本瓦葺き土塀は、その基礎に使われている石材や積み方、表面仕上げについて、位置や時代によってさまざまなバリエーションが見られる。また、近代に入り夏みかんの風除けとして築かれた石積みは、かつての武家屋敷の建物の礎石や庭石を農夫が野面《のづら》積みしたものである。またこれらが藩政期の土塀や長屋門の基礎の上に積まれているものや、さらにその上に土を載せて屋根を葺き土塀風にしたものなど多様な形式が混在する。こうした土塀・石積みとともに武家屋敷の遺構である口羽家《くちばけ》住宅（国指定重要有形文化財）や旧梨羽家《なしばけ》書院（山口県指定有形文化財）などが遺されているほか、長屋門や矢倉が点在している。また、堀内の東辺に接する外堀は幕末期の姿に復元されている。

武家屋敷に由来する土塀と近代の萩の特産となった夏みかんの木が織りなす風景

　このように、藩政期の重臣屋敷から近代を通じて夏みかん畑に転用されるなかで築造された多様な土塀や石積みとともに、藩政期の長屋門や外堀などの遺構が保存され、これらが一体をなし、堀内の歴史的経緯が重層的に反映された独特の景観を今に伝えている。（大槻洋二）

萩市《はぎし》平安古地区《ひやこちく》〔武家町〕

鍵曲土塀を囲む水辺の屋敷跡

重要伝統的建造物群保存地区
選定 昭51・9・4

旧田中別邸の「五松閣」。手前には舟入りが設けられ、2階座敷から橋本川が一望できる

日本海に面した阿武川河口の三角州に広がる萩城下町は、その立地ゆえにつねに水と戦い、これを制することがまちづくりであったが、一方においてこの水を舟運や農業用水などに活用するとともに、庭園に水を引き入れ、水辺の景観を楽しむ庭園や建築をつくるなど、水に親しむ文化を生み出した。とりわけ、橋本川沿いには藩主の別邸や重臣たちの下屋敷などが置かれた。

平安古は、三の丸であった堀内の南辺に位置する平安古の総門から南側一帯の町人地や中下級武家屋敷などが広がる範囲を指すが、伝統的建造物群保存地区である平安古は、橋本川沿いの重臣の下屋敷などが展開する一部分である。

地区の中心は、途中で二度、鍵状に折れ曲がり、その両側を土塀で囲まれているため見通しが利かない通称「鍵曲《かいまがり》」と呼ばれる通りが貫く。周囲の屋敷には、橋本川から水路を設け、自らの庭園に水を取り入れた旧児玉家の池泉式《ちせんしき》庭園の一

◎所在地・山口県萩市平安古町

◎交通・・JR山陰本線玉江駅から徒歩15分、または同駅から市内循環まぁーるバスに乗り換え保健センターバス停下車、徒歩3分

◎見所・・塀に囲まれた鍵曲を歩いて散策しながら、旧児玉家庭園や旧田中別邸を巡るとさまざまな景観の変化が楽しめる。また、萩八景遊覧船上から見る橋本川からの景観も美しい。

◎問合せ先・萩市観光課
☎0838-25-3139

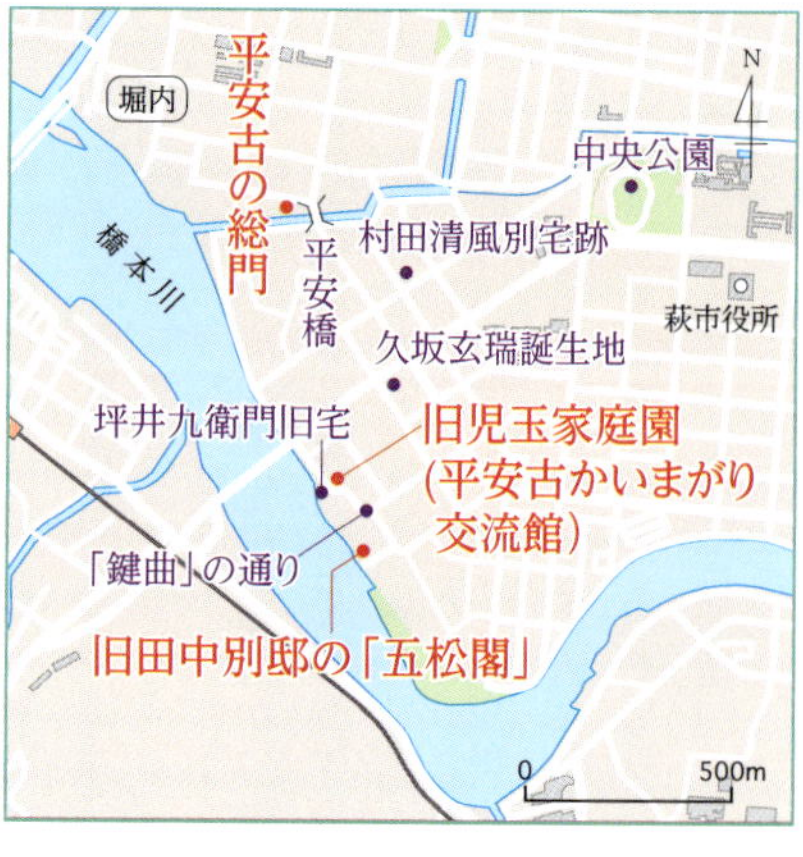

土塀が屈曲する鍵曲

部が遺されるほか、旧田中別邸（もと毛《もう》利《り》筑前守下屋敷）には直接に舟で川に出入りするための舟入りがある。

　このように藩政期には庭園をもつ豊かな屋敷が広がった平安古も、堀内と同様に幕末に藩庁が山口に移り、重臣たちが去ったあとには広大な屋敷跡と緑を失った士族たちが残された。この状況を憂えた旧萩藩士の小幡高政《おばたたかまさ》が、旧毛利筑前守下屋敷跡において夏みかんの商品栽培を始め、これが堀内など他の屋敷跡にも広がり、近代の萩を支える一大産業にまで発展した。こうして萩を代表する「土塀と夏みかん」の景観が生み出された。

　また、平安古には比較的規模が小さいものの、土塀や長屋門とともに、主屋や茶室、土蔵などが遺されている坪井九衛門旧宅があるほか、旧田中別邸には、萩出身で陸軍大臣などを歴任し、昭和初期の内閣総理大臣となった田中義一《ぎいち》により、二階座敷を備えた「五松閣」と呼ばれる邸宅が建築された。義一はここから橋本川の景観を愛で、庭園の舟入りより橋本川に繰り出し舟遊びに興じ、萩のひとときを楽しんだ。

萩の二大祭礼のひとつである金谷祭りに奉納する平安古備組奴行例。土塀の町並みに溶け込む伝統行事である

　平安古は、重臣の屋敷跡の広がる堀内とともに、昭和五一年（一九七六）に全国最初の国の重要伝統的建造物群保存地区のひとつに選定され、現在まで営々と町並み保存が続けられてきた。

　水辺に開かれた地の利をいかし、江戸時代には重臣たちの下屋敷などが置かれた平安古は、その後、夏みかん畑に転用されながらも、鍵曲を中心に土塀や長屋門などの建築物と、これらと一体をなす庭園や松の巨木などが豊かな歴史的風致を保っている。（大槻洋二）

下関市《しものせきし》長府《ちょうふ》〔城下町〕

土塀と緑が織りなすロマンあふれる城下町

武家の重厚感を感じさせる菅家長屋門

高低差のある「切り通し」の町並み

下関市の中心部から東に位置し、鎌倉時代から長府国の中心として栄えたこの地域は、関ヶ原の戦い以後、毛利《もうり》秀元《ひでもと》が城主となり城下町長府が整備された。

城の近くから上級武士、中・下級武士と屋敷地が配され、現在は、国道9号から西側の山手に、城下町の歴史を今に伝える町並みが残されている。

古江小路等多くの通りでは、高い土塀が連々と続き、塀越しには庭木の緑が繁茂している。また、長府中学校から毛利邸にかけて高低差がある「切り通し」と称される通り等、城下町内の通りでは、丘陵地の城下町として緩やかに起伏のある坂道を通して、土塀の連なる町並みに変化を与えている。

土塀は、基礎の石積みに土壁を築いた上に小屋根を架け、仕上げには漆喰《しっくい》等を用いず荒壁のままを見せるものが多いのが特徴である。また、侍医《じい》兼侍講《じこう》職として仕えた菅《かん》家の長屋門等、重厚感のある長屋門も多く残され、門・塀・緑があいまって武家屋敷地としての風格を今なお感じさせている。（秋月裕子）

◎所在地・山口県下関市長府古江小路他
◎交通・・JR長府駅下車、バス6分、またはJR下関駅下車、バス20分
◎見所・・武家の重厚感を感じさせる菅家長屋門。水辺景観が美しい壇具川。町の各所にある緩やかな坂道など。
◎問合せ先・長府観光協会
☎083-241-0595

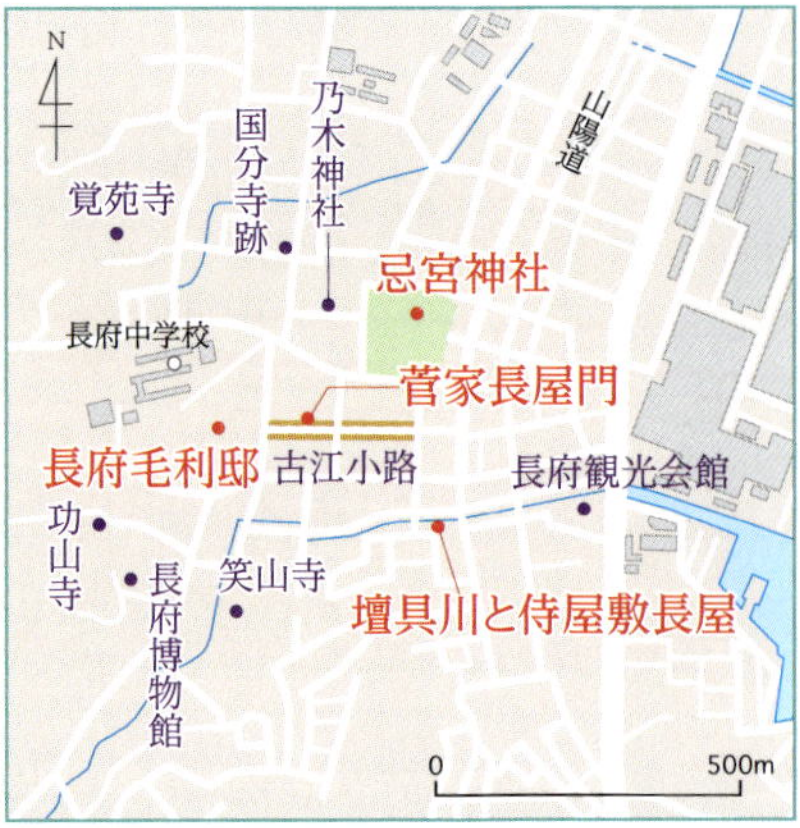

安芸市《あきし》土居廓中《どいかちゅう》

【城下町】

生垣や土塀に囲まれた静寂な武家屋敷群

重要伝統的建造物群保存地区
選定 平24・7・9

土居廓中の武家屋敷。道路両側の石垣上に石を含んだ土塀や生垣が続く

安芸市は高知県の東部に位置し、安芸平野を南流する安芸川の河口に市街地が広がる。土居廓中は安芸市街地の北方約2㎞にあり、安芸平野の中央、安芸川の西岸に位置し、中世から近世にかけて整備された安芸土居《どい》（安芸城）およびその周囲の武家地からなる。

鎌倉時代の末期以降、安芸一帯は安芸氏が支配したが、永禄一二年（一五六九）に長宗我部元親《ちょうそかべもとちか》によって滅ぼされ、土居には元親の弟親泰《ちかやす》が入封《にゅうほう》し安芸を治めた。慶長五年（一六〇〇）の関ヶ原の合戦後、長宗我部に代わって土佐に入封した山内一豊《やまうちかずとよ》は、東西に広い土佐を統治するため5カ所の土居に家老や重臣を配し、安芸には五藤為重《ごとうためしげ》を配した。

五藤氏は、安芸の町割において北東寄りに土居及び屋敷を構え、堀を隔てて主として南側および西側に武家地を配した。町人地は、武家地と離れて、約2㎞南の安芸浦およびその途中の街道沿いに形成された。武家地は土居の大手門前に通された東西通りと、この通りと直行す

◎所在地・高知県安芸市土居廓中
◎交通・・土佐くろしお鉄道安芸駅下車、徒歩30分
◎見所・・藩政時代の地割や狭い道等の特徴をよく残し、手入れの行き届いた生垣や玉石・瓦でつくられた練塀などに地域性が見られ、とくに四ツ辻と呼ばれる交差点の景観は見応えがある。
◎問合せ先・安芸市立歴史民俗資料館
☎0887-34-3706

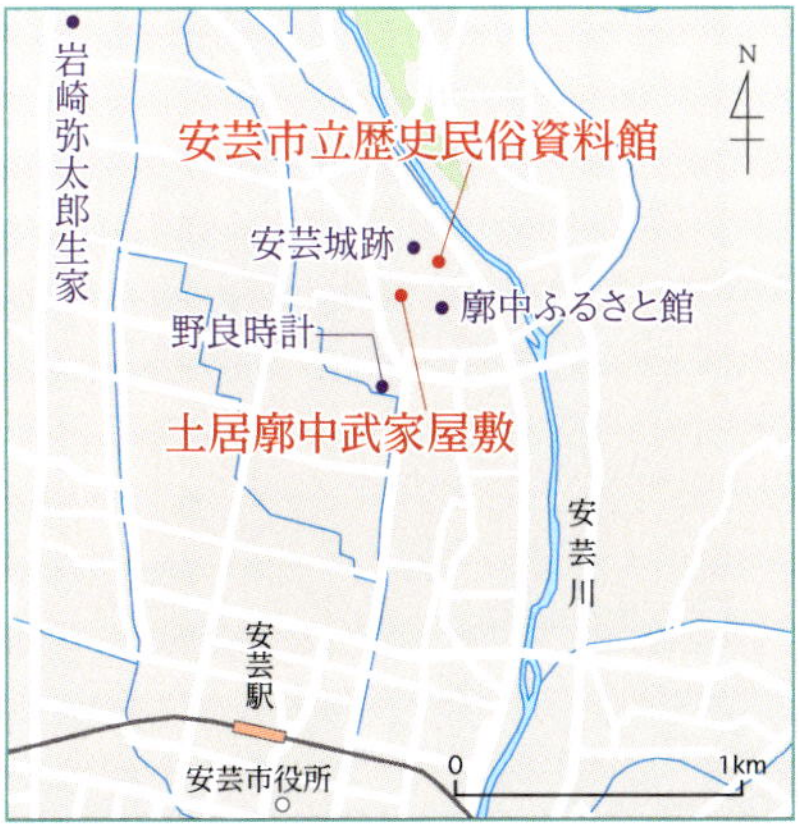

生垣の見える南北通り

る西寄りの南北通りによって構成され、この交差点を四ツ辻と呼んだ。武家地南端の通りに面して規模の大きな屋敷を配し、東西通り周辺にこれに次ぐ屋敷を、南北通りの北半に小者や足軽などの小規模な屋敷を配した。

これらの町割等が整備されたのは一八世紀後半と考えられ、明治二年（一八六九）には、土居の廃止にともなって五藤家の屋敷は破却され、明治以降から土居と郭内の城下である廓中を合わせて土居廓中と称されるようになり、現在では先の5カ所の土居のなかで、江戸時代の土居の様子を伝えるのは安芸の土居廓中のみとなり、貴重な存在となっている。明治以降、一部の区画に変化があったが、おおむね近世武家地の町割を維持し、約40戸の武家屋敷が残る。

屋敷の周辺には生垣や土塀が築かれ、出入口に薬医門《やくいもん》や腕木門《うでぎもん》を置く家もある。生垣はドヨウダケやウバメガシ等が植えられ、土塀は玉石や瓦を練り込んだ練塀《ねりべい》とするなど、藩政時代の通りの景観をよく伝える。主屋は平屋建て、入《いり》母屋造《もやづくり》、桟瓦葺きとするものが多く、右瓦や左瓦を葺き分けるなど多様な屋根形式が見られる。間取は主として4間取りとし、釜屋を角屋で突出させ、庭に面して座敷、次の間、背面に居間、納戸を配し、古い形式では式台玄関を構え、沓脱《くつぬ》ぎと称する普段の出入口を玄関とは別につける形式が見られる。

土居廓中は、整然と並ぶ旧武家屋敷に江戸時代末期から昭和戦前期の家屋が残り、とくに生垣や土塀等に往時の武家屋敷の歴史的景観を見ることができ、価値が高い。（江面嗣人）

南端通りの瓦練塀。「のし瓦」を積み上げて水切りをよくした土塀

嘉永3年（1850）建設の秋月城址の長屋門

朝倉《あさくら》市秋月《あきづき》〔城下町〕

山間の小盆地に静かにたたずむ城下町

重要伝統的建造物群保存地区
選定 平10・4・17

旧秋月街道を甘木《あまぎ》から北上すると緩やかな美しい円弧を描く御影石の目鏡橋が現れる。筑前の小京都と呼ばれる城下町秋月の入口にふさわしい姿が、町並みへの期待を高める。

古処山《こしょさん》城を本拠地とした秋月氏が秀吉により移封《いほう》され、慶長五年（一六〇〇）に筑前国藩主となった黒田長政《くろだながまさ》の叔父直《なお》之《ゆき》に秋月は与えられた。その後、元和九年（一六二三）に長政の三男長興《ながおき》が5万石を分与され福岡藩の支藩・秋月藩が成立した。翌年には古処山麓の小盆地に縄張りが行われ城下町としての骨格ができあがった。文政二年（一八一九）の城下絵図には盆地の中央を西流する野鳥川をはさんで、南に陣屋（秋月城）と上級武家地、北に町人地と下級武家地、周辺の高台に寺社が描かれている。東西と南北の街道出入口には桝形《ますがた》と番所を配し、小規模ながら城下町としての明快な構造をもつ。

明治になると武家地の多くが田畑へと

◎所在地・福岡県朝倉市秋月
◎交通・・甘木鉄道甘木駅または西鉄甘木線甘木駅下車、秋月行きバス15分、秋月下車すぐ
◎見所・・秋月城址には、堀や石垣、瓦坂、長屋門等が残り、武家地には茅葺き武家住宅が、町人地には土蔵造町家が現存し、城下町の雰囲気が味わえる。城下出入口の目鏡橋も見事。
◎問合せ先・秋月観光協会
☎0946-25-1335

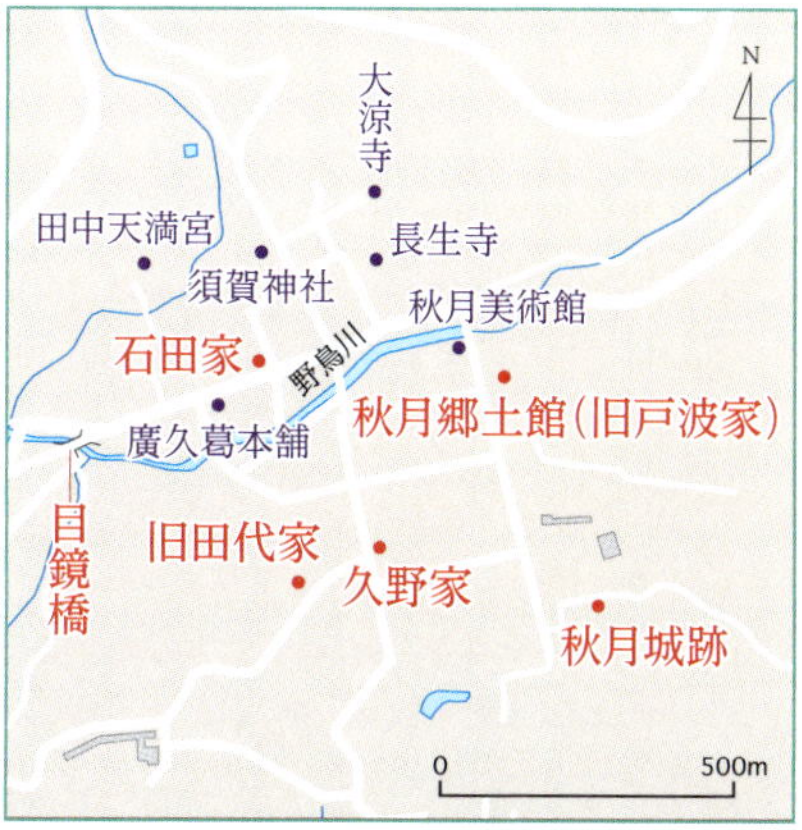

家老職を務めた旧戸波半九郎家

転じたが地割、街路、水路網等の城下町としての構造は現在までほぼ継承され、武家住宅、町家、社寺等の伝統家屋も各所に残されている点が評価され、平成一〇年（一九九八）に重要伝統的建造物群保存地区に選定された。

城下町の核である秋月城址に居館は現存しないが、城郭西面の堀と石垣、大手門の櫓跡、大手門へ至る瓦坂、長屋門が残り、隣接する垂裕《すいよう》神社には秋月城大手門を移築した黒門が残る。城郭西の杉の馬場通りには規模の大きい家老屋敷が置かれ現存する旧戸波家は寄棟《よせむね》茅葺きの主屋、土蔵、長屋門、庭園、土塀等が残り公開されている。主屋は後年の改修があるものの式台玄関等の上級武家住宅の特徴が残っている。町の南西部に所在する武家屋敷の久野家と旧田代家も公開されている。

街道沿いの町人地は間口《まぐち》3間半～四間半の短冊形の敷地で、江戸期に建てられた切妻《きりづま》か入母屋《いりもや》の妻入《つまいり》町家と明治以降の平入《ひらいり》の大型町家が混在する。正面に下屋《げや》庇《ひさし》を設け、2階は大壁造《おおかべづくり》、1階は真壁《しんかべ》造《づくり》の白漆喰《しろしっくい》仕上げとする場合が多い。主屋の奥に中庭、便所、風呂場、離れ座敷、土蔵を並べる。街道の北側では、庭園や座敷縁側下を水路が貫流し池泉式《ちせんしき》庭園をつくっている町家も多い。石田家は街道に面して西棟と東棟の町家を下屋庇でつなげる面白い造りで、西棟は宝暦の大火（一七六二）後すぐに再建され、東棟は寛政一一年（一七九九）に建てられた。

山間の小盆地に城下町としての建造物と文化が残り、自然環境に溶け込むようにたたずむ秋月は、現在も多くの人を惹きつける。（大森洋子）

西棟と東棟の下屋庇がつながった石田家

長崎から石工を招いて文化7年(1810)に築かれた目鏡橋

島原市《しまばらし》下ノ丁《したんちょう》・中ノ丁《なかんちょう》・古丁《ふるちょう》〔城下町〕

清らかな流れの水路と端整な石垣が残る武家屋敷

通りの中央を水路が流れる下ノ丁

鉤屋である慶応4年(1868)建築の山本家

島原の武家屋敷として知られる旧鉄砲町は、島原城外郭の西に足軽屋敷として、元和二年（一六一六）に入部した松《まつ》倉重政《くらしげまさ》が島原城築城とともに整備した武家地である。緩やかな東斜面に3本の通りを南北に通し、間口6間ほどの敷地を整然と割り付けた。城に近い方から下ノ丁、中ノ丁、古丁と称し、通り中央に湧水の水路を設け飲料水として利用した。

現在は下ノ丁の水路のみが残り、清流が独特な風情を醸し出す。通り両脇には石垣や生垣が連続し、緑豊かな前庭の奥に江戸時代の茅葺き住宅、明治以降の瓦葺き入母屋《いりもや》住宅が残る武家地らしい景観である。

下ノ丁北端に位置する山本家は通りに面して長屋門を設け、慶応四年（一八六八）建築の茅葺き鉤屋《かぎや》住宅は当時の姿をよく残している。座敷の東には観賞用の庭園を設け、その南は生垣で区画した畑がつくられ下級武士の質実な暮らしがうかがえる。下ノ丁には一九世紀前期建築の旧篠塚家、慶応三年の鳥田家の茅葺き武家住宅も残る。（大森洋子）

◎所在地・長崎県島原市鉄砲町
◎交通・・島原鉄道島原駅下車、徒歩15分
◎見所・・下ノ丁の通りを流れる湧水の水路や、生垣や石垣が美しい。下ノ丁の山本家、旧篠塚家、鳥田家は茅葺き武家住宅で当時の姿がよく残っている。
◎問合せ先・島原温泉観光協会
☎0957-62-3986

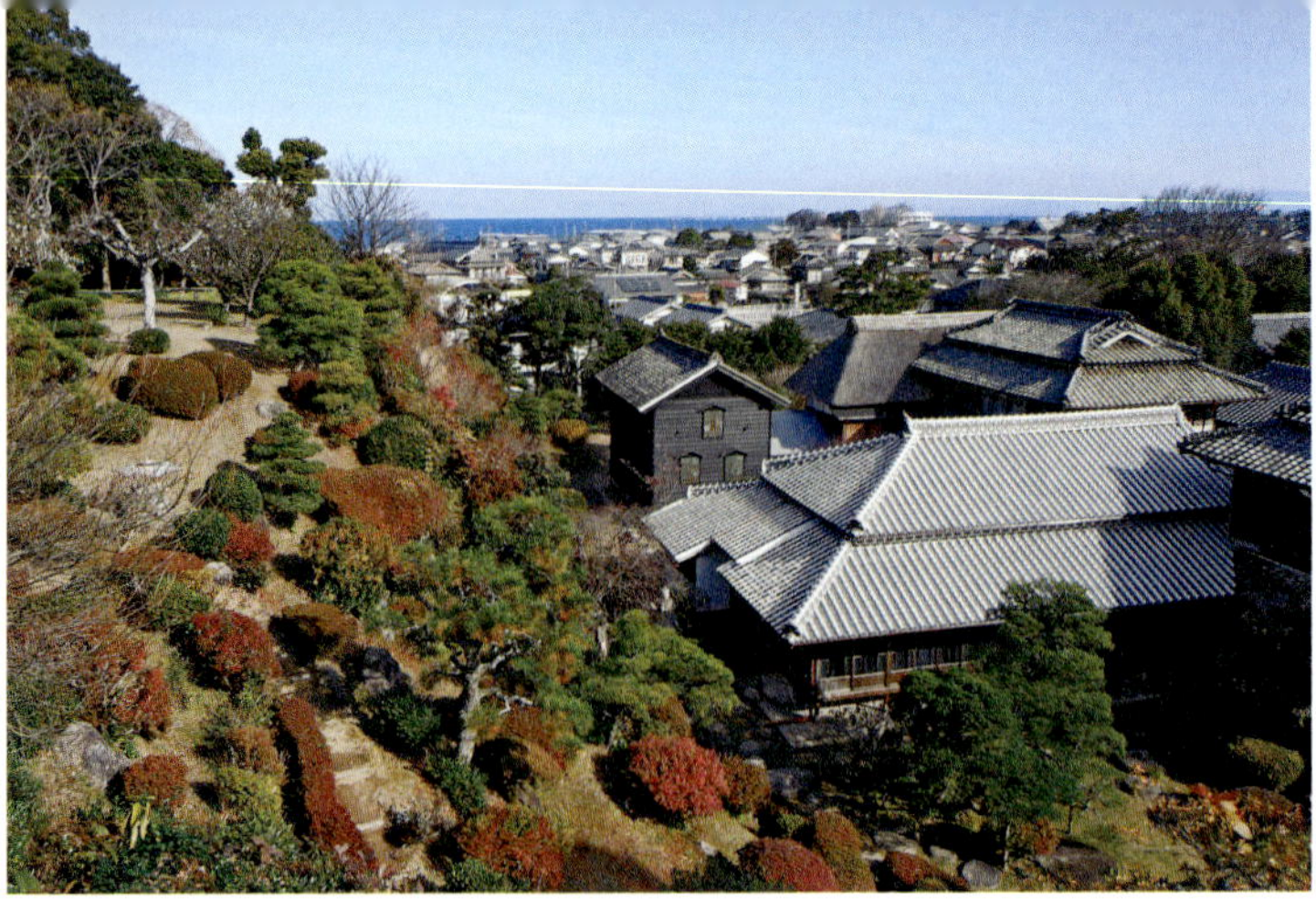

神代城東側の鍋島陣屋（柴崎孝光撮影）

雲仙市《うんぜんし》神代小路《こうじろくうじ》

美しい生垣と石垣に囲まれた陣屋と武家屋敷

【武家町】

重要伝統的建造物群保存地区
選定 平17・7・22

神代小路は島原半島北部に位置し、有明海に注ぐみのつる川河口に形成された武家屋敷である。神代港に臨む台地に神代城を構えていた神代氏滅亡後、その領地は天正一五年（一五八七）秀吉により鍋島直茂《なべしまなおしげ》の佐賀藩に編入された。その後、慶長一三年（一六〇八）に直茂の兄信房《のぶふさ》の領地となり佐賀藩の鍋島神代領が成立した。寛文三年（一六六三）の嵩就《たかなり》の代に神代へ居を移すこととなり、旧神代城膝下の東側に陣屋を構え、城の西側を流れていたみのつる川の流路を変えて外堀とした。その内側の湿地帯を埋め立て家臣団の屋敷地を造成し南北50m東西200mの小規模な武家地神代小路が成立した。川と神代城址に囲まれた神代小路に入るには桝形《ますがた》を配した3カ所の石橋を渡ることとなり、外部と明確に切り離されていた。

地区内は南北に走る2本の道路とそれらを東西につなぐ横道で明快に敷地が区画され、道路脇にはみのつる川より取水した水路が走る。鍋島陣屋がある本小路

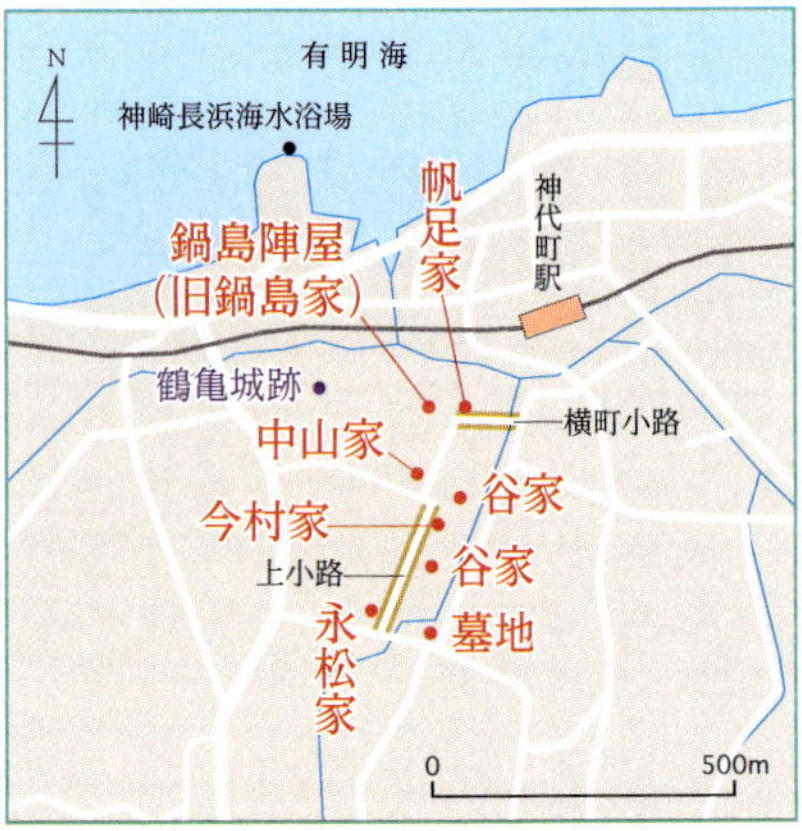

◎所在地・長崎県雲仙市国見町神代
◎交通・・島原鉄道神代町駅下車、徒歩10分
◎見所・・道路脇の水路と石垣や生垣が美しい。旧鍋島陣屋の長屋門・主屋・蔵などは重要文化財に指定されており広い庭園も見事である。茅葺きの永松家や中山家の門蔵（もんぐら）も地域の特徴を残している。
◎問合せ先・雲仙市教育委員会生涯学習課文化財班
☎0957-37-3113

鍋島陣屋の長屋門と石塀（柴崎孝光撮影）

と上小路の道路脇には現在も清流が流れ、石垣や生垣が整然と続く。石垣は切《きり》石亀甲積《いしきっこうづ》みや布積《ぬのづ》み、生垣は槙や矢竹が多く、美しく手入れされている。当時の地割がほぼ継承され、伝統家屋や石垣、生垣がよく残る町並みが評価され、平成一七年（二〇〇五）に重要伝統的建造物群保存地区に選定された。

神代小路の核となる鍋島陣屋は、表通りから30ｍも続く堂々とした切石亀甲積みの石塀の奥に長屋門を設ける。門を潜ると緋寒桜がある前庭の右手に唐破風《からはふ》の玄関をもつ主屋が建つ。この昭和五年（一九三〇）に建てられた主屋、明治中期の御座敷、江戸後期の隠居棟、明治後期の蔵、江戸末期の長屋門は重要文化財に指定され公開されている。城址斜面も利用した広大な庭園も見事である。

家臣団の住宅は、江戸期までは寄棟《よせむね》茅葺き真壁造《しんかべづくり》平屋建てで、道路に平行に棟を向け、道路側に式台玄関を設け、次の間、座敷が並ぶ武家住宅の特徴をもつ。地区南端に建つ一八世紀中頃に建てられた永松家がその典型である。明治以降は東西に棟を向けて南面する瓦葺き真壁造二階建ての住宅が建てられる。玄関は表通りの最も近い位置に配されなくなる。上小路の今村家がその例である。

水路より水を引き込んだ緑豊かな池《ち》泉式《せんしき》庭園が本小路と上小路に多く残る。川沿いの豊かな屋敷林は河川改修で大部分が失われたが神代川に面しては今も樹林が繁る。城跡の緑豊かな丘陵を背景に、武家地らしい静かに凜とした風情の町並みがたたずんでいる。（大森洋子）

通りに面して建つ中山家の門蔵（柴崎孝光撮影）

対馬市《つしまし》厳原《いづはら》【武家屋敷】

宗氏が治めた対馬藩城下町の町並み

宮谷の武家屋敷

今屋敷の防火壁

長崎県の最北端に位置する対馬は、中世以降、宗《そう》氏が治めてきた島である。一六世紀に拠点を置いた厳原町の今屋敷地区をはじめとする府中《ふちゅう》と呼ばれる港一帯は、近世に城下町として栄えた。

第三代藩主の宗義真《よしざね》は、万治二年（一六五九）と寛文元年（一六六一）の相次ぐ大火で焼失した城下町を復興するために、大規模な整備を実施した。防火対策と外交儀礼上の観点から、船渠築造などの港湾整備や、施政の拠点「桟原《さじきはら》城」の築城、居館「金石屋形《かねいしやかた》」の整備を行った。また、侍、町人、職人の居住区域を整理し、屋敷地の規模を定めた。

さらに、藩は弘化二年（一八四五）から高石垣による防火壁を各所に建築した。現代における府中の町並みは、このようにつくられてきたものであり、近世の城下絵図と現在の町割がよく合致する所以である。厳原は、現在は対馬市となったが、厳原の名は区域名として残っている。（尾上博一）

◎所在地・長崎県対馬市厳原町
◎交通・・対馬空港から車20分・厳原港から徒歩10分
◎見所・・「中村・宮谷地区」「防火壁」。寛文年間（一六六一～七三）の町並み整備で築かれた石塀や屋敷跡がよく残る。石塀のなかにはほかより一段と背の高いものが見られるが、火事の際に延焼を防ぐために築かれたものであり、防火壁として知られる。
◎問合せ先・対馬市教育委員会文化財課
☎0920-54-2341

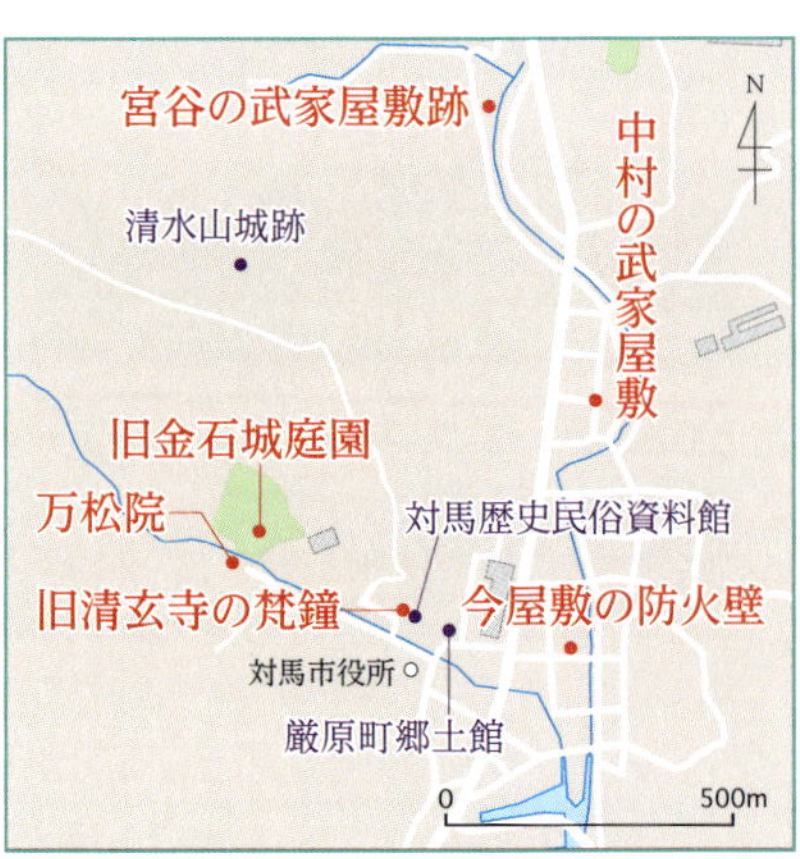

杵築市杵築《きつきしきつき》

〔城下町〕

谷をはさんで武家屋敷と町人町が建ち並ぶ

南台武家屋敷

国東《くにさき》半島の付け根、別府湾と伊予灘に臨み、高山川と八坂川にはさまれたデルタに形成された城下町・杵築。古くは「木付」と書いたが江戸中期から杵築となっている。

江戸時代に入ると杵築は小笠原《おがさわら》から松平氏に入れ替わり、以後代世襲して明治を迎える。杵築の城下町は、城の西に連なる南北両台地上に上級家臣の武家屋敷、間にはさまれた谷間に町人町、南杵築地区に寺町と中・下級武士の屋敷を配して防衛線をとっていた。

南台塩屋の坂上から北台酢屋の坂を望む。坂下の商家は「綾部味噌」

勘定場の坂・酢屋の坂・志保屋の坂・飴屋の坂・富坂・紺屋町の坂など多くの坂道があり、酢屋の坂を登ったところから右側に折れて勘定場の坂までが、北台武家屋敷街で、杵築で一番の見どころである。上級武家屋敷や藩校門が並ぶなか、公開されている大原邸（県有文）と磯矢邸がある。大原邸は家老屋敷で茅葺き屋根の大きな家屋に回遊式の庭園が備わっている。そのほか一松邸や佐野家などが公開されている。谷町筋の商家街は一部が曳家によって残されているが、街路拡幅によりかつての景観は大きく損なわれている。（斎藤行雄）

◎所在地・大分県杵築市北台・南台
◎交通・・JR日豊本線杵築駅下車、バス12分
◎見所・・杵築城の見える勘定場の坂、相対している酢屋の坂と飴屋の坂のほかにも、町家の並ぶ富坂、北浜口番所の残る番所の坂など20を数える坂道の景観は変化に富んでいる。
◎問合せ先・杵築市教委文化・スポーツ振興課文化財係
☎0978-63-5558

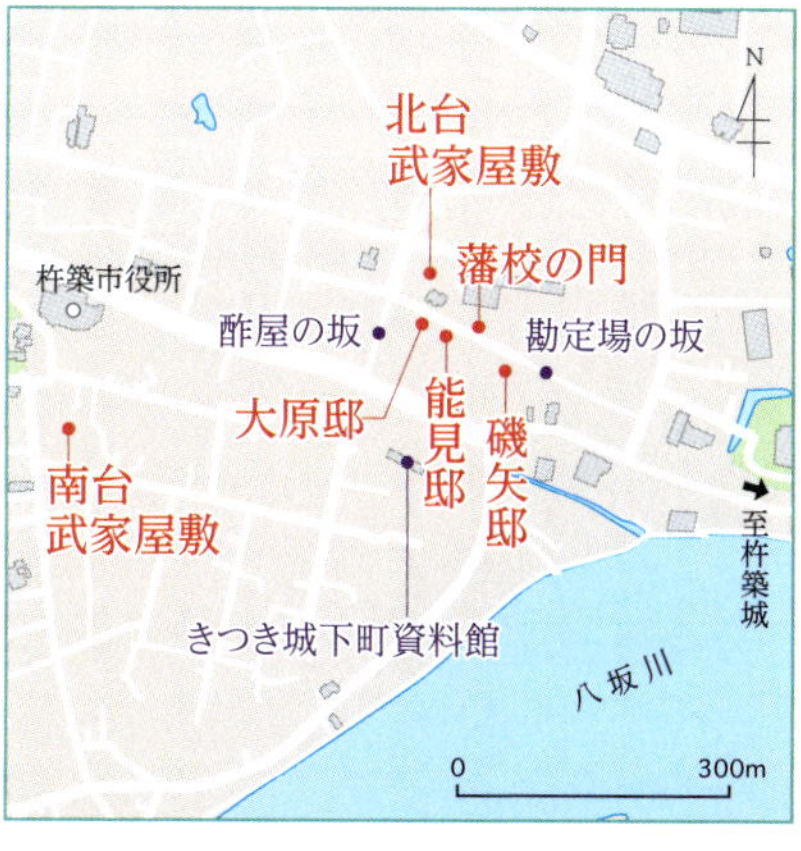

臼杵市《うすきし》臼杵《うすき》〔城下町〕

迷路の町並みが残る中世以来の城下町

臼杵城井楼櫓跡から市街地を望む

大分県臼杵市はリアス式海岸の豊後水道に臨む、三方を山に囲まれた人口4万5000人の町である。一般的には国宝「臼杵石仏」のある石仏の里として知られている。その石仏群から数キロほど下った臼杵川の河口部に中世以来の城下町の町並みが残されている。

町が本格的に整備されたのは、弘治二年（一五五六）に北部九州6カ国の守護であった大友義鎮《おおともよししげ》（宗麟《そうりん》）が臼杵湾に浮かぶ丹生《にゅう》島に城を築き、本拠地を府《ふ》内《ない》（今の大分市）から移したことに始まる。宗麟がキリスト教を保護していたこともあり、町には日本で最も壮麗といわれた教会や、宣教師の養成施設であるノビシャドなどの施設群が立ち並び、南蛮人が闊歩するなど、「豊後のローマ」と呼ばれたほどの繁栄を誇った。大友氏が滅んだのち、江戸時代には稲葉《いなば》氏が入部し、5万石の城下町として幕末を迎える。明治に入り、海運業の発達とともに商都として栄え、「東九州の浪速《なにわ》」と称される繁栄を迎えることとなる。現在、空襲を受けなかったこと等により、町に

◎所在地・大分県臼杵市臼杵
◎交通・・JR日豊本線臼杵駅下車、徒歩15分
◎見所・・中世の面影の残る切り通しや迷路状の町の散策の他、野上弥生子の生家、記念館、成城の家（すべて国登録）や吉丸一昌記念館（市有形文化財）など文学世界を堪能できる。
◎問合せ先・臼杵市観光情報協会
☎0972-64-7130

臼杵川河口部。平清水地区の大橋寺。中世の臼杵湾奥の景観が残る

は多くの歴史的建造物が残されている。

臼杵での歴史的環境保全運動は、昭和初期に始まる萌芽的な動きを経て、その大きな転換点となったのが、昭和五八年（一九八三）の「第六回全国町並みゼミ臼杵大会」。以降、市の施策によって、現在、旧市街地の中心部約30haと臼杵石仏地区約30haが保全地区として指定され、

旧真光寺2階から見る二王座の町並み

歴史環境保存基金条例を活用しながら町並み保存行政が推進されている。

臼杵城跡は本丸および二の丸が県史跡となっており、龍原寺《りゅうげんじ》三重塔（県有文）、稲葉氏菩提寺の月桂寺（県史跡）、八坂神社本殿（県有文）をはじめとする寺社の数々も多い。上士《じょうし》から下士《かし》に至るさまざまな階層の30棟を超える武家住宅は二王座地区、海添地区、祇園之洲地区など広域に残り、稲葉家別邸（国登録）、平井家（県有文）、丸毛家（市有文）、板井家（市有文）が文化財指定を受け、なかでも二王座地区は白眉である。塗屋や真壁造《しんかべづくり》の商家、土蔵、職人住宅は町八町と呼ばれる8つの町人町と平清水地区に残り、小手川家、高橋家、可児家、齋藤家が国登録有形文化財に登録されており、野上弥生子《のがみやえこ》文学記念館など公開施設も多い。さらに、臼杵祇園（県無形民俗文化財）をはじめとした伝統行事や食文化、輩出した多くの先達の足跡等々が残されており、歴史的風趣をおおいに高めている。（斎藤行雄）

竹田市《たけたし》竹田《たけた》・久住《くじゅう》〔城下町・宿場町〕

天険の名城、岡城下に建ち並ぶ文化財建造物

広瀬神社下の佐藤家住宅（国登録文化財。旧喜多屋）

肥後街道白丹町の町並み。山中に突如直線道が現れる

竹田は九州の中央部に位置し、古くから交通の要衝で現在も主要地方道がいくつも合流している。周囲を切り立った断崖に囲まれた中心市街へはトンネルを通らなくては入ることができない。岡城跡（国史跡）は市街地から離れており、義経を迎え入れるためにつくられたなどの伝承をもつ難攻不落の険城である。碁盤目につくられた市街地の中心部は西南戦争で燃えてしまうものの、周辺山際には願成寺《がんじょうじ》本堂（通称愛染堂、重文）、御客屋敷（市史跡）、円通閣（市有文）、瀧廉太郎旧宅（市史跡）、旧竹田荘（国史跡）、キリシタン洞窟礼拝堂（県史跡）、殿町武家屋敷などの文化財がネックレスのごとくに連なっている。西南戦争後に復興した本町などの町屋地区も大壁造《おおかべづくり》の町家の町並みが残り、塩屋、旧竹田屋書店等が国登録有形文化財となっている。また、市内の旧街道沿いには歴史的町並みが名前に残されており、とくに肥後街道添いの宿場の久住、白丹町や玉来などは歴史的風趣が高い。（斎藤行雄）

◎所在地・大分県竹田市殿町
◎交通・・JR豊肥本線豊後竹田駅下車、徒歩15分
◎見所・・「歴史の道」が整備され、広瀬神社・キリシタン洞窟礼拝堂・武家屋敷・旧竹田荘・歴史資料館・廉太郎トンネル・瀧廉太郎記念館・円通閣・十六羅漢・愛染堂・御客屋敷をむすぶ。
◎問合せ先・竹田市教育委員会文化財課 ☎0974-66-3618

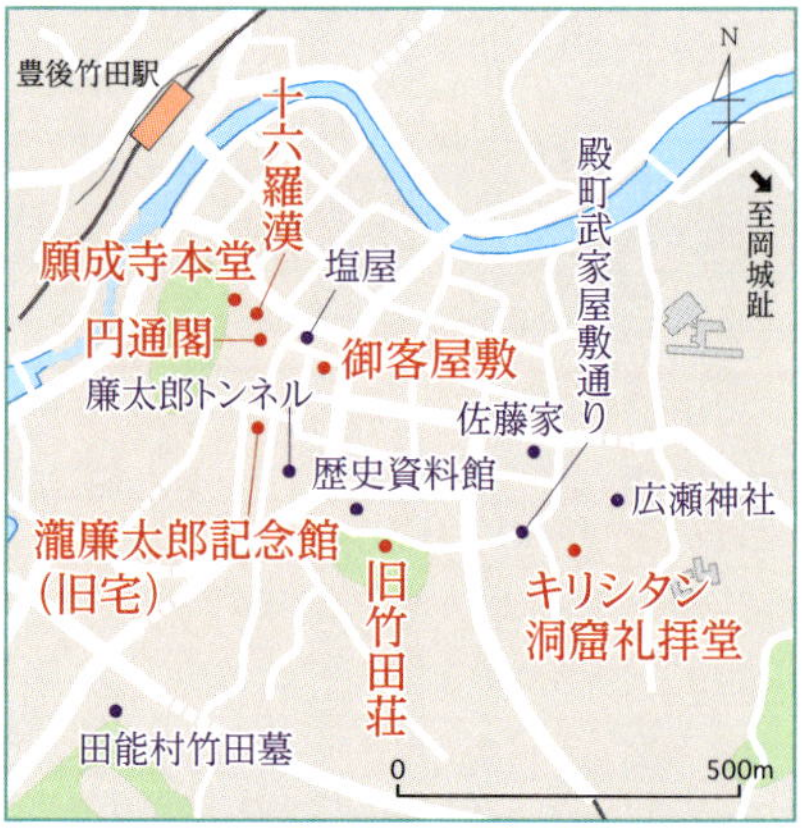

旧伊東伝左衛門家。19世紀中頃に建てられた家老屋敷

日南市《にちなんし》飫肥《おび》〔武家町〕

生垣と高石垣の武家屋敷、重厚な商家が整然と立ち並ぶ

重要伝統的建造物群保存地区
選定 昭52・5・18

日南市は、日向灘に面した宮崎県南部に位置する。その海の玄関口油津から内陸に約7㎞北西に飫肥城とその城下町がある。戦国時代、飫肥地域は島津《しまづ》氏の一族である豊州島津氏が支配しており、勢力拡大を図る伊東《いとう》氏とたびたび抗争する場となっていた。永禄一一年（一五六八）から元亀三年（一五七二）にかけて伊東氏が飫肥を一時支配することになったが、島津領に復した。天正一五年（一五八七）、豊臣秀吉の島津攻略の軍功で、伊東祐兵《すけたけ》が宮崎郡曽井を受けたが、飫肥への替え地を願い出て飫肥の地を得ることになった。

飫肥に入った伊東祐兵は本格的な城下町の建設に取りかかっている。『日向記』によると、慶長四年（一五九九）に前鶴の屋敷割を行い、種子筒町を立てたとあり、承応元年（一六五二）から万治二年（一六五九）のものと推定される城下絵図によると、現在の町並みとほとんど変わることのない屋敷地割が成立している。武家屋敷の配置は、飫肥城から続くシラ

◎所在地・宮崎県日南市飫肥
◎交通・・JR日南線飫肥駅下車、徒歩15分
◎見所・・日本100名城の飫肥城とその城下に拡がる武家屋敷群。伊東家の屋敷である豫章館、旧藩校の振徳堂、上級家臣の武家屋敷である旧伊東伝左衛門家、商家の旧山本猪平家、旧高橋源次郎家、商家資料館等がある。
◎問合せ先・日南市教育委員会生涯学習課
☎0987-31-1145

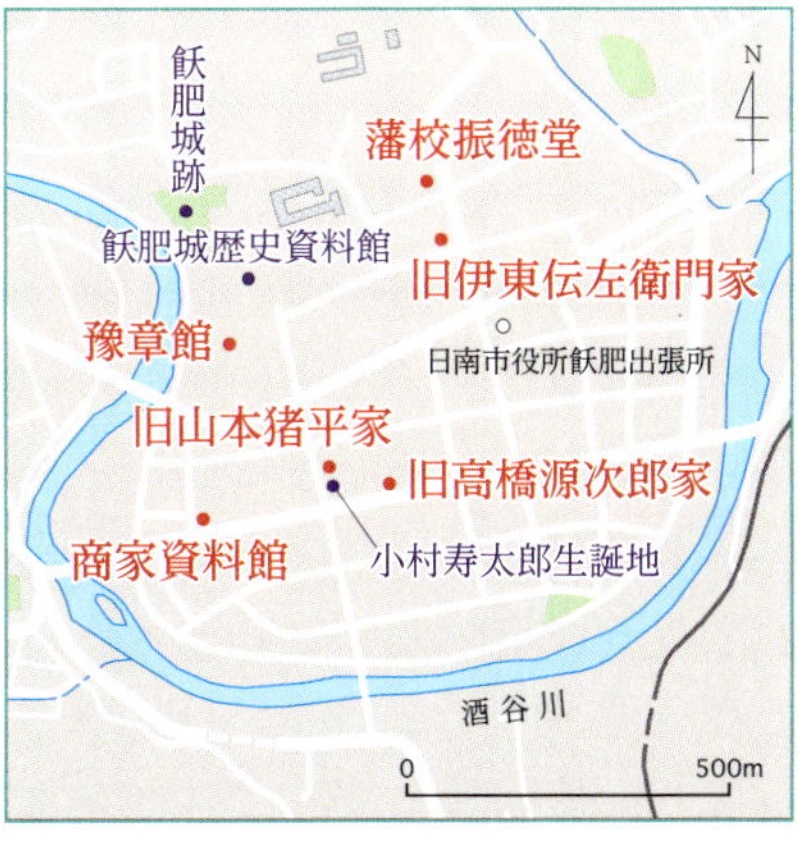

上級家臣の武家屋敷地であった横馬場通り。通りの先が飫肥城大手門

ス台地上の上級家臣の屋敷、その南の三方を酒谷川に囲まれた平地には中級家臣の屋敷と商人町、下級家臣の屋敷となっている。城下町の東と西の入口には寺院が建てられていた。

飫肥の武家屋敷の特徴は、道路に沿って石垣を整然と積み上げ、石垣の上には茶の木等の生垣、入口には格式に応じて薬医門《やくいもん》や長屋門などを設けている。石垣と生垣は道路からの視線を遮らない程度の高さとなっているが、高い石垣の屋敷地では門を設けない例も多い。石垣の内側は庭園となり、その奥に瓦葺き屋根（本来は茅葺き）の主屋と納屋等の雑舎がある。

日南市では、昭和四九年（一九七四）に文化財保存都市宣言を行って、市民の寄付による飫肥城復元事業に取り組み、昭和五二年（一九七七）に飫肥城下町が九州で最初の重要伝統的建造物群保存地区に選定された。飫肥の歴史的景観の特徴は、城下町のみならず、周囲の自然環境も良好に保存されていることにある。平成二五年（二〇一三）にはそうした周囲の斜面緑地も保存するために「城下町飫肥景観計画」が策定された。

城下町内には、飫肥藩伊東家5万1000石の歴史を物語る多くの史跡や建造物が残されている。なかでも、大手門前の豫章館《よしょうかん》は、明治二年（一八六九）に藩知事に任命された伊東祐帰《すけより》が建てた藩主屋敷で、広大な庭園や御数寄屋《おすきや》、雑舎とともに公開されている。

上級家臣の屋敷地にある旧伊東伝左衛門家は、文政一二年（一八二九）には150石を領する家老職の屋敷地で、高い石垣に囲まれている。昭和六〇年に解体修理して公開された。垂木《たるき》墨書から安政三年（一八五六）の建築と考えられている。

武家屋敷地の北部、飫肥城近くには藩校振徳堂《しんとくどう》がある。天保二年（一八三一）に現在の建物が建てられ、江戸時代末に日本を代表する儒学者と称された安井息軒《やすいそっけん》とその父滄洲《そうしゅう》等が教授陣となった。飫肥城復元事業第一号として修理されて、昭

小村寿太郎も学んだ飫肥藩の藩校振徳堂

和五一年から公開している。

　旧山本猪平家は、明治時代後期に建てられた本町を代表する商人本宅で、高い塀に囲まれた屋敷内に主屋と離れ雑舎等が当時のまま公開されている。また、本町の貴族院議員であった旧高橋源次郎家は、主屋、蔵、納屋、雑舎等が明治時代のまま保存公開されている。

飫肥本町（商人町）を代表する商家の旧高橋源次郎家

　飫肥城下町には、江戸時代前期から伝わる盆踊りの泰平踊りや南九州のみに伝わる弥五郎人形行事、戦国時代から伝わる四半的《しはんまと》など特徴的な民俗芸能が保存されている。（岡本武憲）

飫肥本町を代表する商人であった旧山本猪平家

出水御仮屋門（鹿児島県指定文化財）

出水市《いずみし》出水麓《いずみふもと》〔武家町〕

薩摩国境を固める外城の風格豊かなたたずまい

重要伝統的建造物群保存地区
選定平7・12・26

鹿児島県の最北端に位置する出水平野は、その東部・南部の山地を源とする豊かな水流に恵まれた県内有数の水田地帯である。温暖なこの地には毎冬はるか北国から1万羽を超えるツルが渡来することもよく知られている。

北を肥後国に接する出水は、古くから薩摩国境を防御する軍事上の要所と位置づけられてきた。享徳二年（一四五三）には島津用久《しまづもちひさ》が、出水亀ヶ城の本丸・水府ヶ城を築き、関ヶ原の戦後、島津領防御の最前線となった亀ヶ城には領内から勇猛な武士が集結し、国境防御が固められた。慶長七年（一六〇二）、島津領は薩摩藩として徳川統治下に組み込まれ、亀ヶ城の緊張は解かれた。

薩摩藩は鹿児島城下（内城）のほかにも、藩内の支城（外城《とじょう》）に地頭を派遣し統治を行う外城制度を採った。統治の拠点となったのが、地頭《じとう》仮屋が置かれ郷士の住まう「麓」である。重要拠点の出水には薩摩藩最大の外城が置かれ、麓の造

◎所在地・鹿児島県出水市麓町
◎交通・・九州新幹線出水駅下車、徒歩およそ25分、車でおよそ5分
◎見所・・税所家（市指定文化財）、竹添家（同前）等の公開武家屋敷のほか、御仮屋門（現出水小学校）をはじめとする多くの武家門や丸石と生垣によって構成される町並み景観が一体に広がり、ゆっくりと散策することをお奨めする。
◎問合せ先・出水市観光協会
☎0996-79-3030

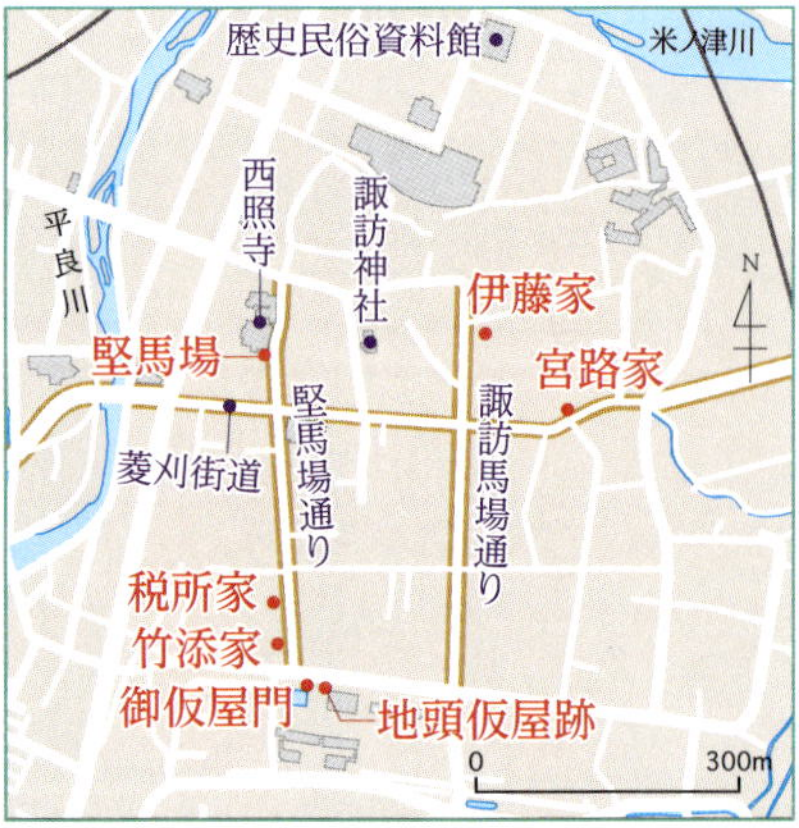

竪馬場の町並みと竹添家武家門（出水市指定文化財）

成も慶長七年以降ごく早い時期に完成したと考えられている。

寛文年間（一六六一〜七三）と伝えられる「出水外城図」には、現在の重要伝統的建造物群保存地区に当たる「高屋敷」のほか野町（町人地・現在の本町）を含む麓の全体像が描かれている。「高屋敷」は、亀ヶ城の麓の起伏の多い丘を整地し、道路を掘り、丸石の石垣を築き屋敷地を造成して形づくられた。その町割は直線的な格子状街路により整然と構成されるが、丘下との接続は西側3カ所、東側1カ所の狭く急な登り口にかぎられており、軍事拠点として計画されたことを今に伝えている。

西側の「野間口」から登ると、幅11mと幅の広い「仮屋馬場」に出る。右側に続く石垣は地頭仮屋跡（現在の出水小学校）で御仮屋門（鹿児島県指定文化財）が残っている。御仮屋跡の東西端からは、北に向かって2本の南北路が通る。西の「竪馬場」は幅が広く（幅6・72m）、麓でも最も重要な街路であり、通りに面し重臣の税所家《さいしょけ》（市指定文化財）や竹添《たけぞえ》家《け》（同前）などの屋敷が並ぶ。東の「諏訪馬場」は麓を南北一直線に貫き、北側にはやはり重臣の伊藤家（同前・未公開）が配置されている。これら麓の主要街路は、亀ヶ城など周辺の高台への見通しを考慮し決定されたといわれており、石垣・生垣の町並みとともに、行く先の眺望にも留意して歩いてみるとよいだろう。

税所家は一九世紀初頭と推定される麓でも最古の屋敷のひとつである。建物は鍵型の平面構成で、一方を接客空間、もう一方を居住空間とし、交点を広い玄関（12畳）とする。接客空間は、次の間・座敷から構成され、座敷は2面で庭に面し、床・棚を背後に東に庭に面する構えである。座敷・次の間の周囲には下屋をもちだし設けられた半間《げん》の縁側が廻り、接客空間に庭と一体となった開放感を生み出している。接客空間の薄桃色の壁の色合いは重臣屋敷らしい上品な風格を醸し出している。居住空間である18畳の広間は、根太天井のもと炉が切られ、質実

竹添家・庭と中門。照葉樹の木々が南国の風情を漂わせる

税所家上座敷（出水市指定文化財）。開放的な構えと赤壁が印象的

剛健とした江戸期の武家住宅らしい雰囲気を伝えている。

　税所家に隣接する竹添家は明治初期頃と推定される建築で、座敷・次の間・玄関を鍵型に配した接客空間や、前方に付き出た台所、隠居部屋を特徴とする。ここは麓全体の復原模型などを展示する公開施設となっている。

　これら以外にも、庭が公開されている武《たけ》宮《みや》家《け》や、重厚な武家門を構える伊藤家、宮路家など、出水麓にはゆったりとめぐるべき見所が多い。（木方十根）

宮路家武家門。大河ドラマ「篤姫」のロケに使用された

諏訪馬場の町並みと伊藤家武家門

蒲生に現存する最古の有村家武家門

姶良市《あいらし》蒲生《かもう》〔麓集落〕

根回り33mの日本一の大クスと武家門

薩摩藩の郷士《ごうし》集落のひとつ、蒲生麓《かもうふもと》は、堀に見立てた2つの川にはさまれた地にあり、馬場と小路によって整然と町割がされている。麓の北端にある蒲生八幡神社から南に真直ぐ竜ヶ山(蒲生城)の方向に延びる八幡馬場に面して地頭《じとう》仮屋がおかれていた(現在の蒲生支所の敷地)。そこには、文政九年(一八二六)建造の御仮屋門とイヌマキの古木がある。

郷士が暮らす屋敷につくられた武家門(腕木門《うでぎもん》)が今も新旧数多く残されているのが、蒲生麓の特色である。とくに、西馬場と新辻馬場は、切石や野石で積まれた石垣、イヌマキの生垣で形づくられた水平線が美しい。また、狭い間口《まぐち》の敷地が続く町馬場は、武家地とは異なる野町(町人地)の面影がある。

住民の活動と交流の場づくりが進むふるさと交流館の脇には、明治維新後に殖産と育英事業を展開した「士族共有社」の石碑がある。この町並みを受け継ぐ人々の営みも注目したい。(小山雄資)

◎所在地・鹿児島県姶良市蒲生町上久徳
◎交通・・鹿児島空港から空港バスで30分、鹿児島中央駅から車で45分・バスで1時間
◎見所・・蒲生八幡神社の境内に立つ「蒲生の大クス(国指定特別天然記念物)」は昭和六三年(一九八八)の環境庁による調査で日本一の巨樹に認定。竜ヶ山には司馬遼太郎の「街道をゆく・肥薩のみち」で紹介された「磨崖梵字」がある。
◎問合せ先・蒲生観光交流センター
☎0995-52-0748

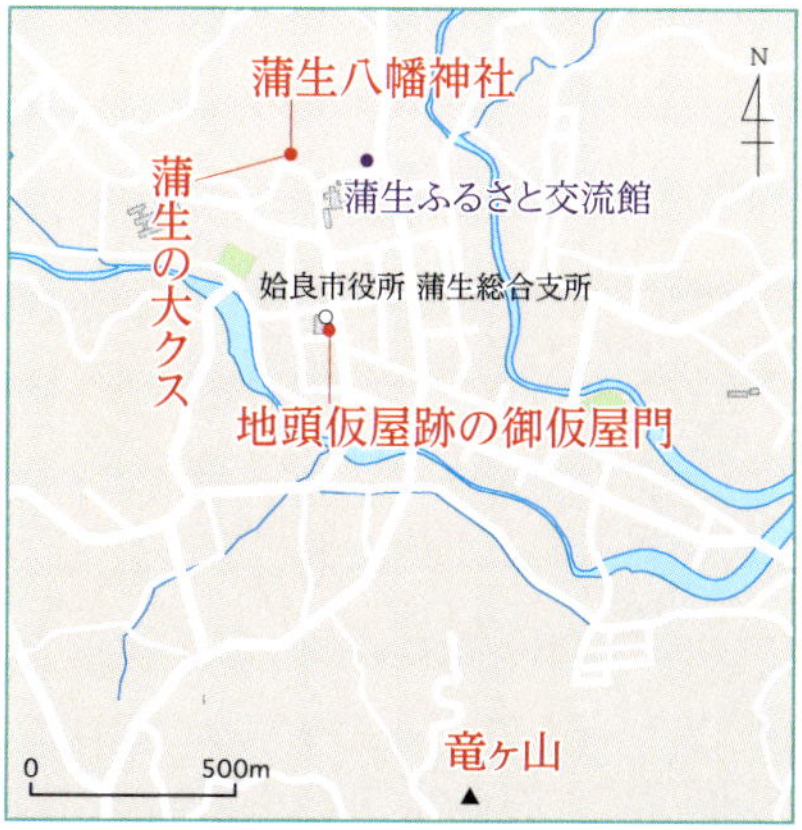

入来院家かやぶき門（市指定文化財）

薩摩川内市《さつませんだいし》 入来麓《いりきふもと》〔武家町〕

中世の山城の麓に広がる武家集落

重要伝統的建造物群保存地区
選定 平15・12・25

薩摩川内市の入来麓は、山城である清《きよ》色《しき》城を背後としてその山裾に御仮屋を置き、東を流れる樋脇川（清色川）との間を居住地域とした武家集落である。薩摩国府（現在の薩摩川内市）と大隅国府（現在の霧島市国分）を結ぶ交通の要衝に当たる入来の地は、一三世紀以来、入来院《いりきいん》氏が支配した私領であり、その居城である清色城は『入来家文書』等により南北朝末期成立と推定される中世城跡として、国の史跡に指定されている。城跡はシラス台地の地形を活かした16の曲輪《くるわ》から形成される。土塁や櫓台《やぐらだい》、虎口《こぐち》を備えた曲輪も見られ、中世の山城の様子を知るのに格好の遺構である。

　麓集落の成立も、文書に基づき中世にさかのぼると推定されており、山城を背に河川を堀に見立てて居住地を構成する手法は戦国期までの城下形成の様子を典型的に伝えている。

　現在入来小学校となっている御仮屋跡の前は幅の広い「御仮屋馬場」（幅約12・6m）であり、切石の石垣、堀、ここから御仮屋へと渡る石橋が残り、麓の中心

◎所在地・鹿児島県薩摩川内市入来町
◎交通・・九州自動車道・姶良インターチェンジから約25分、JR川内駅から車で約25分
◎見所・・清色城跡（国指定史跡）、旧増田家（市指定文化財）、入来院家かやぶき門（同前）、乱石積みの石垣など麓集落の景観。
◎問合せ先・薩摩川内市入来支所
☎0996-44-3111

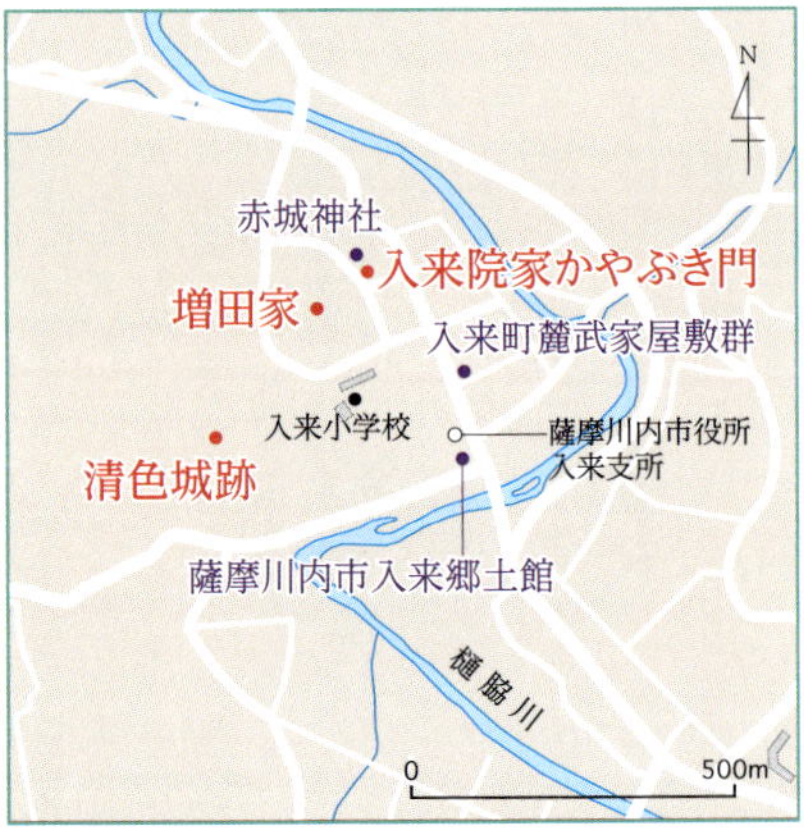

地区の様子を伝えている。「御仮屋馬場」に直交して、南から「船瀬馬場」「上ノ馬場」「十文字馬場」「犬ノ馬場」が東に向かって直線的に伸び、清色川岸の断崖に至る。入来麓の町並み景観は、川石をおもに用いた乱積みの石垣によって特徴づけられ、石垣は前述の主要街路にとどまらず麓のほとんどの街路に亘り分布している。

入来麓には江戸期から明治期のものをはじめ、多くの伝統的な武家住宅が存在する。そのひとつで明治六年（一八七三）の建築と推定されている増田家住宅は、近年（平成二二〜二五年）の修理を経て一般公開されている。増田家は鹿児島地域の一般的な武家住宅と同様、「オモテ」と「ナカエ」の2つの建物が「テノマ」に接して建つ分棟型で構成されているが、増田家は「ナカエ」の梁間《はりま》の中心と「オモテ」の桁行《けたゆき》の中心を揃えて2棟を配置する特異な構成をとっている。修理工事により母屋を茅葺き、下屋を瓦葺きとする大正時代の姿に復原され、麓の歴史的景観に厚みが加わった。

このほか入来院家の腕木門《うでぎもん》（市指定文化財）は文政九年（一八二六）と古く、茅葺きの外観が石垣と生垣の間でひときわ目を引いている。

入来には中世城跡と武家地の景観、近世・近代の歴史的な建造物が一体となって引き継がれており、自らの足で時の重なりを体感することができる町である。

（木方十根）

武家門と玉石積の町並み（中ノ馬場）

増田家内観（国重文）。竹桶の掛かる「テノマ」から「ナカエ」を見る

清色城跡堀切。高さ20〜30mのシラスの断崖に圧倒される

石垣と生垣が美しく調和した城塁型の町並み

南九州市《みなみきゅうしゅうし》 知覧《ちらん》〔武家町〕

石垣と生垣に囲まれた風情豊かな庭園群

重要伝統的建造物群保存地区
選定 昭56・11・30

南九州市知覧は鹿児島県薩摩半島のほぼ中心に位置する町である。

知覧は、文和二年（一三五三）足利尊氏によって島津忠宗《しまづただむね》の三男、佐多忠光《さたただみつ》に領地が与えられた。以後、佐多氏が地頭となり知覧を治めたが、江戸時代中期の延宝五年（一六七七）、佐多氏一六代久達のときに知覧領主となり島津姓を名乗った。明治二年（一八六九）の版籍奉還まで二二代約500年にわたって島津氏（佐多氏）が治めた。明治二二年の町村制施行により知覧村が誕生、昭和七年（一九三二）の町制施行により知覧町となったが、平成の市町村大合併にともない南九州市知覧町となった。

江戸時代、薩摩藩は「人をもって城となす」という考えのもと、鹿児島城下に多くの武家集団を住まわせることなく、領地を外城《とじょう》（または「麓《ふもと》」）と呼ばれる113の地区に分け、分散して統治にあたった。知覧の武家屋敷群もそのひとつであり、南薩の要衝であった。

◎所在地・鹿児島県南九州市知覧
◎交通・・JR鹿児島中央駅から鹿児島交通バス知覧特攻観音入口行に乗り換え、武家屋敷入口で下車
◎見所・・地区内の武家屋敷には、ほとんどの家に庭園がつくられており、そのうち江戸時代中期・後期の7庭園は昭和五六年（一九八一）に国指定名勝となっている。
◎問合せ先・南九州市教育委員会文化財課
☎0993-83-4433

佐多直忠氏腕木門・目隠し(屏風岩)。県指定文化財。腕木門の向こうに目隠しの石塀がある。

一般公開されている知覧型二ッ家(旧高城家住宅)

現在に残る知覧武家屋敷の町並みは、佐多氏一六代久達の頃もしくは一八代久峰の頃に整備されたもので、領主の御仮屋を中心に道路割がなされ、十字路をあまりつくらず、丁字型や曲線で遠くを見通せないようにつくられており、防備を兼ねた城塁型の区割となっている。

鹿児島への街道に沿って、左右対称に石垣（切石《きりいし》積《づ》み・玉石積み）で囲まれた郷士の屋敷地が配置され、道路からセットバックして母屋が建てられており、そ

旧高城家住宅「オモテ」内部

知覧麓庭園。国指定名勝。サツキの花が美しい枯山水の平山亮一氏庭園

知覧麓庭園。国指定名勝。主屋と緑が美しい池泉式の森重堅氏庭園

の母屋の後方に畑地があって、一戸一戸の屋敷地が箱庭のような趣を醸し出している。

街道と母屋との間には、戸ごとに庭園が築かれ、母屋と庭園がよく調和し、街道に面した石垣の上には大刈込みによる生垣が続いていて、地域全体がひとつの庭園都市的なつくりとなっており、建造物および地割がよく旧態を残していて18・6haが昭和五六年、全国17番目の重要伝統的建造物群保存地区に選定された。

地区内の主屋のほとんどが、茅葺きの「樋の間型二ツ家」の建物であったと推測されるが、のちに、棟と棟の間に小棟を置いた「知覧型二ツ家」へと改良・変遷され、昭和に入って多くの主屋が茅葺きから瓦葺きへと小屋替えされていった。現在でも2棟の茅葺き建物が公開施設として保存されている。

また、郷士の屋敷には江戸時代中期～後期につくられた庭園が多く残され、そのうちの池泉式《ちせんしき》庭園1カ所、枯山水庭園6カ所の7庭園が国の「名勝」に指定されており、一般に公開されている。各庭園ともそれぞれ秀でた意匠で構成されており、その手法には琉球庭園と相通じるものがあって庭園文化の伝播を知るうえでもたいへん貴重である。

知覧領主の多くは藩政の要職に就いたことから、参勤交代等の折に京都や江戸の文化に接する機会も多く、家臣たちも書画を愛し、和歌をたしなむなどして、独特の文化的風土が形成されていたと思われ、特色ある庭園を含めて地域全体が美しく風格ある町並みとなっている。

（厚村善人）

南《みなみ》さつま市加世田《かせだ》〔麓集落〕

街道の拠点として繁栄

加世田麓《ふもと》は、さつま半島の南西部に位置する薩摩藩の外城のひとつで、近代以降も南薩鉄道（現在廃線）が開通し、街道の拠点として栄えた町である。浦町としては万世がある。

薩摩平氏の流れを引く別府五郎忠明《べっぷごろうただあき》が、荘園の役人として加世田に入り、治承年間に別府城を築城した。室町時代に、島津《しまづ》氏の統治となり、島津一族の勢力争いの結果、島津忠良《ただよし》が天文八年（一五三九）に別府城を攻め落とした。この島津忠良の日新公《じっしんこう》いろは歌は、人間として社会に生きる道・人の上に立つ者の心得を説き、師弟教育の教典となった。

武家屋敷。重厚な石垣や手入れされた生垣が続く

別府城の一辺を加世田川、残り二辺を益山用水沿いの旧街道と犬追馬場が囲んだ自然地形を生かした構成である。しかし、加世田麓では戦後まもなく国道が麓を分断し、中心にあった別府城跡地（旧加世田小学校）も切り開かれ平地となり、一見しただけではその構成が判然としなくなっている。知覧の庭園を主とした武家屋敷群とは異なり、明治以降の加世田の繁栄を示す規模の大きな民家、近代和風の住宅、下見板張《したみいたば》りの洋風医院建築まで、築50年以上の多様な建築群がある。明治維新後の文化遺産が継承され、これまであまり意識されてこなかった鹿児島の近代史を語り継ぐ景観がたたずんでいる。（鯵坂　徹）

◎所在地・鹿児島県南さつま市加世田
◎交通・・鹿児島空港よりバスで75分、鹿児島中央駅より直行バスで45分
◎見所・・旧加世田駅（現バスターミナル）から麓集落まで徒歩10分ほど。旧加世田駅周辺にはホテルがあり、飲食店も国道沿い等に点在している。旧鯵坂邸の内部見学が可能（事前予約0993-52-7829）。
◎問合せ先・南さつま市観光協会
☎0993-53-3751

風情を残す金城町石畳道。首里城南西方歩いてすぐ

那覇市《なはし》首里《しゅり》金城町《きんじょうちょう》〔武家屋敷〕

旧琉球国王都の姿を残す石畳道

首里金城町は首里城の南西斜面に位置するかつての士族屋敷地である。

尚真王《しょうしんおう》代（一四七七～一五二六）に整備された真珠道《まだまみち》（首里城正門から那覇港に至る石畳道の要路）が町内を貫き、その一部が県指定文化財となっている。

斜面地の町内には湧水が豊富にあり、琉球石灰岩で築造された金城大樋川《かなぐすくうふひーじゃー》や仲之川（ともに市指定史跡）などの樋川空間のほか、国指定天然記念物の大アカギ群、鬼餅伝説のある内金城嶽《うちかなぐすくたき》（市指定民俗文化財）が見られる。

沖縄戦ではからくも砲撃の被爆を免れ、石垣と石畳道、赤瓦葺きの家屋で構成されるかつての士族屋敷の町並み景観を今に伝えている。

平成六年（一九九四）に首里金城地区都市景観形成地域として約22haが指定された。（前原信達）

◎所在地・沖縄県那覇市首里金城町

◎交通・・沖縄都市モノレール（ゆいレール）首里駅下車徒歩15分、市内観光周遊バスゆいゆい号石畳入口下車

◎見所・・約500年前に整備された真珠道を中心に士族屋敷の宅地割がよく残っている。縦横に延びる石垣、石畳のスージグヮー（路地）と御嶽、樋川空間が往時の暮しを感じさせる。

◎問合せ先・一般社団法人 那覇市観光協会
☎098-862-1442
那覇市教育委員会文化財課
☎098-917-3501
那覇市都市計画課都市デザイン室
☎098-951-3246

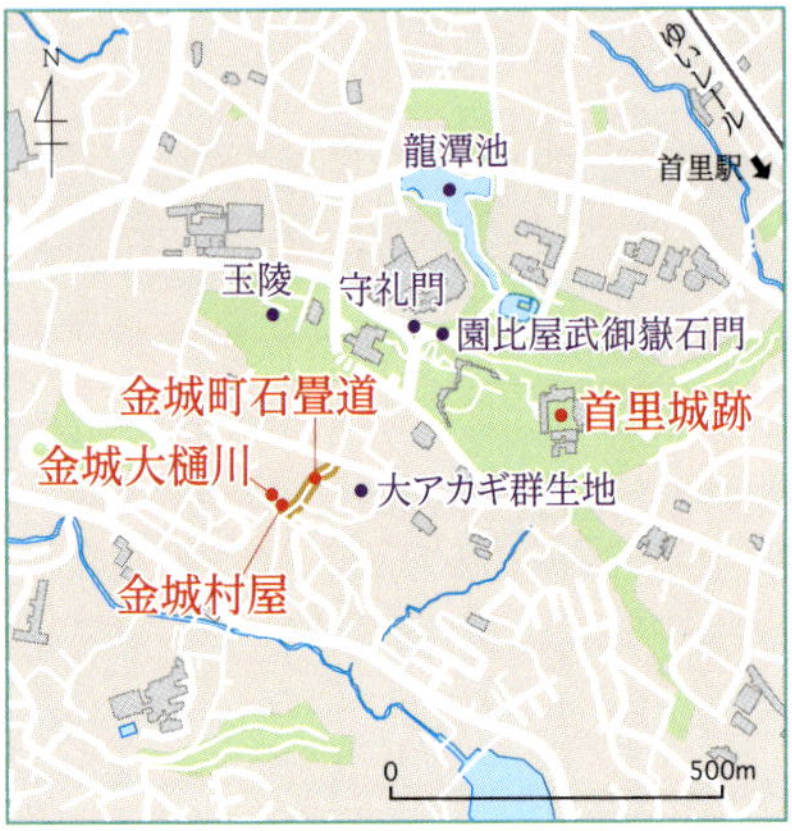

奥州市《おうしゅうし》岩谷堂《いわやどう》〔城下町・商家町〕

仙台藩の北の要害・城下町で、三陸沿岸を結ぶ盛街道、北上川舟運の集散地として繁栄してきた。平成初めに商店街拡幅で、多くの町家の主屋を失うなか、裏手に残る約１３０数棟の土蔵群の保存活用に若手商業者等が、平成九年（一九九七）にまちづくり会社・黒船を設立。同一五年、都市計画道路の一部を変更して、歩行者専用道路を蔵町モールとして整備。周辺にはわずかに残った蔵店の町家も残り、年間通じて、イベントが行われている。近くに、県指定「旧岩谷堂共立病院」も公開されている。（渡辺敏男）

蔵町モール。左に土蔵の活用に合わせて拠点施設「ガラス館」を新築。現在では、このモールが中心となって、町裏手の路地に土蔵が並ぶ

◎所在地・岩手県奥州市江刺区六日町　◎交通・ＪＲ東北新幹線水沢江刺駅下車、車で10分　◎問合せ先・黒船☎0197-35-0051

奥州市《おうしゅうし》水沢《みずさわ》〔城下町〕

仙台藩では、重臣に要害を与え、所領の直接支配を行わせた。水沢は、留守家の要害、実質城下町として発展してきた。市内を南北に貫通する旧奥州街道沿いの町人町西側裏手に、要害屋敷（現奥州市庁舎）を中心に武家屋敷を配した。日高小路の国重文「日高神社」、大畑小路に国重文「旧高橋家」、国史跡「高野長英旧宅」、吉小路に県指定「後藤新平旧宅」、市指定「旧内田家」等の武家屋敷が残る。内田家に城下町を紹介する「武家屋敷資料館」があり、武家屋敷町としての景観整備も行われている。（渡辺敏男）

吉小路の町並み。奥が「後藤新平旧宅」、手前が長屋門をもつ「小畑家」

◎所在地・岩手県奥州市水沢区　◎交通・ＪＲ東北本線水沢駅下車、徒歩15分　◎問合せ先・奥州市武家住宅史料館☎0197-22-5642

登米市《とめし》登米《とよま》〔武家屋敷・河港〕

江戸時代初め、登米伊達氏の城下町として武家屋敷や町場が形成された。武家屋敷は、戦後の火災もあって少なくなったが、前小路では、遺構の春蘭亭、家の門構えなどから、かつての武家地のたたずまいを感じられる。明治維新後、一時県庁が設置され近代の町づくりが行われた。町中には、旧登米高等尋常小学校校舎（国重文・現教育資料館）、旧登米警察署庁舎（現警察資料館）、旧水沢県庁庁舎（現水沢県庁記念館）などの明治時代の建築が見られ、〝みやぎの明治村〟と呼ばれる。（相模誓雄）

旧登米高等尋常小学校校舎（国重文・現教育資料館）

◎所在地・宮城県登米市登米町　◎交通・ＪＲ気仙沼線柳津駅下車、バス13分　◎問合せ先・登米市教育委員会生涯学習課☎0220-34-2698

白石市《しろいしし》後小路《うしろこうじ》〔武家屋敷〕

宮城県南端に位置する白石市は近世においては藩境の城下町であり、仙台藩重臣片倉小十郎が治めていた。白石城の周囲には武家屋敷が配置されていた。そのなかのひとつ、後小路（現在は西益岡町）には中級武士の武家屋敷群が残っている。現存するものは数棟であるが、旧小関家住宅附表門・路地塀（宮城県指定文化財）が解体修理され、一般公開されている。享保一五年（一七三〇）建築である。白石城の外堀である沢端川に架かる小橋を渡って門をくぐり、土塀を脇にして進むと、主屋へとたどり着く。（日下和寿）

一般公開されている旧小関家住宅

◎所在地・宮城県白石市西益岡町
◎交通・ＪＲ東北本線白石駅下車、徒歩15分　◎問合せ先・白石城管理事務所☎0224-24-3030

鹿角市《かづのし》毛馬内《けまない》〔在郷小城下町〕

毛馬内は、織豊期から江戸初期において、南部氏の支城城下町として発展した。また同時に市場町としての性格をあわせもつ。慶長以前の町の中心は北側の当摩館とその館下であったが、慶長二年（一五九七）、南部利直公が直々の縄張をもって柏崎に新城を築き、新しい城下町をつくった。藩政期もその性格は維持され、盛岡藩の要害屋敷（支城）として多くの武士が配置された。現在の毛馬内は、こうした城跡、武家町、商人町の形態を色濃く残し、近世来の在郷小城下町の景観を現代に伝えている。（崎山俊雄）

毛馬内本町通り（コモセ通り）の町並み

◎所在地・秋田県鹿角市十和田毛馬内
◎交通・JR花輪線十和田南駅下車、バス5分　◎問合せ先・鹿角市教育委員会生涯学習課☎0186-30-0294

横手市《よこてし》羽黒町《はぐろまち》〔城下町〕

横手は古くから交通経済の要衝で、戦国時代には小野寺氏が本城を築き、慶長七年（一六〇二）佐竹氏の秋田入部以後は、佐竹氏の支城城下町として発展した。外堀の役割を果たした横手川に対し、右岸が武家地（内町）、左岸が町人町（外町）であった。戊辰戦争により内町の大半が焼失したため武家屋敷は現存しないが、羽黒町には、連続する黒板塀や生垣、大木に覆われた緑豊かな景観が整い、かつての武家町の面影を伝えている。横手の冬の風物詩「かまくら」の会場のひとつとしても知られる。（崎山俊雄）

武家町の風情を残す羽黒町の景観

◎所在地・秋田県横手市羽黒町　◎交通・ＪＲ奥羽本線横手駅下車、バス10分
◎問合せ先・横手市教育委員会文化財保護課☎0182-32-2403

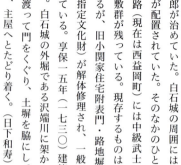

湯沢市《ゆざわし》前森《まえもり》〔城下町〕

湯沢は山形・宮城両県に接する交通経済の要衝として発展した。慶長七年（一六〇二）佐竹氏の秋田入部に際して佐竹南家が湯沢城代として入り、現在の市街地域に城下町が形成された。江戸時代には院内銀山が地域経済の発展を促し、湯沢を特徴づける酒造業もまた、院内銀山と結びついて成長した。現在の湯沢市内には、内町に武家地の面影が残るほか、両関酒造をはじめとする歴史的酒造建築群が、風格ある景観を構成している。中心部はもとより郊外の岩崎地区にも歴史的醸造蔵等が複数残り、見所が多い。（崎山俊雄）

酒造建築の町並み（両関酒造本館）

◎所在地・秋田県湯沢市前森ほか　◎交通・ＪＲ奥羽本線湯沢駅下車、徒歩約20分で両関酒造　◎問合せ先・湯沢市教育委員会生涯学習課☎0183-73-2163

鶴岡市《つるおかし》大山《おおやま》〔城下町〕

戦国時代には、武藤氏が大山城（尾浦城）を庄内統治の拠点とした。その後、上杉氏と最上氏の攻防を経て、関ヶ原合戦以後は最上氏の家臣である下治右衛門《しもじうえもん》が城主となり城下を整備したという。一国一城令によって城は破却され、最上氏改易《かいえき》後は酒井氏の分家や幕府の陣屋が置かれた。古くから酒造が盛んで、幕末には30数件の酒家があった。現在、酒家は4軒になったが、前面に庇を設けた切《きり》妻造《づまづくり》・妻入形式の町家が連なり、江戸期の馬頭観音堂、明治期の旧大山警察署などが往時の様子を伝えている。（永井康雄）

大山３丁目（醸造所・富士酒造）付近の景観

◎所在地・山形県鶴岡市大山　◎交通・ＪＲ羽越本線羽前大山駅下車、徒歩５分　◎問合せ先・大山観光協会☎0235-33-3214

渋川市《しぶかわし》白井《しろい》〔城下町〕

群馬県のほぼ中央、利根川と吾妻川の合流点に位置する。八重桜が満開となる5月初めには訪れる人も多い。町並みは長さ９００m、道の中央に水路、2本柱の屋根をもつ井戸とともに八重桜の並木が続く。短冊型の地割とともに家並みが連なる。白井の成り立ちは中世の城下町がはじまりで、江戸時代の寛永期（一六二四～四四）には短冊型の地割となり、盛んに六斎市が開かれた。古い遺構に豊島屋（天保八年〈一八三七〉、埴田家）、薬種屋（天保期〈一八三〇～四四〉、宮下家）の土蔵造の建物が残る。（石井克己）

桜の季節の白井宿。廃城後は市場町として繁栄した

◎所在地・群馬県渋川市白井町　◎交通・ＪＲ上越線渋川駅下車、バス20分　◎問合せ先・渋川市観光課☎0279-22-2873

佐倉市《さくらし》宮小路町《みやこうじまち》〔武家屋敷〕

佐倉城は、慶長一五年（一六一〇）佐倉藩主土井利勝が築城した。鹿島川東方、馬の背状に延びる台地を利用し崖下に「惣堀」と称する水堀をめぐらせた。空堀によって閉じられた大手門の南、城外に鏑木小路の武家屋敷がある。「旧河原家住宅」（県指定文化財）「旧但馬家住宅」（市指定文化財）「旧武居家住宅」が建ち並ぶ。この小路は道に面して門を設け、土塁と生垣を築き、庭を介して屋敷を構え、奥には菜園を設ける構成で往時の面影を残している。城内の武家屋敷は明治時代に陸軍の兵営となった。（高橋賢一）

宮小路町の武家屋敷通り

◎所在地・千葉県佐倉市宮小路町　◎交通・ＪＲ総武線佐倉駅下車、徒歩15分、バス「宮小路町」下車５分　京成線京成佐倉駅下車、徒歩20分、バス「宮小路町」下車５分　◎問合せ先・佐倉市教育委員会文化課☎043-486-9401

都留市《つるし》谷村《やむら》〔城下町〕

都留市上谷・中央の一帯は江戸時代に城下町として発展し、山梨県東部地域の政治・経済の中心地として栄えた歴史をもつ。明治期には谷村町となり、都留市制が施行されるまで80年近く独自の文化を築いてきた。江戸期の建築は寺院以外残されていないが、旧谷村町時代の建築が数カ所で確認でき、現在都留市商家資料館として利用される旧仁科家住宅（大正一〇年）、現在新聞店として利用される旧役場の分庁舎（大正八年）や旧呉服店（昭和三年）などの建築を国道１３９号線沿いに見ることができる。（森屋雅幸）

旧仁科家住宅（現・都留市商家資料館）

◎所在地・山梨県都留市上谷・中央　◎交通・富士急行線谷村町駅下車、徒歩５分◎問合せ先・都留市教育委員会生涯学習課文化振興担当☎0554-45-8008

舞鶴市《まいづるし》西舞鶴《にしまいづる》〔城下町〕

舞鶴市西地区の原型である田辺城下町ができたのは、天正八年（一五八〇）に細川藤孝（幽斎）が築城して以来のことである。武家地はほとんど面影をとどめていない。建て替えも進み、城下町としての町並みは失われつつあるが、竹屋町、丹波町などには、格子や虫籠窓をあけた商家が残る。遠見を遮断した屈折の多い道路や、山裾に集まる寺や神社、商港として水運の重要な役割を果たしていた高野川沿いの土蔵群など、城下町時代の町割や景観が継承されている。竹屋町の旧渡邊家住宅は国登録文化財。（日向　進）

西地区丹波町の町並み

◎所在地・京都府舞鶴市竹屋町、寺内町◎交通・ＪＲ舞鶴線西舞鶴下車、徒歩10分◎問合せ先・舞鶴市教育委員会社会教育課☎0773-66-1073

南丹市《なんたんし》園部《そのべ》〔城下町〕

京都府中央部、亀岡盆地の北西に位置する園部は、元和五年(一六一九)に初代園部藩主となった小出吉親により開かれた。町は園部城の北側と南側に広がり、「宮町」「上本町」「下本町(現本町)」「新町」「裏町(現若松町)」「大村町(現城南町)」の6町で構成される。かつて本町には本陣と脇本陣が置かれ、宿場町としてにぎわいをみせるとともに園部川を利用した舟運による物資の積出地としても活況を呈した。京街道(山陰街道)沿いには、一八世紀にさかのぼる妻入と平入の町家が混在した町並みが残る。(小出祐子)

街道沿いに残る妻入の町家

◎所在地・京都府南丹市園部本町　◎交通・ＪＲ山陰本線園部駅下車、バス10分　◎問合せ先・南丹市教育委員会社会教育課☎0771-68-0057

朝来市《あさごし》竹田《たけだ》〔城下町・在郷町〕

「天空の城、日本のマチュピチュ」と話題の竹田城跡は、平成二六年だけで約60万人の登城者を集めた。天正元年(一五七三)以降、城主赤松広秀により築かれた穴太衆積みの石垣が美しい。城山の裾に広がる町は、関ケ原の戦いまでは城下町として、以降は在郷町として栄えた。近世には、漆器竹田椀の生産でも知られ、職人文化が仏壇や家具の産業も根づかせた。切妻平入瓦葺きの外観を基本としながら、卯建を備えた町家も多い。寺町の四橋と町中のえびす橋は石橋で、一八世紀前半の建立と貴重である。(八木雅夫)

竹田城跡からみた連続する町家群

◎所在地・兵庫県朝来市和田山町竹田　◎交通・ＪＲ西日本播但線竹田駅下車、すぐ　◎問合せ先・朝来市竹田城課☎079-672-6141

神戸市《こうべし》淡河《おうご》〔宿場町〕

淡河は、三木合戦の際、秀吉が有馬温泉との間を行き来した湯山街道の宿場町。天正七年(一五七九)に楽市とするなど、本陣を構えた宿場町としてにぎわった。町の南、淡河川沿いの河岸段丘突端には、一四世紀より近世初めまで、淡河氏、有馬氏の淡河城(上山城)が築かれた時期もあった。街道に沿って今も静かなたたずまいが続く、農村地域のなかで、おもに瓦葺きと茅葺きの平入家屋が混在する街村の景観を形成している。一〇月に行われる歳田神社の秋祭り(栗節句)には、ふとん屋台が練り出す。(八木雅夫)

湯山街道沿いに脇本陣級の構えが残る

◎所在地・兵庫県神戸市北区淡河町淡河　◎交通・神戸電鉄岡場駅または道場南口駅乗換え、神姫バス三木営業所行乗車約25分、淡河本町バス停下車　◎問合せ先・神戸市 教育委員会事務局社会教育部文化財課☎078-322-5798

三木市《みきし》三木《みき》〔城下町・在郷町〕

三木は、戦国末期、別所氏の城下町であったが、2年にわたる織田軍の兵糧攻め（三木合戦）により敗れた。羽柴秀吉は地子免許を与えるなど復興策に努め、産業盛んな在郷町としてよみがえった。上下5ヶ町からなる三木10ヶ町は、徳川時代も秀吉の制札を証拠に免許地の伝統を守りつづけた。近年国指定史跡となった三木城跡を核に、町なかには、切手会所玉置家住宅、登録記念物の庭園が美しい小河家住宅、豪壮な金物問屋といった伝統的な遺構群が点在し、通りに沿った町家群とともに歴史の町を形成している。（八木雅夫）

鋸切形の看板で知られる金物問屋（上町）

◎所在地・兵庫県三木市上町ほか　◎交通・神戸電鉄上の丸駅下車、徒歩10分　◎問合せ先・三木市観光協会☎0794-83-8400

姫路市《ひめじし》林田《はやしだ》〔陣屋町〕

林田は、姫路市中心部より北西約12㎞に位置し、古くは姫路と鳥取を結ぶ因幡街道の宿場町として栄え、近世を通じて林田藩建部家1万石の陣屋町であった。陣屋跡は小高い丘陵状で、石垣や堀の一部が今も残っている。因幡街道沿いには、多数の伝統的な建造物が確認できる。なかでも、林田大庄屋旧三木家住宅（兵庫県指定文化財）や林田藩の藩校・敬業館、姫路市景観重要建築物の長谷川家住宅などが、往時の面影を今に伝えている。また、住民で構成されるＮＰＯ法人新風林田が多彩なイベントを行っている。（八木雅夫）

因幡街道沿い、虫籠窓の美しい酒造家の町家

◎所在地・兵庫県姫路市林田町林田、新町　◎交通・ＪＲ山陽本線姫路駅乗換、神姫バス山崎行約30分、林田下車、徒歩5分　◎問合せ先・姫路市観光交流推進室☎079-287-3652

赤穂市《あこうし》赤穂《あこう》〔城下町〕

赤穂城下町は、千種川の土砂が陸地化した新たな土地を活用して形成された。町割は、池田時代を基盤に、浅野時代に入った一七世紀中期に整備が行われ、以来、近年区画整理の行われた地域を除き、おおむね継承されている。赤穂城は、東を熊見川、南を瀬戸内海に囲まれた自然の要害となっており、侍屋敷は城の西北に配置された。平成に入って、駅から赤穂城までの道路が拡幅され、お城通りとなって町の印象は大きく変化した。が、花岳寺界隈と姫路街道、備前街道周辺で伝統的な町家が残っている。（八木雅夫）

備前街道沿い、花岳寺界隈の町並み

◎所在地・兵庫県赤穂市加里屋　◎交通・ＪＲ赤穂線赤穂駅下車、徒歩10分　◎問合せ先・赤穂観光協会☎0791-42-2602

洲本市《すもとし》洲本《すもと》〔城下町〕

国指定史跡となっている城郭については、三熊山山上の山城を天正一三年（一五八五）から慶長一四年（一六〇九）までに城主の脇坂安治が整備し、山下については寛永八年（一六三一）から一二年までに蜂須賀氏が整備したもので、わが国最古の模擬天守とともに人々の注目が集まる。一方、城下町は、近年春秋に開催されるようになった「城下町洲本レトロなまち歩き」を通じて、町並みの再評価が高まってきた。空き家・空き店舗を直接会場に、なつかしい昭和の洲本が一時的に具現化されている。（八木雅夫）

レトロなまち歩きでは城下町の町家が活用されている

◎所在地・兵庫県洲本市洲本　◎交通・ＪＲ三ノ宮駅または舞子駅乗換え、淡路交通バスまたは神姫バス洲本高速バスセンター行きで終点下車　◎問合せ先・南洲本市教育委員会文化スポーツ課☎0799-24-7632

大和郡山市《やまとこおりやまし》本町《ほんまち》・紺屋町《こんやまち》〔城下町〕

大和郡山の町は、奈良県では数少ない近世城下町である。天正一三年（一五八五年）に、豊臣秀長が、近在から商人を集め、町人町が形成された。それが、「箱本十三町」で、本町・魚町・塩町・堺町・柳町・紺屋町などで、箱本は、治安・消火・伝馬などの任務があった。本町の造り酒屋や、柳町のお菓子屋などが伝統的な町家。紺屋町は、道路中央に水路があり、洞泉寺町には、木造二階建て・三階建ての元遊郭の建物が残る。郡山城跡は、近年、城跡の整備が進められ、追手門や隅櫓、多聞櫓などが復元された。（米村博昭）

大和郡山市本町の町並み

◎所在地・奈良県大和郡山市本町、紺屋町　◎交通・近鉄橿原線大和郡山駅下車、徒歩３分　ＪＲ大和路線大和郡山駅下車、徒歩3分　◎問合せ先・大和郡山市都市建設部都市計画課☎0743-53-1151

鳥取市《とっとりし》鹿野《しかの》〔宿場町〕

鹿野は、戦国時代に、山名氏、尼子氏、毛利氏の所領に属すなどの遍歴を辿り、天正八年（一五八〇）に豊臣秀吉の進撃を受けて亀井氏の城地となった。亀井氏は元和三年（一六一七）に移封されるまでの間、旧城を修築し、１万３０００石の城下町を整備した。その後、在郷町として栄える。現在、鳥取市景観形成条例によって「鹿野城下町景観形成重点区域」に指定され、景観整備が進み、鳥取市鹿野往来交流館「童里夢」の周辺に伝統的な町家が残されており、鹿野城下町の面影を今に伝えている。（中野茂夫）

鹿野町下町の町並み

◎所在地・鳥取県鳥取市鹿野町　◎交通・ＪＲ山陰本線浜村駅からバスで15分　◎問合せ先・鳥取市鹿野町総合支所地域振興課☎0857-84-2011

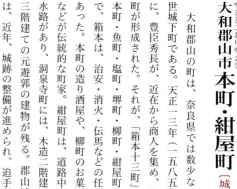

米子市《よなごし》尾高町《おだかまち》〔城下町〕

米子は、海と陸の交通に恵まれており、日野山地の鉄や弓ヶ浜の木綿の集散地とされていた。かつて栄えていた城下町の面影を残す加茂川のほとりには、漆喰塗りや板張りの土蔵が建ち並んでいる。城下町には、江戸時代に海運業を営んでいた廻船問屋の後藤家（内町・重要文化財）や木綿問屋を営んでいた坂口家（尾高町・登録有形文化財）などが遺構として残っており、江戸から明治後期にかけて米子の繁華街として栄えていた。また、近代以降の遺構として、坂口合名ビル（昭和六年〈一九三一〉築）がある。（井上　亮）

坂口家住宅主屋（国登録有形文化財）

◎所在地・鳥取県米子市尾高町　◎交通・JR山陰本線米子駅下車、徒歩10分　◎問合せ先・米子市観光案内所☎0859-22-6317

高梁市《たかはしし》成羽《なりわ》〔陣屋町〕

成羽陣屋町は、県中西部の旧成羽町の中心地であり、現在は高梁市の一部である。この地は古くからの要衝で、現在、石垣のみ残る城跡は天文二年（一五三三）三村家親の居館として築かれた。その後、元和三年（一六一七）山崎家、寛永一六年（一六三九）水谷家、万治元年（一六五八）山崎家が入ると明治四年の廃藩までこの地を治めた。陣屋町は南の鶴首山麓から、北の成羽川に向かって武家屋敷と商人町が段状に形成され、屋敷町には城下特有の道「鍵曲《かいまがり》」が、商人町には見事な白壁の酒蔵等が残り往時をしのばせる。（中村陽二）

見事な石垣が残る成羽陣屋大手門跡

◎所在地・岡山県高梁市成羽町下原
◎交通・JR伯備線備中高梁駅下車、バス20分　◎問合せ先・高梁市成羽地域局☎0866-42-3211

庄原市《しょうばらし》東城《とうじょう》〔城下町〕

東城は県北東端の山間盆地にあり、古来砂鉄を原料とした製鉄業の中心地で、山陰と山陽を結ぶ要衝であり、近世には支城が置かれ城下町として栄えた。町並みは南北に流れる東城川と中世に山城があった五品嶽《ごほんだけ》の間の緩傾斜地にある。山麓の高台に城主の居館が置かれ、その東側に南北に2本の街路が走り、山側に武家屋敷（館町）、川側に町屋敷（本町）があった。本町には、漆喰塗籠で切妻造、桟瓦葺きの町家が残る。一階軒先には雨や雪から軒を守るために「板暖簾《いたのれん》」と称する横に長い板を吊り下げている。（迫垣内裕）

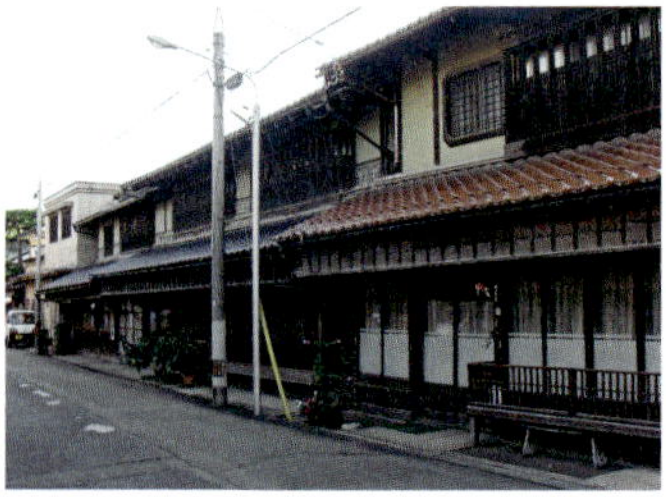

1階軒先に板暖簾を吊した東城の町家

◎所在地・広島県庄原市東城町本町・館町
◎交通・JR芸備線東城駅から徒歩5分
◎問合せ先・庄原市観光協会☎0824-75-0173

三次市《みよしし》三次《みよし》〔城下町〕

江の川の本・支流三河川が合流する三次は、山陰と山陽を結ぶ備後北部水陸交通の要衝で、江戸時代初めには広島藩支藩の三次藩が置かれ城下町として発展したが、享保五年（一七二〇）の支藩廃絶後は、その地理的利点から、物資集散や宿場的機能をもつ備北の中核都市の機能を担った。古絵図によると、かつては小路がいくつもあって複数のブロックが形成されていたことから支藩の城下町らしく相当規模の大きな町であった。三次本通り、上市・太才通りに平入二階建ての町家や洋風建築が残る。（迫垣内 裕）

控えめな形式の卯建が二階両端から突出する

◎所在地・広島県三次市三次町　◎交通・JR芸備線三次駅から徒歩15分　◎問合せ先・三次市地域振興部観光交流課☎0824-64-0066

大洲市《おおずし》大洲《おおず》〔城下町〕

街の中心をゆったりと蛇行《だこう》する肱川《ひじかわ》をはさんで南北に広がる大洲の町並みは、大洲藩6万石の城下町である。平成一六年（二〇〇四）に復原された大洲城は、市民のシンボルにもなっているが、その東側に広がる町並みは、明治、大正、昭和に建てられた町家が多く遺されており、県下で代表される町並みもある。武家屋敷を一部遺し、豪商の屋敷、そして街の文化を支えた職人の家々が軒を連ねている。さらに、町並みのすぐ西には、大洲の名勝であり、愛媛県指定文化財「臥龍山荘《がりゅうさんそう》」がある。（岡田文淑）

市民の暮し向きがしのばれる町並み

◎所在地・愛媛県大洲市町志保町　◎交通・JR予讃線伊予大洲駅下車、徒歩20分　◎問合せ先・大洲市教育委員会文化スポーツ課☎0893-57-9993

平成16年（2004）に復原された大洲城

「おはなはんとおり」として著名な大洲きっての町並み

佐川町《さかわちょう》上町《うえまち》〔土居下町〕

土佐藩は土居と呼ばれる城館を築いて藩内支配の拠点とし、佐川は筆頭家老の深尾家が本拠としていた。土居下町は城下町と同様な町割が実施され、武家地である家中町、町人町が形成された。旧町人町には、幕府巡検使の宿所とされ、洗練された意匠の座敷を備える竹村家住宅（重要文化財）が現存する。高知を代表する銘酒「司牡丹」の酒蔵は約85mに達し、酒造業で栄えた旧浜口家住宅主屋（登録有形文化財）、擬洋風建築の旧青山文庫（旧須崎警察署佐川分署・町指定文化財）をみることができる。（三浦要一）

江戸後期の竹村家住宅主屋と表門（重要文化財）

◎所在地・高知県高岡郡佐川町　◎交通・ＪＲ土讃線佐川駅下車　◎問合せ先・佐川町産業建設課☎0889-22-7708

佐賀市《さがし》柳町《やなぎまち》〔城下町〕

佐賀旧城下町は、佐賀城南側に、東西方向つづら折り状に長崎街道沿いに連なる。戦災に遭っておらず、地割はよく残る。柳町は、明治初期から昭和初期にかけての町家や銀行建築等がよく残っている。旧古賀銀行は、明治三九年（一九〇六）築、大正五年（一九一六）に建築技術者・舟木右馬之助が増築を手がけた洋風建築である。木造二階建て、寄棟造スレート葺き、外壁は煉瓦タイル張り、内部に雄大な吹き抜けを有する。旧牛島家住宅（朝日町より移築、一八世紀前期）の他、古賀家住宅、三省銀行などの遺構も残る。（三島伸雄）

佐賀城下最古の町家建築の旧牛島家

◎所在地・佐賀県佐賀市柳町　◎交通・ＪＲ長崎本線佐賀駅下車、徒歩15分　◎問合せ先・佐賀市歴史民俗館☎0952-22-6849

小城市《おぎし》小城《おぎ》〔城下町〕

江戸時代の初め、小城藩初代鍋島元茂によって祇園社から南側に上町・中町・下町という町家がつくられた。桜岡の屋敷に藩主が常住するようになるのは三代元武からで、家臣たちもその周辺に屋敷を構え、「〇〇小路」と呼ばれる武家屋敷群を形成していった。藩邸の東側にも大手町・正徳町・朝日町などの町家が形成され、藩邸を取り巻くように城下町がつくられた。現在でも町々をつなぐかぎ形の道路や水路、短冊形の町家や間口の広い屋敷の地割など、いたるところに城下町の面影を見つけることができる。（太田正和）

大手町の町並み

◎所在地・佐賀県小城市小城町　◎交通・ＪＲ唐津線小城駅下車、徒歩10～40分　◎問合せ先・小城市教育委員会文化課・小城市立歴史資料館☎0952-73-8809

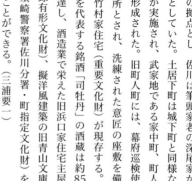

鹿島市《かしまし》高津原《たかつはら》〔武家屋敷〕

鹿島鍋島藩藩主の居城である旧鹿島城の城内に残る町並み。築城は幕末に近い文化四年（一八〇七）。旧城が水害常襲地のため移転したもので、全国でも最も新しい城のひとつである。城は明治七年（一八七四）の佐賀の乱により主要な建物は焼失し、「大手門」と本丸表門の「赤門」を残すのみ。城の北端の大手門から本丸まで鍵型に折れ曲がった登城路が続く。道の両側には高禄の武士の武家屋敷地があったが、当時の武家屋敷は残っていない。また、城の南側にも武家屋敷通りがあり、旧家老の原家武家屋敷が残る。（加田隆志）

旧本丸（現鹿島高等学校）南側に残る武家屋敷通り

◎所在地・佐賀県鹿島市高津原　◎交通・ＪＲ長崎本線肥前鹿島駅下車、徒歩15分　◎問合せ先・鹿島市建設環境部まちなみ建設課☎0954-63-3415

五島市《ごとうし》福江《ふくえ》〔武家屋敷通り〕

延宝元年（一六七三）、二二代五島盛利は石田陣屋を完成させ、翌年には「福江直り」により城下町を形成させた。現在の商店街が上級武士の居住区だったが、区画整備等で石垣等は、ほとんど姿を消した。中級武士の居住区だったこの場所だけが「武家屋敷通り」として、当時の面影を残している。石垣の上には「こぼれ石（丸石）」が積み重ねられ、装飾としての意味のほかに、石垣を登れば崩れ、敵に対しては投げて身を守るという防犯の役割もあるという。こぼれ石の両端は蒲鉾型の石で止められている。（中村秀記）

福江武家屋敷通り。石垣上に「こぼれ石」が乗る

◎所在地・長崎県五島市武家屋敷　◎交通・福江港から徒歩15分　◎問合せ先・五島観光歴史資料館☎ 0959-74-2300

熊本市《くまもとし》新町《しんまち》・古町《ふるまち》〔城下町〕

加藤清正は熊本城を築く際に、城下町建設を積極的に行った。１２０ｍ四方の正方形の区画が碁盤目状に配置され、ひとつの区画にはひとつの寺院を招致し、周りを町屋が囲んだ（一町一寺制）。有事の際の出城として機能すること、火災時に延焼を防ぐことを意図し、現在も「古町」と呼ばれる一帯は多くの寺院と町割が残る。のちに建設された「新町」と合わせて繁栄したが、明治一〇年（一八七七）の西南戦争の際に灰燼に帰す。その後再建された町屋が多く残り、それらを活かした景観形成が進められている。（宮野桂輔）

通称「唐人町町屋」と呼ばれる古町の景観

◎所在地・熊本県熊本市中央区　◎交通・ＪＲ鹿児島本線熊本駅下車　市電10分　◎問合せ先・熊本市開発景観課☎096-328-2111

芦北町《あしきたまち》佐敷《さしき》〔城下町〕

熊本県南西部、不知火海に面する佐敷地区は古代より肥後南部の交通の要衝で、近世には佐敷城の城下町や薩摩街道の宿場町として発展したが、昭和四〇年（一九六五）開通の新国道のルートから外れたことにより、町の賑わいは失われた。現在、佐敷川の両岸を通る旧薩摩街道沿いに町並みが残っており、かつての佐敷城の山裾にあたる左岸部が町の中心地域である。昭和初期の大火以降に建てられた白壁土蔵造の短冊形町家が点在するほか、道路に対し建物が雁行して続く「のこぎり家並み」を見ることができる。（深川裕二）

薩摩街道沿いの町並み

◎所在地・熊本県葦北郡芦北町佐敷　◎交通・ＪＲ鹿児島本線佐敷駅下車、徒歩20分　◎問合せ先・芦北町教育委員会生涯学習課☎0966-87-1171

中津市《なかつし》中津《なかつ》〔城下町〕

天正一五年（一五八七）の豊臣秀吉の九州征伐後、福岡県との県境の山国川の河口部に黒田孝高（如水）が城を築いたことに始まる。城下を囲む総構えの土塁であるお囲い山（県史跡）が、九州では中津城に唯一残るとともに、町家は豊後町、諸町、京町など広範囲に残されている。諸町の江戸後期の旧宇野家住宅（南部まちなみ交流館）や、武家屋敷としては福沢諭吉旧宅（国史跡）などが公開されている。合元寺、円応寺、妙連寺などが寺町を形成し、通称金谷町付近に下級士族の土塀を見ることができる。（斎藤行雄）

京町の旧竹内旅館。三階建ての伝統旅館（現・伸榮旅館）

◎所在地・大分県中津市寺町　◎交通・ＪＲ日豊本線中津駅下車、徒歩15分　◎問合せ先・中津市教育委員会文化財課☎0979-22-1111

日出町《ひじまち》日出《ひじ》〔城下町〕

日出は、江戸時代2万5000石の城下町で、豊臣家につながる木下氏が別府湾を見下ろす断崖の上に暘谷城《ようこくじょう》を築いた。眼下の海岸で採れるのが有名な「城下かれい」である。現在、城跡には藩校致道館（県史跡）や裏門櫓、鬼門櫓が、鷹匠町などに武家屋敷が残る。的山荘として知られる旧成清《なりきよ》家日出別邸は重文で、庭園は国登録記念物。東部の深江港には、藩主の風待ち茶屋『襟江亭』（町有文）が港町の町並みとともに残り、西部の豊岡地区の頭成《かしらなり》港は、玖珠の森藩の外港として港町が形成された。（斎藤行雄）

頭成地区の梶原家住宅（写真右・国登録有形文化財）

◎所在地・大分県速見郡日出町鷹匠町　◎交通・ＪＲ日豊本線日出駅下車、徒歩20分　◎問合せ先・日出町教育委員会生涯学習課☎0977-73-3156

佐伯市《さいきし》佐伯《さいき》〔城下町〕

佐伯湾は大入島が天然の防波堤をなす良港で、城下町が建設された旧塩屋村も、古くから「塩屋千軒」と称され栄えていた。毛利氏は八幡山に佐伯城を築き、城は南北に翼を広げたような姿から鶴屋城とも称され、三の丸櫓門（県有形文化財）、三府御門などが残されている。山際地区は「歴史と文学の道」と名づけられ、土屋家など石垣と漆喰の塀で仕切られた武家屋敷、藩主毛利家の菩提寺の養賢寺が連なる。国木田独歩が寓居した旧坂本家（市有文）は記念館として公開され、船頭町には町家の町並みが残る。（斎藤行雄）

山際通り（歴史と文学の道）の武家屋敷

◎所在地・大分県佐伯市大手区　◎交通・ＪＲ日豊本線佐伯駅下車、徒歩15分　◎問合せ先・佐伯市教育委員会社会教育課文化振興係☎0972-22-4234

玖珠町《くすまち》森《もり》〔陣屋町〕

豊後森は筑後川上流の万年山、切株山、大岩扇等の卓状台地の火山に囲まれた玖珠盆地の北部にある、久留島藩１万２０００石の陣屋町である。久留島氏は城の代わりとして陣屋後ろの三嶋神社を整備したといわれ、境内には望楼建築の栖鳳楼や清水御門が残され、庭園とともに国名勝に指定されている。町家は古写真によると竹瓦葺きに復元され、一部、下屋に再現されている。久留島武彦記念館や荒木家住宅（国登録有文）が代表的町家である。武家屋敷は茅葺きの曲屋で上谷や合町地区に群として残されている。（斎藤行雄）

茅葺き（現・トタンで覆い）の武家屋敷群

◎所在地・大分県玖珠郡玖珠町森　◎交通・ＪＲ久大本線豊後森駅からバス伏原下車　◎問合せ先・玖珠町商工観光振興課☎0973-72-7153

高鍋町《たかなべちょう》高鍋《たかなべ》・南高鍋《みなみたかなべ》〔城下町〕

高鍋は、北に小丸川、南に宮田川、東は日向灘に囲まれている。秋月藩の居城である高鍋城（現在、舞鶴公園として町民の憩いの場となっている）の城下に武家屋敷であった町並みが広がる。江戸時代の地割は基本的に残されており、随所に武家屋敷や町家を思わせる屋敷が点在する。黒谷には、文化文政年間（一八〇四～二九）に建てられた旧黒水家が、高鍋を代表する武家屋敷として修理、復元されて公開されている。なかでも筏地区はかつて23の屋敷があり、現在も歴史的な景観をよくとどめている。（岡本武憲）

高鍋を代表する武家屋敷。旧黒水家の正面

◎所在地・宮崎県児湯郡高鍋町　◎交通・ＪＲ日豊線高鍋駅下車、徒歩30分　◎問合せ先・高鍋町観光協会　☎0983-22-5588

宮崎市《みやざきし》高岡町《たかおかちょう》〔郷士集落〕

高岡は、薩摩藩領が日向国と接する高岡麓として、慶長六年（一六〇一）頃から建設が始まった。現在の高岡小学校にあった地頭仮屋の南は矩形街路で区画されており、武家屋敷が配されていた。なかでも、吉富家跡に移築された本吉家は、一九世紀初めの建築と考えられており、高岡麓の武家住宅を代表する屋敷として整備、地域交流施設として公開されているが、かつては茅葺きであったと考えられている。なお、明治初期には28基の武家門が残っていたが、現在は12基が残されている。（岡本武憲）

高岡麓の町並み（旧吉富家前）

◎所在地・宮崎県宮崎市高岡町　◎交通・宮崎交通バス高岡下車、徒歩5分　◎問合せ先・宮崎市高岡総合支所☎0985-82-1115

都城市《みやこのじょうし》前田《まえだ》〔郷士集落〕

前田の高城麓は都城市と小林市を結ぶ国道２２１号の中間、旧高崎町の北端に位置して、真幸街道（旧国道）の両側に約１・２㎞の町並みが続く。街路はゆるい曲線を描き、両側に石垣と石門に囲われた郷士の屋敷地が連なる。延宝八年（一六八〇）、高原郷から分離して高崎郷が設置された。前田は、薩摩藩の１１３外城のひとつである高崎郷の地頭役所が置かれた集落で、地頭仮屋は、集落内の前田迫川の右岸、真幸街道の北側に位置する。明治一七年（一八八四）には２０７戸があった。（岡本武憲）

前田集落の中心地、郷士屋敷の景観

◎所在地・宮崎県都城市高崎町前田　◎交通・ＪＲ吉都線日向前田駅下車、徒歩2分　◎問合せ先・都城市高崎総合支所☎0986-62-1111

肝付町《きもつきちょう》高山《こうやま》〔麓集落〕

高山は大隅半島の中央に位置する麓で、志《し》布《ぶ》志《し》湾にそそぐ肝属《きもつき》川河口の波見に浦町がある。天正元年（一五七三）、肝付氏が島津氏に敗れ、島津の直轄地となった。流鏑馬が行われる四十九所神社前の宮馬場、東側に並行して中馬場、五社馬場、八幡馬場があり、五社馬場から西側は格子状の街路で、東側の八幡馬場との間は水田が広がり、用水沿いに屋敷、高山川の対岸に集落がある。旧街道沿いの野町は明治一四年（一八八一）に大火があったが、火災後に復元され、間口の狭い商家が現存している。（鯵坂　徹）

石垣と生垣が続く集落の中心地

◎所在地・鹿児島県肝属郡肝付町新富　◎交通・鹿屋より車で約20分　◎問合せ先・肝付町観光協会☎0994-67-2888

南《みなみ》さつま市《し》秋目《あきめ》〔麓集落〕

秋目は薩摩半島の西南端、東シナ海に面した集落である。七五三年に鑑真和上が上陸した地であるとともに「007は二度死ぬ」のロケ地として知られている。美しい自然と対峙し、海から伸びる馬場と秋目川沿いに網元をはじめとする旧家が点在する。石垣の美しい漢方医坂本邸、伊能忠敬が泊まったといわれる宮内邸、馬場に面する岩元邸等、見所が多い。道路拡幅や区画整理により旧来の景観が失われつつあるが、秋目麓は、石垣や植生、道路形状が残り、昔の面影を見ることができる貴重な麓集落である。（鯵坂　徹）

秋目集落の網元・岩元邸

◎所在地・鹿児島県南さつま市坊津町秋目　◎交通・加世田または坊津より車で約30分　◎問合せ先・南さつま市観光協会☎0993-53-3751

薩摩川内市《さつませんだいし》里《さと》〔島の麓集落〕

薩摩半島の東の沖合約45㎞に位置する甑島列島は起伏に富み平野がほとんどない島々である。上甑島の里集落は陸繋砂州（トンボロ）の上に形成された珍しい集落である。古代から居住されていたこの地に今残るのは、薩摩藩政下の麓としての景観である。里麓は地頭仮屋跡（現・里小学校）と背後の亀城を中心として、里向馬場、新町馬場、中町馬場と、玉石垣（市景観重要資産、国交省・島の宝一〇〇景）と生垣の美しい町並みが続く。夏には生垣にカノコユリが咲き、来訪者の目を楽しませている。（木方十根）

玉石垣が特徴的な甑島・里集落

◎所在地・鹿児島県薩摩川内市里町
◎交通・串木野新港よりフェリーで約50分、薩摩川内港よりフェリーで約40分
◎問合せ先・薩摩川内市里支所産業建設課☎09969-3-2311

奄美市《あまみし》赤木名《あかぎな》〔奄美の（歴史的）麓集落〕

奄美大島北部の笠利湾の最奥部に位置する赤木名は、古くから奄美から九州・日本への窓口として歴史に登場し、中世並行期前後には赤木名城（国指定史跡）が築かれた。慶長一四年（一六〇九）の薩摩の琉球侵攻以後、赤木名には薩摩藩の仮屋が置かれ、奄美大島の中心地として発展した。集落にはサンゴの石積が残る代官所跡のほか、薩摩の麓集落の影響を彷彿とさせるイヌマキの庭木や生垣が続き、ヒキモン構造の家屋や高倉といった奄美独特の建築とともに独特の景観が形成されている。（木方十根）

イヌマキが特徴的な赤木名集落

◎所在地・鹿児島県奄美市笠利町赤木名
◎交通・奄美空港より車で約10分　◎問合せ先・奄美市笠利総合支所☎0997-69-2111(代表)

京都市・洛北大原の里　安野光雅・画

2

社寺の信仰を中心とした町並み

寺町・寺院群、里坊群、宿坊群、講中宿、寺内町、門前町ほか

寺町·寺院群は主として城下町建設にあわせて防御拠点の機能も込めて設置された。里坊は山寺の僧侶が人里に設けた住まいである。宿坊は寺院の僧侶や修験道の行者、信者·参拝者等の宿泊施設である。寺内町は中世末期から近世初期におもに浄土真宗の寺院を中心として形成された自治的な町である。京都の東西本願寺の寺内町は門前町の性格をもっている。

長勝寺三門（国重文）。寛永6年（1629）建立

寺院街西側の長勝寺三門を望む

弘前市《ひろさきし》禅林街《ぜんりんがい》【寺院群】

三三ヵ寺全ての曹洞宗寺院が建ち並ぶ壮観な景観

青森県南西部に位置する弘前市は、近世大名津軽《つがる》氏の城下町であり、藩政時代を通じて津軽地方の政治・経済・文化の中心として機能した。弘前城跡の南西に位置する禅林街は、慶長一五年（一六一〇）から始まった築城と同時期に建造された「長勝寺構《ちょうしょうじかまえ》」という弘前城の惣構《そうかまえ》の一部であり、領内各所から寺院を集住させて形成したものである。禅林街の入口には、南北に伸びる土塁《どるい》と桝形《ますがた》が現在も残り、国指定の史跡「津軽氏城跡《じょうせき》弘前城跡《しろあと》」の一部を構成している。

長勝寺構という呼称のとおり、津軽家の菩提寺・長勝寺を中心に、「禅林三十三ヶ寺」と通称される曹洞宗寺院が立ち並んでいる寺院街は、黒門《くろもん》から長勝寺へ至る通りと、宗徳寺《そうとくじ》を最奥とする赤門からの通りに大別される。寺院の配列と地割《じわり》については藩政時代からの旧態をよく残している。林立する杉木立のなか、左右に迫る伽藍《がらん》群の景観は圧倒的であり、藩主権力の威信を現代に伝えているものである。（小石川 透）

◎所在地・青森県弘前市西茂森
◎交通・・JR奥羽本線弘前駅から弘南バス茂森線（茂森町下車）
◎見所・・「長勝寺」。津軽氏の菩提寺。境内には重要文化財建造物9棟と、重要文化財工芸品1口が所在する津軽地方屈指の古刹である。弘前城築城とともに現在地に移ったとされる。
◎問合せ先・弘前市文化財課 ☎0172-82-1642

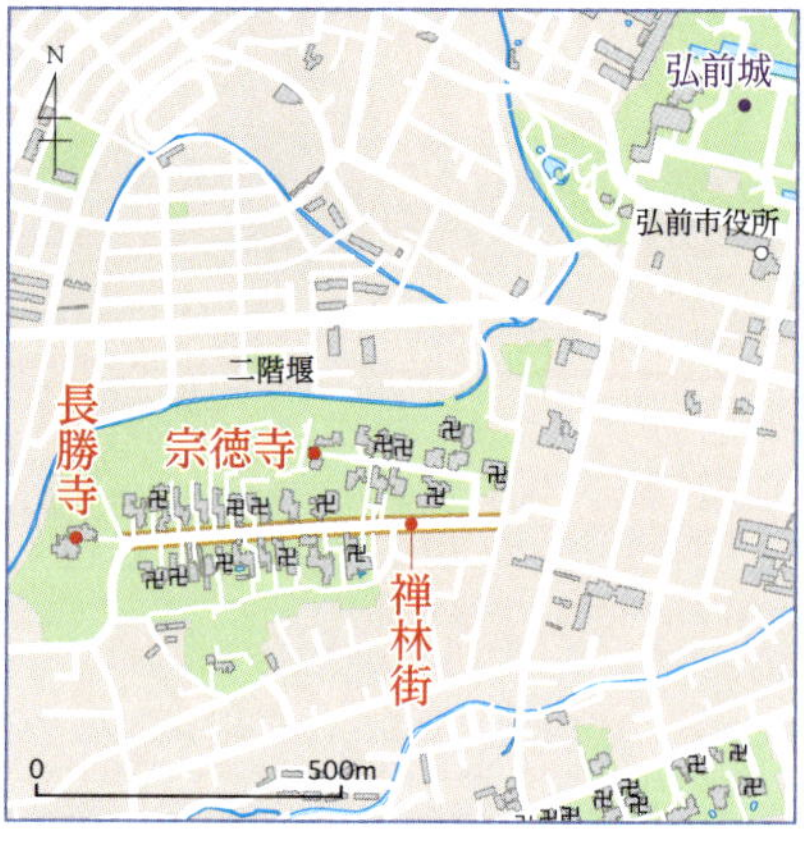

鶴岡市《つるおかし》羽黒町手向《はぐろまちとうげ》〔宿坊群〕

羽黒山麓・国宝五重塔近くの修験道の宿坊集落

羽黒山参詣道入口の随神門近くの宿坊。大きな茅葺き屋根と玄関の唐破風

山形県の月山、湯殿山、羽黒山は出羽三山と呼ばれ、古くから民衆の厚い信仰を受けてきた。羽黒山にはすでに平安時代に強固な信仰組織があったことが知られているが、鎌倉時代に入るといっそうの発展をみた。建久四年（一一九三）、奥羽平定を成し遂げた源頼朝は羽黒山頂の羽黒神社を修造し、登山口にあたる山麓の手向に黄金堂を建立した（羽黒山正善院黄金堂。現在の建物は文禄五年〈一五九六〉に建て替え）。一三世紀になると羽黒修験者の集団は大きな勢力を誇り、陸奥、出羽、佐渡、信濃、越後の5カ国を羽黒権現の霞《かすみ》場《ば》と称し、関東8カ国を檀那《だんな》場《ば》、駿河以西を遠国と呼ぶようになった。応安五年（一三七二）には、和様素木造《しらきづくり》・柿《こけら》葺きの軽快優美な五重塔（国宝）が手向集落から羽黒山への参道脇に建立されている。このような羽黒修験道の発展につれて出羽三山の登山口にあたる山麓の集落は、門前集落としての形態を整えていった。

慶長一三年（一六〇八）、庄内に軍を進めた最上義光《もがみよしみつ》は手向に1500石の黒

◎所在地・山形県鶴岡市羽黒町手向
◎交通・・JR羽越本線鶴岡駅下車、バス40分
◎見所・・随神門と正善院黄金堂が宿坊の通りに面し、随神門から杉並木のなかを石段の参道を行くと羽黒山五重塔が見えてくる。
◎問合せ先・鶴岡市教育委員会社会教育課文化財係 ☎0235-57-4868

正善院黄金堂近くの景観。宿坊の看板が目立つ

印地を与えて保護した。この頃、手向に天羽などの傑僧が出て一山の統一をはかり、山頂までの参道を石敷きに整備し、境内の植林や用水路建設を進めるなど、寺領の維持発展に努めた。こうして近世初めから中期にかけて羽黒山と手向は大きく発展した。

近世の羽黒派修験道は本社別当を頭に31カ寺の清僧修験者、山麓の妻帯修験者、東日本一帯に散らばる末派修験者という階層構成をもち、手向には妻帯修験者が住み、修験道に精進しながら宿坊を経営していた。彼らは毎年秋の農作業が終わる頃に羽黒神社の祈禱札を用意し、冬に入ると自分の霞場の村々に出かけて祈禱札を配り、翌年の三山参拝をすすめた。そして夏には参拝者を迎えて宿泊させ、参拝の先達《せんだつ》を勤めた。しかし明治維新直後の神仏分離令によって羽黒山は大打撃を受け、手向も修験者が激減した。

手向の宿坊はかつて300以上あったといわれるが、現在は約30余になっている。羽黒山神社の随身門《ずいしんもん》に近い桜小路の一帯は、参道に面して石垣を築き生垣を連ね、みごとな屋敷林で囲った大規模な宿坊がある。これらの宿坊は300坪もの屋敷地をもち、堂々たる冠木門《かぶきもん》を構えている。宿坊の主屋はほとんど現代風に建て替わり、玄関に唐破風《からはふ》をつけた茅葺き屋根の宿坊は2、3棟にすぎないが、大型の主屋と緑濃い前庭をもち、注連縄をかけた冠木門が通りに面して並ぶ景観は、出羽三山の宿坊集落として栄えた歴史を今に伝えている。（苅谷勇雅）

現代風に建て替わった宿坊。大屋根に千鳥破風、玄関に唐破風を重ねている。注連縄をつけた堂々たる冠木門

成田市《なりたし》仲町《なかまち》ほか〔寺院群〕

新勝寺の表参道には昭和の風情が残る

仲町坂の中程に建つ大野屋旅館

平将門《たいらのまさかど》討伐祈願に建立された「成田山新勝寺《しんしょうじ》」の本尊は「木造不動明王」で「関東三不動」。門前町が形成されたのは近世中期、元禄《げんろく》一六年（一七〇三）に江戸出開帳を成功させると「成田詣」が盛んになった。また、当地の出身である市川團十郎は「成田屋」を名乗り深く信仰したことも手伝い、近世後期には表参道4町に店が連なり賑わうようになった。

表参道はJR成田駅から新勝寺まで800mに及ぶ。仲町坂は道幅が狭まり両側に歴史的建造物の店が軒を連ね、門前町としての風情が色濃く残る。坂の中程、木造三階建ての旅館「大野屋」と「梅屋旅館」は持ち送りに支えられた縁台を二・三階に廻した旅館建築である。大野屋は登録文化財で昭和一〇年（一九三五）築、入母屋《いりもや》屋根に高欄《こうらん》を廻した望楼《ぼうろう》がつき際立っている。道の反対側には登録文化財、明治前期築の黒漆喰《くろしっくい》土蔵造の店舗「三橋《みつはし》薬局」がある。坂を降り切った左には高さ15m総欅造りの新勝寺総門がそびえる。（高橋賢一）

◎所在地・千葉県成田市仲町ほか
◎交通・・JR成田線成田駅、京成電鉄京成成田駅下車、徒歩15分
◎見所・・仲町坂には土産物店・飲食店が軒を連ね門前町の風情が漂う。新勝寺の境内には三重塔をはじめ重要文化財の建造物が多く、圧倒される。「電車道」の煉瓦造トンネルも興味深い。
◎問合せ先・成田市教育委員会生涯学習課
☎0476-20-1583

寺町谷中の風情を伝える観音寺の築地塀

台東区《たいとうく》谷中《やなか》【寺町】

住んで歩いてほっとする、東京のふるさと

上野公園の北西に連なる谷中・上野桜木には江戸時代より70を超える寺々が連なる。東京の都心部にありながら、寺境内や斜面の緑に包まれて四季の花が咲き、鳥や虫が鳴く。低層中心のまちの空は広く、青空や月の出、夕焼けが寺町の家並みに映える。明治・大正・昭和の町家や長屋と路地、庭つきの小屋敷もそれぞれの由来の場にあり、まちの人が道の掃除や植木の世話がてらに立ち話をしている。通りは清潔で人のつながりも厚く、お年寄りも子どもも近所の人たちに見守られてなごやかに暮らす。その安心感に惹かれ、谷中に店や住まいをもつ若い人たちも増えた。一九八四年創刊の地域雑誌『谷中・根津・千駄木』(〜二〇〇九)をきっかけに一帯が「谷根千」と呼ばれ、東京のまち散歩の名所となり、昨今は寺町の町並みや伝統的な生活

◎所在地・東京都台東区谷中一〜七丁目
◎交通・・JR山手線・日暮里駅・京成日暮里駅、東京メトロ千代田線根津・千駄木駅より徒歩約15分圏内
◎見所・・谷中霊園桜並木、霊園入口のお茶屋群と花重、旧吉田屋酒店、朝倉彫塑館、観音寺築地塀、SCAI THE BATHHOUSE、すぺーす小倉屋、旧平櫛田中邸、市田邸、上野桜木界隈、カヤバ珈琲、HAGISO、tokyo bike（旧伊勢五酒店）等、各寺院と寺町の町並み。諏方神社大祭（八月末）、節分会（二月三日）、全生庵「円朝まつり」（八月）、大円寺「菊まつり」（十月）、不忍ブックストリート（春・秋）などの催しも。
◎問合せ先・台東区観光課☎03-5246-1151

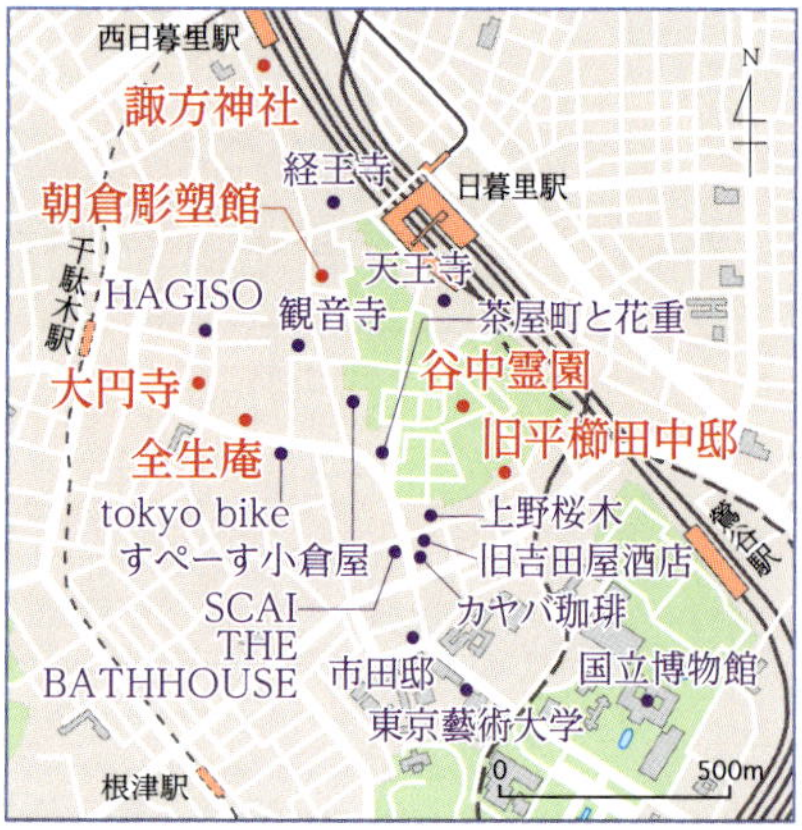

文化を求める外国人旅行者も増えている。
「谷中」の地名は、下谷《したや》や上野に対し、上野台地北部と日暮里の一部、隣の本郷台地の間の谷一帯につけられた。縄文時代には古江戸湾に突き出た半島であり、東側の下谷・根岸《ねぎし》は海辺、西側の根津《ねづ》や池之端《いけのはた》は入江でその名残が不忍池《しのばずのいけ》である。中世には江戸を統治した太田道灌《おおたどうかん》の所領となった。荒川区西日暮里《にしにっぽり》の岡に立つ諏方《すわ》神社（元久《げんきゅう》二年〈一二〇五〉創建）は、谷中・日暮里の総鎮守で、今も町内会を単位とした氏子《うじこ》が夏の大祭や節分会を盛大に執り行う。普段は静かな暮しの町だが正月の七福神巡り、春秋の彼岸、秋のイベントではまちがにぎわう。

　谷中の町並みは、自然地形を基盤に、江戸時代の寺とその門前町、屋敷町の区画、低地の田畑跡をもとにつくられている。寺院は、江戸時代以前からの日蓮宗「感応寺《かんのうじ》」（のちに天台宗天王寺《てんのうじ》）、曹洞宗「玉林寺《ぎょくりんじ》」などに加え、寛永《かんえい》二年（一六二五）に上野の山に東叡山寛永寺が建立、その後多くの寺院が谷中に移され、一七世紀にほぼ現在の規模の寺町となった。明治に天王寺と寛永寺の境内の一部が谷中霊園になり、その桜並木では地域内外の人々が憩う。町家は前土間式の出桁《だしげた》造を原型に大正、昭和は二階に主座式を設けて徐々に階高が高くなる。屋敷型も明治の続座敷型から昭和の洋室・庭つき戸建て、近代数寄屋《すきや》風住宅などに変わっていく。年々取壊し、建替えも進むが、古い家を住居や店舗、ギャラリー等として活かし、町並みを守る人々やNPOの連携も深い。戦後の木造アパートやそれら古民家のリノベーション活用も含め、東京の各々の時代の価値観を映す生きた町並みとなっている。（椎原晶子）

寺町さんさき坂に残る古民家

谷中のランドマークとして知られるヒマラヤ杉とみかどパンの一画、右は延壽寺

南砺市《なんとし》城端《じょうはな》〔寺内町〕

善徳寺門前に庵唄が流れる越中の小京都

さまざまな年代の町家が建ち並ぶ西新田の町並み

4棟の蔵が連なる大工町の蔵回廊

絹織物関連の建物が建つ東新田の町並み

富山県の南西部に位置する南砺市城端は、真宗大谷派城端別院善徳寺《ぜんとくじ》の周囲に広がる寺内町である。古くから白川郷や五箇山《ごかやま》で産出された煙硝と生糸の集積地として栄えてきた。毎年五月に開催される城端曳山《ひきやま》祭で、曳山と庵屋台が庵唄の音とともに歴史的町並みを巡行する光景は荘厳にして美しい。

城端は、曳山が巡行する大工《だいく》町、西上《にしかみ》町、西下《にししも》町、東上《ひがしかみ》町、東下《ひがししも》町、出丸《でまる》町の6町と東西の2つの新田などから成り立つ。国道304号線の拡幅以外は、江戸初期からほぼ変わらない街路構成を有している。町内では戦後も伝統的様式を継承した町家が建築されてきた。とくに、西新田の町並みは明治以降の各時代の町家が混在しており、様式の変化がよくわかる。また、大工町には登梁と袖壁を有する明治期の大規模な町家、東新田には鋸屋根を有する絹織物工場といったように、さまざまな種類の歴史的建造物が保全されている。町の歴史の積み重ねを、建築を通して感じることができる貴重な町並みである。（松井大輔）

◎所在地・富山県南砺市城端
◎交通・・JR城端線城端駅より徒歩10分
◎見所・・「東新田」、「西新田」と「大工町」の町並み。4棟の蔵が連なる「蔵回廊」も見応えがある。大工町では「じょうはな庵」が町並み保存と空家再生の拠点として再生されている。
◎問合せ先・じょうはな庵 ☎0763-62-2144

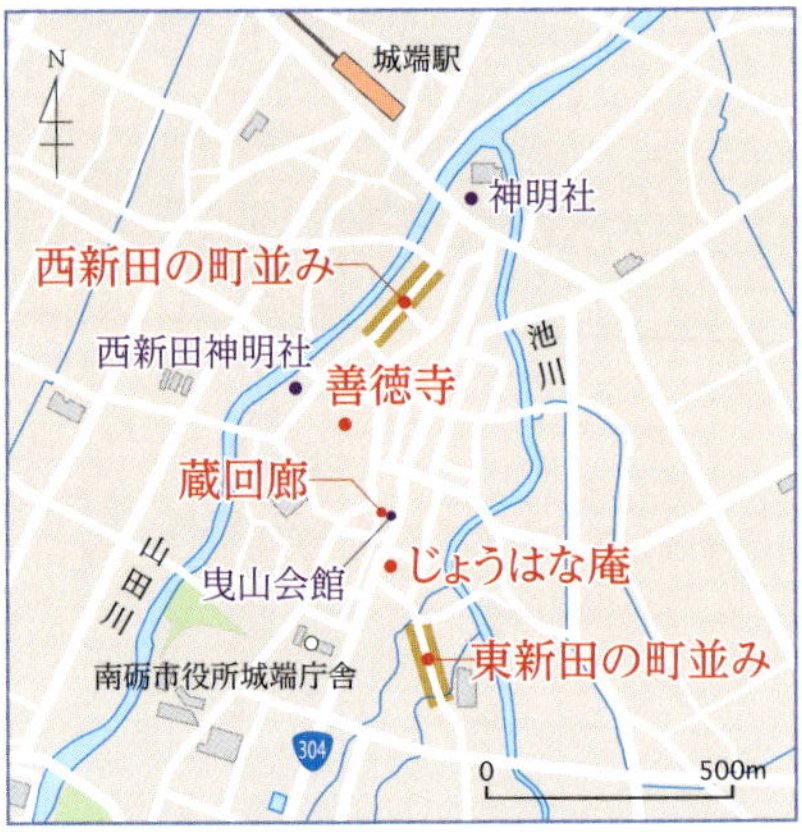

金沢市《かなざわし》卯辰山麓《うたつさんろく》〔寺町〕

寺社と町家が渾然一体となった特徴的な景観

重要伝統的建造物群保存地区
選定 平23・11・29

旧観音町通り。左手は旧涌波家住宅主屋（市指定文化財）

金沢市は石川県の中部に位置し、北西方向に流れる犀川と浅野川の間に金沢城がおかれ、城を中心として周囲に市街地が広がる。卯辰山麓地区は、金沢城の北東、浅野川の北に位置し、卯辰山と旧北国街道（国道359号）にはさまれた傾斜地に広がる。平成二三年（二〇一一）には、先に選定された東山ひがし重要伝統的建造物群保存地区を除いた範囲が、重要伝統的建造物群保存地区として選定されている。

卯辰山麓地区では、慶長《けいちょう》期から元和《げんな》期（一五九六〜一六二四）にかけ寺院群が建設され、慶長四年（一五九九）に前《まえ》田利家《だとしいえ》を祀る卯辰八幡宮（現在の宇多須《うたす》神社）が建立されると、これに続き、宝泉寺や観音院など、加賀藩ゆかりの寺院が立地し、延宝《えんぽう》期（一六七三〜八一）までにはおおむね寺院群の形成が完了したと考えられている。

卯辰山麓地区には、寺院の集積する区域、町家が集積する区域、寺院群形成時

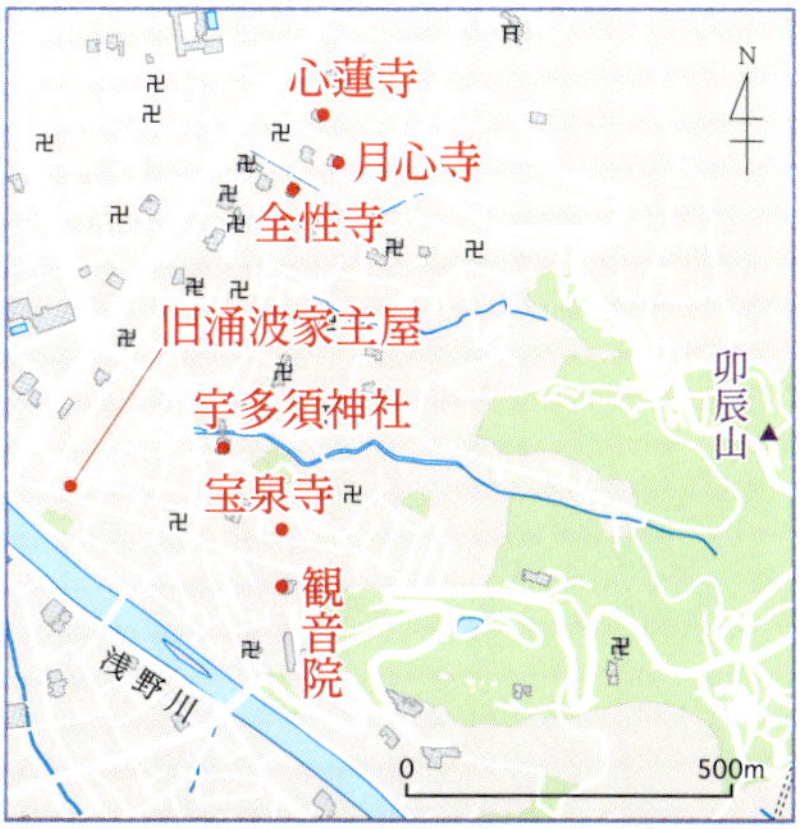

◎所在地・石川県金沢市東山一丁目他
◎交通・・金沢駅兼六園口（東口）から北鉄路線バスで橋場町方面へ向かい、橋場町バス停下車
◎見所・・地区の南側の「観音町」には市指定文化財「旧涌波家住宅主屋」をはじめとし、左右に町家が建ち並ぶ。地区の北側、全性寺前の「七面小路」には折れ曲がる街路沿いに寺院が並んでおり、寺院群の雰囲気を感じることができる。
◎問合せ先・金沢市歴史建造物整備課
☎076-220-2208

七面小路（全性寺前）

とほぼ同時期に旧北国街道に平行して町立てされ材木問屋が集積していた旧木町、観音院の門前町として賑わいを見せた旧観音町を含んでおり、それぞれに特徴的な景観を見せている。

地区内の建築の特徴として、寺院本堂については、切妻造《きりづまづくり》・平入《ひらいり》型の外観で方丈6室型の平面をもつ形式が宗派の違いを超えて大半を占め、妙泰寺や長久寺などでは平入の緩やかな直線屋根に、板葺き石置き屋根の名残をとどめる。一方で、切妻造・妻入《つまいり》型の寺院本堂も見られ、正面の妻面を大きく見せ妻飾りとして梁《はり》を何段にも重ねるもので、向唐破風《むこうからはふ》造《づくり》の式台玄関を設けており、いずれも妻面の意匠を凝らし寺院本堂としての風格を備えている。神社建築については2社が存在し、いずれも明治以降の再建で、拝殿、幣殿、本殿を接続する複合型社殿で、本殿がともに一間社であるなど、近代の神社建築の特徴をもつ。寺社以外の伝統的建造物の建築は、切妻造・平入型で桟瓦葺きとする町家形式のものが大半を占め、袖卯建《そでうだつ》、軒裏の意匠、二階正面開口部の意匠など、総じて、金沢における各時代の町家の特徴をよく表わす。

地区内には、藩政期からの細街路や町割が今も色濃く残り、傾斜のある地形により曲折した街路の突き当たりや街路に沿って寺社が配されている。また、旧北国街道から各寺院に向かう東西の参道や、それらを結ぶ南北の街路沿いに、伝統的な町家が建ち並ぶなど、近世城下町によく見られる直線的な道路に沿って寺院が建ち並ぶ配置ではなく、山麓に張りつくように不揃いに配置された寺院群といえ、複合的に成立した金沢城下町の特性がよく表れている。（小坂謙介）

町家が建ち並ぶ旧木町三番丁通り

金沢市《かなざわし》寺町台《てらまちだい》〔寺町〕

二つの寺町が対比する特徴的な景観

重要伝統的建造物群保存地区
選定 平24・12・28

旧鶴来道沿い本長寺前の景観

金沢市は石川県の中部に位置し、日本海へ注ぐ犀《さい》川、浅野《あさの》川の2つの河川とその両岸に寺町台、小立野台《こだつのだい》および卯辰山《うたつやま》の3つの台地丘陵があり、小立野台の突端に城跡がある。金沢のまちの都市構造は、江戸時代に形成された城下町を基盤とし、城下町の中で大きな位置を占める寺院群は、3つの台地丘陵にそれぞれあり、その最大規模の寺町台が、平成二四年（二〇一二）に重要伝統的建造物群保存地区に選定されている。

寺町台地区は、金沢城の南西、犀川の南の台地上に位置し、藩主前田家墓所へと至る旧野田道沿いに形成された野田寺町と、白山《はくさん》への参詣路である旧鶴来《つるぎ》道沿いに形成された泉寺町からなる。

寺院群としての形成については、旧野田道沿いにおいて元和《げんな》期初期（元年～三年〈一六一五～一七〉）に立地した寺院が

◎所在地・石川県金沢市野町一丁目他
◎交通・・金沢駅兼六園口（東口）から北陸鉄道「城下町金沢周遊バス（左回りルート）」で広小路（寺町寺院群・にし茶屋街）下車
◎見所・・地区には、妻飾りが特徴的な「高岸寺」、江戸時代には珍しい三階建ての鐘楼をもつ「立像寺」（いずれも市指定文化財）、藩政期から残る街路網のなかの部分的な広がりで「火除け地」が由来の「広見」で市内最大の「六斗の広見」などをはじめとし、歴史を伝える寺社や街路による景観を感じることができる。
◎問合せ先・金沢市歴史建造物整備課 ☎076-220-2208

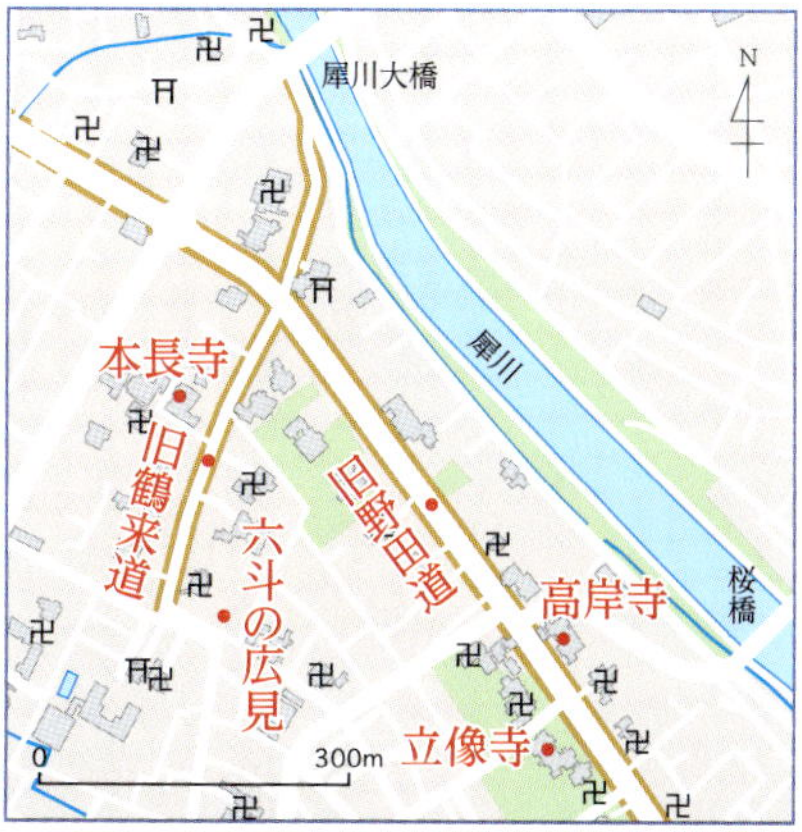

多く、集中的な寺院配置により前田家と関わりの深い野田寺町の骨格が先行して形成され、泉寺町は、長い期間のなかで形成されている。

寺町台地区は、近世城下町に見られる直線的な街路に沿って寺社が整然と建ち並ぶ野田寺町と、通りからは直接寺社は見えにくく、通り沿いには寺社門前地として形成された町家が連なる泉寺町といった2つの寺町が対比する特徴的な景観を有する。

旧野田道沿いの景観

地区内の建築の特徴として、寺院本堂については、切妻造《きりづまづくり》・平入《ひらいり》型の屋根が約半数を占め、平面形式では左右に連続する3室と前後2列の方丈6室型がほとんどを占める。一方で、切妻造・妻入《つまいり》型の寺院本堂も見られ、正面の妻面を大きく見せ梁《はり》を何段にも重ね、蟇股《かえるまた》などの妻飾りを施し、その下に向唐破風造《むこうからはふづくり》の向拝を設けたものが多く見られる。神社建築については、明治末期再建の複合型社殿や、拝殿が現存例の少ない修験道寺院の遺構として貴重なものなど、3社が存在する。寺社以外の伝統的建造物の建築は、切妻造・平入型で桟瓦葺きとする町家形式のものが大半を占め、袖卯建《そでうだつ》、軒裏の意匠、二階正面開口部の意匠など、金沢におけるそれぞれの時代の町家の特徴をよく表わす。

地区内には、藩政期からの細街路や町割が今も色濃く残り、大正一〇年（一九二一）市電敷設にともない拡幅された旧野田道においては、土塀の再築により、寺社の連続する景観は保たれている。旧野田道と旧鶴来道それぞれに展開する寺社と町家等により形成される寺町には、複合的に成立した金沢城下町の特性がよく表われ、そこになおも息づく信仰や民俗文化に支えられたなりわいにより、落ち着いたたたずまいをみせている。（新保嘉堂）

高岸寺本堂（市指定文化財）

清水屋２階から見た赤沢宿中心部。写真後方中央が唯一営業中の旅籠江戸屋

早川町《はやかわちょう》赤沢《あかさわ》【講中宿】

かつての繁栄を伝える軒下の講中マネギ板

重要伝統的建造物群保存地区
選定 平5・7・14

山梨県南巨摩《こま》郡早川町は山梨県の南西部に位置し、面積約370㎢の広大な面積を有する、南アルプスの峰々に抱かれた山間の町である。町の面積の96％を森林が占め、急傾斜地の地形に集落が点在している。

その早川町を取り囲む南アルプスでは、悠久の昔より山岳信仰が盛んに行われていて、南アルプスの東部に位置する身延山《みのぶさん》や七面山《しちめんざん》も古より信者の厚い信仰を受け、参拝者が絶えない山であった。そして参拝者が増えることによって身延山と七面山を結ぶ信仰の街道が開け、集落ができ宿場町となった。そんな信仰登山と密接に関わる集落の一つが宿場町、赤沢である。赤沢地区は、平成五年（一九九三）七月一四日に文部省において「重要伝統的建造物群保存地区」に選定された。

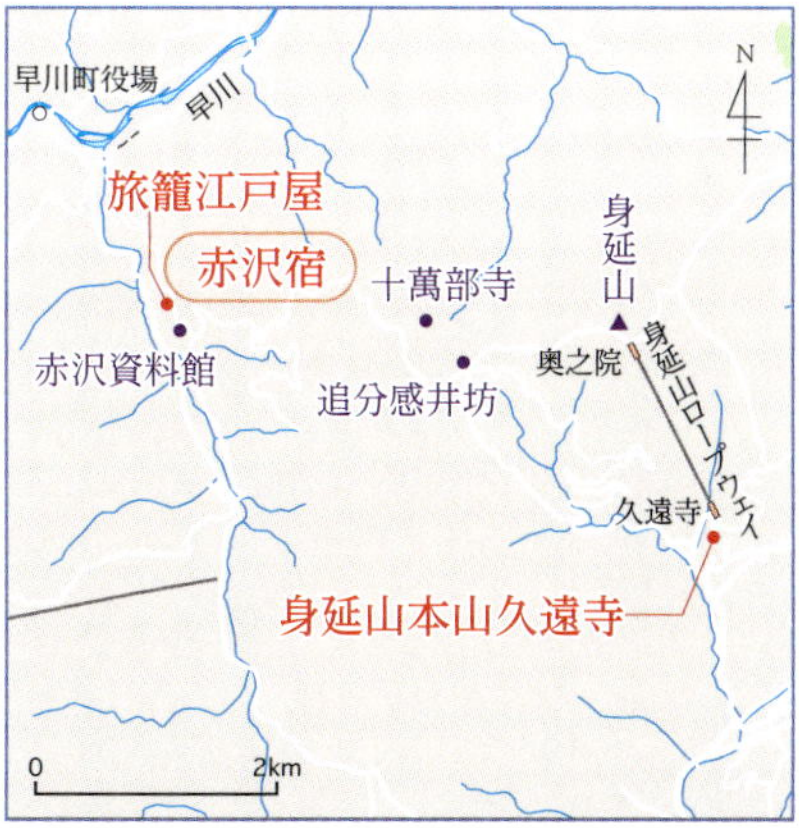

◎所在地・山梨県南巨摩郡早川町赤沢
◎交通・・JR身延線下部温泉駅から乗合バス七面山登山口・赤沢入口下車、徒歩50分
◎見所・・「大黒屋」を中心として伝建選定地のほとんどが整然と石を敷き詰めた坂道。軒に下がる「講中札」は講の指定旅館の標示で、大阪屋を筆頭に、恵比須屋、大黒屋など多数あり壮観な景観である。
◎問合せ先・早川町教育委員会教育課
☎0556-45-2547

往時の七面山参詣は、身延山本山久遠寺に参って身延往還をたどって奥之院に参り、赤沢集落に下って昼食をとり、表参道を経て七面山に登る。帰路はこのコースの逆をたどり身延山に戻る旅程が一般的であったといわれている。この身延往還の唯一の宿場が赤沢であり、行きと帰りの参詣客が交差する赤沢は大変な賑わいを見せていた。

また講といわれる信者同士の結社がつくられ、その団体が泊まる旅籠《はたご》を指定するようになり、講中宿と呼ばれるようになったのもこの頃である。参詣した講中が宿舎の印として残していくものが「講中札」であり、赤沢宿ではこの講中札をマネギ板と呼んで旅館の軒下や七面山参道にある各宿坊の軒下にかけている。この札は、講名や屋号、所在などが書かれた札で、明治初期からはやりはじめ、昭和に入るとブームとなり、個人別のマネギ板となり、欅《けやき》に朱印文字の浮彫黒塗仕上げと豪華になった。マネギ板が並ぶ講中宿が赤沢宿の景観を印象づけるひとつとなっている。

また、赤沢の家々には「オマンダラ」と呼ばれる掛軸があり、盆の時期に仏壇のある部屋に並べる。オマンダラは、法華宗の守護神を文字書きした曼荼羅で、授与僧職や授与理由などが記載されているものである。普段は見ることができないが、赤沢宿の歴史を知ることができる貴重な資料となっている。

この赤沢地区の家々の特徴は、短冊状の敷地に切妻平入《きりづまひらいり》型の造りで内戸の外側にはL字型の通り土間がある。これはこの地域がかつて講中宿として栄えた名残で、この土間から一度に大人数の宿泊客が客室内に入ることができるよう工夫されたものである。傾斜地に立地する集落の性格上、各家は山手を背負い、谷に向かって開かれた屋敷配置をとっている。石垣は「ごぼう積み」で水はけがよく苔むした石垣の隙間には草花が咲き、周辺の山並みと調和した集落景観となっている。（齊藤通也）

大阪屋の軒下の講中札。赤沢宿ではこの講中札をマネギ板と呼ぶ

身延山から赤沢宿への入口の石畳道

善光寺本堂。宝永4年（1707）建立。屋根は総檜皮葺きで撞木造。国宝

長野市《ながのし》善光寺《ぜんこうじ》と門前町《もんぜんちょう》〔門前町〕

善光寺門前の宿坊群と近代の旅館等のにぎわい

長野市は長野県の北部にあり、その中心部は古来、善光寺の門前町、北国街道の宿場町として発展してきた。善光寺は皇極天皇元年（六四二）に現在地に遷座したとされる。以後、浄土信仰の隆盛とともに成長し、戦乱による荒廃や復興を経て、全国的な庶民信仰の寺として発展し、参詣路が整備され、門前は賑わった。慶長一六年（一六一一）には門前に北国街道の宿駅（善光寺宿）が設けられた。宝永四年（一七〇七）、幕府の支援と回国開帳による資金により現在の巨大な本堂が落成し、寛延三年（一七五〇）には山門が、宝暦九年（一七五九）には経蔵《きょうぞう》が竣工し、伽藍《がらん》が整っていった。

山門から南へ約４００ｍ続く敷石は正徳四年（一七一四）に設けられたもので、これに沿って大勧進、大本願の二大本坊ほか仲見世の店舗群があり、さらにその外側に39の宿坊がある。大勧進、大本願の住職はともに善光寺の住職を兼ねるが、大勧進の寛政元年（一七八九）建築の表大門など、両坊には歴史的建物が

◎所在地・長野県長野市元善町
◎交通・・JR長野新幹線・信越本線長野駅下車、徒歩25分
◎見所・・善光寺周辺の宿坊・仲見世の建造物群。大門町南地区は木造二階建て、土蔵造を中心とする町並み整備を推進。「ぱてぃお大門」は土蔵造りの建物群の外観を活かしつつ改修した複合施設。
◎問合せ先・長野市教育委員会文化財課
☎026-224-7013

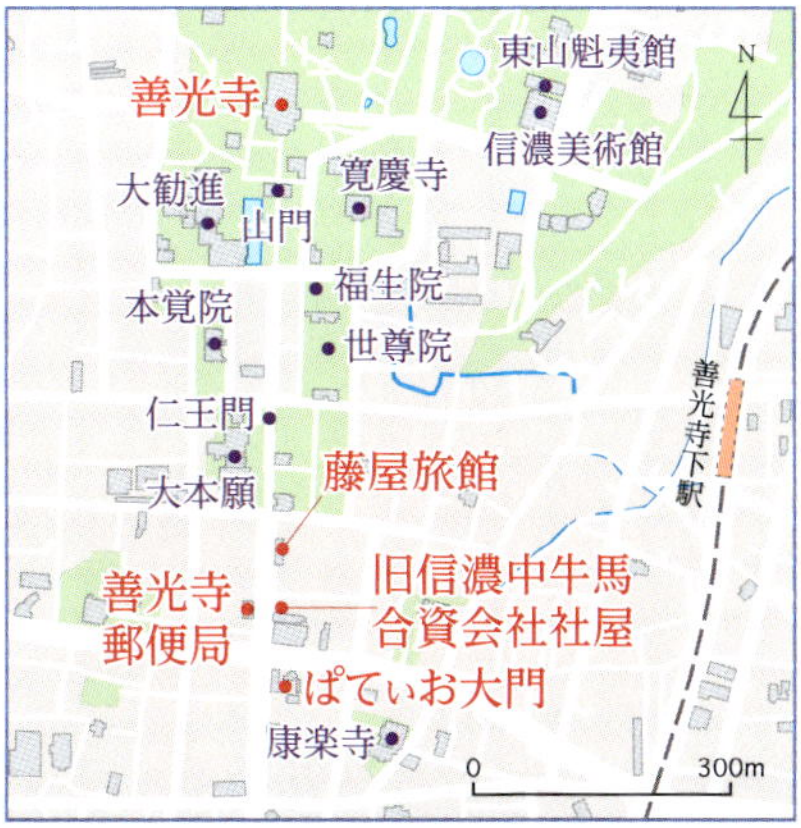

多い。宿坊はそれぞれ小御堂を備え、住職がいる宗教施設であるとともに多くの参詣客を迎える宿泊施設である。宿坊の建造物は明治二四年（一八九一）の大火によってほとんど焼失したが、その後復旧し、参詣者の増加にしたがって増築を重ね、半数以上が木造三階建てとなっている。ただし、西の門町の宿坊、常徳院は江戸後期から明治初期の建物で、明治二四年の大火を免れ、一部増築もあるものの、全体として善光寺の宿坊の特色をよく残している。

　仲見世はかつては伽藍地であったが、現在は旅館、仏具店、土産物店など多くの店舗が連なり、門前町のにぎわいを示している。

　さらに、南へ下ると仲見世や宿坊とは雰囲気は異なるが、歴史的景観に配慮した町並みが続く。大門町上地区の藤屋旅館は江戸創業の旅館で善光寺宿の本陣であった。現在の建物は前面道路を10間《けん》に拡幅する市区改正にあわせて大正一三年（一九二四）に新築された木造三階建てで、鉄網《てつもう》コンクリートにタイルを貼った外観でその特徴的な洋風デザインは広く親しまれており、レストラン等として活用されている。また、現在の善光寺郵便局はもと脇本陣であった旅館五明館が昭和七年（一九三二）に建てた木造二階建て、平入《ひらいり》、入母屋造《いりもやづくり》の建物で、二階の手摺が特徴的である。このほか明治四五年に旧信濃中牛馬《しなのちゅうぎゅうば》合資会社として建てられた煉瓦造建物がフランス料理店として活用されている。

　善光寺およびその門前町地区は文化財保護に加えて、風致地区、景観計画、歴史まちづくり計画、住民等による景観協定等により、歴史を活かしたまちづくりを進めている。（苅谷勇雅）

宿坊の町並み。善光寺の門前に39の宿坊が並んでいる

藤屋旅館。大正13年建築。三階建て洋風外観であるが本体は木造。善光寺門前のランドマーク的存在

善光寺郵便局。もと脇本陣であった旅館五明館が昭和７年に建てた木造二階建て

旧信濃中牛馬合資会社。煉瓦造二階建て、明治45年建築、大正13年頃曳家

大門町あたりの土蔵造を活かした町並み

津市《つし》 一身田《いっしんでん》〔寺内町〕

専修寺が圧倒的な存在感を放つ

一身田専修寺前の町並み

津市北部にある真宗高田派本山専修寺《せんじゅじ》の寺内町で、伊勢街道の宿でもある。

その始まりは、寛正五年（一四六四）真宗高田派一〇世真慧上人がこの地に無量寿院を建立したこととされ、この無量寿院が専修寺の前身である。寺内町は、環濠《かんごう》をめぐらせた方400mほどの範囲で、寺内町への入口は東面の赤門、南面の黒門、西面の桜門の3カ所であった。内部は、北西側の過半を専修寺の境内が占め、その東および南に支院が並び、さらにその東および南が町である。

子院群と町並みの境にある釘貫門

専修寺の境内の中心的な建造物である御影堂《みえいどう》や如来堂が圧倒的な存在感を放っているが、山門、唐門など11棟が重要文化財に指定されている。また支院では慈智院本堂が県指定文化財である。町は、木造平屋ないし二階建てで切妻《きりづま》平入のものが伝統的な建造物であり、その残存率は高いとはいえないが、大きく調和を乱すものも見られない。（嶋村明彦）

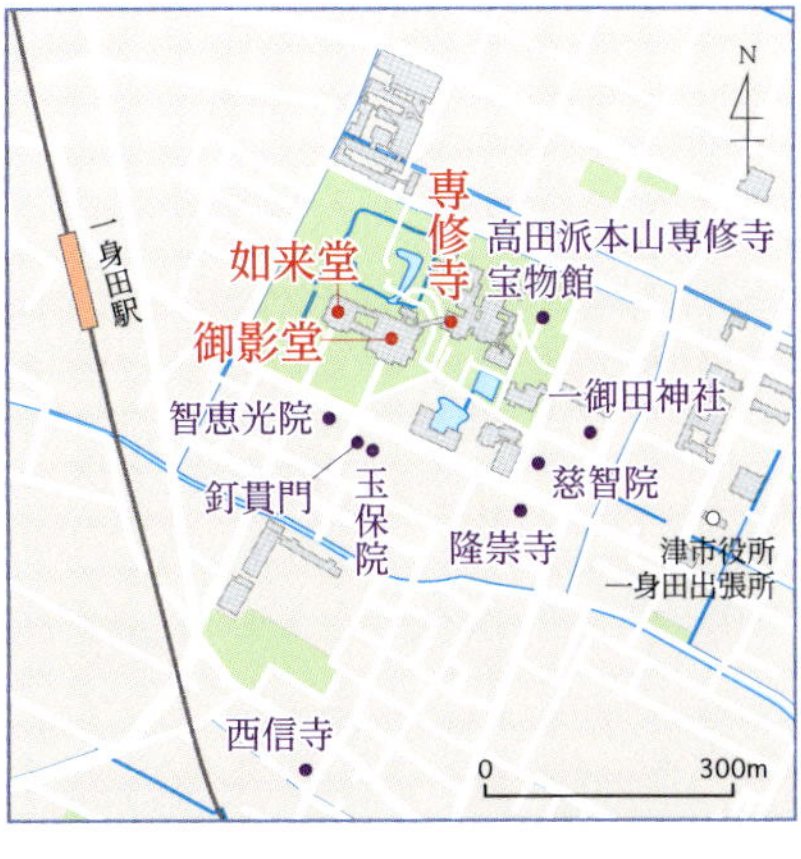

◎所在地・三重県津市一身田町
◎交通・・JR紀勢本線一身田駅下車、徒歩5分。近鉄名古屋線高田本山駅下車、徒歩20分
◎見所・・専修寺・支院群・町・環濠など、寺内町の構成が全体としてよく残っている。
◎問合せ先・一身田寺内町の館 ☎059-233-6666

格子状の里坊の街路は石畳が敷かれ、両側に里坊の石垣と生垣が続く

比叡山延暦寺の本坊（総里坊）滋賀院門跡

大津市《おおつし》坂本《さかもと》【里坊群】

石垣と生垣に囲まれた緑豊かな里坊群

重要伝統的建造物群保存地区
選定 平9・10・31

滋賀県大津市坂本は、比叡山の東麓、琵琶湖に下る扇状地状の台地に位置する。延暦七年（七八八）に最澄《さいちょう》が比叡山に延暦寺を創建したのち、平安時代を通じてその伽藍《がらん》が整備された。山麓の坂本は山側の上坂本が延暦寺、日吉《ひよし》大社の門前町として、湖畔の下坂本が各地の山門（延暦寺）領から船で運ばれてきた年貢米や物資の荷揚げ港として発展した。中世の坂本は引き続き延暦寺、日吉大社と

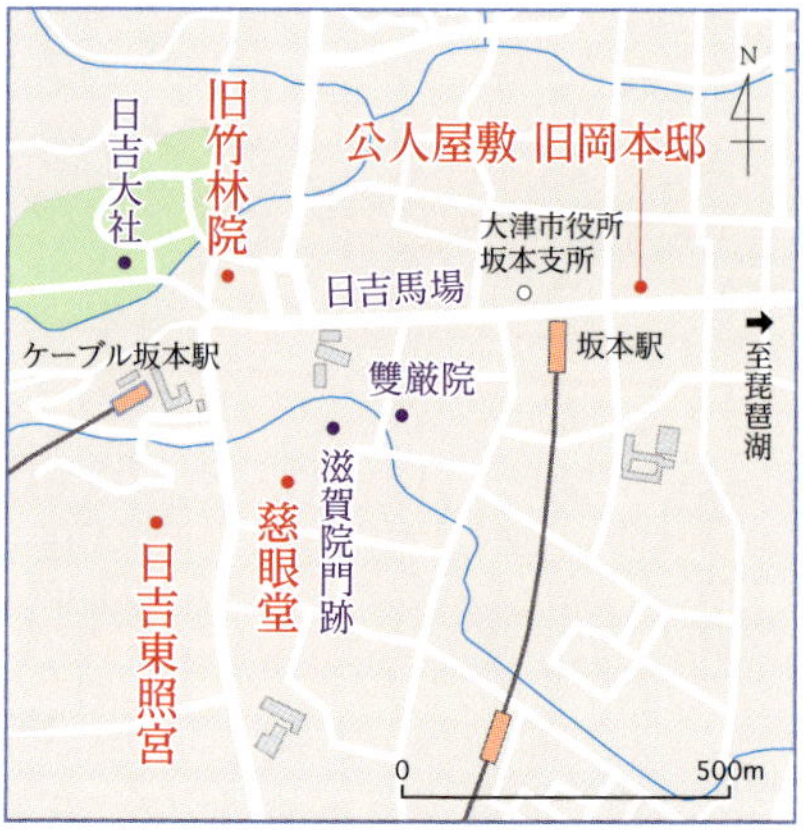

◎所在地・滋賀県大津市坂本本町
◎交通・・JR湖西線比叡山坂本、京阪電車石山坂本線坂本駅下車、すぐ
◎見所・・「旧竹林院」は里坊のひとつで、茶室や四阿をもつ広い庭園が広がる。京阪坂本駅近くに「公人（くにん）屋敷 旧岡本邸」がある。大鳥居近く、作り道のそば屋は人気がある。
◎問合せ先・大津市教育委員会文化財保護課 ☎077-528-2638

日吉大社に向かう馬場には穴太衆積みの石垣と生垣が続く

深く関わりをもちつつ近江最大の都市として栄えたが、元亀二年（一五七一）の織田信長の山門焼打ちでは、上坂本もことごとく焼かれた。その後、明智《あけち》光秀《みつひで》により下坂本に坂本城が建設され軍事都市となったが、光秀没後、急速に衰退した。しかし、天正一二年（一五八四）に豊臣秀吉により日吉社、延暦寺の再興が許されると、上坂本には再び門前町が形成されていった。

天台座主《ざす》が山から降りて滋賀院門跡《もんぜき》として上坂本に常住するようになると、滋賀院が延暦寺の本坊となった。厳しい修行の場であった比叡山上の山坊に対し、山下の坂本には僧侶の隠居の住坊として里坊が成立し、江戸中期には78、明治初めには90を数えたという。

里坊地区のほぼ中央には日吉大社の参道である日吉馬場が東西に走り、日吉大社と比叡山に向かう本坂に通じている。日吉馬場は、日吉山王祭の神輿《しんよ》渡御《とぎょ》の道である中央部分の両側に、石造の常夜灯と松・桜が並ぶ緑地、さらにその外側に不浄道と呼ぶ脇道が設けられ、道端を比叡山からの清水が流れ、石垣が続いている。

里坊地区には東西方向の馬場、南北方向の辻子と呼ばれる不整形の粗い格子《こうし》状の街路があり、里坊はこれらの街路に面して、敷地周りに穴太衆《あのうしゅう》積みの石垣と土塀や生垣をめぐらして薬医門《やくいもん》や棟門《むねもん》などの門を開いている。敷地内には築山池《つきやまち》泉《せん》の庭園があり、その奥に坊の主屋等を配し、さらにその背後を樹木で囲んでいる。庭園は外周の石垣の美しさを生かし、また石垣を利用して築山をつくり、比叡山から琵琶湖へと下る大宮川、藤ノ木川（権現川）の清水を引き入れて池や遣《や》り水を設け、見応えのある構成としている。このうち10の里坊庭園が近世以降の庭園の傑作として国の名勝に指定されている。また、里坊地区の中央部には滋賀院、慈眼堂、南西端には日吉東照宮など地区の歴史を伝える建物が濃い緑のなかに配置されている。

里坊の主屋は平家建て・桟瓦葺きで入母屋造《いりもやづくり》が多いが、一部寄棟造《よせむねづくり》、切《きり》妻造《づまづくり》もある。茅葺きの里坊も数棟残っている。主屋は江戸時代中・末期に建造されたものが多く、客殿部分と庫裏《くり》部分にわかれる。客殿部分は入母屋や唐破風《からはふ》の屋根をもつ式台を経て座敷・仏間へ続き、庭園に開く。庫裏部分は大戸口から入り、居間・寝室等が並ぶ私的空間である。この地域の里坊は、一部すでに廃絶したものや改築されたものがあるが、多くが往時の建築や庭園等をそのまま保っており、全体としてあたかも庭園都市であるかのようだ。

里坊地区の東端で日吉の馬場と直交する作り道は江戸時代は参詣道として賑わったところで、背の高い二階建てのそば屋や虫籠造《むしこづくり》の農家風の町家など、さまざまな歴史的建造物が緩やかに湾曲する街路に沿って並んで、里坊とは対照的な景観を伝えている。（苅谷勇雅）

里坊のひとつ、雙厳院（せきげんいん）の主屋を門から見る。右奥に庭園が広がる

里坊のひとつ、旧竹林院の庭園。変化に富む滝組と築山が美しい。国指定名勝

京都市《きょうとし》上賀茂《かみがも》〔社家町〕

明神川沿いを中心とした社家群

重要伝統的建造物群保存地区
選定 昭63・12・16

楢の小川。上賀茂神社から南下し、境内を出て東に向かうと明神川となる

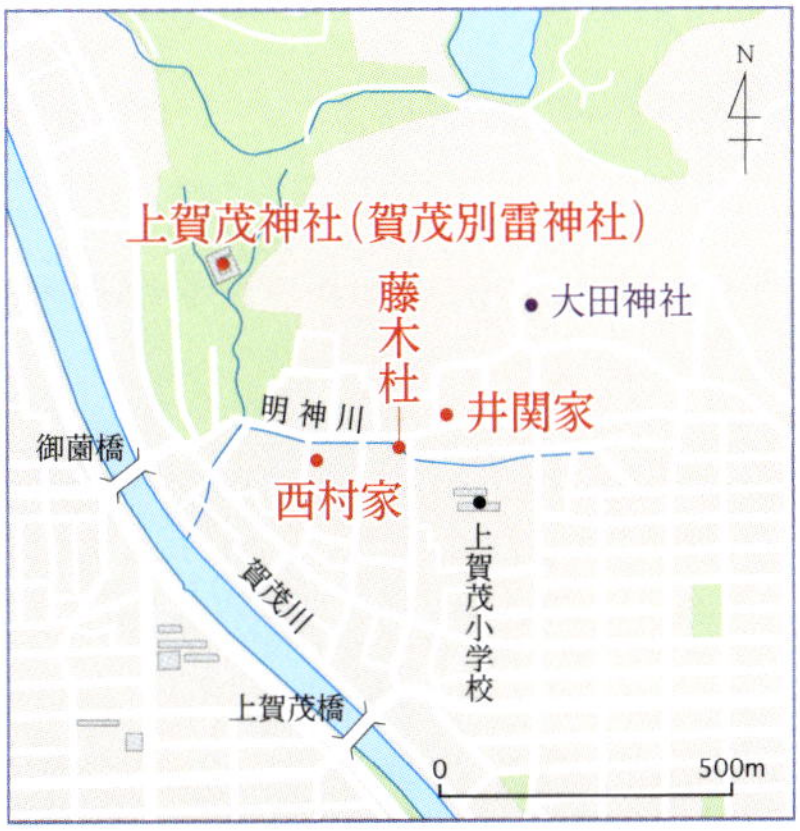

◎所在地・京都府京都市北区上賀茂
◎交通・・市営バス上賀茂神社前下車、すぐ
◎見所・・明神川沿いの西村家庭園は社家と庭園の密接な関係を示す。北西に上賀茂神社。
◎問合せ先・京都市都市計画局都市景観課
☎075-222-3397

京都市北区上賀茂の歴史的町並みは賀茂《かも》別雷《わけいかずち》神社（通称上賀茂神社）の東南に広がる旧社家《しゃけ》町の一画である。賀茂別雷神社が現在地に鎮座したのは、社伝によると天武《てんむ》天皇六年（六七七）という。この頃には現在の社家町にあたる上賀茂岡本町付近に賀茂県主《かものあがたぬし》を名乗る人々が住んでいたことが知られる。賀茂別雷神社は、平安遷都後は平安京鎮護の神として朝廷の崇敬が篤く、伊勢神宮に次ぐ社格を誇った。上賀茂の地が賀茂別雷神社の所領として寄進されたのは寛仁元年（一〇一七）で、鎌倉中期には賀茂六郷と呼ばれる惣郷組織が成立した。上賀茂の住人は社家・寺家と地下人《じげにん》に大別され、社家は神主家筋の社司とそれ以外の氏人で構成されていた。一五世紀中頃には現在の社家町に相当する地域に社家（社司、氏人）と農民が住む集落が発達していたといわれる。その後、この集落は「構《かまえ》」を設け、応仁・文明の争乱後はさらに構を固め、まわりに堀を整備したという。

一八世紀後半に描かれた「賀茂社家宅七町大旨之図」によれば、道路等の構成は現在とほぼ同じであるが、各道の町はずれには木戸門を構え、神社との境には総門と土手を築いている。社家は神社境内から流れ出た明神川近くに集まり、百姓家はその周りに分布していた。

社家西村家の石橋と門。奥に瀟洒な数寄屋風建物と３つの庭園がある

明神川は社家の土塀に沿って東へ流れる

明神川の水は石垣に開けられた穴から社家の庭に入り、また戻ってくる

明神川が流れを変える位置にある上賀茂神社末社の藤木社。クスノキが見事

社家の身分は明治五年（一八七二）に士族に編入されて解消し、神社との関係も薄れたが、賀茂県主同族会を維持するなど、現在も社家の伝統を意識している旧家も多い。

明神川沿いの社家は、広い敷地をもつものが多く、川の水を上流の石垣に設けた取り入れ口から庭園へ導き、禊《みそ》ぎの水として使用するとともに、鯉等の飼育にも活用している。各家の庭園を潤した水は再び明神川に戻され、農業用水として田畑に引き込まれる。

井関家住宅。社家のひとつ。建物は江戸時代後期。望楼は明治初年の増築

社家の主屋は、門から続いて式台などのある玄関を配し、庭に面して座敷を設ける。屋根は平屋の緩い勾配の瓦葺きで、妻飾りは正面に見せるものが多く、舟肘木《ふなひじき》を用い豕扠首組《いのこさすくみ》にするなど、簡素な意匠である。主屋の建築年代の古い例は少なくとも江戸時代末期までさかのぼる。明治、大正期に二階建てに増改築した例もあるが、屋敷内の配置は基本的に変わっていない。社家の門の形式は薬医《やくい》門《もん》が多い。明神川にかかる橋は石橋が多いが、土橋形式の例も残る。

なお、賀茂別雷神社の本殿と権殿《ごんでん》（国宝）は寛永頃の再興以来7回造替され、現在の建物は文久三年（一八六三）に再建されたもので、同規模、同型式の建物で東西に並んで配置され、正面3間《けん》、側面2間で正面に向拝《ごはい》をつけた流造《ながれづくり》の様式である。正面の流れを長くしている点に特徴があり、本殿形式の古制を伝えている。境内には寛永頃の再建と考えられる楼門《ろうもん》以下34棟が重要文化財として指定されている。賀茂別雷神社は京都の三大祭りのひとつである葵祭をはじめ競馬《くらべうま》神事など、さまざまな祭礼の舞台としても親しまれている。

上賀茂地区には土塀と門を構えた社家や町家が連なり、庭園の樹木や明神川などとともに、自然環境に恵まれた歴史的景観を伝えている。（苅谷勇雅）

京都市《きょうとし》産寧坂《さんねいざか》〔門前町〕

東山の社寺や町家を訪ねる歴史の道すじ

重要伝統的建造物群保存地区
選定 昭51・9・4

産寧坂地区の位置する東山山麓は、平安京以前から法観寺や清水寺、祇園社等が並び建ち、早くから霊場、霊地としての性格をもった地域で、洛中からの東西の道や祇園社から清水寺等への南北の道などいくつも参詣道が設けられ、中世にかけて沿道に商人・職人や僧侶等が住む町が形成されていった。応仁の乱によりこの地区も大きな打撃をこうむったが、その後の社寺の復興はめざましく、とくに豊臣秀吉、秀頼《ひでより》および徳川氏による社寺の整備事業が進むと、東山一帯は信仰の中心地として発展していった。

祇園社の南の下河原《しもがわら》周辺では、すでに長禄四年（一四六〇）に檜皮《ひわだ》屋、大工、茶屋、酒屋など祇園社に関係する職人の町家が並んでいた。近世初期には下河原通り沿いに町が発展し、沿道に門前町が形成された。慶長一〇年（一六〇四）、下河原の東側に高台寺が移転されると、下河原通りの東側には円徳院や春光院等高

産寧坂下の虫籠造りの店舗

法観寺五重塔。八坂の塔と呼ばれる。
永享12年（1440）建立。重要文化財

◎所在地・京都府京都市東山区清水
◎交通・・京阪電鉄本線祇園四条駅下車、徒歩10分
◎見所・・竹内栖鳳旧宅（二年坂下、高台寺前）はレストランになっている。「京都市文化財建造物保存技術研修センター」は産寧坂を降りて西側、旧清水小学校の手前にある。檜皮葺き等文化財保存技術に関する展示を行っている。
◎問合せ先・京都市都市計画局都市景観課
☎075-222-3397

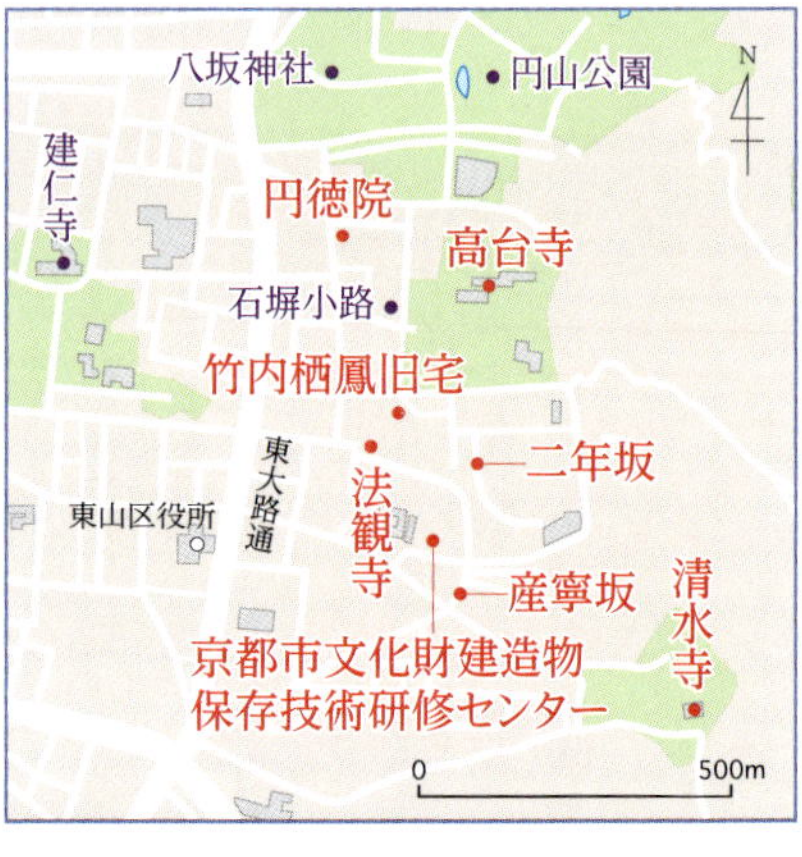

産寧坂。清水寺の子安観音にお産の安寧を願う人が登った坂として、この名があるという

台寺の塔頭《たっちゅう》群が建設された。また、祇園社から清水寺に至る道筋の寺社地では、寺社自身や地面支配人と呼ばれる人々により宅地開発が進められた。たとえば二年坂下では地面支配人である町人舛屋喜兵衛《ますやきへえ》は宝暦年間（一七五一〜六四）に畠地を開発して建物を建設し、舛屋町を経営した。同時に、舛屋は産寧坂沿いに茶碗窯を設け、清水焼を再興し、これを機に付近に窯が集まり、職人町が形成された。こうして、近世中期以降、東山一帯は社寺の参詣路沿いにさまざまな町が展開し、連続する町並みが形成された。

　維新の動乱と神仏分離令、上知令《あげちれい》等は東山の寺社や町々を大きく揺さぶった。明治四二年（一九〇九）以降、円徳院の旧境内を製茶の販売等で財を成した企業家が買収し、宅地の造成と貸家建設を行った。現在、石塀小路と呼ばれている地域である。これらの貸家は、町家に数寄屋《すきや》の意匠を取り入れた当時としては質の高い普請で、石畳の小路、敷地をめぐる石塀、石垣、前庭等石塀小路の景観を特徴づける要素も開発当初から整備されたものである。このほか産寧坂地区とその周辺では明治末期から大正期にかけて同様の大規模な宅地開発や貸家経営が行われた。

二年坂下。高台寺方面を望む。二階建ての数寄屋風町家が並ぶ

産寧坂地区では、このような多様な歴史を反映して、地域ごとにさまざまな様式の伝統的建造物が分布している。まず、産寧坂から北へ下り二年坂に至る沿道は、一階部分を清水焼や骨董品等の店舗とする幕末から明治時代の虫籠造《むしこづくり》の町家や明治時代以降の二階建て町家が軒を連ね、その中に門と板塀のある和風住宅が点在する。二年坂から北へ京都神社参道に至る沿道は主として大正時代以降に貸家として建てられた二階建ての数寄屋風の町家が見られる。また、二年坂上から西へ、法観寺五重塔を経由して高台寺表門に至る沿道は、虫籠造町家、二階建て町家、和風住宅および社寺の建物が分布する。高台寺表門から北へ、円山《まるやま》公園に至る地区は、高台寺塔頭群とその土塀が緑のなかに連なり、数寄屋風の茶店や門と塀のある和風住宅が混在する。この高台寺塔頭群の西側の石塀小路には貸家として統一した外観の近代の数寄屋風町家が並ぶ。

産寧坂地区は社寺をめぐる変化のある散策路に沿って門前町を中心とする住宅群が建ち並び、また石塀小路には近代の都市開発の歴史を物語る住宅群が伝えられ、緑豊かな東山とともに京都の代表的な歴史的風致を形成している。(苅谷勇雅)

石塀小路の入口。和風の高塀が続く

高台寺前の数寄屋風店舗

石塀小路。石垣と生垣で前面を囲う数寄屋風住宅が並ぶ

正面通油小路西入ルの町並み。仏具店等が並ぶ。正面は西本願寺。

京都市《きょうとし》西本願寺《にしほんがんじ》【寺内町】

仏具店や旅館が集まり、煉瓦造建築もある門前町

京都駅からそれほど遠くない堀川正面と烏丸正面に、京都人がお西さん、お東さんと呼ぶ西本願寺、東本願寺がある。天正一九年（一五九一）に、秀吉の命により本願寺教団が大坂天満より京都の六条堀川の地に移転したが、教団内部の対立により、慶長七年（一六〇二）、すぐ東の烏丸六条から七条の間に徳川家康から寺地の寄進を受け、本願寺を別立している。のちに西本願寺、東本願寺と通称されるようになった。

寺内町《じないちょう》はもともと主に浄土真宗系の寺院を中核に一五世紀初頭から一七世紀初頭にかけて北陸、近畿、東海地方一帯に建設された自主自衛の宗教都市を指し、今も奈良県橿原市今井町や大阪府富田林市富田林地区などはその面影を伝えている。西本願寺寺内町は、当初の寺内町とは性格を変え、仏具・仏壇・法衣等を扱う店舗や各地からの参拝者を迎える宿、各種の職人などが住む門前町として発達した。現在も西本願寺の東から南にかけて西本願寺との強い結びつきを感じさせる職種の店舗等が集まり、独特の雰囲気と景観を保っている。（苅谷勇雅）

◎所在地・京都市下京区堀川七条、烏丸七条
◎交通・・JR京都駅から徒歩10分
◎見所・・本願寺伝道院（煉瓦造・明治四四年。重文）。龍谷大学龍谷ミュージアムは充実している。
◎問合せ先・京都市都市計画局都市景観課
☎075-222-3397

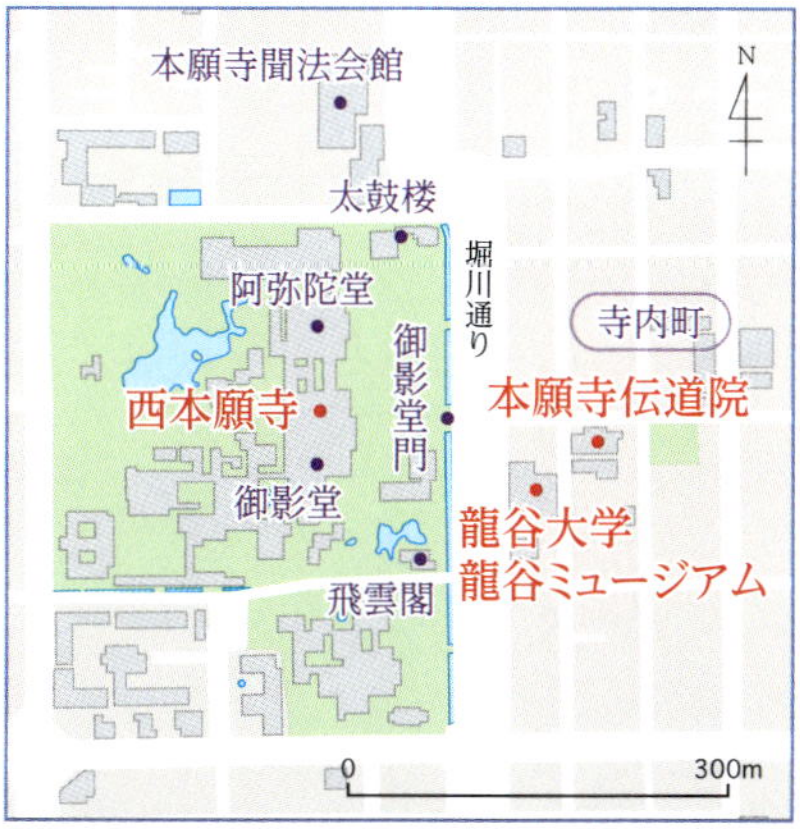

愛宕神社一之鳥居と茅葺きの「鮎司 平野屋」

京都市《きょうとし》嵯峨鳥居本《さがとりいもと》〔門前町〕

街道沿いに並ぶ茅葺きの鮎茶屋や虫籠造民家

重要伝統的建造物群保存地区
選定 昭54・5・21

京都の市街地の西北にあたる嵯峨野は、自然環境に恵まれて平安時代から貴族たちの狩猟や遊興の場となり、また大覚寺、清凉寺、天龍寺をはじめ多数の寺院が建立され、皇室関係の山荘等も多く営まれた。その美しい景観は多くの和歌や物語、謡曲等の題材となり、豊かな文学的イメージを育んできた。そしてとくに江戸時代以降、それら歴史や文学の舞台が名所として意識され、嵯峨野めぐりの人々が増えていった。

一七世紀中頃の景観を示す「洛外図屏風」には、鳥居本の西端の愛宕神社一之鳥居前の街道沿いに、すでに数棟の入母《いりも》屋《や》の家並みが見られる。また、一八世紀後半の「拾遺都名所図会」には入母屋茅葺きの平入《ひらいり》と妻入《つまいり》の民家が混在している様子が描かれている。鳥居本は、火伏せの神としての愛宕神社参詣の盛行や奥地の村との往来が活発化するにつれて次第に町並みを形成していった。

近代の鳥居本は基本的に近世の状況と大きな変化はなく、人々は春から秋にかけては田畑を耕し、初夏には鮎などの川

◎所在地・京都市右京区嵯峨鳥居本
◎交通・・京都駅からバス鳥居本下車、徒歩3分
◎見所・・京都市嵯峨鳥居本町並み保存館は鳥居本の歴史や模型を展示。化野念仏寺は無縁仏の千灯供養で知られる。愛宕山頂の愛宕神社へは清瀧の登山口から約2時間。
◎問合せ先・京都市都市計画局都市景観課
☎075-222-3397

魚を取り、また樹木の伐採や下木伐りに従事するなど、自然のリズムに沿った生活を営んでいた。嵯峨鳥居本は毎月二三日には愛宕神社への月参りの参拝客で茶店等が賑わったという。地域の人々は八月の盂蘭盆会《うらぼんえ》には、五山の送り火のひとつ、「鳥居形」の送り火を営んできた。

嵯峨鳥居本地区は愛宕街道に沿う約600mの範囲で、ここに約50戸の民家

西側の地区（上地区）の景観。愛宕神社一之鳥居方向を見る。平入の茅葺き民家が並ぶ

東側の地区（下地区）の景観。町家風のつし二階建ての建物が多い

が並んでいる。街道は、曼陀羅山と小倉山との谷間を、愛宕山に向かってゆるやかに屈曲しながら登っていく。町並みの中央部分は南側に崖が迫り、化野念仏寺《あだしのねんぶつじ》への石段の参道がある。町並みの西端では、一之鳥居の手前で保津峡を経て亀岡方面へ向かう道が分岐する。

歴史的町並みを構成する伝統的建物の多くは江戸時代末期から明治にかけて建てられたもので、農家風と町家風の建築が併存している。嵯峨野の最奥の地区として全体としては村落的景観のなかに、次第に町家の意匠と構成が入り込み、変化していった状況を見ることができる。民家の敷地は、谷間の集落であることから農家型、町家型とも全般的に奥行は比較的短い。無縁仏の千灯供養で知られている化野念仏寺付近を中心として、市街に近い東側の地区はつし二階・桟瓦葺きの町家風の建物が、市街から遠い西側の地区は農家風の茅葺き屋根の建物が多い。町家風の建物は切妻造平入《きりづまづくりひらいり》で、表構えは千本格子《せんぼんごうし》、駒寄《こまよ》せ、ばったり床几《しょうぎ》等を用い、つし二階は真壁《しんかべ》で虫籠《むしこ》窓を開くなど、市内の町家と共通する意匠が多い。農家風の建物には入母屋造のほかに片入母屋造とするものがある。表構えは目の粗い台格子で構成されているものが多い。一部の民家の台格子に牛や馬をつないだ鉄輪が残っているのも、かつての村の生活を物語る。

「京都市嵯峨鳥居本町並み保存館」は、明治初期のつし二階・桟瓦葺きの町家を復原修理し、内部を公開するとともに、町並み保存事業の内容や成果を説明するパネル、保存地区の明治初期の姿を示す大型の復原模型、茅葺きの茶店の模型等を展示している。

嵯峨鳥居本地区は、周囲を山林や竹林などの豊かな自然環境に囲まれ、町家風に続いて農家風の伝統的な建物が建ち並び、社寺と民家が一体となって洛外のひなびた歴史的景観を今に伝えている。

（苅谷勇雅）

入母屋造・妻入の茅葺き民家

富田林《とんだばやし》市富田林《とんだばやし》〔寺内町・在郷町〕

寺内町の整然とした街路沿いの豪壮な町家や土蔵

重要伝統的建造物群保存地区
選定 平9・10・31

旧杉山家住宅。一七世紀末期。重文。西林町。対面して寺内町センターがある

　富田林市は大阪府の南東部、南河内地域に位置し、古代より石川流域に広がる平野部を中心に発展し、羽曳野《はびきの》古墳群など文化遺産が豊富なところである。

　富田林地区の歴史的町並みは富田林市のほぼ中央、やや高台にあり、かつては東北から西南へ東高野《ひがしこうや》街道が貫き、西北から平尾街道が入り千早《ちはや》街道として南東に抜けるなど、交通の要衝であった。

　永禄三年（一五六〇）頃、本願寺興正《こうしょう》寺門跡証秀上人《じもんぜきしょうしゅうしょうにん》は、当時河南一帯を支配していた守護安見美作守直正《やすみみまさかのかみなおまさ》から石川近くの荒芝地を銭百貫文で取得し、近在の中野《なかの》、新堂《しんどう》、毛人谷《えびたに》、山中田《やまちゅうだ》の4カ村の庄屋株各2人に興正寺別院の建立と畑屋敷、町割などの建設を要請したという。富田林は早くも同年、諸公事《くじ》免許・徳政不可など自治的都市の特権を獲得し、興正寺別院を中核とする宗教的自治都市、寺内町《じないちょう》の体裁を整えた。

　富田林寺内町は南側の石川の流路から約10m、西側の平地部から数mの高さをもつ台地にあり、周囲に竹藪をともなった土居《どい》をめぐらし、町内は建設当初から

◎所在地・大阪府富田林市富田林町
◎交通・・近鉄長野線富田林駅下車、徒歩10分
◎見所・・旧杉山家住宅（重文）。寺内町センターは旧杉山家の対面にあり、休憩所、展示室。じないまち交流館は寺内町のほぼ北端にあり、情報提供と休憩の場所。
◎問合せ先・富田林市教育委員会文化財課伝統的建造物係
☎0721-25-1000

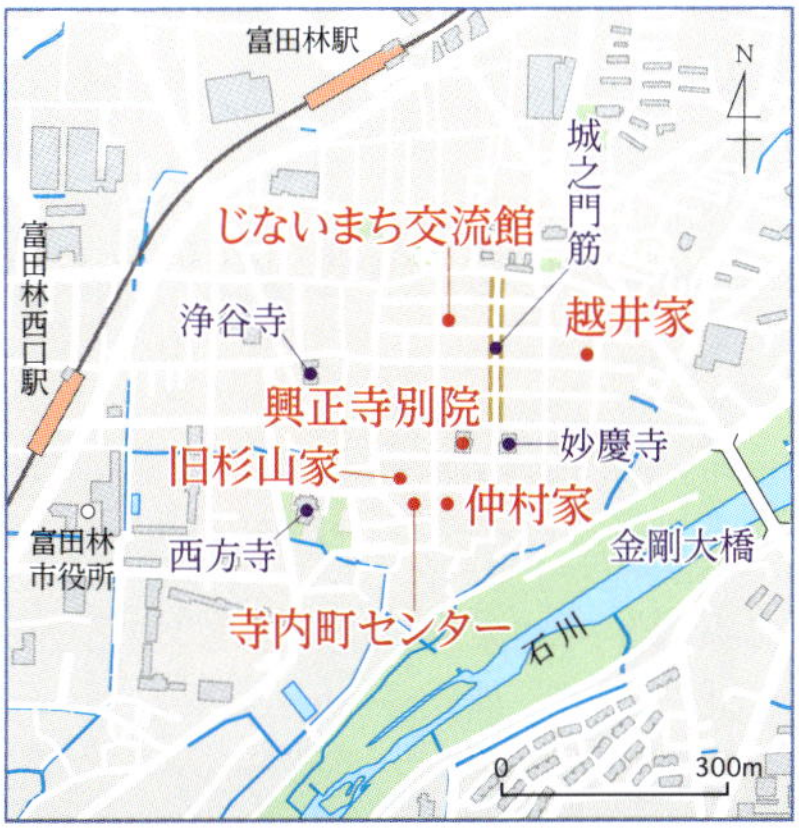

城之門筋。伏見城の門が興正寺別院の門として移されたのでこの名がある

南北6筋、東西7町に整然と区画されていたと推定されている。富田林寺内町は、織田信長と石山本願寺の争い等の間も平和政策をとって戦国時代の混乱を生き抜いた。

富田林は慶長一三年（一六〇八）に諸公事免許等の宗教的特権を失い、寛永期（一六二四～四四）には商品経済の台頭とともに、周辺の農村と密接な関係をもつ近世在郷町として発展しはじめている。そして一七世紀末期から一八世紀初期頃には、富田林寺内町の創設にかかわった年寄八人衆である杉山家、仲村家等で酒造が始められ、また、周辺の農家で栽培・製品化された木綿は河内木綿と総称され、近江国等にも販路をもつなど活発な商業活動が展開された。こうして近世の富田林は河内地方の経済の中心都市としての地位を占めていった。

歴史的町並みは、旧寺内町の大部分に広がる。寺内町の街区はおおむね東西約30～40間《けん》、南北は18～20間に区切られ、各街区は東西に走る背割水路で南北に二分されていたこと、各敷地は間口《まぐち》6間、奥行8間を基本に計画的に地割されていたこと等がわかっている。幕末期には、有力町民層の大規模土地所有により背割線をまたぐ巨大な屋敷群が並ぶとともに、一方では狭小な借家群で構成される街区も現れるなど、在郷町としての成熟がみられたが、その後の都市の骨格に大きな変化はなく、現在でもかつての寺内町の状況をよく継承している。

富田林の町家の主屋は京都等と比べると間口が広く、4間取以上の町家では街路に沿って土間周りと居室がほぼ同じ面積をもつことが多い。土間は下手に下店《しもみせ》とかまやを配し、広い土間を介して4間～6間取の居室が並ぶ農家型の平面であるが、街路に面しては格子等を用い、町家としての特色を示している。寛永期にはほとんど藁葺きであったが、江戸時代中期からは防火的に本瓦葺きで、塗籠壁《ぬりごめかべ》とするようになり、江戸末期以降は桟瓦葺きが多くなった。

一七世紀末期の建築とされる旧杉山家住宅（重文）をはじめ、入母屋造《いりもやづくり》または切妻造《きりづまづくり》・本瓦葺き・つし二階・平入《ひらいり》等の比較的大規模な町家主屋が土蔵その他の付属屋とともに街路に沿って並び、また、興正寺別院等の寺院が要の位置にある。町家は主として東西筋に平入で並んでいるため東西筋は庇線や軒線が続く統一的な景観となり、南北筋は主屋や土蔵の妻側が面する変化のある景観である。地区内の主要な辻では、南北どちらかの筋が道幅の半分ほどずれる、いわゆる当て曲げの手法が取られており、辻に面する屋根は入母屋造や八棟造とし、切妻造の場合は妻壁に水切の小庇をつけるなど意匠を凝らしている。（苅谷勇雅）

旧杉山家で開かれた音楽会。主屋の奥の角屋を舞台とし、庭に客席を設けている

奥谷家住宅。19世紀初期。富山町・城之門筋の北西角

橋本家住宅。18世紀後期。林町・城之門筋の北東角

越井家住宅。明治末。富山町・東筋の北西角。大規模な敷地に主屋、土蔵、塀を連ねる

本町筋の町並み

橿原市《かしはらし》今井町《いまいちょう》

〔寺内町・在郷町〕

重要伝統的建造物群保存地区
選定 平5・12・8

江戸初期以来連続して生き続ける重厚な町家群

今井町は、奈良盆地の南、大和三山のひとつ畝傍山《うねびやま》の北側に位置している。興福寺の荘園であった今井に、一六世紀末期、本願寺から派遣された僧侶が、道場（のちの称念寺《しょうねんじ》）を建設し、町割をし、周囲に土居《どい》と環濠《かんごう》を廻らせ、近隣有力信徒を呼び集め、宗教武装都市（寺内町《じないちょう》）として成立した。戦国期には、大坂の本願寺とともに、織田信長勢との間で起こった石山戦争に参戦したが、降伏後は一般の村落にもどった。

江戸時代においても、寺内町としての気風が残り、自治意識が高く、町政は惣《そう》年寄《どしより》制度により行われた。繰り綿や木材、米の為替決済や日用品販売などの商業活動が盛んで、「大和の金は今井に七分」といわれるほどであった。寛永年間（一六二四～四七）には、兌換紙幣である「今井札」の発行も許可されている。

◎所在地・奈良県橿原市今井町一丁目・二丁目・三丁目・四丁目の各一部
◎交通・・近鉄橿原線八木西口駅下車、5分。JR桜井線畝傍駅下車、7分
◎見所・・中世末期に形成された町割のすべてがそのまま保存地区となっている。地区に接した東南部には、今井まちなみ交流センター華甍があり今井町の概要がわかる。ボランティアガイドも常駐している。毎年、5月第3日曜日を中心に、重要文化財の公開や茶行列などのイベント「今井町並み散歩」が開催されている。
◎問合せ先・橿原市教育委員会生涯学習部今井町並保存整備事務所
☎0744-29-7815

中町筋の町並み。旧米谷家住宅と音村家住宅

町人文化も花開き、茶道や謡などが盛んで、鎮守社春日神社の秋の祭礼には7台ものダンジリが町内を曳きまわされた。しかし、明治中期以降、経済の中心は次第に他所に移り、かつて周囲を囲んでいた土居は次第に宅地化し、環濠も埋め立てられ、近年は住宅地としての性格を強めている。

旧環濠によって囲まれた東西約600m、南北約310mの約17・4ha全体が、平成五年（一九九三）に重要伝統的建造物群保存地区に選定された。地区内には、約750戸、約1200人が居住している。伝統的建造物は504件である。中世末期の寺内町形成から近世の在郷町へと発展する市街地形態がよく残り、そこに建つ数多くの質の高い、かつ優れた意匠の町家を中心に、重厚で高密度の歴史的町並みを形成している。

地区内は比較的平坦で、東西6本、南北9本の道路によって区画され、中央および西辺部では東西道路を主軸とした敷地割で、東部は南北道路を主軸とした敷地割である。また、排水路は中央および東部では敷地背後の境界線に配されているが、西辺部では道路に沿って設けられている。これは、町割の形成時期がことなっているためと考えられる。

今西家住宅。惣年寄筆頭の家、内部に裁判機能をもつ空間がある

町家は、切妻造《きりづまづくり》（角地等は入母屋造《いりもやづくり》のものもある）、平入《ひらいり》、前後庇《ひさし》付き、本瓦葺き、または桟瓦葺きで、戸建てと長屋とがある。慶安三年（一六五〇）建築の今西家住宅をはじめ8軒の町家は重要文化財に指定されている。一七世紀中頃

から、昭和初期に至る各時代の町家が重層的にかつ数多く残されている。また、間取《まど》りは、片側を通《とお》り土間《どま》とし、もう片側を居室部とする。居室の配列により、小規模な建物から大規模な建物まであるが、2列6間《けん》型が標準的な戸建て町家である。正面の意匠は、出入口はもともとは大戸構えであるが、時代が下ると引き違い戸となっている。前面にさまざまな意匠の格子をはめ、二階は塗籠《ぬりごめ》の虫籠窓を開けている。大棟または屋根背面に煙出しを置くものもある。建物の配置は、道路に面して主屋を設け、敷地背後には、土蔵や便所などの附属屋が建ち、その間に庭が設けられ、閑静な住空間を形成している。

また、地区内に現存する多くの社寺建築も今井町の重要な構成要素である。江戸初期をくだらない建築と考えられている称念寺本堂は重要文化財に指定され、庫裏《くり》、太鼓楼もそれぞれ県指定、市指定の文化財となっている。かつての土居跡や環濠の名残を示す外周水路、背割り水路は、歴史的風致として貴重である。

（米村博昭）

今井町並み散歩における茶行列風景

復原された南口門。江戸時代には９ヵ所に門があった

今井まちなみ交流センター（旧高市郡教育博物館）

杵築南の町並み

神門通り。名物出雲そばをはじめ、食べ物屋、土産物屋が並ぶ

出雲市《いずもし》大社町《たいしゃまち》杵築《きつき》〔門前町〕

出雲大社を中心とする町並み

杵築は、縁結びの神様として有名な出雲大社を中心とする町である。出雲大社というようになったのは明治四年（一八七一）からで、神社改正以前は、「杵築大社」と呼ばれていた。江戸時代には、越峠村・大土地村・中村村・仮宮村・赤塚村・市場村の杵築6ヵ村で門前町杵築を形成していた。御本社前から南へ延びる参道と千家国造館《せんげこくそうかん》前を経て南西に延びる参道があり、後者は越峠・市場の町並みとなっており、参詣道の中心でとくに賑わっていた。

杵築南の町並みには、通りに対して斜めに構えた建物がある。身を隠して敵を迎え撃つためにつくられたもので、城下町でよく見られるが、門前町で見られるのは珍しい。また、江戸期の遺構としては、藤間家住宅(県指定文化財)がある。近年では、勢溜の正面鳥居付近や神門通りに建ち並ぶ飲食店や土産物屋が改修され、県内産材の木材や瓦を使用した景観に配慮した建物や長屋風の建物が軒を連ねており、賑わいを見せている。(井上亮)

◎所在地・島根県出雲市大社町杵築
◎交通・・一畑電車大社線出雲大社前駅下車、徒歩15分
◎見所・・御本社から南西側に延びる町並みと、近年改修に力を入れている神門通り沿いの飲食店や土産物屋。
◎問合せ先・出雲市市民文化部文化財課 ☎0853-21-6893

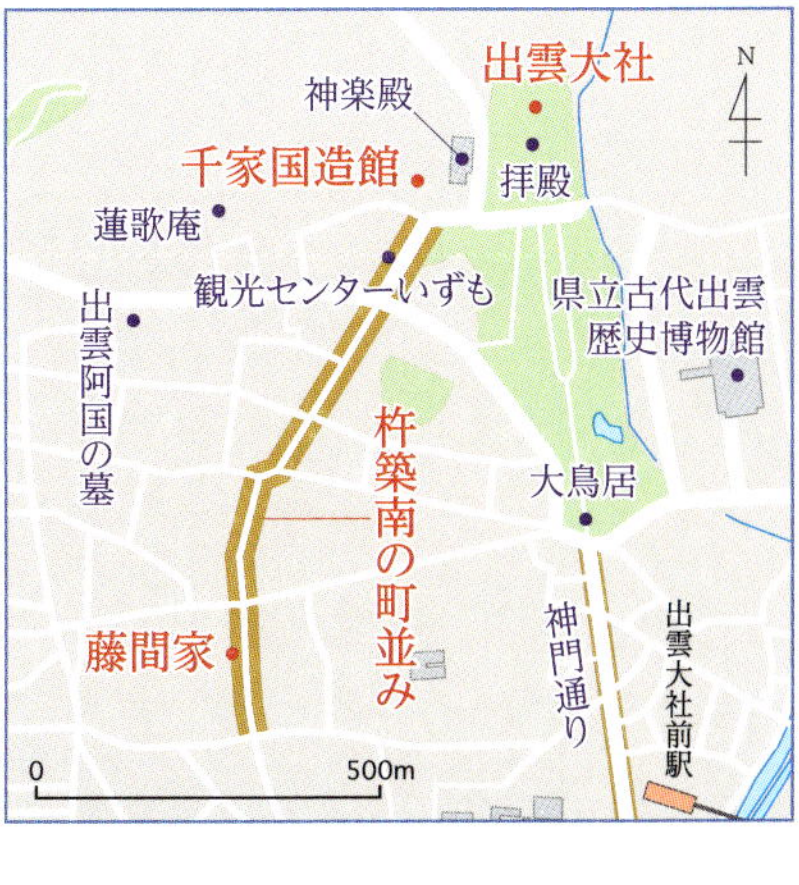

廿日市市《はつかいちし》厳島《いつくしま》〔門前町〕

聖地「宮島」に暮らす人々の生活文化の証

御笠浜に建つ厳島神社

港町としても栄えた東町

神職が多く暮らす西町

江戸の弥次郎兵衛《やじろべえ》と喜多八《きたはち》が金比羅《こんぴら》山を訪ねた翌年、新たな旅先に選んだのが厳島神社であった（『続膝栗毛宮島参詣』十返舎一九《じっぺんしゃいっく》、文化八年〈一八一一〉）。彼らはお決まりの珍道中を引き起こしながら三処奇観（日本三景）とされた宮島をめざし、門前町で遊び倒す。

神の島・宮島に置かれた厳島神社。その門前町は平安末期に存在が予期できる史料が残り、９００年近い歴史を誇る。

神仏習合の観念にもとづく巨大な聖域〝宮島〟のなかに居住域と町場が形成され、瀬戸内海地域の経済や文化に影響を与える有数の臨海型宗教都市となった。門前町には日本建築史を彩る数々の様式をもった建造物が集まり、類まれな歴史的景観をつくりだしている。

端整な建築デザインをまとう民家は２００棟あまり。古いものは一七世紀前期に遡るという。緩勾配の屋根、オウエの空間など、いにしえゆかりの興味は尽きない。（花岡拓郎）

◎所在地・広島県廿日市市宮島町
◎交通・・JR山陽本線宮島口駅からフェリーで約10分
◎見所・・朝夕の時間帯にのんびりと訪ね、社寺を拝覧しつつ、小路を歩く。五重塔を目印に分けられる東町と西町の違いにも注目。社寺や町内の祭事にあわせて来島するとなおよし。
◎問合せ先・廿日市市歴史まちなみ推進室 ☎0829-44-2013

添田町《そえだまち》英彦山《ひこさん》〔宿坊群〕

豊かな自然環境のなかに営まれる山伏の住宅

英彦山神宮境内への参道石段

財蔵坊（県有形民俗文化財）

福岡県の東、大分県との県境にそびえる英彦山は、古くは日子山と称し、修験の霊山として信仰されてきた。平安時代に入ると彦山霊仙寺《れいせんじ》と改称し、一大修験道場として繁栄した。一六世紀後半、彦山は度重なる戦禍に遭い講堂などの諸建築が灰燼に帰したが、関ヶ原の戦いののち、豊前国に入った小倉藩主細川忠興《ほそかわただおき》が彦山の復興に着手、座主家の再興とともに大講堂（現奉幣殿《ほうへいでん》）の再建に取り組んだ。享保一四年（一七二九）、霊元法皇による宸筆《しんぴつ》「英彦山」の勅額が下賜され、以降英彦山と呼ばれた。

現在の英彦山神宮の門前参道と裏手の小路に沿って山伏の住居である大小の宿坊跡が残る。地形の起伏を巧みに利用した宅地は石垣で整然と区画され、宿坊は江戸期に260以上を数えたという。

主屋の屋根は茅葺きの寄棟造《よせむねづくり》とし、雪の影響を考慮して出桁《だしげた》と方杖《ほうづえ》で軒を深く支える。雁行《がんこう》状に計画される間取りに連動して、棟が分かれて複雑な屋根形状をつくりだし、これらを参道から眺めると、石垣や生垣と調和した当地ならではの美しい歴史的景観を楽しむことができる。（田上　稔）

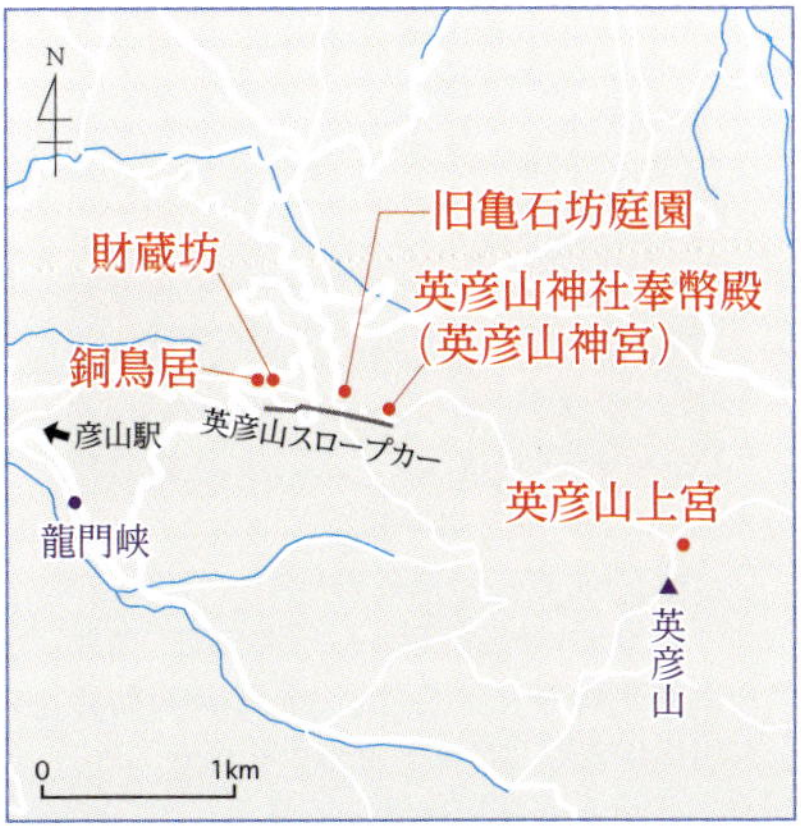

◎所在地・福岡県田川郡添田町英彦山
◎交通・・JR彦山駅から町バスで参道入口（銅鳥居）まで約30分。参道入口（銅鳥居）から奉幣殿までスロープカーで約20分
◎見所・・1㎞ほどある参道の石段に沿って残される伝統的建造物群と庭園群が織りなす四季折々の風景。おもな指定文化財に、重要文化財英彦山銅鳥居、県指定民俗文化財楞厳坊・財蔵坊、国指定名勝旧亀石坊庭園、県指定名勝顕揚坊庭園、重要文化財英彦山神社奉幣殿がある。
◎問合せ先・添田町まちづくり課歴史的風致推進室観光係
☎0947-82-1236

松前町《まつまえちょう》松前《まつまえ》〔寺町〕

かつての松前《まつまえ》城（福山城）の城下町を構成した北海道唯一の寺町といえ、北海道遺産に認定されている。中世由来の寺社建築群や松前藩主松前家墓所といった歴史的な建築群が、１万本の桜など庭園の名木や森の古木と一体となり、落ち着いた雰囲気を漂わせている。戊辰《ぼしん》戦争により城下町の３分の２が焼失したが、歴史を生かした街路・町並みの整備や津軽海峡を圏域と見なした交流が進められるなど、本州と北海道の交流で培《つちか》われた景観や生活文化が息づいている。（池ノ上真一）

松前藩先祖、武田信広を祀る松前神社

◎所在地・北海道松前郡松前町字松城　◎交通・ＪＲ松前線松前駅下車、徒歩20分　◎問合せ先・松前町ツーリズム推進協議会☎0139-42-2726

つくば市《し》筑波《つくば》〔社家町〕

筑波山の中腹に位置する筑波山神社の門前に位置し、かつては参詣客により賑わった集落である。集落は山麓から続く急勾配の参詣道と、その途中から西に分岐して平行する西《にし》山《やま》通りを中心に構成されている。急斜面に立地する集落であるため、参道の階段や各屋敷の擁壁《ようへき》に石垣が用いられている。現存の建物は明治元年（一八六八）の大火以降に建てられたものが中心だが、町家・農家の中間的な性格をもつ住宅、土蔵造の町家、農家、近代建築の旧郵便局などが混在する特徴的な景観となっている。（藤川昌樹）

筑波山神社参詣道の景観

◎所在地・茨城県つくば市筑波　◎交通・つくばエクスプレスつくば駅より筑波山シャトルバスで筑波山神社入口下車、徒歩5分　◎問合せ先・つくば観光コンベンション協会☎029-869-8333

南砺市《なんとし》井波《いなみ》〔寺内町〕

富山平野の南の山麓に中世末期から、一向宗寺院を中心として町全体を防備した寺内町という特徴的な町、井波（瑞泉寺）、城端《じょうはな》（善徳寺）、八尾《やつお》（聞名寺《もんみょうじ》）がある。なかでも井波は、江戸後期瑞泉寺の再建から井波彫刻が興る。寺院建築を飾る彫刻は、はじめ大工の余技であったが、明治に一般住宅の欄間の彫刻がはやりだし、専業者が現れた。大正期には多くの彫刻師が、弟子を養成するようになり、今でも古風な徒弟制度で若者を育てている。現在３００人を超す彫刻師がおり、井波の地場産業になっている。（土屋敦夫）

井波八日町通りの景観

◎所在地・富山県南砺市松島　◎交通・ＪＲ北陸本線高岡駅からバス60分、瑞泉寺前下車、すぐ　◎問合せ先・南砺市教育委員会文化・世界遺産課☎0763-23-2012

宝塚市《たからづかし》小浜《こはま》〔寺内町・宿場町〕

阪急売布《めふ》神社駅を降りて南へ10分ほど進むと、旧和田家住宅（宝塚市歴史民俗資料館）がある。宝塚市内最古の民家遺構（江戸中期）として一見の価値がある。さらに南に進み大堀川を渡ると、武庫《むこ》川左岸に大きく突き出た台地上に形成された小浜に入る。小浜は僧善《ぜん》秀《しゅう》が一五世紀末に建立した豪摂寺《ごうしょうじ》の寺内町として栄えた。近世には、有馬、西宮、京伏見からの街道が集まって宿場の機能を果たし、大工や左官の町としても賑わった。阪神淡路大震災により伝統的な建物の多くは被害を受けたが、町割は継承されている。（八木雅夫）

小浜宿資料館前に建つ虫籠窓の美しい町家

◎所在地・兵庫県宝塚市小浜　◎交通・阪急電車売布神社駅下車、徒歩15分　◎問合せ先・宝塚市立小浜宿資料館☎0797-81-3655

高野町《こうやちょう》高野山《こうやさん》〔境内町〕

高野山は紀伊山地のなか、八葉の峰と呼ばれる峰々に囲まれた標高約８６０ｍの小盆地である。１２００年前、弘法大師空海が密教修行の道場として金剛峯寺を創建し、学僧たちは住坊を構えて集住した。中世以降、公家、武家と師檀《しだん》関係、宿坊契約を結び、宗教的、経済的基盤を確立した。また庶民の高野参詣が盛んとなり、近世には坊院数１８００余の一大宗教都市となった。明治になって坊院数は１００余に激減したが、女人禁制を解き、江戸期以前の寺院と、近代の町家が共存する町へと変貌した。（鳴海祥博）

かつて高野山を支配した金剛峯寺

◎所在地・和歌山県伊都郡高野町高野　◎交通・南海電鉄高野線高野山駅下車、バス10分　◎問合せ先・一般社団法人高野山宿坊協会☎0736-56-2616

防府市《ほうふし》宮市《みやいち》〔門前町〕

宮市は、日本三天神のひとつである松崎天満宮の門前町である。江戸時代には、萩城と三田尻の御舟倉を結ぶ萩往還沿いの宿場町として発展した。町並みはおもに平入の町家で構成されているが、近年市道の拡幅や老朽化した民家の建て替えによって大きく変貌を遂げた。本陣であった兄部家は、萩往還関連遺跡の一部として国指定史跡で、瓦屋根白壁の外観、持ち送りが印象的なシンボル的な民家であったが、平成二三年（二〇一一）の火災で書院ほか主要建物は焼失した。現在は門の一部が残されている。（原田正彦）

兄部家周辺の町並み

◎所在地・山口県防府市宮市町　◎交通・ＪＲ山陽本線防府駅下車、徒歩10分　◎問合せ先・防府市文化財課☎0835-23-2111

さぬき市志《し》度《ど》〔門前町〕

志度寺の門前町として栄えたさぬき市志度。かつてこの町には高松藩の米蔵が置かれ、その御蔵番の家に江戸時代の奇才、平賀《ひらが》源内《げんない》が生まれている。志度寺からのびる通りは「源内通り」と呼ばれ、今も本瓦葺きの商家が多く残る。江戸中期以降は四国遍路の巡礼が増えたため遍路道としての顔ももちあわせており、旅館（一部は現役）も多く目にすることができる。また、うだつの上がった家が少なくとも3軒存在している。時代の特定ができていないが、志度のうだつは石柱が特徴的であり、興味深い。（多田善昭）

鏝絵（こてえ）で飾られた商家

◎所在地・香川県さぬき市志度　◎交通・ＪＲ高徳線志度駅または高松琴平電鉄志度線ことでん志度駅下車、すぐ　◎問合せ先・さぬき市観光協会☎087-894-1114

高松市《たかまつし》仏生山《ぶっしょうざん》〔門前町〕

寛文一〇年（一六七〇）、高松藩主松平頼《まつだいらより》重《しげ》は松平家の菩提寺として法然寺を築いた。その門前町である仏生山には歴代藩主が法然寺参詣に利用した「お成《な》り街道」が通る。法然寺に向かう途中、急に道幅が広くなることに気づく。頼重は門前町建設の一方で税の免除をもって町への移住をすすめ、藩内の素麺屋を集めたといわれる。この幅員は表でそうめんを干していた名残というから面白い。そして今、地元住民とこの町に魅了され移住を決めた人たちによって新たな息吹が融合する町並みへと変化している。（多田善昭）

法然寺門前町、お成り街道の町並み

◎所在地・香川県高松市仏生山町
◎交通・高松琴平電鉄仏生山駅下車、徒歩10分　◎問合せ先・仏生山地区コミュニティ協議会☎087-889-4955

久留米市《くるめし》善導寺《ぜんどうじ》〔門前町・商家町〕

善導寺は浄土宗開祖法然上人の直弟子である聖光《しょうこう》上人が鎌倉時代の承元二年（一二〇八）に開山した浄土宗の寺院である。敷地は約1万5000坪と広大で、江戸中期建設の本堂、庫裏、書院、釈迦堂、経蔵、三門や大門が伽藍を形成し、江戸期の雰囲気を伝える。三門から東へ延びる石畳の参道の両脇には子院が並び、厳かな雰囲気を醸し出している。参道と直交する通りは門前町を形成していた。現在は建て替えが進み商家が少なくなっているが、入母屋瓦葺き土蔵造の朝凪酒造は当時の賑わいを伝えている。（大森洋子）

門前町を形成していた土蔵造町家の朝凪酒造

◎所在地・福岡県久留米市善導寺町飯田　◎交通・ＪＲ久大線善導寺駅下車、徒歩15分　◎問合せ先・久留米市市民文化部文化財保護課☎0942-30-9225

特別記事

世界遺産都市を歩く

西村幸夫

ドイツ、ローテンブルクの歴史的町並み

概要

歴史の町並みを守る世界の動き

単体の歴史的建造物を守る動きは、欧米諸都市では一九世紀半ばには開始されるが、面としての歴史的地区や都市全体を守ろうという動きは、二〇世紀に入ってからようやく始まる。

最初の動きは欧州における美しい郷土の風景を守ろうという運動で、その一部に歴史的地区の景観保存が入っていた。たとえば、イギリスのナショナル・トラスト（一八九五年）、フランス風景保護協会（一九〇一年）、ドイツ郷土保護連盟（一九〇四年）、スイス郷土保護会（一九〇五年）などである。なかでもドイツの運動は、日本の史蹟名勝天然紀念物保存協会（一九一一年）の設立に影響を与えたことが知られている。

歴史的地区や都市を主たる対象とした保存の動きは、意外にも新世界であるアメリカから始まった。一九二〇年代より、面的な地域保存のための民間組織がチャールストン（サウスカロライナ州）やサンアントニオ（テキサス州）などで生まれ、ウィリアムズバーグ（ヴァージニア州）の保存は地元牧師の訴えから始まり、一九二六年、ジョン・D・ロックフェラーJrの支援を得て開始された。こうした動きを都市計画の面から歴史地区ゾーニングによって支えるという動きが一九三一年から始まっている。最初にこうした歴史的地区の保存のためのゾーニングをかけたのはチャールストン市で、地区内の建築物の新築に関して建築審査会がチェックするという仕組みを生み出した。その後、一九六〇年までに少なくとも36地区において、歴史地区保存のための面的規制がかけられるに至っている。

一九三三年には現代建築国際会議CIAMが採択したアテネ憲章において、都市の歴史的遺産の項目を立て、これを歴史の証人としての側面と、同時に造形的価値の側面から保護すべきことを謳っている。

欧州においては一九五〇年代より面的地区を制度的に守ろうという動きが本格化してくる。たとえば、イギリスにおける面的地区保全事業のための補助制度であるタウン・スキームが一九五四年に初めてバースに適用され、その後、全国に広がっていったのをはじめとして、一九六七年のシビック・アメニティーズ法によって保全地区の制度がイギリス全土に導入された。フランスではマルロー法（一九六二年）による保全地区制度の導入、イタリアでは都市計画法（一九六七年）における歴史的都心地区に対する面的保存制度の導入、オーストリアではザルツブルク州の古都市保全法（一九六七年）に始まり、オーストリア全土における歴史保存地区アトラスが刊行（一九七〇年より）されている。

アメリカ、チャールストンの歴史的町並み

イギリス、バースのエイボン川沿いの町並み

アメリカ、サンアントニオのリバー・ウォーク

アメリカ、ウィリアムズバーグのミュージアム村

　こうした都市保全を全ヨーロッパ的な運動として定着させることに寄与したのは、一九七五年欧州建築遺産年の宣言に始まる三年にわたる大キャンペーンだった。「過去に未来を」をスローガンにルーアン（フランス）やローテンブルク（ドイツ）、ボローニャ（イタリア）、アムステルダム（オランダ）、イスタンブール（トルコ）、エディンバラ（イギリス）など計51都市において保全のパイロットプロジェクトが実施されたほか、一九七五年には都市の統合的保全を訴えた欧州建築遺産憲章やアムステルダム宣言が発表された。

　こうした動きを受けてユネスコは、一九七六年に歴史的地区の保全及び現代的役割に関する勧告を採択している。同勧告は前文において「歴史的地区が文化的、宗教的社会的活動の豊かさ及び多様性のもっとも確実な証拠を伝えるものであること、ならびにその保全及び現代の社会生活への統合が都市計画及び国土開発における基本的な要素である」と強調している。

　こののち欧米諸国においては、歴史的地区・都市の保全の運動や制度は日常に定着し、関心は歴史的都市周辺の郊外部や農地の景観保全へと重心を移していく。

　一方、アジア諸国においては、日本における町並み保存運動や、鎌倉・京都などの古都における開発反対を唱える歴史的風致保存運動（一九六〇年代より）を嚆矢《こうし》とし、これが一九六六年の古都保存法、一九七五年の文化財保護法改正による伝統的建造物群保存地区制度の導入などにつながった。

　韓国では、一九七〇年代末より楽安邑《ナガンウプ》城《ソン》や月城良洞《ウォルソンヤンドン》マウルなどの歴史的な集落を、史蹟や重要民俗資料として指定する動きが起き、のち一九八四年の伝統建造物保存法（一九九九年廃止）による歴史的町並みの指定や、都市計画上の美観地区指定による都市内の歴史的地区保全が図られるようになった。

　中国では、一九八二年より国家歴史文化名城の指定が開始され、北京や西安、上海、広州、杭州、ラサなど１００を超える主要歴史都市の保全計画（歴史文化名城保護規劃）の策定が進められた。次いで歴史文化街区制度（一九九六年）、歴史文化名鎮名村制度（二〇〇三年）が制定され、二〇〇八年には歴史文化名城名鎮名村保護条例を公布し、現在に至っている。

　シンガポールでは、一九七〇年代後半より面的な地区保全へ向けた調査研究が行われ、以降、八〇年代までにムレイ通りやエメラルド・ヒルなどの修景事業が実験的に取り組まれた。一九八六年には都市保全マスタープランが公表され、チャイナタウンなどの地区が歴史的市街地として位置づけられた。一九八九年に保全地区の制度が導入され、現在ではシンガポール川沿いのクラーク・キーをはじめとして90を超える地区が保全地区に指定されている。

中国、上海・朱家角の川沿いの町並み

韓国、楽安邑城の歴史的集落

シンガポール、クラーク・キーの歴史的町並み

中国、天津の旧租界の町並み

中国、西安の歴史的町並み

世界遺産都市を歩く①

眺望の網をひろげる都市［イスタンブール］

およそ肉眼のスケールを超越したような雄大なボスポラス海峡と金角湾、この2つの水域に隔てられ、かつお互いに寄り添うように、あるいは見方によっては角をつきあわせたように立地する3つの丘——西に欧州の旧市街、北に欧州の新市街、そして東にアジアの西端ウスクダル地区。イスタンブールはダイナミックな眺望のまちだ。

かつてのオリエント急行の終着駅、シルケジ駅前広場から見る対岸の欧州新市街のビル街、旧市街の丘の突端に建つトプカプ宮殿のテラスから見下ろす海峡の輝き、新市街側から眺める旧市街のブルーモスクやアヤソフィアのミナレット（尖塔）群、フェリーの船上から一望できる両大陸の遠い町並みと、随所に趣の異なる視線が開け、新しい世界を垣間見せてくれる。それぞれからお互いを眺めることができる眺望の網の目のなかにこの古都がある。

文明の十字路という使い古された慣用句があるが、イスタンブールの巨大な中央市場、グランド・バザールに潜り込み、そのめくるめく色彩と香気だつ雑踏に身を置くと、その言葉の内実を実感することができる。

世界中のスパイスが大きな袋単位で売られている。かつて西欧が戦争をしてまでも入手しようとした南洋のスパイスが今ここでは至極当然のようにあふれかえっている。西欧料理には必須の干した果実、トルココーヒーと称する細かな珈琲粉、皮革製品、中近東独特の伝統工芸品・布地等の商品陳列の風情や規模、バルカン半島や西アジアからもたらされた品々にちがいない。また人懐っこい店員にも勢いがある。

そんななか、バザールにはまるでそこだけ時間が止まっているかのように、チャイを片手に西洋将棋に興じる男たちがいる。

グランド・バザールの様式的なアーチとアーケードの端から端まで、多様な色と臭いと声音が充満し、文化のモザイク模様で埋め尽くされている。ここには文明の交点が目に見えるかたちで存在している。

フェリーに乗ってアジアサイドに渡ると風景は微妙に変化してくるように感じられる。少し猥雑で不揃いな木造の町並みに懐かしささえ感じるような風景なのだ。坂の中腹から海峡が見える。アジアの鉄道の終着駅、ハイダルパジャ駅の改札口を出るとまっすぐさきには海が見える。

しかし、ここには最果ての地のような

新市街にあるガラタ塔からの旧市街の眺望

ガラタ塔からの新市街の眺望

旧市街の町並み

旧市街の町並み

新市街の町並み

トプカプ宮殿からの新市街の眺望、手前に金角湾が見える

アジア地区の町並み

新市街の町並み

哀愁はない。アジアから見れば大陸の果てではあるが、もちろんここは欧州との接点、経済・産業そして文化の最前線なのである。行き交うここの人たちは歴然と異国の顔立ちをしている。

　イスタンブールはたしかに眺望が支配するまちである。しかし、このまちは支配者が眺望を演出してつくった欧州の法王や王権の都市とは異なっている。眺望を規定しているのは地形なのであって権力ではない。

　そしてその地形も盆地のように人を包み込むような地形ではない。むしろしがみついて生計をたてなければならないような地形に見える。凸面の丘陵地にびっしりと建つ住居群、そこには富めるものも貧しいものも等しく地に足をつけて生活している。

　稜線のスカイラインに個性を与えているモスクと尖塔群もあたりを睥睨《へいげい》しているという風情はない。あるいはこれこそ絶対者を否定するイスラム的な風景というべきなのだろうか。

グランド・バザールの賑わい

世界遺産都市を歩く②

盆地のミクロコスモス群［カトマンズ］

カトマンズ盆地はかつて満々と水をたたえた湖だった。ヒマラヤ山脈をうがって開析谷《かいせきだに》をつくってきたガンジス川の支流が、ついにこの先史時代の湖に接することとなり、湖水は一気に河にのみこまれ、湖水は流れ去り、あとにカトマンズの盆地が残されたという。その証拠にガンジスの流れははるかヒマラヤ山脈の北側、中国国内に源流がある。つまりはヒマラヤが隆起する以前から北から南へ大河が流れており、山塊が隆起するにつれて谷を削りだし、今の地形をつくりだしているというのである。

こうした物語を心に留めてカトマンズの盆地を眺めると、太古の湖底の静寂が満ち満ちているような気がしてくる。風景とはひとつの場面を旅する人の心のなかにこそ生起するものだということを、カトマンズの盆地は実感させてくれる。

カトマンズのまちを歩くとアジアのほかの都市とは異なって、都市内の各所に配置された広場が次々と連なり、都市の構成要素として重要な役割を果たしているのがわかる。

日本も含めほとんどのアジアの都市では、ほとんどのアクティビティは固定された広場ではなく、人々が行き交う街路が舞台となっており、そのせいか西洋的な意味での広場がほとんど発達していない。対照的にカトマンズでは広場が都市活動の中心となっており、街路はそれぞれの広場をつなぐ綱の役割を果たしているようだ。両者あわせて都市の網の目ができあがる。

カトマンズの広場は都市生活の日常的な活動を支えているだけでなく、各種の宗教的儀式の場であり、政治的空間でもある。とりわけダルバール広場と呼ばれる王宮前の広場は、いずれの王国においても最も重要な政治的場である。ここは戴冠式や即位式などの各王国の根幹的な儀式が執り行われる広場であり、平時でも王の命令が臣民に伝えられた場でもあった。ダルバール広場は聖と俗とが邂逅する場でもある。望楼や石塔が建ち並び、街路の焦点となっている。

また、カトマンズにかぎらずネパールの都市には街区を囲む形の連続住宅の型がある。煉瓦造で3、4層から成り、1階の店の敷居や鴨居から、2階から上の窓の姿、各階の階高などすべてが小振りにできている伝統的なこのタウンハウスには、お伽話《とぎ》の小屋を見ているような不思議な懐かしさを感じる。

この囲み型住居と広場のネットワークによって、カトマンズ盆地の都市は欧州的な緊密さを感じさせる。

カトマンズの王宮前広場

カトマンズの王宮前広場

広場の随所に配されたガネーシャなどのヒンドゥの神々の像や寺院のモニュメント、巡礼者のためのマンダパと呼ばれる建物などが、それぞれの小空間に独特の求心力をもたらしている。そうしたミクロコスモス群の有機的な網の目の広がりは、ほかのどこにもない南アジアの固有の文化を感じさせてくれる。

目を盆地全体に転ずると、カトマンズの盆地は、かつて有力な3王国が共存する小宇宙だったといわれている。カトマンズはそのなかのひとつとして、盆地にあるほかの都市、パタン(ラリトプール)とバクタプールとで三都を構成していた。それぞれの都市はお互いに数キロから十数キロ離れている。いずれにも王宮があり、王宮前広場がある。盆地スケールでも、ミクロコスモス群の併存という都市の姿を見ることができる。

二〇一五年四月、カトマンズを襲った地震によって、多くの建物が損壊した。本書に載せた町並みの様子も変わってしまった。復興を祈念します。

バクタプール、王宮前広場周辺の町並み

バクタプールの王宮前広場近くの町並み

カトマンズ、王宮前広場周辺の町並み

バクタプールの王宮前広場

カトマンズ、タメル地区の町並み

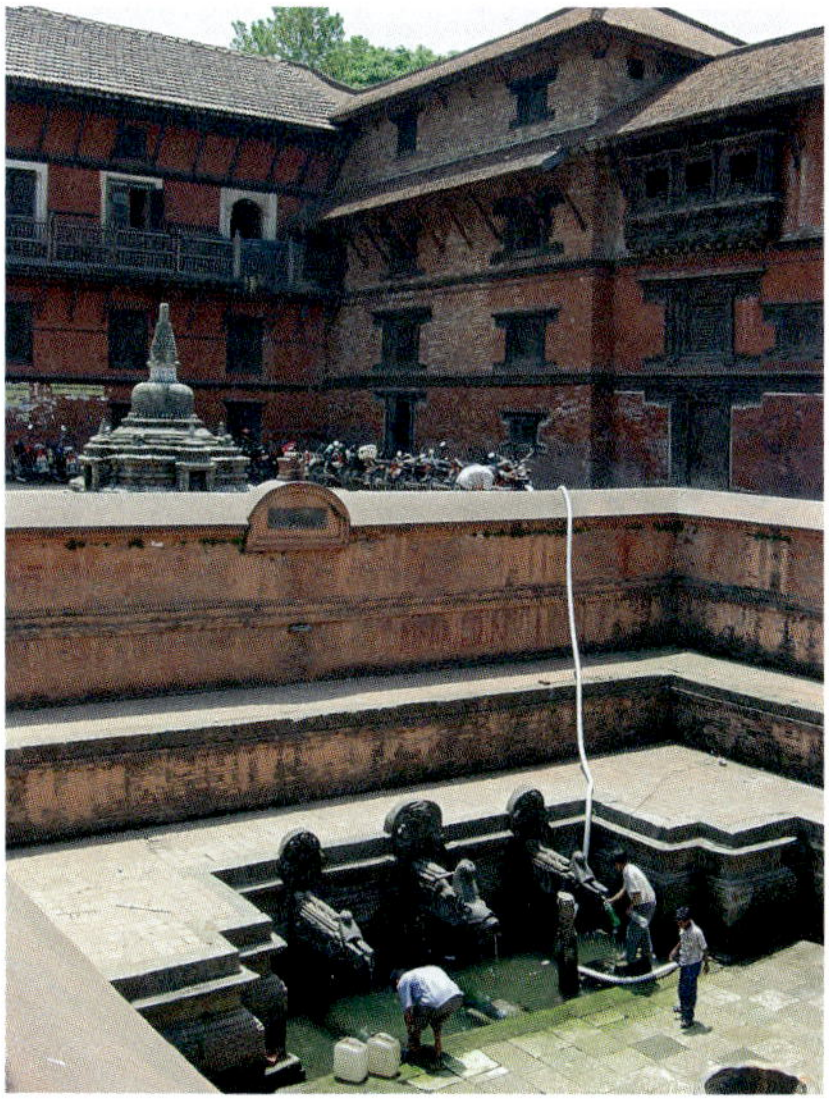
パタンの王宮前広場

パタンの王宮前広場

世界遺産都市を歩く③

北米唯一の城砦都市［ケベック］

ケベックの旧市街に陸上からアプローチする者は、必ず市街の西側から市門をくぐって市街地に入ることになる。西から東にセントローレンス川に向かって突き出た大地の東端にケベックのまちが立地しているからである。おおかたは幅員の広い幹線であるグランダレ通りを東進して、堂々たるサン・ルイ門をくぐってまちへ入るだろう。その中世風の門の風景に「北米唯一の」城砦都市に来たことを実感するにちがいない。

この場所には一六九四年に最初の門ができて以来の歴史があるが、現在の門は一八七八年に建設されたものである。西洋都市の近代化のなかで市壁が邪魔者扱いされるようになり、至るところでその取り壊しが行われている時代に、なんとケベックは一九世紀後半に新たに堂々たる市門をつくりかえたのである。

一八七二年にカナダ総督に就任したフレデリック・デュフラン男爵は当時、遺跡となっていた市壁にロマンを感じ、これを保存し、周囲を公園にするというプランを練りあげ、これを都市美化計画として実行した。その一環として再興されたのが現在のサン・ルイ門である。

三方を絶壁に守られたケベックのまちは西側の守りを厚くすれば万全の難攻不落の城となる。したがって、一六九〇年から5度もフランス軍によってつくりかえられてきた市壁こそ、ケベック防衛の歴史の象徴だということができる。市壁の周辺は現在、内外ともに公園となっており、市壁の上は眺望のよい散歩道になっている。

サン・ルイ門を入るとそのまままっすぐサン・ルイ通りへと進む。この通りは市門から中心の広場であるダルム広場へと導く一七世紀以来の歴史を誇る街路である。ダルム広場とは軍隊広場の意味。かつての軍の訓練と行進の場であった時代の記憶を名前にそのまま残した広場である。

ダルム広場周辺には提督の館やその他の軍事施設が集中していた。そうした敷地のひとつに、今日ケベックの象徴となっているホテル、シャトー・フロントナックが建っている。最初のウイングが完成したのが一八九三年、中央部分に周囲を睥睨《へいげい》するタワーが完成したのが一九二四年だった。

一都市の象徴が民間ホテルであるところがいかにも北米らしい。なお、このシャトー・フロントナックをはじめとしてケベックの主要なタワーは川に正面を向けて建っている。

シャトー・フロントナックの足もとに

サン・ルイ通り。この道を奥に進むとダルム広場に出る

ケベックのメインゲート、サン・ルイ門。旧市街の内側から門越しに外を見る

広がるのが、眺望デッキのテラス・デュフランである。ここに来てセントローレンス川を眼下にすると、はじめて、このまちが軍事上の要塞であることに得心がいく。この地点でセントローレンス川は川幅が約1㎞と急に狭まり、ここに要塞を築けば、川を上る船はすべて砲弾の届く範囲に入ることになる。つまり五大湖を含むセントローレンス川上流域の物流をすべて支配することができるのだ。これこそケベックにフランス植民地、ヌーヴェル・フランスの首都(一六六三〜一七五九)が置かれた理由である。

ただし、ケベックのまちはここで終わったわけではない。ここまでが上町で、ここから階段を下りたところにまったく雰囲気の異なる下町が広がっている。じつは下町のほうが発祥が古い。丘の上の堂々たる軍事行政都市と川縁の建て込んだ港湾商業都市、このドラマチックな対比がケベックの面白さなのである。

テラス・デュフラン側から見たシャトー・フロントナック、ケベックを代表するホテル

市壁外側の公園。奥にサン・ルイ門が見える

テラス・デュフランから下町を見下ろす

上町と下町をつなぐケーブルカーであるフニキュレール周辺。奥に見えるのはシャトー・フロントナック

下町のロワイヤル広場、北米で最も古い広場といわれる

下町のプチ・シャンプラン通り

下町のプチ・シャンプラン地区を階段途中から見る

岐阜県大垣市・大橋家住宅　安野光雅・画

3

街道の宿場を中心とした町並み

宿場（町）、街道集落、旅籠町ほか

近世、主に五街道等を中心に発達した宿駅機能をもつ町場で、本陣、脇本陣、問屋場のほか一般旅客のための旅籠、木賃宿等が並んだ。近代になって宿場町はその公的位置付けを失うとともに、旧街道とは異なる位置に道路が新設され、また鉄道が敷設されるなど、交通環境が変化することにより、その多くは機能の変換を迫られ、一部は養蚕業等へと移っていった。

上山市《かみのやまし》楢下《ならげ》〔宿場町〕

奥羽一三藩主の往来で栄えた宿場

楢下新町を北から南を見る

楢下下町から新町橋（眼鏡橋）新町を見る

日本海側に所領をもつ東北地方の大名は、参勤交代の際に羽州街道の楢下から金山《かねやま》峠を越えて太平洋側に抜けた。このため楢下は、本陣・脇本陣・問屋などを備えておおいに賑わった。たびたび洪水に見舞われ、現在のように上町《うわまち》、横町、下町《したまち》、新町《しんまち》という構成になったのは宝暦一七年（一七五七）の洪水以降という。

建物は寄棟造《よせむねづくり》、茅葺《かやぶ》きで平入《ひらいり》形式が多く、前面を「こまや」と呼ばれる土庇《どびさし》にして、建具は蔀《しとみ》とした。「にわ」（土間）や「かって」などの下手《しもて》空間の反対側で街道から最も奥まった場所に上段や次の間からなる座敷を配し、街道に面して玄関や式台《しきだい》を設けるなど、武士の宿泊に対応できるような平面構成となっていた。茅葺きの建物は6軒ほどとなったが、庄内藩主が宿泊した脇本陣が当時の姿のまま残っている。明治になって土木県令《けんれい》として知られた三島通庸《みしまみちつね》が宿場を貫く金山川に架けさせた西洋式の石造アーチ橋が風情を添える。（永井康雄）

◎所在地・山形県上山市楢下
◎交通・・JR奥羽本線かみのやま温泉駅下車、タクシー15分
◎見所・・脇本陣庄内屋、旧武田家、大黒屋のほか、脇本陣滝沢屋が宿場外に移築されている。交通の起点となる上山には旧武家屋敷や戦前の製糸工場がそのまま残る蟹仙洞（かいせんどう）博物館がある。
◎問合せ先・上山市観光物産協会 ☎023-672-0839
蟹仙洞博物館（長谷川）☎023-672-0155

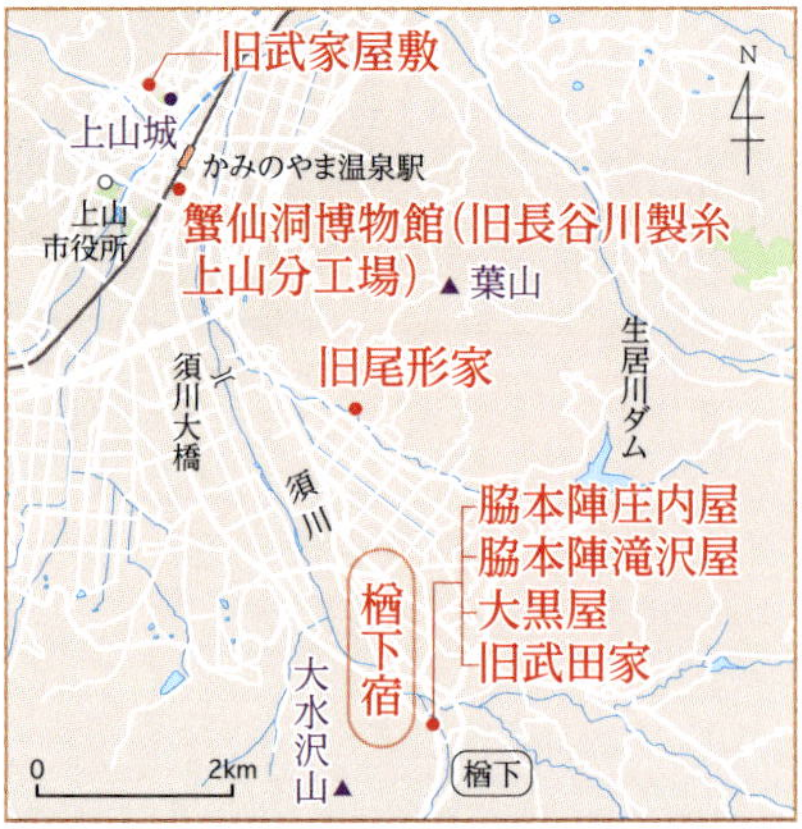

大内の街道風景。両側の水路は明治時代に街道の中央から付け替えたもの

下郷町《しもごうまち》大内宿《おおうちじゅく》【宿場町】

街道沿いに整然と連なる大きな茅葺き家屋

重要伝統的建造物群保存地区
選定 昭56・4・18

会津地方の南半の山地は、寛永二〇年(一六四三)から幕府直轄領となり南山御蔵入と称した。その幹線道路である南山通りは、会津若松城下より楢原を経て大川に沿って御蔵入の中心地田島に達し、さらに下野の今市《いまいち》に至る約30里の行程である。この街道は近世、江戸への廻米路として、また、物資輸送の中付駑者《なかつけどしゃ》の往来で栄えた。

大内宿は南山通りの宿駅のひとつで、会津藩領の関山宿から大内峠を越え南山御蔵入に入った第一宿で、標高約660mの高地にある。宿駅として整備されたのは一七世紀中頃と考えられている。大内宿には本陣・脇本陣が置かれていたが、旅籠《はたご》屋が建ち並んだ本格的な宿場ではなく、馬継ぎ宿で半農半宿の生活であった。大内の最盛期は一八世紀前半頃までで、その後新道の開通や輸送体制の変化により徐々に衰退していった。幕末には大内周辺で戊辰《ぼしん》戦争等による争乱があり、世直し一揆も起こるなど騒然とし

◎所在地・福島県南会津郡下郷町大内
◎交通・・会津鉄道湯野上温泉駅下車、乗合バス20分
◎見所・・宿北端の子安観音からの眺めがよい。町並みのほぼ中心部の本陣跡にある大内宿町並み展示館には大内の歴史や茅葺きに関する展示がある。
◎問合せ先・大内宿町並み展示館
☎0241-68-2657
下郷町教育委員会文化財係
☎0241-69-1166

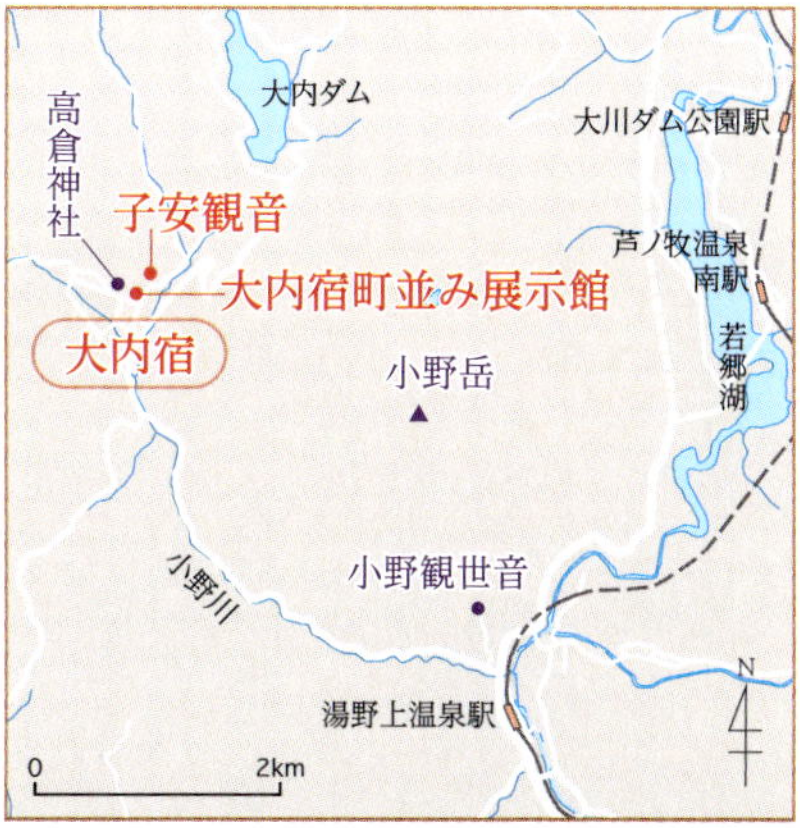

た状況となった。

明治一七年（一八八四）に新日光街道が峠の難所を避け大内を迂回して大川沿いに開通すると、大内を通る南山通りのそれまでの機能をほぼ消滅させることとなった。さらに昭和七年（一九三二）に湯野上まで国鉄会津線が開通してからは細々と続いていた駑者輸送も激減して、煙草《たばこ》の栽培や林業が生活を支えることとなった。また、茅葺き職人や木羽《こば》割り職人等としての出稼ぎも行われた。とくに茅葺き職人は関東の広い地域を葺き歩き、会津茅手《かやて》と呼ばれていた。

冬の大内宿。冬の積雪は多い。毎年２月第２土・日曜日に雪まつりが開催される

そば屋から街道を見る

旧大内宿の保存地区は、旧南山通りに沿った南北約５００mの範囲で、現在も宿場当時の姿をよく残し、旧街道の両側に整然と主屋が建ち並んでいる。各敷地はおおむね間口《まぐち》6〜7間《けん》、奥行30〜33間で、ほとんど同規模である。北端の山麓に正法寺《しょうほうじ》、子安観音があり、また、街道からやや離れて西に行くと鎮守の高倉神社があり、町並みと一体となってこの地区の景観を特徴づけている。

観光客で賑わう大内宿

街道沿いの主屋は街道から数メートル離れて、妻面を見せて並ぶ。街道と主屋の間は農作物の乾燥等の作業の場として使われてきた。各主屋は敷地の北側に寄せて配置され、南側は間をあけて奥の土間入口への通路とする。主屋の裏側には土蔵、納屋等がある。道路の両側には割石積みの水路が走り、ところどころに洗場が設けられている。この側溝は生活用水として道路中央に通っていた溝を明治

初夏の大内宿。子安観音から望む。鉄板葺きだった屋根もほとんど茅葺きに回復している

一九年に埋め立てて、街道の両側に付け替えたものである。

主屋の多くは江戸時代後期から明治にかけて建築されたもので、平入《ひらいり》の寄棟造《よせむねづくり》あるいはその妻側を切り上げた茅葺きの建物で、表側は半間幅の縁を回したうえざ、しざの2室の座敷とし、その奥になんど、へやを並べ、広い土間に面してかってを配する。軒は「せがい」を設けている。

大内宿では町並み保存事業によりこれまで多くの主屋、土蔵等が修理され、また総合防災事業により放水銃や消火栓、自動火災報知器などが設置されたことにより、一時鉄板葺きとなっていた伝統的建造物が茅葺きへと復原され、電柱類の移設等も進むなど歴史的風致が回復している。また、地区では屋根葺き技術の継承に取り組み、住民グループで技術習得に努めるとともに、旧宿場の中心部の大内宿本陣跡に復元された大内宿町並み展示館内に茅葺き技術に関する展示コーナーを設けている。（苅谷勇雅）

若狭町《わかさちょう》熊川宿《くまがわじゅく》〔宿場町〕

日本海の新鮮な魚介を京都へ運ぶ重要拠点の宿場

重要伝統的建造物群保存地区
選定 平8・7・9

直線的な下ノ町の町並み

若狭と京の都を結ぶ若狭街道は、近年「鯖《さば》街道」の名で親しまれるようになってきた。それは、都人の台所を賑わせ、祭礼にも欠かせない美味なる鯖を代表格とする若狭の魚介類が運ばれたからである。その中継拠点として発展したのが、若狭湾と琵琶湖の中ほどに位置する熊川宿である。南下すれば、熊川からは15里で京の都に至る。

ここは交通と軍事の要衝として、天正《てんしょう》一七年（一五八九）、若狭の領主で、豊臣秀吉の相婿でもあった浅野長政《あさのながまさ》が、諸役免除の布告を発することで、30戸ほどの寒村が、往古は一日1000頭の牛馬が行き交い、江戸時代初めには200戸

◎所在地・福井県三方上中郡若狭町
◎交通・・JR小浜線上中駅もしくはJR湖西線近江今津駅で、JRバス江若線に乗り換え、若狭熊川で下車してすぐ
◎見所・・街道に連檐する倉見屋荻野家住宅（国重文）を代表格とする家並みと、沿って流れる前川用水、そして借景としての山並みが、全体として眼前いっぱいに展開していく美しさがある。
◎問合せ先・若狭町歴史文化課 ☎0770-62-2711

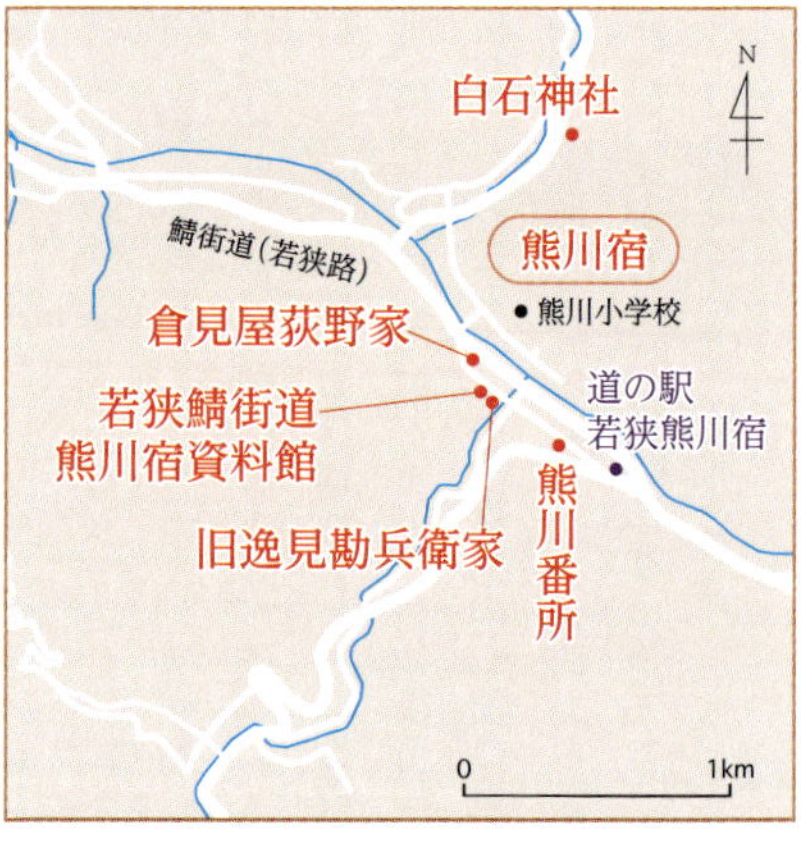

左右にふれる前川用水の上ノ町の町並み

を超える宿場町として発展してきた。また西国巡礼の道でもあり、一八世紀初めには、一晩に400人を超す宿泊者があるたいへんな賑わいを見せた。

街道は、東西に貫通し、西の小浜《おばま》方面から、東の近江《おうみ》・京に向けて、下ノ町、中ノ町、上ノ町と3つの町で構成されている。建物は、平入《ひらいり》と妻入《つまいり》の民家にところどころ土蔵が混じり、その外装は塗籠造《ぬりごめづくり》と真壁造《しんかべつくり》が混在する。

また、街道に沿って「前川《まえがわ》」と呼ばれる用水路が流れ、各家の前には石積みの「かわと」と呼ばれる水利施設が設けられている。

西よりの下ノ町は道幅が最も狭く、また街道が直線的に伸びる。瓦葺きの建物に、もとは茅葺きの民家も混じり、間口《まぐち》の狭い平入と妻入の建物が並ぶことで、緊密な町並みが展開する。

下ノ町から中ノ町の結節点には、街道が屈曲した「まがり」という場所がある。ここを進めば中ノ町である。

中ノ町は、文字通り町の中枢的役割を

間口の広い大店の並ぶ中ノ町の町並み

果たし、茶屋(陣屋)や問屋、神社仏閣が所在してきた。間口の広い平入のかつての大店が並ぶなか、社寺への参道や歴史的名称を有する路地があり、奥行きのある情感豊かな空間を構成している。

大店のなかでも倉見屋荻野家住宅は、文化八年(一八一一)に建てられ、街道に面して、主屋、付属屋、土蔵と連檐《れんたん》し、熊川を代表する問屋建物である。平成二六年(二〇一四)には、国の重要文化財指定を受けた。昭和一五年(一九四〇)に建てられた近代洋風建築の旧熊川村役場は、現在は若狭鯖街道熊川宿資料館として活用されている。

また、熊川宿の重伝建選定に大きな追い風となったのが、「古き町家に新しく住まう」をテーマにして整備した幕末の建築物、旧逸見勘兵衛家である。戦前の伊藤忠商事社長の伊藤竹之助(旧姓・逸見)の生家で、現在は公開されるとともに、宿泊施設としても利用されている。

ここからさらに河内川を、中条橋を渡って進むと、上ノ町の町並みに入る。

ここは街道が右左に大きく蛇行し、前川の流れも道路の下をくぐって右左に流れを変える。平入の建物や妻入の建物が見られるが、かつては茅葺きの民家が多く所在したところでもある。東の端には熊川番所が復原公開されている。

ここ熊川は、豊かな伝統文化が継承されてきたところでもある。5月3日の白石神社祭礼は、平成一四年、40年ぶりに山車《だし》が復活され、江戸時代より継承されてきた囃子《はやし》とともに今に伝えられている。また江州音頭の流れをくむ賑やかな「熊川音頭」に加え、大正時代に廃《すた》れた「てっせん踊り」が、平成一〇年、80年ぶりに、再び鯖街道を介した京都一乗寺《いちじょうじ》郷土芸能保存会との交流により、見事に復活を果たした。

今に息づく伝統文化とともに、緑の山々を借景とし、前川の流れと街道に展開する人々が住みつづける町並み景観は、重伝建選定とあわせて、「歴史国道」、「水の郷百選」、「平成の名水百選」にも選ばれている。(永江寿夫)

40年ぶりに復活した白石神社祭礼の山車

東御市《とうみし》海野宿《うんのじゅく》［宿場町・養蚕町］

「うだつ」や「海野格子」が特有の伝統的町並み

重要伝統的建造物群保存地区
選定 昭62・4・28

海野宿の表通り。宿の特長である卯建がひときわ目立つ

海野宿は、千曲川《ちくまがわ》右岸に立地している上田《うえだ》城下町の上流域の、千曲川に流入する成沢川《なるさわがわ》と金原川《かなばらがわ》にはさまれた河岸段丘面上にあり、千曲川に最も近い段丘面に立地している。

北国《ほっこく》街道（善光寺街道）がこの町を貫いている。寛永二年（一六二五）に田中宿の補助宿駅として開設され、海野町、本海野村《もとうんのむら》とも呼ばれてきた。寛保二年（一七四二）の大洪水で田中宿が被害を受けてから、本陣が海野宿に移され、伝馬屋敷が59軒、旅籠《はたご》が23軒ある宿場町として賑わいを増していった。

近代になって海野宿を発展させたのは養蚕《ようさん》と蚕種《さんしゅ》（蚕卵紙）の製造であった。この段丘面を千曲川沿いに吹き抜ける清涼な風が養蚕に適していた。町並みの背後には桑畑が一面に広がっていた。養蚕が衰退したあと、アスパラガスやネギやバラなどが桑に代わって生産された。海野宿の背後に広がる農地は、町並みとともに欠かすことのできない貴重な景観である。

◎所在地・長野県東御市本海野
◎交通・しなの鉄道田中駅下車、徒歩20分
◎見所・北国西街道（善光寺街道）の宿場で、宿の東から西に向かって650mの直線の町並みが続く。道路中央に水路が流れる。旅籠に見られる出桁のある町家や、養蚕家屋の越屋根や卯建が随所にある。
◎問合せ先・東御市教育委員会教育課文化財係
☎0268-64-5879

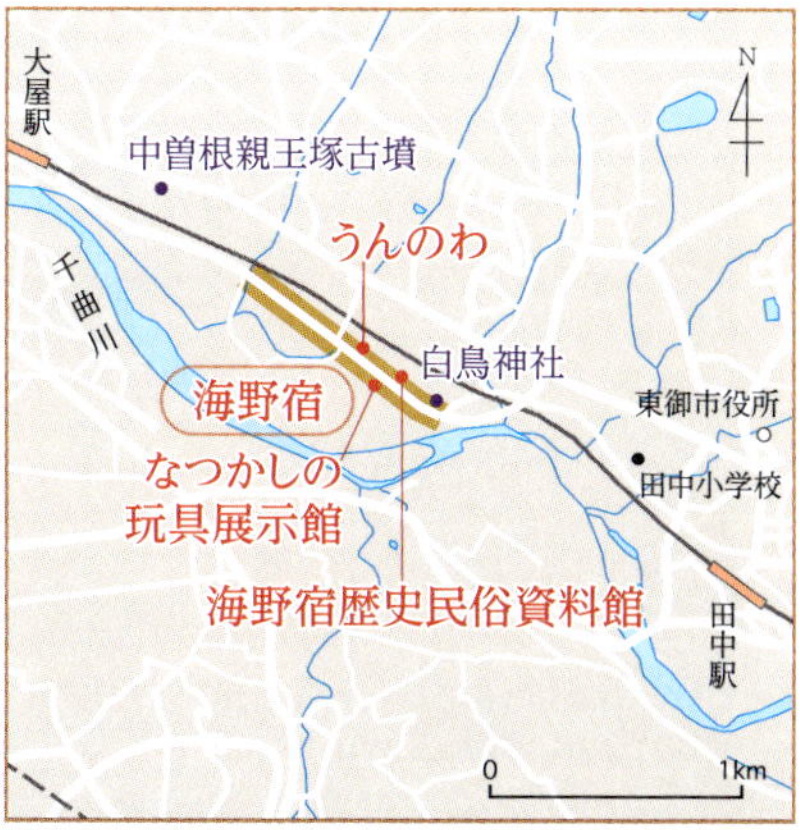

町並みの東端には真田《さなだ》氏の氏神である白鳥《しらとり》神社があり、街道に沿って用水堰が流れ、それに直交して西川が千曲川に流入している。通りに面した町家は、表から、旅籠に散見される出桁《でげた》が見られるほか、長短2本の格子《こうし》を交互に組み入れた「海野格子」、妻壁《つまかべ》が通りに向かって大きく突き出している「うだつ」など、海野宿に特有な近世の姿を見られるほか、屋根の上にある煙出しのための「気抜き」といった近代の養蚕の姿なども見られる。

海野宿は、『民家は生きてきた』を著した建築史家である伊藤鄭爾《いとうていじ》が率いた調査を経て昭和六二年（一九八七）に重要伝統的建造物群保存地区に選定された。この調査では、おもに通りに面した表の町並みが評価され、保存の対象として積極的に整備されてきた。その後、平成二一（二〇〇九）～二二年の見直し調査を経て、裏の土蔵や蚕室や小屋などが保存の対象として追加され、さらに背後の田畑を含めたより広域の景観形成が検討された。

また、文化財建造物の利用と活用を促すため、空き家であった旧大熊《おおくま》邸が平成二六年に滞在型交流施設〝うんのわ〟として再出発した。

このほか、海野宿歴史民俗資料館やなつかしの玩具展示館が公開展示されており、毎年一一月二三日には〝海野宿ふれあい祭〟が行われている。（土本俊和）

「うんのわ」中庭

養蚕用に大棟に煙出を取り付けた町家

表通り「うんのわ」（海野宿滞在型交流施設）前の景観

前庭が続く郷原の町並み。街道から前庭を介して本棟造の主屋が建つ

塩尻市《しおじりし》郷原《ごうばら》〔宿場町〕

柳宗悦も絶賛した本棟造が連坦《れんたん》する街村

郷原は北国脇往還《ほっこくわきおうかん》（善光寺街道）の宿場町で、中山道《なかせんどう》洗馬宿《せばしゅく》から分かれた最初の宿場町である。慶長一九年（一六一四）松本藩主小笠原秀政《おがさわらひでまさ》の出した「郷原町伝馬役定之事」によれば、問屋1軒、伝馬役をつとめる家8軒、ほかに本役の家2軒が指定されて、宿場の機能を果たすべく命令されている。郷原のもとの集落は別の地籍にあったものを宿駅の整備にともない、別の堅石集落とともに現在の場所に移り宿場を形成した。

宿場の形態は、奈良井《ならい》宿のように鍵の手などの屈曲部はなく、整然とした町割がなされている。宿場の区画割の構成としては、南北に走る街道の西側に用水があり、そこから東西にそれぞれ奥行き約40間《けん》の宅地が振り分けられ、宅地の中間部には用水が走る。その奥には農道が通り、さらにその奥に約60間の耕地があり、その中間部には灌漑用水が通り、さらに街道からは約100間奥には農道が配されるものとなっている。町割では、安政五年（一八五八）の大火後に再建さ

◎所在地・長野県塩尻市広丘郷原
◎交通・・JR篠ノ井線広丘駅下車、徒歩30分
◎見所・・連続する前庭を介して主屋が並ぶ様子はほかでは見られない。その主屋も長野県中南信地方を代表する本棟造を交えたものであり、現存する建物は少なくなっているものの郷原らしい街路空間を形成している。
◎問合せ先・塩尻市ブランド観光商工課
☎0263-52-0280

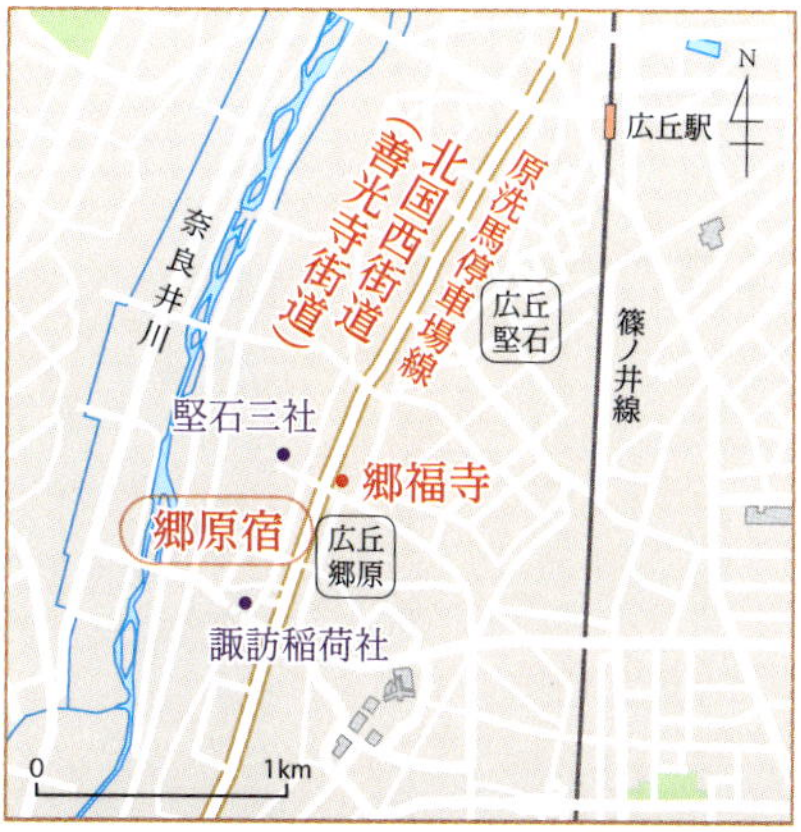

本棟造前庭と家並み。街道沿いには切れ間なく前庭が並ぶ

れた建物の多くが5～6間以上の間口《まぐち》を占めており、奈良井宿などの宿場よりも広い間口をもっている。

　屋敷構えは、街道と主屋の間に前栽があり、主屋、離れ、土蔵などの付属建物が奥に連なる。街道に面する間口が比較的広くゆったりとしたことに加えて、よく手入れされた前庭が連続していることも郷原の特徴である。

　郷原宿の主屋は、横屋と呼ばれる平入《ひらいり》切妻《きりづま》の町家もあるが、妻入《つまいり》切妻の本棟造が街道に面していることに特徴がある。本棟造は長野県中南信地方に特徴的な民家のつくりで、小型のものでも間口が5～6間以上となる大型の民家である。

　主屋が接道する宿場町でありながら、整然とした町割り、比較的広めの間口、前庭の存在などから、独特のゆったりした雰囲気を醸し出している。

　このようななかで、郷原宿の区画割と古井戸が市の史跡に指定されている。建物については質の高いものが多数あるが指定等にはいたっていない。また、郷福《きょうふく》寺《じ》を過ぎ、街道を北に進むとそのまま堅石集落となるが、堅石でも街道沿いに点在する本棟造を見ることができる。

　なお、柳宗悦《やなぎむねよし》が郷原宿の町並みを絶賛した自筆原稿が松本市立博物館に所蔵されている。

　前面道路は自動車の往来が激しく、また歩道に余裕が少ないため見学に際しては十分注意されたい。（石井健郎）

郷原の本棟造。通りに面した主屋は妻入と平入が混在する

塩尻市《しおじりし》奈良井《ならい》〔宿場町〕

奈良井千軒といわれた中山道を代表する宿場町

重要伝統的建造物群保存地区
選定 昭53・5・31

塩尻市は長野県中部にあり、奈良井は市の中心部から約25㎞南にある。中山道《なかせんどう》の宿場町奈良井の成立は、慶長七年（一六〇二）に江戸幕府が五街道のひとつとして中山道を定めたことによる。しかし、それに先立つ武田氏の伝馬《てんま》宿や、古代からの畿内《きない》と東国を結ぶ木曽路の存在からすると、少なくとも室町時代末には近世の中山道の宿場町奈良井に先立つ宿駅集落の存在が想定できる。

整備が進んだ町並みはドラマ撮影にも活用される（上町）

　奈良井宿は江戸から数えて34番目の宿場町で、67宿ある中山道全体のおおよそ中間である。町並みは中山道の難所のひとつである鳥居峠の北麓にあり、旅人の足を止めやすく、「奈良井千軒」といわれ、都市的な場が形成されていた。また、周囲の豊富な山林資源を活用した塗《ぬり》櫛《ぐし》や曲物《まげもの》、漆器といった木工業も盛んであった。

　奈良井宿は、北流する奈良井川の上流方向から上町、中町、下町に区分され、各町境では鉤の手になり街路が食い違い、各町境ごとに沢水を引き込んだ水場がある。町並み両端には鎮《しずめ》、八幡神社が、また町並みの背後には5つの寺が点在する。屋敷構えは、通りに面して間口《まぐち》が狭く奥行きが深い短冊状の敷地割であり、通りに面しては主屋を、奥に中庭を介

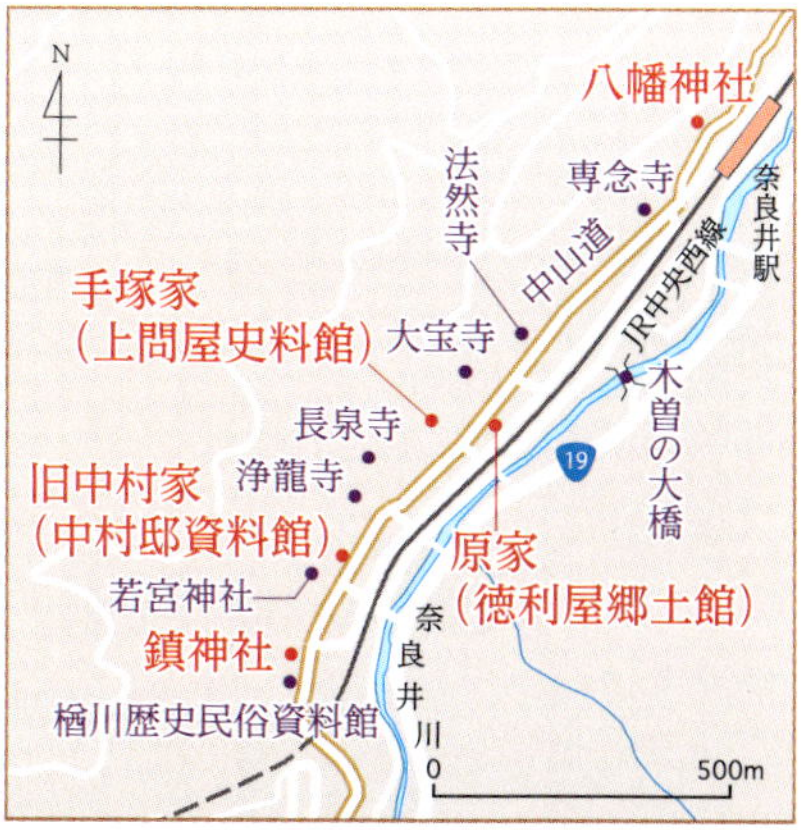

◎所在地・長野県塩尻市奈良井
◎交通・・JR中央西線奈良井駅下車、徒歩1分
◎見所・・現存する中山道の宿場町としては最長の町並み。よく整備された町並みが季節ごとに移ろう木曽谷に映える。1㎞に及ぶ出梁造の町家の家並みが壮観。
◎問合せ先・塩尻市教育委員会生涯学習スポーツ課 ☎0263-52-0280

七夕飾りの奈良井。ゆるやかに屈曲する町並みに竹飾りが揺れる

鎮神社夏の例祭時の町の様子（下町）

奈良井宿中央部。道幅が最も広い（中町）

し、さらに土蔵や離れが連なる構成をもつ。

平入切妻《ひらいりきりづま》鉄板葺きの主屋は出梁造《だしばりづくり》と呼ばれる町家を典型的なものとする。これは、1階よりも2階を約45㎝ほど通り側に持ち出し、柱間装置は1階土間部分を潜戸つきの大戸とし、床上部分は蔀戸《しとみど》とするものを原型とする。2階の出梁部は開放されるか、格子をはめ、2階両端には袖うだつを備える。また、霧除けとして鎧庇《よろいびさし》をもつものもあり、これは奈良井に特徴的な建物意匠といえる。現在では鉄板葺きとなった屋根は、もとは石置きの板葺きであり、板葺き特有の比較的緩い屋根勾配と深い軒の出が、家並み越しに見える木曽谷の稜線と呼応して、独特の雰囲気をかもしだしている。主屋の間取りは片土間型の1列3～4室を標準とするが、内部ではとくに、表から2番目のカッテ上部が吹き抜けとなり、梁組みが露出して内部の見所となる。

家並みが連坦している部分とその背後一帯が、昭和五三年（一九七八）に国の重要伝統的建造物群保存地区に選定され

鳥居峠方面から北に奈良井宿を見下ろすと木曽谷と奈良井川に沿う町並み骨格がよくわかる

た。これ以降現在に至るまで地区内の建物の修理や修景、防災施設整備事業などが継続的に行われている。また、単体の建造物指定文化財としては、手塚家住宅（上問屋史料館、国重文）、原家住宅（徳利屋郷土館、市指定文化財）、旧中村家住宅（中村邸資料館、同）があり、手塚家および旧中村家については公開を行っている。また、寛文四年（一六六四）築の鎮神社本殿（市指定文化財）は塩尻市内最古の建造物である。

　毎年八月一一日と一二日は奈良井の総鎮守である鎮神社の夏の例祭である。ここでは不幸等があった家を除いて、年に一度、通りに面した1階の建具を外し御《み》簾《す》をかけ、各町ごとの揃いの提灯を出す。お祭りの存在が、伝統的な家屋の構造と密接に結びついていることを感じさせてくれる。この祭礼時の設《しつら》えと、翌日には盆提灯の設えに変わる様子は一見に値する。また、毎年二月三日のアイスキャンドル祭では町は幻想的な雰囲気につつまれる。（石井健郎）

南木曽町《なぎそまち》 妻籠宿《つまごしゅく》【宿場町】

集落保存のさきがけ、保存優先の先駆者

重要伝統的建造物群保存地区
選定 昭51・9・4

江戸時代以来営業を続ける旅籠松代屋

妻籠宿は、木曽谷の南端に位置し中山道《なかせんどう》の宿場町として栄えた、江戸から42番目の宿場。関ヶ原の合戦後、徳川家康は五街道の整備を進め、慶長六年（一六〇一）から翌年の中山道整備のなかで妻籠宿が制定された。妻籠宿は在郷からの移住で宿場がつくられた。周囲を1000m級の山に囲まれ、平地のない蘭川の辺にたたずむ2町30間《けん》の小さな宿場であった。宿場は光徳寺《こうとくじ》の門前町である寺下、本陣・脇本陣・問屋を中心に上町・中町・下町・恋野の地区と、橋場・大妻籠・下り谷の在郷地区からなる。徳川幕府の役目が終わったとき、妻籠宿の宿場としての役目も終わり、開発から残されたのである。

明治になって、国道・鉄道が木曽川に沿って開設され宿場としての役目が終わると、木曽谷と伊那《いな》谷を結ぶルートとして人・物の流通経路として栄えたが、伊那谷に鉄道が開設されると衰退の一途をたどり過疎地の限界集落に陥ろうとして

◎所在地・長野県木曽郡南木曽町吾妻
◎交通・・JR中央本線南木曽駅下車、バス7分
◎見所・・妻籠宿は木曽川の支流蘭川に並行して南北に約600mに連なり、江戸時代末期の宿場町が動態保存されている。街道は中山道で、大名や侍、将軍家に降下の姫君が通行した華やかな面をもつ山紫水明、歴史文化の香るロマンの地でもある。脇本陣「奥谷」は総檜造、三階の城郭造で一見すべきところ。集落保存により、宿場保存という名の観光開発に成功したわが国のテーマパーク的な事例である。行政・技術者（学者）・住民の三位一体でスクラムを組み成功した好例。
◎問合せ先・南木曽町教育委員会文化財町並係
☎0264-57-3335

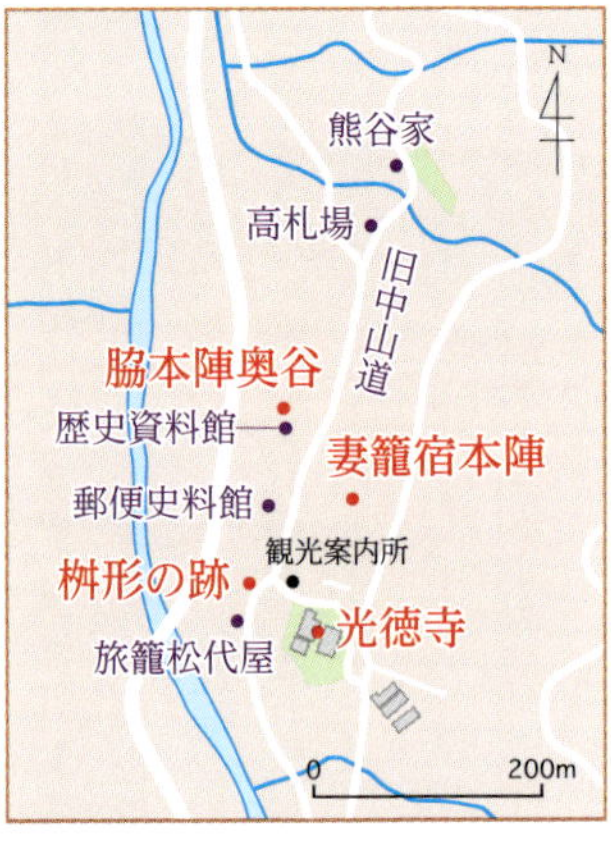

妻籠宿寺下の景観。町並み保存の原点の町並みでもある

いた。

昭和四三年（一九六八）から長野県の明治100年記念事業として妻籠宿保存工事が行われて、当時の面影が現れた。人々が生活をしながら地域の文化・行事も継承していた。妻籠宿の集落保存は、この動態保存がされているからこそ価値がある。

馬籠《まごめ》峠から三留野《みどの》村境の戦沢《せんざわ》までの南北8㎞、東西5㎞の1245・4haの広大な面積が保存の対象にされている。これは、宿場としてのその機能は在郷を含めた地域で成り立っているから在郷も、周囲の景観も宿場であるという考え方からである。

その特徴は「板葺き石置屋根・出梁《だしばり》造《づくり》」と千本格子の家並み」の表現で表される宿場に特化して栄えた庶民の集落であり、豪商や豪農の館などはない。

江戸時代妻籠宿本陣には島崎氏が任命され、明治に至るまで本陣、庄屋を兼ね務めた。島崎藤村の母の生家で次兄の広助が養子に来ている。平成七年

（一九九五）四月に復元された。

脇本陣の奥谷は代々、脇本陣・問屋を務めた家で、現在の建物は明治一二年（一八七九）に建て替えられた。島崎藤村の初恋の相手「ゆふ」の嫁ぎ先でもあり、国の重要文化財に指定されている。伝建地区内の指定物件は200棟余を数える。

住民組織「妻籠を愛する会」は昭和四三年（一九六八）妻籠地区全戸網羅の組織として発足した。「売らない・貸さない・こわさない」をはじめとする住民憲章を制定して、保存優先の考えのもと保存と観光のバランスをとりながら地域住民のセンターとして活動している。組織内の統制委員会は、家屋の修理や構築物の現状変更行為の審査や指導を行いながら、町教育委員会・保存審議会と連携をとり保存活動に注力している。この住民による規制と統制が現在の妻籠宿の姿を示している。それは歴史的文化財と地域社会の利益、自分自身の利益を守りぬいていくことである。

また、妻籠宿最大イベント「文化文政風俗絵巻之行列」や、冬期大学・防火対策や道普請・水普請、景観保全に取り組んでいる。妻籠宿の住民は集落保存の意義を地域のイベント、協働作業により自ら実行し学び、レベルの高い保存事業を行っているのである。

妻籠宿の特徴は宿場と街道の中山道がセットで保存されていることである。中山道ハイキングコースは外国人訪問者に人気で、年間1万人超の欧米人が歩くのを楽しんでいる。彼らの共通の楽しみは、大名や姫君、侍から一般庶民まで多くの人々が歩いた山道を歩き、江戸時代からの宿場と中山道の日本的情緒をたっぷり味わうことである。すばらしい自然景観と歴史の文化に触れられるところが「重伝建妻籠宿」の特色である。「妻籠を愛する会」では環境整備として看板・道標・案内板・洋式トイレ・熊よけの鐘の設置をして、おもてなしにも配慮している。（藤原義則）

板葺き石置屋根の葺替え風景。江戸期の町家は大半が石置屋根だった

集落内を練り歩く花嫁。毎年、11月23日に催行される「文化文政風俗絵巻之行列」

馬籠宿入口。桝形から水車小屋と石畳道を見る

馬籠宿中心部の本陣跡・藤村記念館方面を望む

中津川市《なかつがわし》馬籠《まごめ》〔宿場町〕

山の中腹にできた坂の宿場と『夜明け前』の舞台

馬籠宿は江戸から43番目の宿場で木曽路の下4宿（野尻《のじり》・三留野《みどの》・妻籠《つまご》・馬籠）の最南端にあたる。中山道《なかせんどう》は、山の尾根に沿った急斜面を通っていて、街道に沿って民家は石垣を築き、その上に屋敷をつくる形式であるので「坂のある宿場」となっている。街道に面した家並みは密着していた。宿場の規模も小規模であった。

江戸時代から大正時代に幾度も大きな火災にあい、江戸時代の建物は消失して、江戸期の人家を見ることはできないが、江戸時代の「密着宿場」型で再現されている。明治になり国道と国鉄（JR）中央線が木曽川沿いに開設されたため、中山道の宿場はそのまま残された。

文豪島崎藤村の生家が本陣であったが、現在は火災を免れた隠居所だけが現存している。昭和三〇年代から藤村記念堂、記念文庫、隠居所をまとめて藤村記念館といい、この記念館を中心に、馬籠宿が観光地として発展し現在に至っている。（藤原義則）

◎所在地・岐阜県中津川市馬籠
◎交通・・JR中央本線中津川駅下車、バス30分
◎見所・・文豪島崎藤村の生家は本陣であったが現在はなく、「藤村記念館」として多くの資料を展示している。大黒屋、永昌寺、清水屋資料館等島崎藤村の小説「夜明け前」に関する資料をめぐる散策も面白い。
◎問合せ先・中津川市観光課
☎0573-66-1111（内線4273）

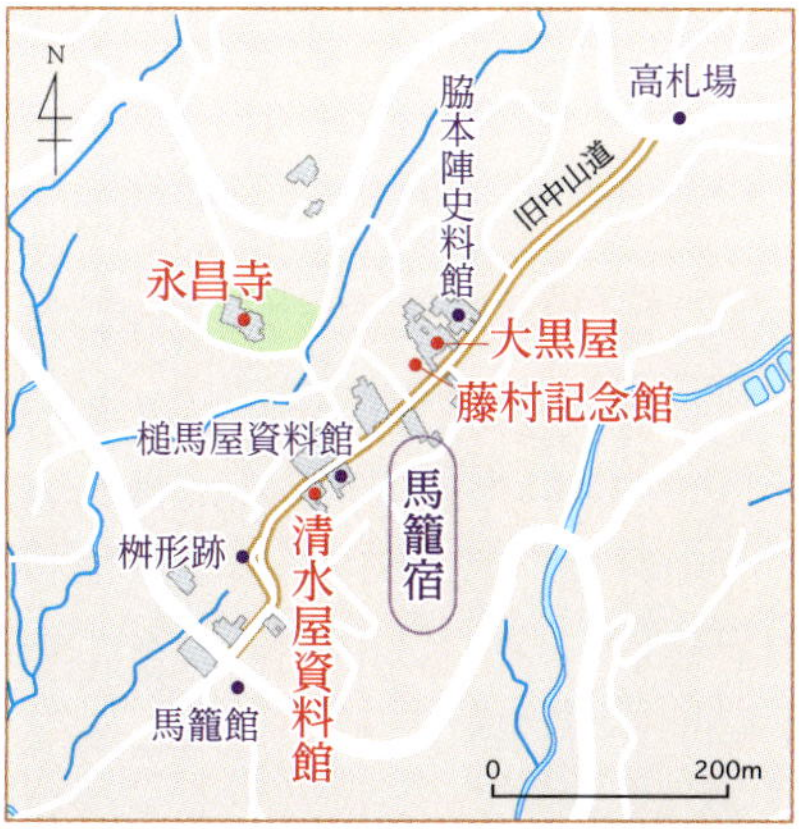

各務原市《かがみはらし》 鵜沼宿《うぬましゅく》【宿場町】

中山道沿いに旧旅籠や酒蔵が並び、整備が進む

岐阜県各務原市は岐阜県の南部にあり、濃尾平野の北部に位置する。南端を東西に流れる木曽川を介して愛知県と接する。

鵜沼宿は各務原市の南東部にあり、中山道の江戸から52番目の宿場で、隣の美濃太田宿とは2里（約8㎞）の位置にある。記録によると東西7町半8間《けん》（約839m）で、天保年間には家数が68軒で、旅籠が25軒、その他茶屋、商家、大工等があり、人口は246人であった。

復元された鵜沼宿脇本陣。脇に二宮神社への参道の石階段がある

鵜沼宿には幕末頃の全長10mにも及ぶ「中山道美濃各務郡鵜沼宿家並図」が伝えられており、家々の所有者や間取り、設備等が詳しく描かれている。鵜沼宿本陣櫻井《さくらい》家は鵜沼宿のほぼ中央、街道の北側にあり、その西側に脇本陣坂井家、さらにその西側に二ノ宮社が続く。

脇本陣は明治以降もその姿をとどめていたが、明治二四年（一八九一）の濃尾地震により倒壊した。近年、上記の家並絵図の詳細な平面図と美濃太田宿の脇本陣林家等を参考に新築復元された。つし二階で、両端に卯建《うだつ》を上げた広い間口の主屋、門、付属屋に庭園も含めて再現され、見学、展示、コンサート等に活用されている。本陣の東側に隣接する武藤家は江戸時代、絹屋の屋号で旅籠を営んでいたが、濃尾地震により倒壊し、その後

◎所在地・岐阜県各務原市鵜沼西町
◎交通・・名鉄鵜沼宿駅から徒歩約15分、JR鵜沼駅から徒歩約20分
◎見所・・「中山道鵜沼宿脇本陣」は平成二二年に新築復元され、公開中。旧武藤家は「中山道鵜沼宿町屋館」として公開。街道沿いの南側に復元した水路が見られる。
◎問合せ先・各務原市観光協会 ☎058-383-1111

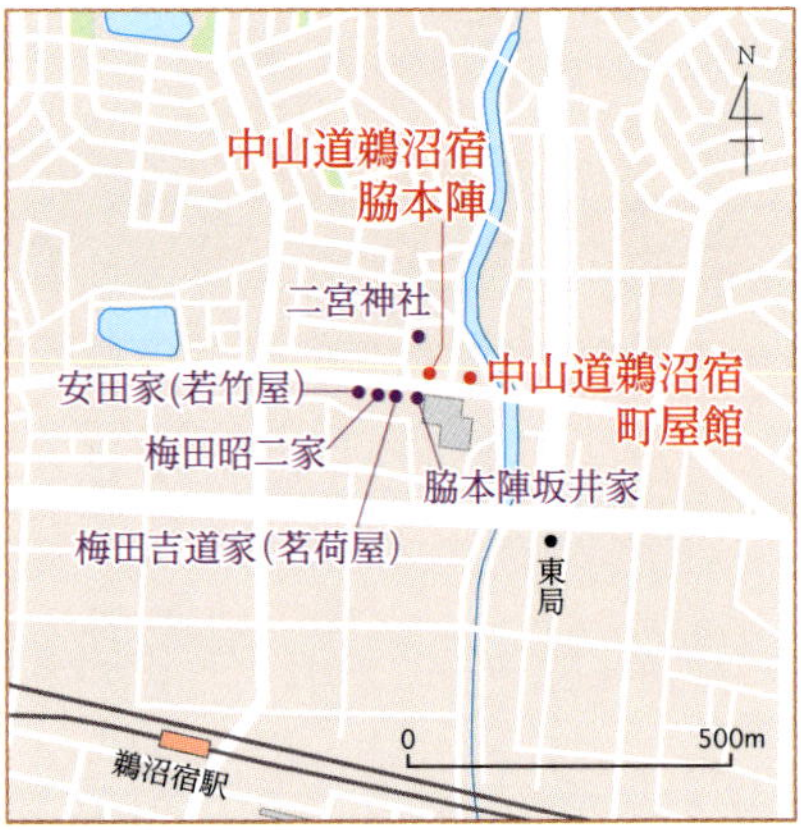

鵜沼宿の町並み。歴史的建造物の修理と公開・活用が進められている

再建された。現在の主屋は明治後半に再建された木造つし二階建て、平入《ひらいり》、入母《いりも》屋造《やづくり》で、離れは大正期の建物である。これらは古い町家の特色をよく残しており、修復整備されて「中山道鵜沼宿町屋館」として公開されている。また、その付属屋は市の歴史民俗資料館等として活用されている。

旧街道の南側にも歴史を伝える町並みが続いている。本陣と対面する位置には江戸時代には河内屋という旅籠があったが、明治以降酒造業を営むようになり、明治初期から大正頃の豆蔵、本蔵、倉庫が残っている。また、昭和五年（一九三〇）頃の安田家（旧旅籠、若竹屋）、明治元年の梅田昭二家、江戸後期の梅田吉道家（旧旅籠、茗荷《みょうが》屋）等が並んでいる。これらの建造物の街道沿いにはかつての防火用の水路が再現されている。

鵜沼宿は各務原市の都市景観条例により「重点風景地区」に指定され、宿場町としての歴史的まち並みの再生をテーマに整備が進められている。（苅谷勇雅）

旧武藤家住宅。「中山道鵜沼宿町屋館」として公開

連続する家並みと復元された水路

美濃加茂市《みのかもし》 太田宿《おおたじゅく》〔宿場町〕

中山道沿いに旧旅籠等が点在、脇本陣は重文

岐阜県美濃加茂市は濃尾平野が山並みに接する位置にあり、南部の可児市との境には木曽川が東から西に流れており、中世から木曽川運材の中継地点となるなど交通の要衝であった。太田宿は中山道の江戸から51番目の宿で、その前の伏見宿（可児郡御嵩町）との間は中山道の三大難所のひとつの「太田の渡し」で、木曽川を渡る必要があった。太田は江戸後期には尾張藩の太田代官所も置かれるなど、政治的にも重要な地位を占めた。

旧太田脇本陣林家住宅の土間部分。黒光りする梁組の下に大きなカマドが見える

　太田宿は現在の太田本町1丁目から3丁目にかけての地域で、木曽川堤にほぼ平行に東西に延びている。宿内の敷地割は中山道沿いの間口《まぐち》を狭く、奥方向に長いほぼ短冊形の敷地割を基本としている。太田宿の本陣は表間口21間《けん》の大規模なものであった。すでに建物は失われているが、文久元年（一八六一）、皇女和《かずの》宮《みや》が第一四代将軍徳川家茂《いえもち》に嫁ぐため江戸に向かうときに新築された東門（市指定文化財）が街道沿いに残り、当時の本陣をしのばせる。

　重要文化財に指定されている林家住宅は、江戸中期に初代市左衛門が現在地に屋敷を構えて以来、太田宿の脇本陣を務め、また太田村の庄屋であるとともに質屋や味噌・醤油の販売を営んだ旧家である。街道に面して主屋、表門、隠

◎所在地・岐阜県美濃加茂市太田町
◎交通・・JR高山本線美濃太田駅下車、徒歩10分
◎見所・・旧太田脇本陣林家住宅（重要文化財）。ただし非公開。隣接して太田宿の歴史と文化を紹介する「太田宿中山道会館」がある。桝形近くに元旅籠の吉田家住宅がある（公開）。
◎問合せ先・太田宿中山道会館
☎0574-23-2200

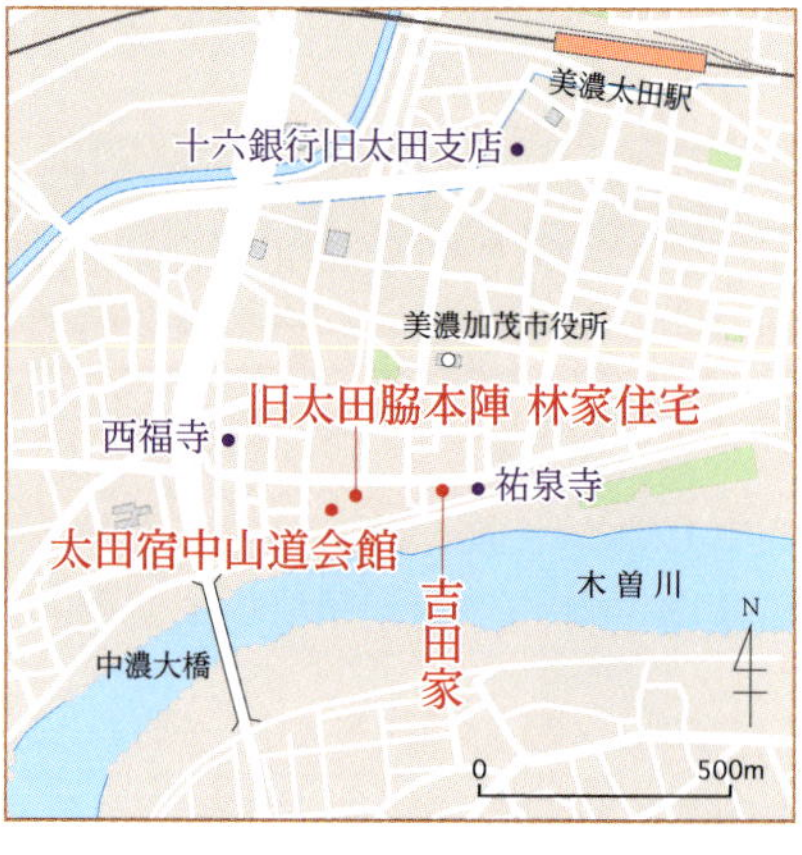

旧太田脇本陣林家住宅。街道に沿って主屋、表門、隠居屋が並ぶ

居家、塀が並び、後方に大きな質蔵、借物蔵、井戸屋等がある。主屋の居室部は明和六年（一七六九）、座敷部は安永二年（一七七三）、隠居屋は文政十二年（一八二九）に建てられた。主屋、隠居屋の外観は重厚な格子戸と連子窓《れんじ》、両妻側の本うだつが特徴的であり、表門とともに脇本陣を兼ねた大規模商家の屋敷構えを良好に伝えている。

　林家住宅から西方に向かっては、酒造家や宿場町の面影を感じさせる伝統的な建物が続き、街道は祐泉寺《ゆうせんじ》のところで桝《ます》形《がた》状に屈曲する。その手前、街道北側に位置する吉田家住宅（旧小松屋）は江戸時代には伊勢参りの旅籠を営んでいた。主屋は江戸時代末期の建築とされる。その後は煙草《たばこ》屋等他の用途に利用され、改修もされたが、基本的には伝統的な要素を残し、現在の太田宿のなかで最も整った外観を示すものである。現在は休憩所、案内所として整備公開されている。

　このほか、街道の南側には、明治初期建築とされる、つし二階に本うだつを掲げる町家、明治四四年（一九一一）に建築された寄棟《よせむね》蔵造風の十六銀行旧太田支店等がある。（苅谷勇雅）

旧太田宿本陣の東門。和宮降嫁の折、新築されたという

吉田家住宅（旧小松屋）は江戸時代末の建築で、旅籠を営んでいた（公開）

島田市《しまだし》島田河原《しまだかわら》【宿場町】

農家として生活の場ともなった川越し遺跡

川会所の番宿。街道沿いの水路は農業用水、生活用水としても重要であった。かつてはここで米を研いだという

十番宿の現在。番宿は川越人足の集合場所だった

慶長六年（一六〇一）、東海道に宿駅制度が定められたが、幕府は大井川に架橋しなかったので、徒歩《かち》渡《わた》しとなった。川《かわ》越《ご》し業務は川庄屋《かわしょうや》によって取り仕切られ、川会所《かわかいしょ》で番宿《ばんやど》に詰めている人足の手配などを行った。明治三年（一八七〇）、制度は廃止されたが、川会所は、市内を転々と移築・転用しながら、昭和四六年（一九七一）にもとの場所に戻ってきた。番宿は一番から十番宿のうち二、三、六、十番宿が、そのほか仲間の宿、橋本屋、取口屋、荷縄屋などが復元・整備された。川越し人足の施設が保存されているわが国唯一の場所である。

町並みは、切妻《きりづま》・平入《ひらいり》・平屋建て桟瓦葺きの建物が連続する一方、内部の空間構成は田の字型プランを基本にしている。明治以降に敷地を拡大し、門を構えた旧桜井家（現島田市博物館分館）は、農家型から展開した格調高い和風の伝統的外観で、川越し遺跡のなかに魅力的な景観をつくりだしている。（塩見　寛）

◎所在地・静岡県島田市河原

◎交通・・JR東海道本線島田駅からバス金谷駅行きで向島西下車、徒歩10分

◎見所・・「箱根八里は馬でも越すが、越すに越されぬ大井川」と謡われ、川越し人足が詰めた番宿や川会所などが残るわが国唯一の遺跡。明治以降、農家から発展した旧桜井家など、魅力ある町並みを形成している。

◎問合せ先・島田市博物館

☎0547-37-1000

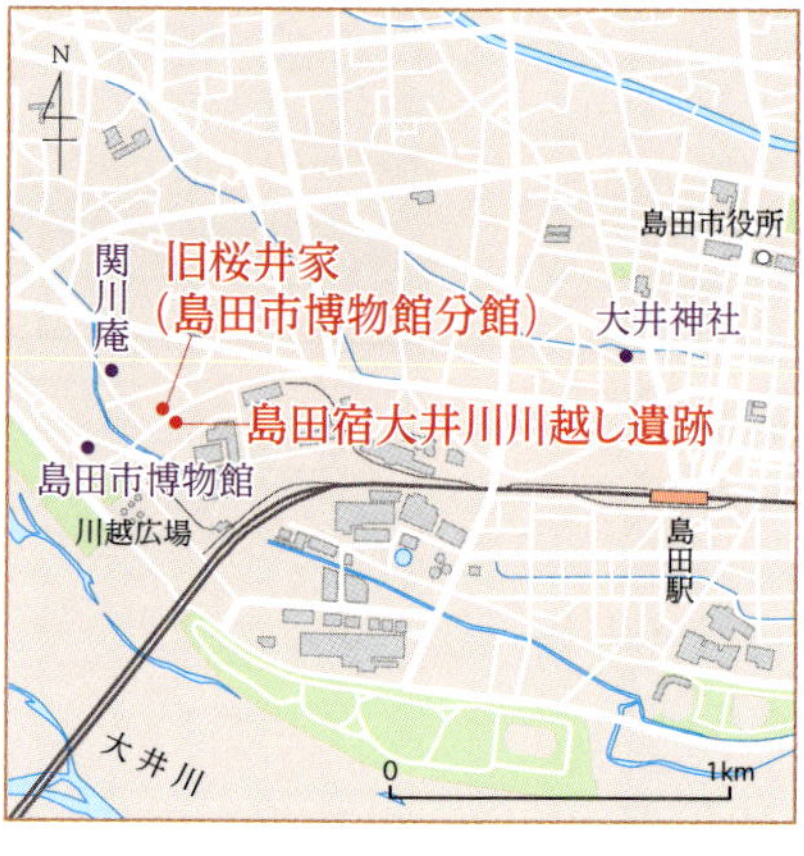

亀山市《かめやまし》関宿《せきじゅく》〔宿場町〕

生活感漂う町並み保存地区

重要伝統的建造物群保存地区
選定 昭59・12・10

東西約1.8㎞ある関宿全景

関宿は、三重県の北部亀山市にある、東海道五十三次の江戸から数えて47番目の宿である。江戸時代、江戸と京とを結んだ東海道五十三次は、三重県(伊勢国)では県北部を鈴鹿《すずか》山脈に沿って縦貫し、鈴鹿峠を越えて滋賀県(近江国)に至る。関宿は鈴鹿峠を控え、東海道から大和・伊賀街道、伊勢別街道(参宮街道)が分岐することから、東西交通の結節点として栄えた。

現在の町並みの基礎が築かれたのは天正一一年(一五八三)頃とされており、慶長六年(一六〇一)の宿駅制により東海道の宿に定められた。当時の関宿は「関地蔵」と呼ばれ、現在も町並みの中心部にある地蔵院門前の小集落であったと考えられるが、一七世紀後半にはその東西にあたる木崎・新所が整備され、現在の集落の規模にまで発展した。

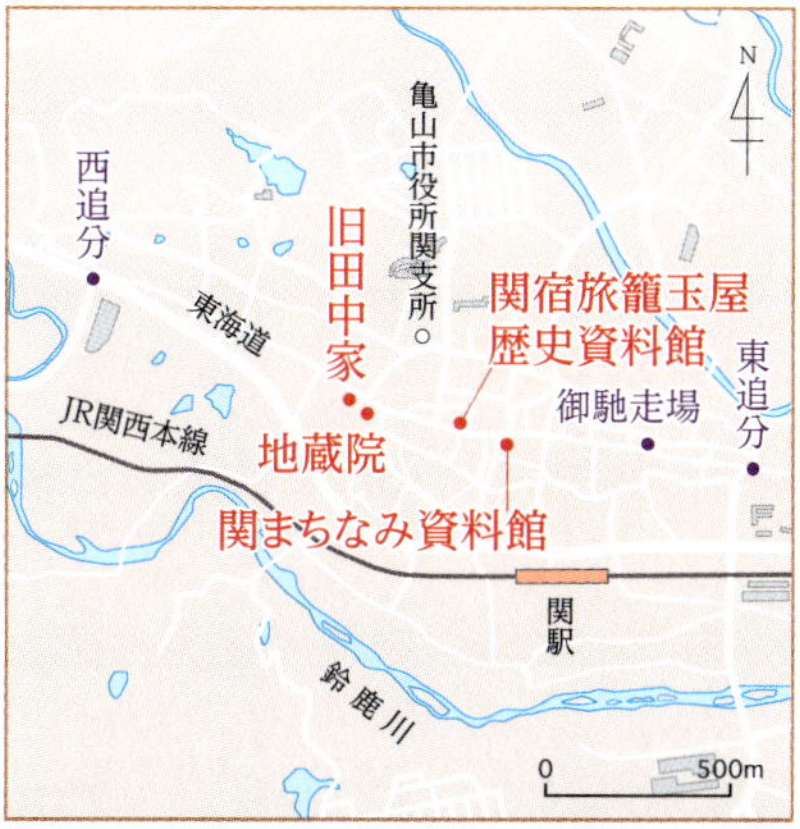

◎所在地・三重県亀山市関町木崎、中町、新所
◎交通・・JR関西本線関駅下車、徒歩10分
◎見所・・東海道では唯一、重要伝統的建造物群保存地区に選定されている。
◎問合せ先・亀山市まちなみ文化財室
☎0595-96-1218

関宿の町並み保存地区は、江戸時代宿場であった範囲、東西約1・8㎞、面積25haに及ぶ。地区内は、街道沿いの木崎・中町・新所と、中町の北側の北裏の4地区に分かれる。中町は本陣・脇本陣、多くの旅籠《はたご》があった宿の中心で、規模の大きな伝統的建造物が集中してい

宿場の中心部、中町の景観。街道の突き当たりが地蔵院

る。中町の街道越しに西を見ると、正面に地蔵院本堂を望むことができる。宿の成り立ちを示す特徴的な景観である。木崎・新所は、まっすぐな街道の両側に中小規模の伝統的建造物が並ぶが、中町と比べると静かなたたずまいである。北裏には社寺が並び寺町を成している。

保存地区内の主要な街路である東海道に面した建造物約４００棟のうち、２００棟余りが江戸時代から明治時代にかけて建築された伝統的建造物である。関宿の東海道に面する伝統的建造物は、切妻平入《きりづまひらいり》、桟瓦葺きで、２階が低い厨子《つし》二階建てである。平面形式は、１階の中央より東側に出入口をとり、上手《かみて》（西側）にミセ・座敷を、下手《しもて》（東側）に土間・シモミセをとる。土間は表から裏まで通じる通り土間で、上手の居室も３から４室が土間に並行して１列ないし２列に並ぶ。また、２階は街道に面した前面間口《まぐち》いっぱいに居室または板間が配置される。

１階の前面意匠は、江戸時代にさかのぼる伝統的建造物のほとんどは摺《す》り上げ

多くの旅籠があった中町の景観

関宿西側の新所地区の景観

毎年7月下旬に執り行われる祇園夏まつり

戸であった。摺り上げ戸は、板戸を柱につけた溝に沿って上げ下げする形式の建具である。しかし明治時代中期以降、格《こう》子戸《しど》が取り付けられるようになり、町並み保存による整備も含めて現在は格子戸が支配的である。2階は、木部を表しとした真壁《しんかべ》のものと、漆喰《しっくい》で塗り籠めた大壁のものとに二分される。真壁のものは、軒が梁《はり》または腕木《うでぎ》を前方に突き出しその先端に桁《けた》をのせる「出桁造《でげたづくり》」で、両袖に隣家からの類焼を防ぐためとされる袖壁《そでかべ》がつく。袖壁は看板の役割も果たしており、屋号などが墨で記されているものもある。大壁のものは全面を漆喰壁とし、軒裏まで塗り籠めるため軒の出は小さい。開口部は漆喰で塗り籠めた竪格子《たて》の「虫籠窓《むしこまど》」である。

1・2階境の庇は出桁造で、厚板を並べた板庇や、垂木《たるき》を組み瓦をのせた瓦庇である。2階の高さは建築年代により高低があって不揃いであるが、1・2階の境の庇の高さを揃えることで町並みの連続性が確保されている。真壁のものの典型は、江戸末期の建築とされる「旧田中家住宅」(市指定有形文化財、内部非公開)主屋であり、大壁のものの典型は慶応元年建築の「旅籠玉屋」(市指定有形文化財、関宿旅籠玉屋歴史資料館として公開)主屋である。

関宿は、昭和五九年(一九八四)一二月、重要伝統的建造物群保存地区に選定され、選定後30年を経過した。関宿の町並み保存は「生活をしながらの保存」がテーマとされ、文化財である歴史的な町並みと住民の生活との両立がめざされてきた。東海道五十三次の宿場では唯一という歴史性とともに、人々の暮らしに裏づけられた生活感がその特徴である。

(嶋村明彦)

切妻妻入形式の町家が建ち並ぶ中心部

切妻妻入形式の町家の正面

松阪市《まつざかし》市場庄《いちばのしょう》【街道集落】

手入れの行き届いた格子戸が心地いい

市場庄は松阪市北部にある延長約1・3㎞ほどの町並みである。

伊勢神宮に向かって伊勢湾西岸を南下する伊勢街道沿いの、城下町でもあった津、松阪（松坂）のほぼ中間に位置し、伊勢参宮の旅人を相手に土産物、雑貨などを商っていた。

街道に沿った町家は、棟を街道に直行させ、妻となる街道側に主要な出入口を設ける切妻妻入《つまいり》形式である。三重県における妻入の町家は伊勢市を中心に分布しており、松阪市では平入が支配的である。

この市場庄周辺でも隣接する6軒（松阪市）平入であり、孤立した妻入町屋の分布そのものが特徴的である。さらに、街道に面した敷地間口が大きく、妻入の主屋に加え、土蔵、納屋、門などが街道に面して並び、リズム感のある町並みが形成されている。

その背景には、伊勢街道に沿って町場へと発展したことともに、屋敷裏に田園が広がる豊かな農村であったことがあると思われる。（嶋村明彦）

◎所在地・三重県松阪市市場庄町
◎交通・・JR紀勢本線六軒駅下車、徒歩15分
◎見所・・みやげ物や雑貨などを商った通りに面して、妻入・連子格子の町家や蔵が建ち並び当時の繁栄を感じさせる。
◎問合せ先・松阪市商工観光課
☎0598-53-4361

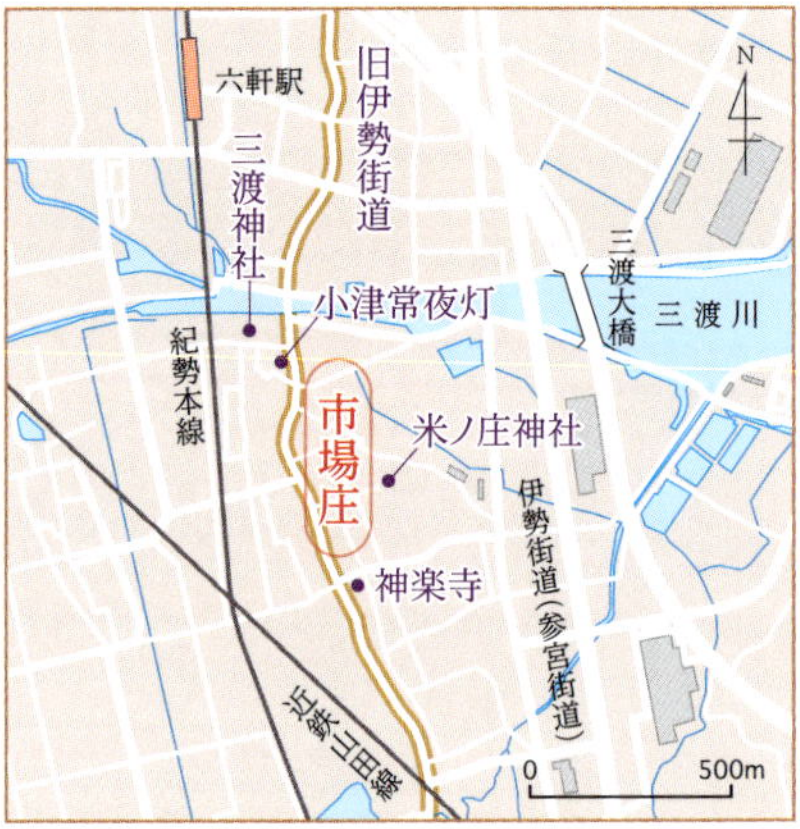

米原市《まいばらし》柏原《かしわばら》〔宿場町〕

かつては長さ1・5kmもあった中山道の大規模な宿場町

柏原宿の中心部。右が「亀屋佐京」、左が「造り酒屋跡」

成菩提院山門

柏原は、中山道《なかせんどう》を東の美濃路（岐阜県）から県境を越え、近江路（滋賀県）に入ってはじめての宿場町である。まちは長く緩やかにカーブしながら約1・6km続き、現在は600戸余りの集落がある。

かつて、まちの特産品は伊吹艾《いぶきもぐさ》であった。往時は十数軒ほどあった艾屋は、今はまちの中央部にある「亀屋佐京（伊吹堂）」1軒のみである。広重の「木曽街道六拾九次」柏原宿はこの家を描いたもので、往時のままの外観をとどめている。絵のなかに描かれている福助人形（等身大）は、店舗内に現在も鎮座し、創業以来街道を行き交う人を見つづけている。また、家屋に隣接する庭園も見事である。

江戸時代に建築されて残る家は数件で、明治から昭和の時代に建てられた伝統的な木造住宅が軒を連ね、素朴な家並みを形成している。町並みは平成一五年（二〇〇三）から始まった街なみ環境整備事業によって、道路、公園、住宅が修景されたことで統一感が生まれ、整然とした美しいまちになっている。（島田廣巳）

◎所在地・滋賀県米原市柏原
◎交通・・JR東海道本線柏原駅下車、徒歩5分
◎見所・・伊吹艾を商う伊吹堂亀屋佐京商店。昔の民家を改造した施設の柏原宿歴史館。最澄の開基と伝えられる古刹・成菩提院。
◎問合せ先・柏原宿歴史館
☎0749-57-8020

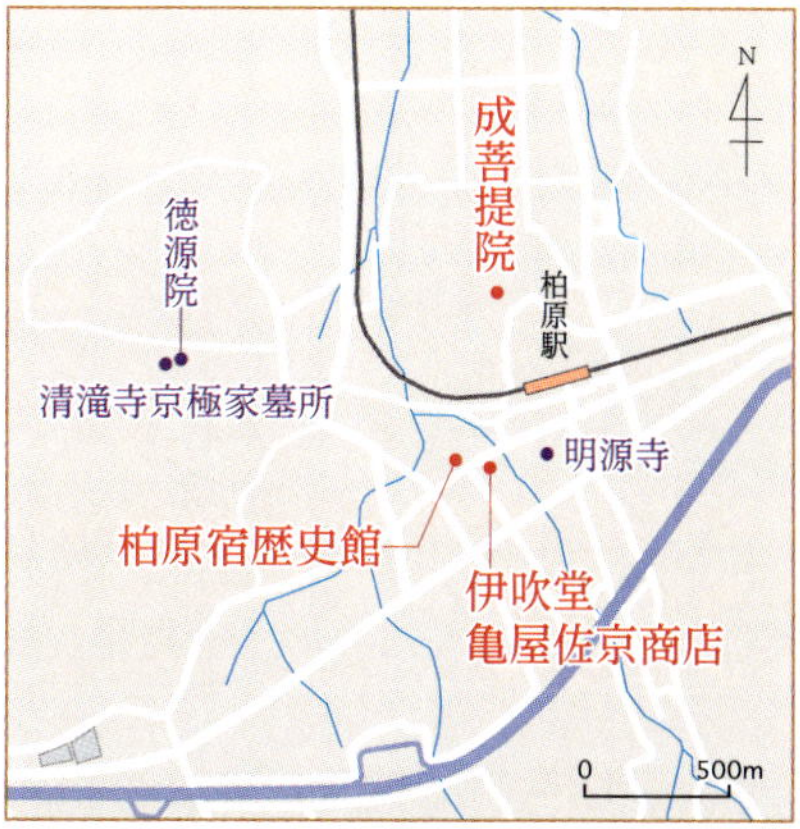

街道沿いを湧水が流れる宿の中心部

米原市《まいばらし》醒井《さめがい》〔宿場町〕

清冽な湧水「居醒の清水」の流れる宿場町

醒井は中山道の61番目の宿場町である。その歴史は古く、古代・中世の街道もこのあたりを通っていたと考えられる。それは豊富な湧水があり、旅人の休憩場所となっていたからである。

その湧水のなかで居醒《いさめ》の清水、西行《さいぎょう》水《すい》、十王水《じゅうおうすい》は三水と呼ばれ、なかでも居醒の清水は日本武尊が伊吹山の荒ぶる神の毒気を受けたときに飲んで正気を取り戻したという伝説がある。その湧水からの清冽な流れは地蔵川となり、宿場の片側を幅2mで流れている。こうした景観は全国的にも例がなく、醒井宿の大きな特徴となっている。醒井宿では問屋が常時7～10軒もあった。そのうちの1軒は解体修理が施され、公開されている。また、近代の建物だが、ヴォーリズの設計した郵便局が醒井宿資料館として活用されている。（中井　均）

◎所在地・滋賀県米原市醒井
◎交通・・JR東海道線醒井駅下車、徒歩5分
◎見所・・宿場の中央に湧く居醒の清水は、日本武尊が伊吹の神に敗れたときに飲んで目を醒ましたと伝える名水である。この湧水を源流とする地蔵川が宿場の片側を流れている。
◎問合せ先・米原市教育委員会歴史文化財保護課 ☎0749-55-4552

唯一残る醒井問屋場

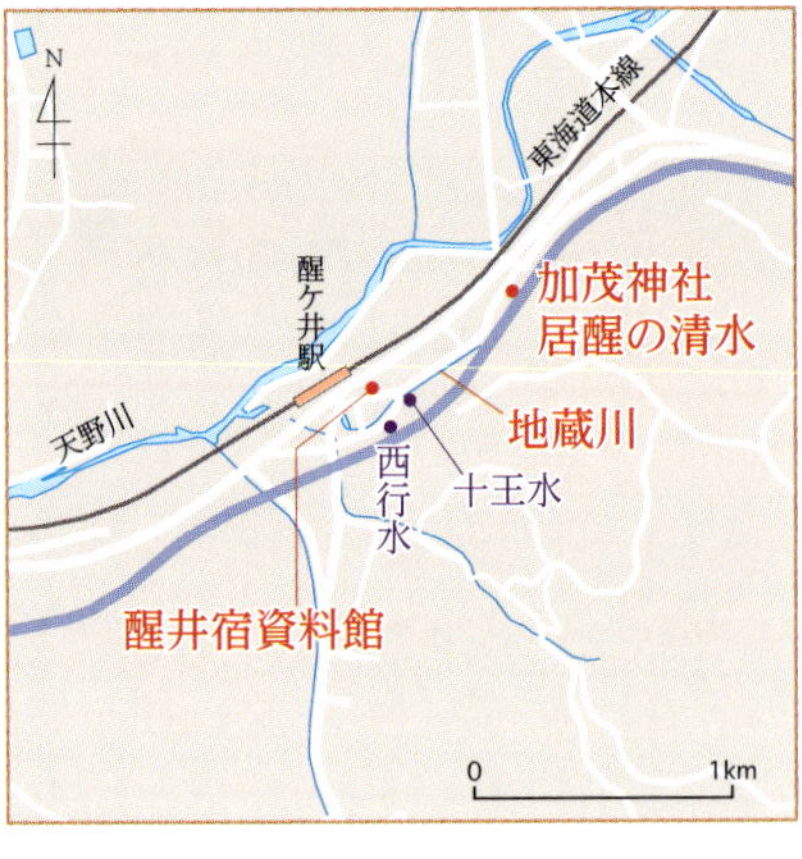

中山道と彦根道。中山道から分岐する彦根道。角に道標が建つ

彦根市《ひこねし》鳥居本宿《とりいもとしゅく》〔宿場町〕

朝鮮人街道、北国街道が分岐する交通の要衝として繁栄

近江の中山道《なかせんどう》は、古代律令《りつりょう》制《せい》下に整備された東山道《とうさんどう》のルートをほぼ踏襲している。井伊《いい》氏が居城を中山道沿いの佐和《さわ》山《やま》城から琵琶湖近くの彦根城に移したことにより、彦根の城下に向かうには中山道から分岐した彦根道を利用してきた。この分岐点には、文政一〇年（一八二七）の道標（市指定文化財）が今も建ち、「右彦根道」、「左中山道京いせ」と刻まれている。

直線的に北上してきた中山道は鳥居本宿の北端に近いところで急に東に曲がる。その突き当たりに建つひときわ大きな民家が有川家住宅（重要文化財）である。宝暦九年（一七五九）建築と伝えられている主屋は、桁行《けたゆき》14・9m、梁行《はりゆき》17・9mを測る。入母屋《いりもや》瓦葺きの大屋根には表側だけで6本もの下り棟がつく。この堂々たる造りは、約9・1mの棟高とともにこの一角に一種の威圧感を放っている。

主屋には江戸時代の防火扉である土戸《つちど》が残る。土戸は、端の土戸置き場に雨戸のように納められている。軒下の地面に

◎所在地・滋賀県彦根市鳥居本町

◎交通・・近江鉄道本線鳥居本駅下車、徒歩約5分

◎見所・・江戸期の町家が点在している。空き家も目立つが、活用している町家も多く、一見の価値がある。本陣は解体されているが、その跡地にはヴォーリズの設計による住宅が建つ。

◎問合せ先・彦根市文化財課 ☎0749-26-5833

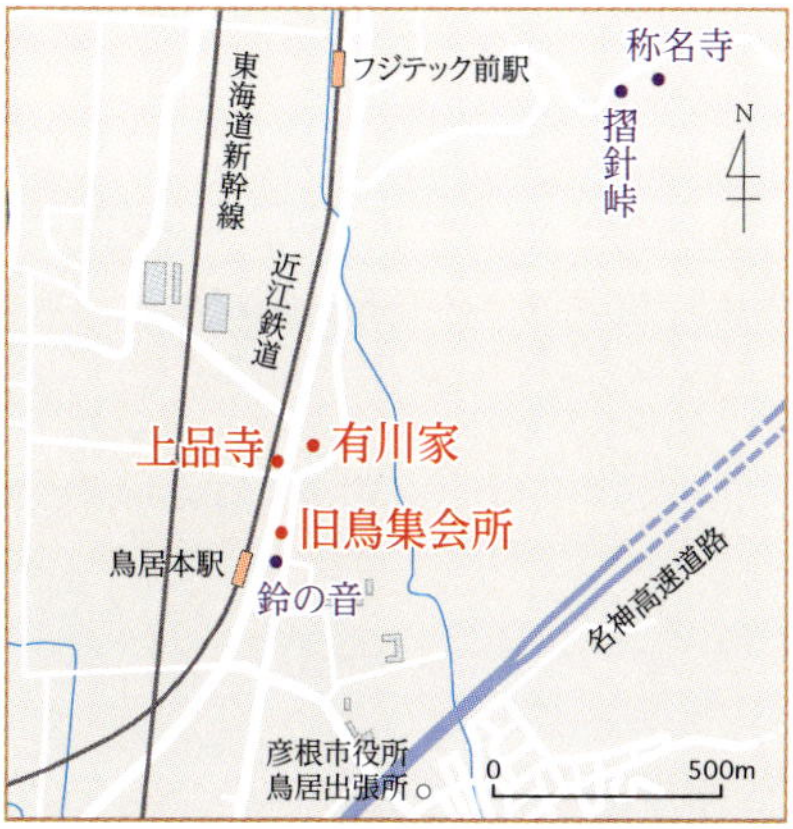

有川家住宅。東に折れ曲がる中山道の突き当たりに威容を誇る

は花崗岩製の一本溝の敷居が、軒裏には土戸の上端を支える溝が残っている。主屋に向かって右側には、賓客用の薬医門《やくいもん》と築地塀《ついじべい》が続く。奥には式台を備え、上段の間をもつ書院が建つ。

有川家住宅の少し東に茅葺き妻入《つまいり》の民家が残る。鳥居本宿の縁辺部では妻入の民家が主流であり、昭和二〇年代でも茅葺き妻入の民家が連担して残っていた。有川家住宅から少し南に下がると、切妻《きりづま》造《づくり》瓦葺き妻入の建物が建つ。前面には奥行き半間の庇《ひさし》がつき、妻壁の三角形と水平に連なる庇が妻入町家独特の外観を構成している。江戸時代には米屋という旅《はた》籠《ご》であり、現在は旧鳥集会所と呼ばれ、地元の集会施設として活用されている。

旧鳥集会所のさらに南には、切妻造瓦葺き平入の江戸時代の旅籠を改装してデイサービスセンターとして活用している「鈴の音」がある。中山道に面した部分はほとんど改装せず伝統的な雰囲気をよく残している。（濱崎一志）

茅葺き妻入の町家。鳥居本宿に残る唯一の茅葺き屋根の町家。棟飾りが特徴的

京福電鉄鞍馬駅。入母屋形式の和風屋根が趣を感じさせる。木造平屋建。昭和4年

京都市《きょうとし》鞍馬《くらま》〔街道集落〕

鞍馬の火祭りを支える街道沿いの重厚な集落

義経伝説と火祭りで名高い鞍馬は京都の中心市街地から西北約12㎞の鞍馬山の谷間を、鞍馬川に沿って南北にのびる戸数150戸ほどの集落である。

八世紀の末、鞍馬川を見下ろす山上に鞍馬寺が創建された頃には集落らしきものがあったようだ。また伝承によれば、由岐《ゆき》神社が御所より現在地の鞍馬山山麓に移された天慶三年（九四〇）には社家20数戸が鞍馬に移り住んだという。藤原時代に入り、浄土信仰が盛んになってくると鞍馬は大原や八瀬《やせ》とともに「洛北浄土」と意識され、貴賤を問わず多くの信者が鞍馬寺を訪れるようになり、門前は大いに賑わった。また、鞍馬一帯が深山の趣をもった神秘的な地域として、たぎり流れる谷川や春の桜、秋の紅葉など風光に恵まれた地域として注目され、『枕草子』や『源氏物語』など多くの平安文学に取り上げられた。

鞍馬は都と丹波や若狭地方を結ぶ要衝にあり、若狭の魚、花脊《はなせ》や久多《くた》の木材、芝、薪炭などが鞍馬を通って京へ運ばれ、また都の品々が奥地へ運ばれていっ

◎所在地・京都府京都市左京区鞍馬
◎交通・京福電鉄鞍馬線鞍馬駅下車、すぐ
◎見所・瀧澤家住宅（重文）、鞍馬寺、由岐神社。毎年一〇月二二日に夜空をこがす大小の松明が繰り出す鞍馬の火祭りが開催される。
◎問合せ先・京都市観光協会 ☎075-752-7070

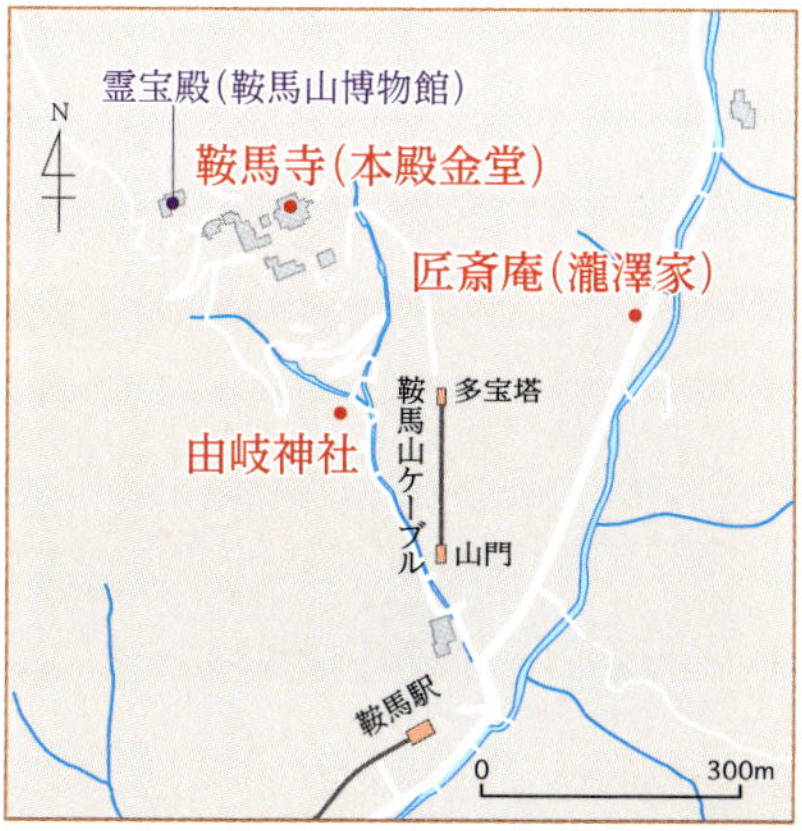

た。こうして鞍馬は鞍馬寺の門前集落と薪炭などの中継集落という2つの性格をあわせもつ商業集落として発展していった。近世の鞍馬は信仰で結ばれた七組仲間の団結のもと、各地に鞍馬講が組織され、多くの人々が鞍馬寺参詣に集まった。これに加えて薪炭や鞍馬石、木芽煮などの特産品も都の人々に珍重されるようになり、鞍馬は「船のない港」といわれるほどの繁栄を示した。明治以降も鞍馬の薪炭販売は盛んに続いた。これに加えて鞍馬川の水を利用して水車を回す伸《しん》銅《どう》工場がいくつも建設され、やがて線香工場なども操業を始めた。しかし、第二次大戦後はエネルギー革命と自動車交通の発達で、現在ではみやげ物店、駐車場経営等のほかは京都への通勤者がほとんどとなっている。

　鞍馬の民家は市中のものに比べて比較的建築年代が古く、また建築当初の姿を保っているものも多い。鞍馬に現存する最も古い民家は宝暦一〇年（一七六〇）の棟札《むなふだ》をもつ瀧澤家《たきざわけ》住宅（重要文化財）で、次が寛政一〇年（一七九八）の祈禱札をもつ民家で、このほか、文化年間（一八〇四～一八）、天保年間（一八三〇～四四）に始まる民家も確認できる。

　鞍馬の民家は平家が過半数を占める。間口《まぐち》は一般に小さくて全体の7割が4間《けん》以下の間口である。屋根は切妻《きりづま》瓦葺きが大多数で、杉皮葺きのものも幾棟か残っている。またうだつを上げているものも残っている。構成材はいずれもかなり骨太で、とくに板壁と板戸で構成された納屋はその特色が強い。主屋や納屋の出入口脇の柱にはかつて牛や馬をつないだ鉄環が残っている。鞍馬の民家平面は古いものではすべて片側土間の通り庭形式である。

　晩秋の冷気が肌をさしはじめる頃、鞍馬では盛大に火祭りが行われる。肩当てにさらしの腹巻きを締めた若者たちが、巨大なたいまつを持って鞍馬寺の山門前に集まり、2基の御輿《みこし》が急な石段を下りはじめる頃、祭りはクライマックスを迎え、鞍馬は一面火の海となる。人々はこの祭りによって鞍馬寺や由岐神社への信仰を通じて結ばれてきた地域共同体の絆を改めて確認しあい、さらに堅く結びあうのである。

　鞍馬は鞍馬川と緑の山々、歴史を語る町並み、伝統の火祭りの魅力を今も伝えている。（苅谷勇雅）

瀧澤家住宅。宝暦10年（1760）建立。重文。卯建を掲げ、庇は杉皮葺き

宿場町の風景（福住）。今も古い商家や町家の建物がよく残っており、当時の繁栄が偲ばれる

篠山市《ささやまし》福住《ふくすみ》【宿場町・農村集落】

農村集落と宿場町、2つの特徴をもつ町並み

重要伝統的建造物群保存地区
選定 平24・12・28

福住は篠山市の中心市街から東へ約20㎞。兵庫県の東端にあり、東は京都府、南は大阪府に接し、昔から交通の要衝であった。町並みは、籾井川《もみい》と並行して走る篠山街道に沿って、東西に細長く続く。古くから開け、古代には山陰道の駅家として、小野駅が置かれた。

戦国時代には、八上城《やがみじょう》を築いた波多野《はたの》氏の勢力下にあり、その被官《ひかん》である籾井氏の拠点だった。しかし、天正六年（一五七八）年の明智光秀による丹波攻め以降、中央政権の支配下に置かれた。その後、丹波国の領主は度々入れ替わり、慶長一四年（一六〇九）に篠山藩主となった松平康重《まつだいらやすしげ》は、八上城を廃城とし、新たに篠山城を築城した。

江戸時代に入ると、丹波国は諸大名の所領として細分化、その過程で福住村、川原《かわら》村は篠山藩領、安口《はだかす》村、西野々《にしのの》村は、亀山藩領に編入。今も安口には、関《せき》所川《しょがわ》という地名が残っているが、これは当時の名残りと思われる。篠山藩ではこ

◎所在地・兵庫県篠山市福住
◎交通・・JR福知山線篠山口駅より神姫グリーンバス約50分。または、JR山陰本線園部駅より京阪京都バス約40分
◎見所・・福住保存地区は、東西約3・2㎞。篠山街道に沿って、東部は農村集落、西部は宿場町と2つの歴史的景観が連続している、全国的にも非常に貴重な町並みである。
◎問合せ先・篠山市教育委員会
☎079-552-5792

の福住村を、篠山から京都の丹波口を結ぶ篠山街道の宿駅として重視。本陣や脇本陣を置いた。

明治維新後、宿駅制度は廃止されたが、旅客や貨物輸送の増加により、福住の宿場町としての繁栄は、明治中頃まで続く。

しかし、その後鉄道や道路網の整備により、福住は交通の要衝としての地位を徐々に失った。とくに明治三二年（一八九九）に、京都〜園部《そのべ》間を結ぶ京都鉄道、神崎《かんざき》〜福知山間を結《むす》ぶ阪鶴鉄道《はんかくてつどう》（現JR福知山線）の開通の影響は大きく、旅客を対象とする旅籠や商店は廃業し、宿場町から農村へと、その性格を大きく変えていった。また、昭和一九（一九四四）年に開業した篠山口と福住を結ぶ国鉄篠山線は、園部まで結ぶ計画も幻に終わり、昭和四七年（一九七二）に廃線となった。

このように明治中期以降、かつての賑わいを失った福住は、近代化の影響をあまり受けることなく、昔の町並みを現在まで保ちつづけることとなった。また周囲には、美しい田園と里山が続き、日本の原風景ともいえる長閑《のどか》な景観をかたちづくっている。

福住地区の特徴として、宿場町と農村集落が約3・2㎞にわたって連続している点がある。西側の大字《おおあざ》福住は、宿場町で、商家・町屋が町並みを形成。道に面して主屋、奥に離れや土蔵、納屋が配置。主屋は妻入《つまいり》、つし二階、桟瓦葺きが多いが、平入《ひらいり》も混在する。また一般に間口が狭いのが町屋の特徴だが、京都や篠山城下町に比べると、その間口が広く平均5間半から6間ある。

東側の河原、安口、西野々は農家が連なる。主屋を街道から後退させ、庭を配置。主屋の基本は妻入、つし二階、桟瓦葺き。もしくは、妻入、平屋、鉄板で覆った茅葺きが多い。

各集落では建物だけでなく、住吉神社の水無月祭や、狐がえり（集落によっては、福の神とも呼ぶ）、亥《い》の子などの祭礼や伝統行事も大切にされている。それに加え近年では福住まちづくり協議会の取組みとして、「納涼夏祭り」や「雪花火」などが開催されている。

田園に囲まれた町並み（安口）

また、空家となった古民家を再生する動きも活発で、地域交流施設、イタリア料理店、ゲストハウス、日本酒バー、お試し体験住宅、デイケアセンター等に活用。平成二四年（二〇一二）一二月に国の重要伝統的建造物群保存地区に選定されたことで、こうした動きに弾みがつくことが期待されている。（藤井照雄）

カリヤ（軒の深い下屋）通り

カリヤの軒下

若桜町《わかさちょう》若桜《わかさ》〔宿場町〕

大火復興による雁木（カリヤ）の町並み

若桜町は、『和名抄《わみょうしょう》』に記されているように歴史は古く、中世には矢部《やべ》氏が館を構えていたとされる。戦国期には毛利《もうり》家と織田家の勢力争いに巻き込まれ、領主が次々に入れ替わることになるが、軍事拠点だった鬼ヶ城の城下として賑わうようになる。鳥取藩が置かれたのち、城は廃されることになったが、若桜往来の宿場として町並みが整えられた。近代に入ってからは、国鉄（JR）若桜線が開通するとともに林業や製材業が盛んになり、在郷町として栄えることになる。

カリヤ通りの町並みは、明治一八年（一八八五）の大火以降に建てられた町家群で構成される。大火直後の若桜宿会議において独自の建築規制が定められ、防火と降雪にあわせた特有の町並みがつくられた。カリヤとは、軒の深い下屋のことで、いわゆる雁木《がんぎ》と同じように、表通りに面して設けられており、この下を通ることで雨や雪をしのいで歩ける。

一方、裏通りは、蔵通りと呼ばれ、土蔵群が建ち並んでいる。この表と裏で異なる表情を見せる町並みが若桜町の景観の特徴になっている。（中野茂夫）

◎所在地・鳥取県八頭郡若桜町若桜
◎交通・・JR山陰本線鳥取駅から若桜鉄道に乗り換え若桜駅下車、徒歩5分
◎見所・・カリヤと呼ばれる軒の深い下屋のついた町家群と、蔵通りの土蔵群が織り成す町並みが見所。
◎問合せ先・若桜町役場産業観光課
☎0858-82-2238

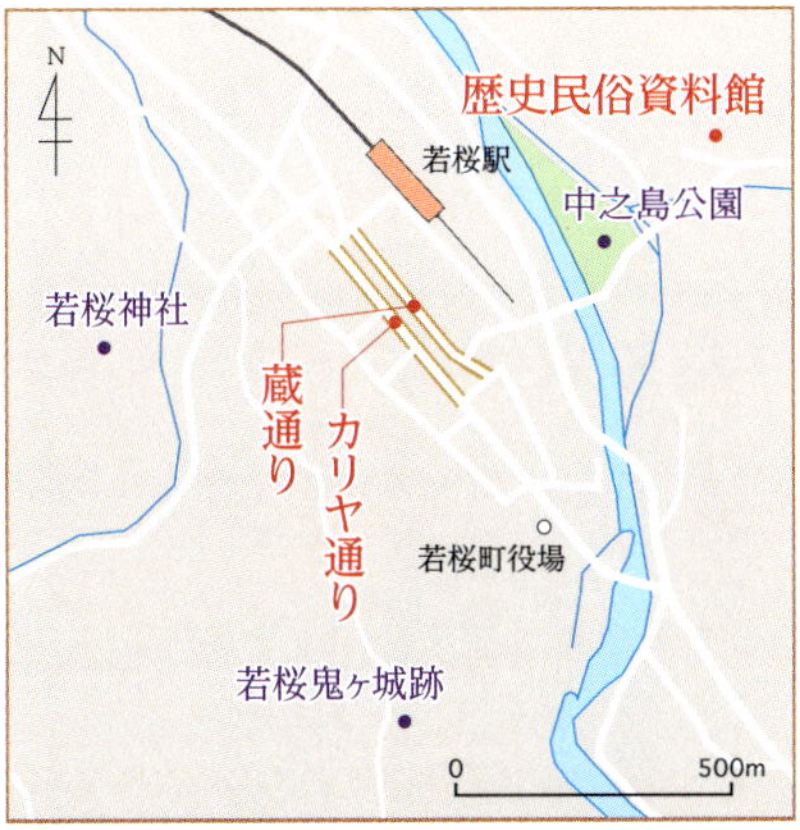

街道沿いの水路と石谷家

智頭町《ちずちょう》 智頭《ちず》【宿場町】

広大な邸宅を中心とした山中の宿場町

街道から見た石谷家正面

智頭宿は鳥取市へと流れる千代川の上流の山間部に位置する宿場町で、江戸時代には智頭街道の要所となる宿村であり、また物資の集散地であった。周辺地域には古墳も見られるなど、早くから開発が進んだ地域で、平安時代からは交通の拠点として発展してきた。

緩やかな坂道となっている街道の両側には伝統的な町家建築が建ち並び道脇に設けられた水路と正面に見える山並みが特徴的な景観を形成している。宿の中央には国の重要文化財に指定されている石《いし》谷家《たにけ》の広大な屋敷が残されている。

石谷家は、広く山林経営等を行ってきた地主で、大正八年（一九一九）から約10年をかけて邸宅を整備していった。土間の巨大な梁組《はりぐみ》や手の込んだ座敷の意匠が見られ、国登録記念物の庭園など見所は多い。そのほかにも多くの文化財が現存し、食事処や映画記念館として積極的に活用されている。（小林久高）

◎所在地・鳥取県八頭郡智頭町智頭
◎交通・・因美線智頭駅下車、徒歩15分
◎見所・・街道沿いの町家群と、大正期の大邸宅である石谷家住宅。
◎問合せ先・智頭町観光協会 ☎0858-76-1111

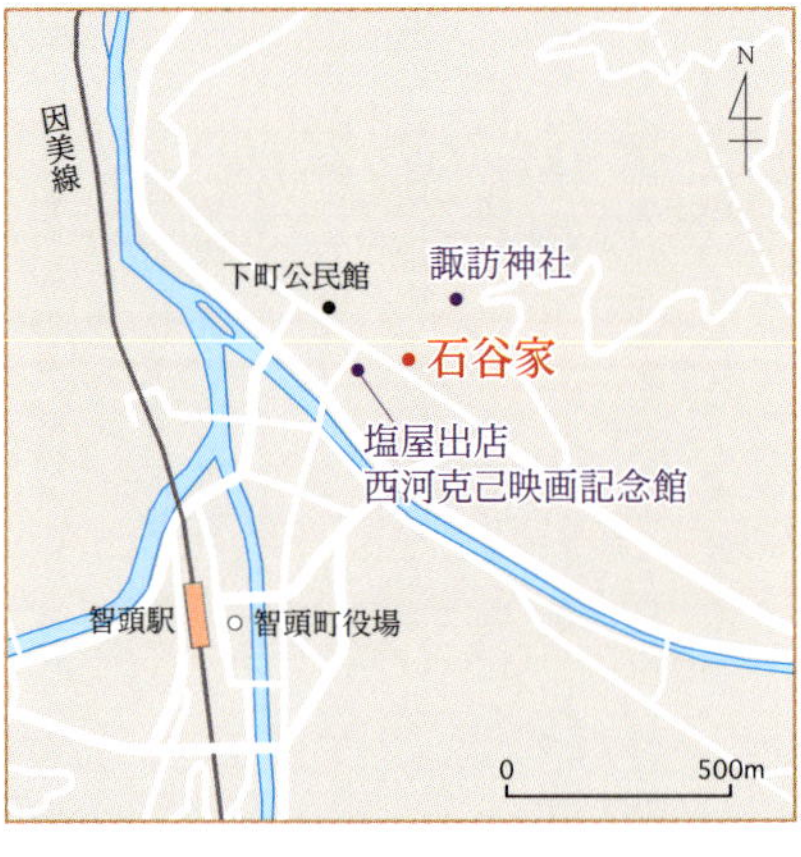

矢掛町《やかげちょう》矢掛《やかげ》〔宿場町〕

本陣、脇本陣をはじめ、重厚な町家が建ち並ぶ

矢掛町は古代山陽道《さんようどう》以来、日本列島の幹線が通るところである。矢掛宿の設置は元和三年(一六一七)に松山藩主となった池田氏(姫路城を築いた池田輝政の弟の家系)の時代である。矢掛宿の中心は、近世山陽道に面する本陣石井家(酒造業・重要文化財)と、脇本陣高草家(重要文化財)が建つ東西約700mの町である。

大規模町家は平入で、間口《まぐち》の狭い町家は妻入が多い。南北の小路で4つの町に分かれる。東から東町(現元町)、中町東部(現中町)、中町西部(現胡町)、西町はこれより西である。近世山陽道は瀬戸内航路と競合が続くが、正徳期(一七一〇年代)の駅制整備により西国大名の参勤交代が増え、矢掛宿も発展する。江戸初期、矢掛の領主は頻繁に交替するが、元禄一二年(一六九九)から庭瀬藩板倉領(庭瀬城は現岡山市西部)として明治を迎える。矢掛陣屋は旧本陣石井家の北西1kmにあった。遺構は旧脇本陣高草家(薬医門)と、横谷の大庄屋福武家に残る。(中村泰典)

旧本陣石井家の主屋入口

旧本陣石井家。手前から奥へ御成門、主屋と並ぶ

◎所在地・岡山県小田郡矢掛町矢掛
◎交通・・JR山陽本線倉敷駅から伯備線に乗り換え26分で清音駅。井原鉄道清音駅から19分で矢掛駅下車、徒歩約10分
◎見所・・山陽道の宿場町である。本陣・脇本陣がともに重要文化財に指定され、宿場町の町並みが残っているところは全国的に見ても珍しい。岡山県町並み保存地区(岡山県内8地区のひとつ)。
◎問合せ先・矢掛町産業観光課 ☎0866-82-1016

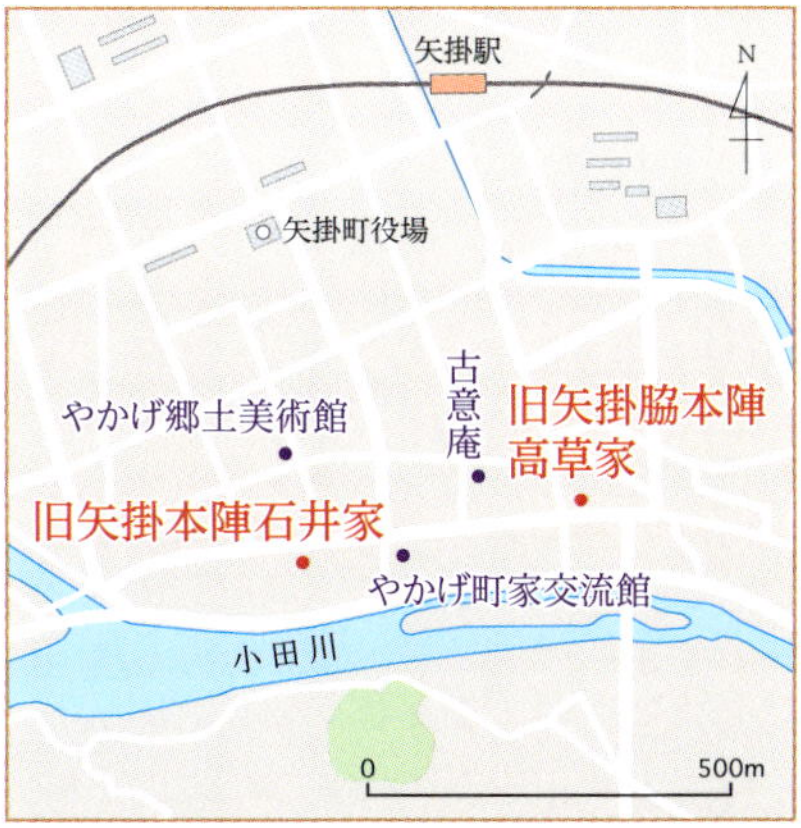

佐々並川越しに見た佐々並市の町並み。水田や周囲の山々の緑の中に赤瓦が映える

萩市《はぎし》佐々並市《ささなみいち》【宿場町】

萩往還を結ぶ山間の宿場町

重要伝統的建造物群保存地区
選定 平23・6・20

日本海に面する萩城下町において、瀬戸内側への経路を確保することは重要な課題であった。萩往還は、萩城下町の唐《から》樋札場《ひふだば》を起点に三田尻《みたじり》（防府市）までを結ぶ萩藩の主要な大道として整備され、佐々並市はこの萩往還と山口のちょうど中間点あたりに位置する。

佐々並市は、江戸時代の初めに萩往還が整備される際、それまでの集落を再編して、新たに町立てされた。町頭には藩主の休泊施設である「御茶屋」が建築されたほか、随行する重臣の宿泊の役を果たす「御客屋」と呼ばれる町の有力者の屋敷が整備され、町の中心部には往還を行き来する人馬の取次などをする目代所《もくだいしょ》や高札場が設けられるなど、萩藩の宿駅機能が整備された。これらの間を埋めるように萩往還沿いに民家が建ち並び、藩主が宿泊する際に、家臣らはこれらの民家に分宿した。

このような藩の宿駅として役割を果たす一方で、日常は農村集落として存在し

◎所在地・山口県萩市佐々並
◎交通・・JR山口駅または新山口駅から中国JRバスに乗り換えて佐々並バス停下車、徒歩3分
◎見所・・萩往還沿いに広がる町並みはもちろんのこと、その背後に広がる水路沿いの小路や棚田などの散策も心地よい。また、近くの台山からは、町並み全体が一望できる。
◎問合せ先・萩市旭総合事務所佐々並支所
☎0838-56-0211

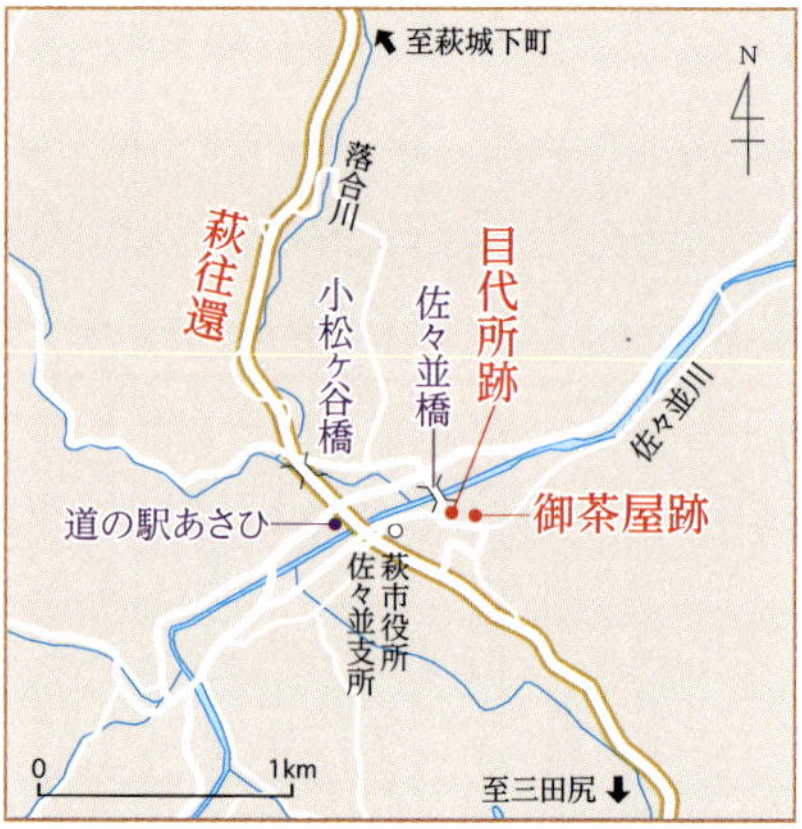

ていた。このため、町並みの背後には縦横に水路が張り巡らされ、佐々並川の河岸は余すところなく水田が広がり、さらにこれを補うように萩往還に沿った山麓まで棚田が幾重にもつくられていた。近代に入り、宿駅機能は失われても豊かな農村集落として発展するとともに、周囲の農村の中核的な機能もあわせもち、町並みの中心部には役場や組合の事務所などの洋風建築が建てられ、商店や旅館などで賑わった。

茅葺きと石州赤瓦葺きの屋根が入り混じる

　このような背景を反映し、町並みを構成する萩往還沿いの民家は通りに面して商売をするためのミセを備え、奥にザシキを置く間取りの主屋と、商品などを収納する土蔵で構成される商家タイプと、表に広い土間と座敷を配した田の字型の間取りの主屋と、家畜や農機具を収納する納屋で構成される農家タイプの民家が現在でも混在している。いずれのタイプも江戸時代には茅葺き屋根であったものが、幕末から明治を通じて急速に普及した石州《せきしゅう》赤瓦葺き屋根にとってかわられるようになった。そして、こうした歴史を反映した独特の町並みをよく遺すことから、平成二三年（二〇一一）に萩市で4ヵ所めの国の重要伝統的建造物群保存地区に選定され、地元有志のまちづくり団体「萩往還佐々並どうしんてやろう会」を中心に町並み保存が開始された。

萩往還（千持垰周辺）の景観

　このように、佐々並市の町並みは、江戸時代の初めに萩往還の整備にともなって町立てされ、萩藩の宿駅として重要な役割を果たす一方で、時代を通じて豊かな農村集落として存在し、茅葺きや石州赤瓦葺き民家と、佐々並川に注ぐ水系に支えられた水田や棚田、周囲の山々が一体となった美しいたたずまいを今に伝えている。（大槻洋二）

防御機能をもつ「矢止め」が残る町並み

天保６年(1835)年に建てられた旧高崎家住宅(伊馬春部生家)

北九州市木屋瀬《きたきゅうしゅうしこやのせ》〔宿場町〕

受け継がれる街道と古い町並み

木屋瀬は、遠賀《おんが》川中流の東側に位置し、江戸時代、脇街道であった長崎街道の整備にともない宿場町が形成されるようになった。木屋瀬は、南は冷水峠を越えて長崎や熊本へ、西は遠賀川を渡り赤間を経て福岡への分岐点として、水陸交通の要所として栄えた歴史をもつ。

宿場は、「東構口」から「西構口(現存)」まで南北約９００ｍの間につくられており、宿場の中央の御茶屋(本陣)付近で「く」の字に曲がっている。隣に町茶屋、その南に船庄屋、村庄屋などが置かれていた。また、御茶屋の前に問屋場や郡屋が配され、宿場を管理する代官所や寺社は、街道筋からの小路に立地するなど、風情のある古い町並みが残る。

各町家は、街道に面して間口《まぐち》が狭く奥行きが長いのが一般的で、旧高崎家住宅などの大規模な建物も混在しており、江戸時代の宿場町の雰囲気を今に伝える。また、木屋瀬宿は、家屋を通りに並行せずに鋸の刃状に建物を配置した「矢止め」が残っており、防御機能をもった町並みが特徴となっている(冨田孝浩)

◎所在地・福岡県北九州市八幡西区木屋瀬
◎交通・・筑豊電鉄木屋瀬駅下車、徒歩10分
◎見所・・本陣跡に建てられた長崎街道木屋瀬宿記念館。放送作家伊馬春部の生家・旧高崎家住宅。街道の入口を示す西構口跡。7月に木屋瀬祇園、11月に木屋瀬宿場まつりが行われる。
◎問合せ先・長崎街道木屋瀬宿記念館
☎093-619-1149

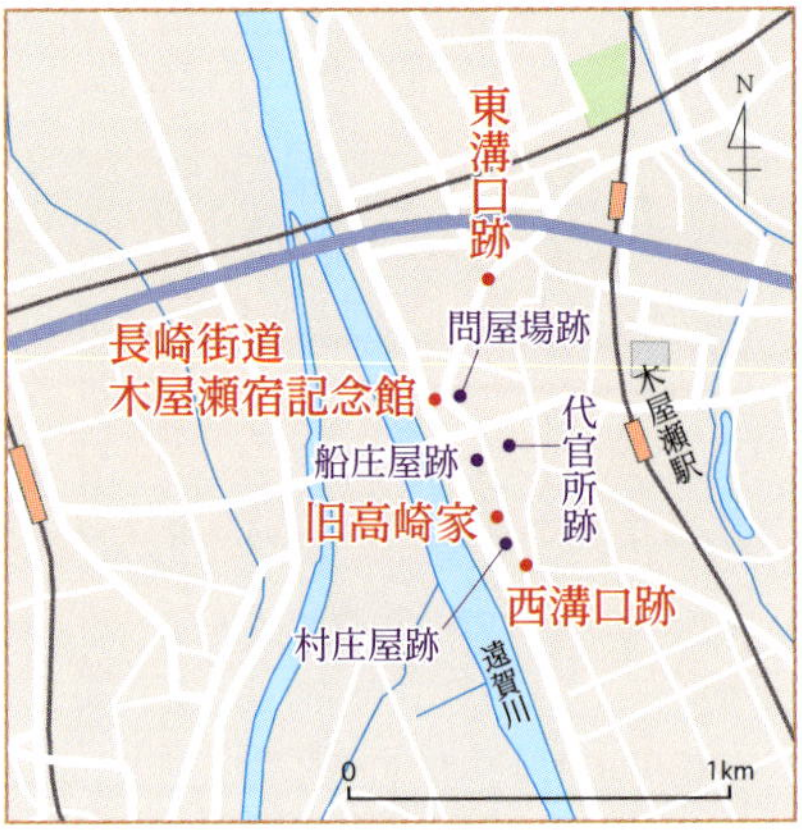

一戸町《いちのへまち》一戸《いちのへ》〔宿場町〕

一戸は、奥州《おうしゅう》街道の宿場町で、物資の集散地として現在の二戸《にのへ》（福岡）をしのぐ豪商が軒を連ね、商業、手工業も発達した。明治二六年（一八九三）東北本線一戸駅開業、機関区も設置され鉄道の町でもあった。袋町《ふくろまち》には、明治期に遊郭も許可された。現在、本町には醤油醸造業であった「久慈家」、向町には鉄瓶製造販売「高見家」、元一戸酒造「小倉家」を中心に古い町並みが残り、古くからの三斎市《さんさいいち》日も続く。近年、昭和の映画館「萬代館」が修理され、若手商業者を中心に映画祭、落語会等に活用されている。（渡辺敏男）

一戸向町の町並み。平入りの中に、間口の大きな入母屋の町家が残る

◎所在地・岩手県二戸郡一戸町本町、向町　◎交通・いわて銀河鉄道一戸駅下車、徒歩5分　◎問合せ先・一戸町役場産業課☎0195-33-2111

二戸市《にのへし》浄法寺《じょうぼうじ》〔宿場町〕

瀬戸内寂聴《せとうちじゃくちょう》が住職で話題となり、平成二八年まで大修理が行われている古刹天台寺（国重文）のお膝元で、奥州《おうしゅう》街道・二戸《にのへ》から津軽《つがる》街道をつなぐ街道筋の宿場町。中世・浄法寺城のもと開かれた在郷町でもある。また、質、量とも国産一の漆産地で、古くから職人、商人が往来した。国の重要有形民俗文化財、国選定保存技術に指定されている。神明神社下手前を右に折れる旧道筋に旧家「小田島家」を中心に古い町並みが残る。新規に外装されたが、角に旧岩手銀行支店、火の見櫓のある消防屯所《とんしょ》も残る。（渡辺敏男）

漆の在郷町浄法寺、三斎市の風景

◎所在地・岩手県二戸市浄法寺町　◎交通・東北新幹線、いわて銀河鉄道二戸駅からバス、総合支所前下車　◎問合せ先・二戸市役所浄法寺総合支所☎0195-38-2211

岩泉町《いわいずみちょう》岩泉《いわいずみ》〔宿場町〕

「南部牛追唄《なんぶうしおいうた》」で代表される三陸沿岸と盛岡を結ぶ「塩の道」小本《おもと》街道の宿場町。また、たたら製鉄は砂鉄、製炭、牛による運搬、流通、酒造業等の産業を生み出した。帰り荷は盛岡等から米、縄などのわら製品を村々に持ち帰った。明治以降も岩泉地区は、商家が並び、地域の中心地として繁栄してきた。酒蔵と文庫蔵で主屋をはさむ「泉金酒造」、酪農の功労者、擬洋風建築の「小泉邸」、郵便局長であった「八重樫家」を中心に、明治から昭和の町家の町並みを残している。日本三大鍾乳洞の龍泉洞《りゅうせんどう》が近い。（渡辺敏男）

うれいら商店街にある泉金酒造（写真左）。奥の赤い屋根が小泉家

◎所在地・岩手県下閉伊郡岩泉町岩泉　◎交通・三陸鉄道小本駅から岩泉上町下車、徒歩1分　◎問合せ先・岩泉観光協会☎0914-22-4755

白石市《しろいしし》上戸沢《かみとざわ》・下戸沢《しもとざわ》〔宿場町〕

宮城県南西部の七ヶ宿《しちかしゅく》、白石市西部をかつての羽州《うしゅう》街道が通過し、山中七ヶ宿街道と呼んだ。これは7つの宿（上戸沢、下戸沢、渡瀬《わたらせ》、関《せき》、滑津《なめづ》、峠田《とうげだ》、湯原《ゆのはら》）が存在したことに由来する。昭和五〇年（一九七五）代までは、当時の面影を残していたが、現在は改築が進み、面影が失われている。上戸沢宿の諸業務を取り仕切り、準本陣であった検断《けんだん》屋敷・木村家住宅が材木公園内に移築復元されている。解体調査で一八世紀前半の建物であることが判明した。桁行《けたゆき》10・5間《けん》、梁《はり》行《ゆき》は居宅部で5・5間である。（日下和寿）

材木公園内の木村家住宅

◎所在地・宮城県白石市小原　◎交通・ＪＲ東北本線白石駅及び東北新幹線白石蔵王駅から車で40分　◎問合せ先・白石市産業部商工観光課☎0224-22-1321

鶴岡市《つるおかし》小国《おぐに》〔街道集落〕

かつて小国街道は庄内と越後をつなぐ主要道で、中世には武藤氏の支城として小国城が築かれた。江戸時代は庄内藩の関所・制札場が置かれ、国境警護の町としての性格は続いた。町家は街道の両側に1列に並ぶ。切妻造《きりづまづくり》、妻入《つまいり》の二階建て、一階の正面に庇《ひさし》を設け、左右どちらか一方に中門《ちゅうもん》風の玄関を突出させるのが特徴である。玄関は庇とは別に切妻や入母屋《いりもや》屋根を掛けたもの、庇を延長させたものなどがある。これらの特徴は雪深い地で培《つちか》われた工夫であろう。周囲の環境ともに古の風情をよく残している。（永井康雄）

街道の両側に一列に並ぶ切妻造、妻入の二階建ての町家

◎所在地・山形県鶴岡市小国　◎交通・ＪＲ羽越本線あつみ温泉駅下車、バス20分◎問合せ先・鶴岡市役所温海庁舎温海ふれあいセンター☎0235-43-4411

いわき市《し》上市萱《かみいちがや》〔仙道五駅〕

国道49号から外れた道路に沿って、２００mの間に20軒ほどの家屋が並んでいる、短冊型の小さな街村。江戸時代には仙道五駅のひとつに数えられ、通称は三坂街道と呼ばれ、北方の険しい長沢峠を控え、重要な宿場機能を備えていた。

家々には、今でも「問屋」「澤太屋」「叶屋」「恵比寿屋」などの屋号が付けられている。重厚な茅葺き屋根は社会変化とともにトタンや瓦に変わったが、集落全体でみるとほとんど変わらないたたずまい。旧宿は静かな歳月を刻んでいる。（小宅幸一）

宿場の形態を今に伝える家並み

◎所在地・福島県いわき市三和町上市萱　◎交通・ＪＲ常磐線いわき駅下車、バス50分　◎問合せ先・いわき市三和支所☎0246-86-2111

会津坂下町《あいづばんげまち》塔寺《とうでら》〔宿場町〕

塔寺は会津盆地の西北端の丘陵上にあり、隣接の気多宮《けたのみや》と街村を形成している。会津六社のひとつである心清水《こころしみず》八幡神社や立木観音堂をもつ恵隆寺《えいりゅうじ》の門前町として早くから栄え、慶長《けいちょう》一六年（一六一一）の会津大地震により越後《えちご》街道が移設されて以降、新しく宿駅となった。沼田街道への追分《おいわけ》でもあり、「是より右越後道」の道標がある。茶碗塚地蔵など宿場縁《ゆか》りの伝説は数多く残されているが古い遺構は少なく、わずかに残る土蔵や木造民家と短冊状に仕切られた家並みが唯一宿場の面影を残している。（小澤弘道）

沼田街道への追分に建つ「是より右越後道」の道標

◎所在地・福島県河沼郡会津坂下町塔寺 ◎交通・ＪＲ会津只見線塔寺駅下車、徒歩20分 ◎問合せ先・会津坂下町役場産業課商工観光班☎0242-83-5711

郡山市《こおりやまし》福良《ふくら》〔宿場町〕

猪苗代湖の南岸に位置する旧福良村は、江戸時代には戸数３００余戸を数え、会津藩の代官所が置かれるなど周辺地域の政治・経済の中心地であるとともに、白河街道沿いの宿駅「福良宿」として栄えていた。福良宿には、本陣・脇本陣・御用場・問屋のほか、会津藩の江戸廻米《かいまい》を一時納めておく米蔵などが設置され、会津若松から黒森峠を越えて約6里の道のりにあるこの地の本陣が藩主の宿泊に当てられていた。現在も、道の両側に商店や民家が立ち並び、宿駅当時の賑わいをしのぶことができる。（国分俊徹）

猪苗代湖南部地域の中心の宿場町

◎所在地・福島県郡山市湖南町福良 ◎交通・ＪＲ磐越西線上戸駅下車、バス40分 ◎問合せ先・郡山市教育委員会生涯学習課☎024-924-2441

郡山市《こおりやまし》三代《みよ》〔宿場町〕

「戸数百余戸、旅籠二十余軒、本陣」。記録に残っている「三代宿」の往時の姿である。福良宿までは山王峠を越えて1里半、勢至堂宿までは上りの峠道を2里、という地理的条件もあり、白河街道でも有数の宿駅として、かなりの賑わいをみせていた。三代の本陣は二瓶家が務めていたが、おもに休息用で、宿泊には福良の本陣が当てられていた。この本陣は既に取り壊されている。現在は、かつての旅籠屋の屋号が道路沿いに掲げられており、宿はずれの一里塚とともに白河街道の宿駅の名残をとどめている。（国分俊徹）

現在の三代宿の中心部

◎所在地・福島県郡山市湖南町三代字御代 ◎交通・ＪＲ磐越西線上戸駅下車、バス30分 ◎問合せ先・郡山市教育委員会生涯学習課☎024-924-2441

会津若松市《あいづわかまつし》 赤井《あかい》〔宿場町〕

赤井は大字名である。若松城のある市街の東にあたり、猪苗代湖の北西岸になる。むかし村中に赤い水の出る井戸があったので、その名がついたという。国道49号を強清水《こわしみず》で南へ折れて国道294号を走ると、約3・5㎞で赤井に至る。集落のなかには、八幡太郎義家の伝説がある荒脛巾《あらはばき》神社や、市指定文化財で県の緑の文化財にもなっている赤井の大イチョウなどがある。また北の赤井台地には昭和天皇が行幸されたこともあった。かつては白河街道の駅所として栄えたので、町並みにその面影がある。（間島　勲）

寄棟と入母屋の民家が建ち並ぶ赤井宿

◎所在地・福島県会津若松市湊町赤井　◎交通・JR磐越西線会津若松駅下車、バス30分　◎問合せ先・会津若松市観光課☎0242-39-1251

安中市《あんなかし》 原市《はらいち》〔宿場町〕

原市は、旧中山道安中宿と松井田宿の間の宿で、安中宿から西へ約1里5丁（4・5㎞）ほど上ったところにある。『安中市史』には、安中宿を中心とした地域のなかで最も商家の栄えた宿と記されている。宿のなかほどには、弘化《こうか》元年（一八四四）創業の麻屋《あさや》呉服店が現在も営業している。店奥には、天保末から明治にかけて建造された土蔵と離れ、庭園が当時のまま使われている。街道沿いに残る土蔵や町家からは賑やかだった頃の様子をしのぶことができる。宿の西外れには八本木立場茶屋《はちほんぎたてばちゃや》山田家が現存している。（中村　武）

麻屋呉服店の土蔵。手前から天保13年、明治5年、明治38年建造

◎所在地・群馬県安中市原市　◎交通・JR信越線磯部駅下車、バス・新幹線安中榛名駅行き20分　◎問合せ先・安中市商工観光課☎027-382-1111(代)

安中市《あんなかし》 松井田《まついだ》〔宿場町〕

松井田宿は、旧中山道上州七宿のひとつ、文政《ぶんせい》一〇年（一八二七）発刊の『商家高名録《しょうかこうめいろく》』によると本陣、脇本陣が各2軒、旅籠《はたご》が25軒あった。宿は信濃米の江戸への廻米中継で栄えた。宿のなかほどにある群馬県信用組合支店が金井本陣跡で、裏の仲町《なかまち》公民館が明治九年（一八七六）に設置された巡査屯所跡である。少し街道を上った北側に、松本本陣の庭園と建物の一部が残されている。旧港屋《みなとや》旅館（おやすみ処）で一服すると宿の往時をしのぶことができる。街道北裏には白井晟一《しらいせいいち》設計の旧松井田役場がある。（中村　武）

旧金井本陣裏筋の景観

◎所在地・群馬県安中市松井田町・新堀　◎交通・JR信越線西松井田駅下車、徒歩10分　◎問合せ先・安中市役所松井田支所☎027-393-1111

下仁田町《しもにたまち》 下仁田《しもにた》〔宿場町〕

中山道の脇往還として栄えた下仁田道。中山道を本庄で分かれ、甲州と信州へ向かう分岐点に下仁田宿がある。西牧を通り信州に向かう峠道が多数あり、峠を越えると再び中山道や北国《ほっこく》街道につながる。

現在では通称「上州姫街道」「信州姫街道」とも呼ばれている。街道の分岐にあり、麻や近くでは御用砥石が採れたことから、物流や多くの人の交流があり、栄えた。度重なる火災もあったが、当時をしのばせる町並みが残っている。（大河原順次郎）

北側に防火壁を持つ荻野家住宅（蒟蒻精粉業・国登録有形文化財）

◎所在地・群馬県甘楽郡下仁田町大字下仁田　◎交通・上信電鉄下仁田駅下車、徒歩7分　◎問合せ先・下仁田町観光協会☎0274-67-7500

下仁田町《しもにたまち》 本宿《ほんじゅく》〔宿場町〕

下仁田を過ぎ、上信国境の上州側に位置する本宿。信州との交易が盛んで、とくに米の流通拠点として栄え、月に六日の市がたっていた。信州から米が運ばれ、上州からはおもに麻が運ばれた。旧県道下仁田―軽井沢線の両側に蔵造の建物や古い郵便局の建物などが残っている。通り側から見ると二階建てで河川側から見ると三階、四階建ての崖屋も見ることができる。街の高台に位置する長楽寺のしだれ桜が有名である。また、登録有形文化財となっている双渓堂《そうけいどう》も本宿にある。（大河原順次郎）

盛況時の宿場の雰囲気が残る本宿の景観

◎所在地・群馬県甘楽郡下仁田町大字本宿　◎交通・上信電鉄下仁田駅からしもにたバス初鳥屋線、市野萱線で本宿下車　◎問合せ先・下仁田町観光協会☎0274-67-7500

越生町《おごせまち》 越生《おごせ》〔宿場町〕

越生は、生絹《きぎぬ》の産地として明治時代中期に生絹市場が開設され、大丸や三越の出張所も置かれた町である。登録有形文化財の金子家は、安政五年（一八五八）建築の元生絹仲買商島野伊右衛門宅で、慶応二年（一八六六）に武蔵国で起きた武州一揆のときに打ち壊しにあった傷跡が、生々しく残っている。岡野家は、大正四年（一九一五）に生絹買継商「絹屋」長島文吉が建てた三階建ての土蔵造り商家である。夏には、江戸型山車《だし》が繰り出す越生祭りが催されるとともに、関東三大梅林のひとつ、越生梅林もある。（荒牧澄多）

木造二階建て土蔵造りの商家・金子家

◎所在地・埼玉県入間郡越生町越生　◎交通・東武鉄道越生線越生駅、ＪＲ八高線越生駅下車、徒歩5分　◎問合せ先・越生町教育委員会生涯学習課☎049-292-3121

小鹿野町《おがのまち》 小鹿野《おがの》 〔宿場町〕

小鹿野町は秩父から信州への往還の宿として、また市立ての町として栄えてきた。呉服・太物《ふともの》商常盤屋加藤家は、間口《まぐち》7間の大規模町家で、明治一三年（一八八〇）の建築。2、3階は養蚕に使っていたという。当家西側の成田小路も訪ねたい。春祭りには、家の前で小鹿野歌舞伎が演じられる。この歌舞伎は、約200年前に江戸歌舞伎を伝えたのがはじまりといわれ、祭り屋台（山車）に芸座・花道を張り出して演じる「屋台歌舞伎」が大きな特長である。名物わらじかつもご堪能あれ。（荒牧澄多）

出桁形式土蔵造りの町家。加藤家

◎所在地・埼玉県秩父郡小鹿野町小鹿野 ◎交通・西武鉄道西武秩父線西武秩父駅下車、バス45分。秩父鉄道秩父駅下車、バス40分 ◎問合せ先・小鹿野両神観光協会☎0494-79-1100

青梅市《おうめし》 青梅宿《おうめじゅく》 〔宿場町〕

青梅宿は江戸初期に石灰《せっかい》を江戸へ送るために整備された青梅街道に沿って位置している。青梅街道は甲州街道の裏街道として利用されたことから旅人も多く、江戸中期以降には武州御嶽《みたけ》山や日原一石山《にっぱらいっせきざん》の参詣者、鶴の湯温泉の湯治客も多く訪れ、宿場町として賑わった。また、織物や木材などの多様な物産も青梅宿の商人を通じて各地へ出荷された。

現在は近代化により昔の面影が失われつつあるが、江戸後期から昭和初期にかけての建造物が残存しており、昭和レトロの町として町興しを行っている。（鈴木章久）

青梅宿商人の旧家。稲葉家住宅

◎所在地・東京都青梅市本町、仲町ほか（ＪＲ青梅駅周辺） ◎交通・ＪＲ青梅線青梅駅下車、徒歩1分～10分 ◎問合せ先・青梅市郷土博物館☎0428-23-6859

あきる野市《のし》 五日市《いつかいち》 〔宿場町〕

五日市宿は、馬橋《まばし》村（現杉並区）から約42㎞西方へ延びる五日市街道の終点。東隣の伊奈《いな》宿は中世から石材の産地で、江戸城築城の際に石工が徴用されるなどし、五日市街道も古くは伊奈みちといった。以後、五日市宿は、秋川上流の檜原《ひのはら》村などから産出する木炭を独占的に扱う市として急激に発展し、江戸時代後期には相当量の木炭を江戸に供給していた。よって炭問屋などの富商も多く、都道拡幅で家並みは失われたものの、市神《いちがみ》様や点在する土蔵群、また西隣の野崎酒造周辺の景観に、往時をしのべる。（鈴木徳子）

秋川渓谷沿いにある野崎酒造

◎所在地・東京都あきる野市五日市 ◎交通・ＪＲ五日市線武蔵五日市駅下車、徒歩20分 ◎問合せ先・あきる野市立五日市郷土館☎042-596-4069

関川村《せきかわむら》下関《しもせき》〔宿場町〕

紅葉で有名な荒川峡を有する関川村の中心が下関である。米沢街道の宿駅として、また荒川舟運の拠点として栄えた。平入と妻入が折衷した町家や屋敷に特徴がある。直交する2つの棟が丁字《ていじ》型に見えることから撞木造《しゅもくづくり》と呼ばれている。村役場前の通りには、佐藤邸、津野邸、渡辺邸、東桂苑の4つの指定文化財が並び、石置き板葺き屋根や独特な茅葺き屋根の景観が圧巻である。渡辺家は諸藩の財政を支えた豪農で、母屋、米倉などが重要文化財に指定されている。遠州流による庭園は国の名勝に指定されている。（岡崎篤行）

廻船業も営んだ豪農、渡辺家

◎所在地・新潟県岩船郡関川村下関
◎交通・JR米坂線越後下関駅下車、徒歩3分　◎問合せ先・関川村教育委員会生涯学習課☎0254-64-2134

出雲崎町《いずもざきまち》出雲崎《いずもざき》〔宿場町〕

出雲崎は新潟県中央部の日本海沿いに位置し、禅僧良寛《りょうかん》が生まれた町として有名。海と急崖にはさまれた細長い土地に、約4㎞にわたって妻入町家が軒を連ねる。かつては、佐渡で産出された金銀の陸揚げ港に指定され、陣屋も置かれていた。また、旧北国《ほっこく》街道の宿場町でもあり、この地域の物流・政治・経済の中心地として栄えてきた。とくに、町の北西部にある木折《きおり》町・鳴滝《なるたき》町・羽黒《はぐろ》町には、3間《げん》ほどの間口《まぐち》に下屋をもつ町家がリズミカルに連なっており、往時の繁栄の姿をしのぶことができる。（松井大輔）

妻入町家が連なる出雲崎の町並み

◎所在地・新潟県三島郡出雲崎町尼瀬
◎交通・JR越後線出雲崎駅下車、バス20分　◎問合せ先・出雲崎町観光協会☎0258-78-2291

南越前町《みなみえちぜんちょう》板取《いたどり》〔宿場町〕

旧北国街道の宿場町である板取は、福井県嶺北《れいほく》地方の南端・栃ノ木峠を下った山間部にある。天正六（一五七八）年、北之庄《きたのしょう》城主・柴田勝家が北国街道を改修、国境の宿場町へと発展を遂げた。現在は南越前町が管理する茅葺き民家4棟が現存する。板取の茅葺き民家の特徴は、「甲造《かぶとづくり》」型の屋根にある。幕末から明治期にかけ隆興した養蚕業にともないこの地域でも広く普及した型式であるが、現存するのは板取宿の旧増尾《ますお》家と南隣りの旧竹沢《たけざわ》家のみとなっており、北国街道に面した民家建築として貴重な遺構である。（玉村幸一）

「甲造り」型の茅葺き屋根の民家

◎所在地・福井県南条郡南越前町板取
◎交通・JR今庄駅下車、タクシー20分
◎問合せ先・　南越前町教育委員会☎0778-47-8005

大月市《おおつきし》鳥沢《とりさわ》〔宿場町〕

鳥沢宿は大月市富浜町に所在する。大月市の東部に位置し、旧甲州街道で隣市である上野原市と連絡している。鳥沢は甲州街道の宿場町として江戸時代に整備され、現在のＪＲ中央線鳥沢駅付近を境として、甲府方面の上鳥沢宿と江戸方面の下鳥沢宿に分かれている。上鳥沢宿と下鳥沢宿は合宿で、月の一五日ごとに経営を交代していた。上下鳥沢宿を通っていた甲州街道は現在国道20号として機能しており、街道に沿って続く軒を揃えた宿場町の町並みは、現在でも見ることができる。（稲垣自由）

下鳥沢宿（東方）の町家

◎所在地・山梨県大月市富浜町鳥沢　◎交通・ＪＲ中央線鳥沢駅下車、徒歩1分　◎問合せ先・大月市郷土資料館☎0554-23-1511

佐久市《さくし》望月《もちづき》〔宿場町〕

慶長五年（一六〇〇）以降に町割が行われた中山道望月宿は、寛保二年（一七四二）に、戌《いぬ》の満水と呼ばれる洪水により鹿曲川右岸の新町を流出した。それ以降、宿場は本町を南へ延ばしている。町並みは一定程度更新が進んでいるが、ところどころに宿場町らしさをとどめる箇所がある。現存する町家は切妻平入であり、間口が比較的広い。2階を1階より通り側に持ち出す出桁造だが、一階部分を土庇的な扱いとするものもあり、木曽谷筋の出梁造とは違いを見せる。真山家住宅（国重要文化財）は見所のひとつ。（石井健郎）

旅籠と問屋を兼ねていた真山家住宅

◎所在地・長野県佐久市望月　◎交通・ＪＲ北陸新幹線・小海線佐久平駅またはしなの鉄道小諸駅下車、バス約30分　◎問合せ先・佐久市観光交流推進課☎0267-62-3285

辰野町《たつのまち》小野《おの》〔宿場町〕

小野宿は、慶長六年（一六〇一）大久保《おおくぼ》長安《ながやす》により開かれた初期中山道の宿場町だった。慶長一九年に中山道が塩尻宿を通過する経路に付け変わり、小野宿は三州街道の宿場町となる。現在残る町並みは安政六年（一八五九）の大火以降のものとなる。町並みは、基本的に平入の出梁造町家から成るが、中央部の豪壮な本棟造3棟により構成される街路空間は迫力がある。本棟造の旧小野家住宅（旧小野宿問屋、長野県宝）は、限定的に公開されている。前面道路は交通量があり見学時は要注意。（石井健郎）

街道の両側に建ち並ぶ本棟造の旧小野家住宅

◎所在地・長野県上伊那郡辰野町小野　◎交通・ＪＲ中央東線小野駅下車、徒歩15分　◎問合せ先・辰野町観光協会☎0266-41-1111

塩尻市《しおじりし》洗馬《せば》〔宿場町〕

中山道洗馬宿は、慶長一九年（一六一四）に成立した。これは、下諏訪宿から小野宿、牛首峠を越えて贄川《にえかわ》宿に至る旧中山道が廃止され、塩尻峠を経由する新中山道が開道したことによる。その宿場町として塩尻宿および本山宿と並び町割がなされた。街道は宿の北端で分去《わかさ》れとなり、中山道と北国西街道に分岐する。町並みは昭和七年（一九三二）の大火によりその大半を焼失しているが、大火直後の再建と思しい複数の看板建築風の近代洋風建築や、建ちの高く式台玄関を備えた近代和風建築などが散在する。（石井健郎）

洗馬宿本陣跡。焼失前は名庭園があった

◎所在地・長野県塩尻市宗賀洗馬　◎交通・JR中央西線洗馬駅下車、徒歩3分
◎問合せ先・塩尻市ブランド観光商工☎0263-52-0280

塩尻市《しおじりし》本山《もとやま》〔宿場町〕

中山道本山宿は、木曽谷に至る松本平南端の宿場町となる。宿は度重なる大火に見舞われ、建物は幕末以前にさかのぼるものはほぼない。国道が宿場東裏にバイパス化されたことで宿場内は落ち着いている。本山宿の町家は平入の出梁造である。宿の中央付近には比較的規模の大きく式台を備えるものが多い。とくに旧本陣向かい側の並びは、よく往時の雰囲気をとどめ、3軒並びの町家（国登録文化財）は見所のひとつ。なお、本山はそば切り発祥の地といわれ、宿場の北方で味わうことができる。（石井健郎）

出梁造の町家。手前から川口屋、池田屋、若松屋と続く

◎所在地・長野県塩尻市宗賀本山　◎交通・JR中央西線日出塩駅下車、徒歩30分
◎問合せ先・塩尻市ブランド観光商工課☎0263-52-0280

塩尻市《しおじりし》贄川《にえかわ》〔宿場町〕

贄川宿は一六世紀中頃には成立していたと考えられる。昭和五年（一九三〇）の大火により宿の南端の一部を除いてそれ以前の建物を失っている。尾張藩領最北端の宿場町であり口留番所が宿北端に設けられていた。宿場南端の大火による焼失を免れた一角からも、平入の出梁造からなる町並みだと知れる。そのなかに深澤家住宅（国重要文化財）があり、大規模な出梁造の商家建築の遺構として貴重。正面は二重出梁となっており、現存例はほかには上記本山宿の小林家住宅（国登録文化財）のみとなる。（石井健郎）

出梁造の商家・深澤家住宅

◎所在地・長野県塩尻市贄川　◎交通・JR中央西線贄川駅下車、徒歩10分
◎問合せ先・塩尻市ブランド観光商工課☎0263-52-0280

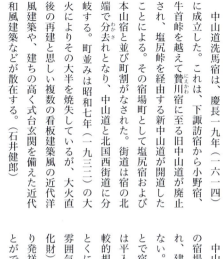

木祖村《きそむら》藪原《やぶはら》〔宿場町〕

藪原宿の成立は、天文二年（一五三三）に木曽義昌が木曽一一宿を定めたときになる。当宿は、奈良井宿から、中山道最大の難所である鳥居峠を南に越えた宿場町であり、地形的には微妙な南下がりの尾根筋に位置し、一般的に木曽谷の宿場町がほぼ谷筋に位置するのとは少し異なる。また、境峠を越えて高山方面へ抜ける飛騨街道奈川《ながわ》道の分岐点でもあり、歴史的建造物が散在する家並みは平入、出梁造の町家からなる。宿場内には、防火帯としての高塀が残り、名産であるお六櫛製作関係者が多く居住する。（石井健郎）

櫛の主産地「お六櫛」問屋の篠原商店

◎所在地・長野県木曽郡木祖村藪原
◎交通・ＪＲ中央西線薮原駅下車、徒歩10分　◎問合せ先・木祖村観光協会☎0264-36-2543

木曽町《きそまち》福島《ふくしま》〔宿場町〕

江戸時代には、尾張藩の代官山村氏の陣屋と幕府の関所が置かれていた宿場で、現在でも木曽谷の中心である。代官の陣屋町および配下の屋敷地は木曽川西岸に、宿場町は同川の東岸に区画された。国道が宿場内を通り、また、宿場町の大半は昭和二年（一九二七）の大火で焼失しているが、ややはずれた上之《うえの》段《だん》地区の一角は、数軒の出梁造町家が残り、鉤折れの街路や、背後の山並みともあいまって往時の雰囲気をよく伝えている。なお、明治時代に横浜などで活躍した建築家遠藤於菟は当地の出身である。（石井健郎）

上之段地区に建ち並ぶ出梁造の町家

◎所在地・長野県木曽郡木曽町福島
◎交通・ＪＲ中央西線木曽福島駅下車、徒歩15分　◎問合せ先・木曽町観光協会☎0264-22-4000

大桑村《おおくわむら》須原《すはら》〔宿場町〕

現在の須原宿は、正徳五年（一七一五）に木曽川の洪水で流出したのち、享保二年（一七一七）に現在地に移ったものである。比較的広い街路に整然と町家が連坦《れんたん》する須原宿は、慶応二年（一八六六）と明治二四年（一八九一）に大火に見舞われ、焼失部分もあるが、明治時代の建物がよく残り、良好な町並み景観をとどめ、背景の山並みに映える。現在明治村にある清水医院はここから移築されたもの。宿場南端には定勝寺（国重文）がある。白山神社（国重文）、池口寺薬師堂（長野県宝）にも足を伸ばしたい。（石井健郎）

水舟の里須原宿。丸太をくりぬいた「水舟」が各所に置かれている

◎所在地・長野県木曽郡大桑村須原
◎交通・ＪＲ中央西線須原駅下車、徒歩10分　◎問合せ先・大桑村観光協会☎0264-55-4566

大桑村《おおくわむら》野尻《のじり》〔宿場町〕

野尻宿は、宿両端に在郷が続き、それを含めると奈良井宿《ならい》より長い町並みとなる。街路は全体にゆるいS字型であり、「七曲り」といわれる。宿場町の中心部では、明治二七年（一八九四）に大火があり、本陣、脇本陣、問屋等、宿場町としての主要な建物を焼失しているが、全体の骨格は変わっていない。野尻宿内の街路は、ゆるやかな高低差のなかで、屈曲する幅員の狭い街路に平入の出梁造の町家が密集している。これは野尻宿ならではの町並み景観である。見通しが悪いため宿場内の通行は要注意。（石井健郎）

野尻宿の枡形。「七曲り」の街路のうちのひとつでここは直角である

◎所在地・長野県木曽郡大桑村野尻　◎交通・JR中央西線野尻駅下車、徒歩10分　◎問合せ先・大桑村観光協会☎0264-55-4566

飯田市《いいだし》大平《おおだいら》〔宿場町〕

大平宿は、中山道（木曽谷）と三州街道（伊那谷）をむすぶ、大平街道の中間に位置する。宝暦四年（一七五四）に開かれた街道の往来は、大正時代にピークを迎えたが、伊那谷の鉄道整備と清内路《せいないじ》峠の国道開通により、交通量が激減し、昭和四五年（一九七〇）に集団移住が行われ、それ以降、無住となった。街道に沿っては、比較的間口の広く緩勾配の石置き板葺きの主屋が連担する。その大半は、幕末から明治期の建築であり、現在では、宿泊可能な近世の建築群として公開・活用が進められている。（石井健郎）

住民は無住となったが校外活動などの宿泊施設として利用されている

◎所在地・長野県飯田市大平　◎交通・JR飯田線飯田駅から車で約50分。徒歩で約4時間半　◎問合せ先・飯田観光協会☎0265-22-4851

大垣市《おおがきし》赤坂《あかさか》〔宿場町〕

中山道赤坂宿は、養老街道、谷汲《たにぐみ》街道との分岐点となっていただけでなく、杭瀬《くいせ》川の河港でもあり、人の往来もさることながら、物資の集散地としても発展した。見所のひとつは、宿場内四ツ辻の一角だろう。この辻では、伊勢方面への養老街道、西国三十三霊場の谷汲山華厳寺への谷汲街道が交差している。さらに、この一帯には規模の大きい町家がよく残り、かつての賑わいが想像される。また、養老、谷汲両街道沿いにも歴史的な建物がよく残り、良好な町並み景観を形成している。（石井健郎）

中山道赤坂宿本陣跡（本陣公園）

◎所在地・岐阜県大垣市赤坂　◎交通・養老鉄道東赤坂駅下車、徒歩10分　◎問合せ先・大垣観光協会☎0584-77-1535

森町《もりまち》本町《ほんまち》〔宿場町〕

森町は、江戸期には信州街道と火伏《ひぶせ》信仰の秋葉山への表街道の宿場町として盛況を見せた。また古着の町として全国古着市場の相場を左右し、商圏は東北地方にも及んだ。

慶長元年（一五九六）、三島神社の丘陵地を切り開いて、太田川の流路を同社の東側に移し、旧河道を町の往還通りとして町割りされたという。本町、仲横町、新町へと折れ曲がる街道は、旧商家の家並みが続き、裏通りには土蔵が多い。毎年四月と一一月に「町並みと蔵展」が開催され、住民の手づくりのイベントとして定着している。（塩見　寛）

森町本町の裏通りの土蔵、石蔵

◎所在地・静岡県周智郡森町本町　◎交通・天竜浜名湖鉄道遠州森駅下車、徒歩４分　◎問合せ先・森町観光協会☎0538-85-6319

静岡市《しずおかし》由比倉沢《ゆいくらさわ》〔宿場町〕

東海道薩埵峠の東の登り口手前に倉沢がある。由比宿と興津宿の間宿《あいのしゅく》として多くの旅人が行き交った。急峻な山にミカンやビワを栽培し、また桜エビ漁など農山漁村の要素を合わせもっている。幅２間半ほどの街道は当時のままで、明治から大正・昭和初期に建てられた民家が連なっている。屋根の軒の出を深くするため軒桁を外部に出す出桁《だしげた》形式で造られ、さらに屋根勾配と１階の軒勾配が４寸５分で統一されており、これらが緩やかにカーブする街道に連続していることが倉沢の町並みを美しくしている。（塩見　寛）

深い軒と出桁形式・4寸5分勾配の瓦屋根が連続する

◎所在地・静岡市清水区由比町　◎交通・ＪＲ東海道本線由比駅下車、徒歩10分　◎問合せ先・静岡観光コンベンション協会清水事務所☎054-388-9181

湖西市《こさいし》白須賀《しらすか》〔宿場町〕

東海道の潮見坂の坂下にあった白須賀宿は、宝永四年（一七〇七）の大地震・大津波で壊滅し、現在地に移転した。新しい場所は台地の上で、しかも遠州灘からの強風を受けない窪地である。宿場のなかほどにある鉤折れは、最も急傾斜なところを距離を長くすることにより坂道を緩やかにする意図があったと考えられる。また南北軸からほぼ45度東西にふれている街道の向きを生かし、日照や中庭の配置など巧みに住居構成されている。約１㎞続く町並みは、切妻・平入・瓦屋根が連なり、落ち着いた風情である。（塩見　寛）

切妻・平入・瓦屋根の民家が連らなっている

◎所在地・静岡県湖西市白須賀　◎交通・ＪＲ東海道本線新居町駅下車、バス10分　◎問合せ先・湖西市観光協会☎053-576-1230

豊川市《とよかわし》御油《ごゆ》・赤坂宿《あかさかしゅく》〔宿場町〕

豊川市の西部を通る東海道には、御油宿と赤坂宿がある。両宿間には、街道沿いの松並木としては唯一の国指定天然記念物である御油の松並木があり、16町（約1・7㎞）の宿場間距離は東海道で最短である。両宿ともかつての街道風情が失われつつあるが、赤坂宿には旅籠大橋屋（市指定有形文化財）があり、杉森八幡社境内には農村歌舞伎舞台の赤坂の舞台がある。御油の松並木資料館には御油・赤坂宿や松並木の復元模型があり、当時の様子を知ることができる。（平松弘孝）

赤坂宿に残る旅籠大橋屋

◎所在地・愛知県豊川市　◎交通・名鉄名古屋本線御油駅、名電赤坂駅下車、徒歩10分　◎問合せ先・豊川市商工観光課☎0533-89-2140

伊勢市《いせし》古市《ふるいち》〔宿場町〕

古市は、伊勢神宮外宮と内宮の間にある丘陵地で、「間《あい》の山《やま》」とも呼ばれた。江戸時代には、外宮と内宮をつなぐ街道が通り、遊郭、茶屋、旅館、芝居小屋などが建ち並んで、おおいに賑わったが、大火、空襲などによりそのほとんどは焼失した。往時の面影をしのぶことができるのは、現在でも営業を続けている唯一の旅館「麻吉旅館」の一角である。麻吉旅館は天明二年（一七八二）の古図にも記される老舗旅館で、江戸時代末に建築され、国有形文化財に登録されている「麻吉旅館本館」など5棟が、古市丘陵の斜面に階段状に連なり、町並みの様相を呈している。（嶋村明彦）

階段状に並ぶ麻吉旅館の建物群

◎所在地・三重県伊勢市古市町・中之町
◎交通・ＪＲ伊勢市駅・近鉄宇治山田駅から浦田町行きバス古市下車、徒歩2分
◎問合せ先・伊勢市観光協会☎0596-28-3705

老舗旅館「麻吉旅館」の玄関口

古市の町並み。妻入り町家が一部に残る

伊賀市《いがし》伊勢路《いせじ》〔宿場町〕

伊勢路(伊勢地)は伊賀市の東部に位置し、大和国と伊勢国を結んだ伊勢参宮道「初瀬街道」の青山峠西麓の宿である。約400mほどの町並みには、往時は20軒余りの旅籠が軒を連ねていたという。明治時代末昭和初年頃に建築されたと思われる間口10間を超える総二階建ての旅籠が、山間の宿の風情を伝えている。街道の折れ曲がりに、きれいに整形された基壇石垣の上に5段の台石が乗る文政一一年(一八二八)の常夜灯が目を引く。(嶋村明彦)

伊勢路中心部に残る重厚な旧商家

◎所在地・三重県伊賀市伊勢路　◎交通・近鉄大阪線伊賀上津駅下車、徒歩10分　◎問合せ先・伊賀上野観光協会☎0595-26-7788

長浜市《ながはまし》椿坂《つばきさか》〔宿場町〕

椿坂は、北国街道木之本宿の北、福井県境近くにある小さな集落である。かつては問屋、旅籠などが軒を連ねる宿場町であったが、国鉄(JR)北陸線の開通により、その機能は失われた。この集落の民家は中二階の妻入で「かぶと造」と呼ばれる屋根に特徴がある。茅葺き屋根は左右と妻側の二階に葺き下ろす形式で、二階の妻側に明かり窓を配し、雪の深い季節にはここから出入りしていたという。かぶと造の民家も取り壊されたり、屋根は瓦に葺き替えられたりしてその面影はなくなってしまっている。(池野　保)

屋根を瓦葺きに替えられた椿坂の家

◎所在地・滋賀県長浜市余呉町椿坂
◎交通・JR北陸本線木之本駅下車、バス30分　◎問合せ先・長浜市教育委員会文化財保護センター☎0749-64-0395

長浜市《ながはまし》木之本宿《きのもとしゅく》〔宿場町〕

木之本宿は、琵琶湖の北東部、北国街道と伊吹山麓を走る北国脇往還が合流する宿場町で、宿場の中心部にある「木之本地蔵尊」浄信寺の門前町としての性格をもつ町である。

元禄一一年(一六九八)には通りに沿って193軒が軒を連ねたといわれ、その後、延享元年(一七四四)に大火に見舞われて、現在の町家はそれ以降に建てられたものである。町家は、平入、二階建て、瓦葺きで、軒庇《のきひさし》をもち袖壁、格子が特徴である。町並み全体に伝統的家屋がよく保存され、往時の宿場の面影を色濃く残している。(池野　保)

宿場の面影を色濃く残す木之本の町並み

◎所在地・滋賀県長浜市木之本町木之本
◎交通・JR北陸本線木之本駅下車、徒歩5分　◎問合せ先・長浜市教育委員会文化財保護センター☎0749-64-0395

枚方市《ひらかたし》枚方宿《ひらかたしゅく》〔宿場町〕

文政九年（一八二六）、長崎から江戸に向かったシーボルトは、「枚方の環境は非常に美しく、淀川の流域は私に祖国のマイン河の谷を思い出させるところが多い」と書いている。淀川沿いの宿場町であった枚方は、風光明媚な地であった。当時の主要な交通手段は淀川の舟運で、過書船《かしょぶね》や伏見船《ふしみぶね》、そして三十石船が上下した。今も残る鍵屋は、江戸時代は「船待ち宿」を営み、近代には料亭として営業を続けた歴史的建造物である。鍵屋の周辺には枚方宿の賑わいを伝えてくれる貴重な町並みが残されている。（谷　直樹）

当初は「船待ち宿」であった鍵屋

◎所在地・大阪府枚方市岡本町三矢町　◎交通・京阪電鉄本線枚方公園駅下車、徒歩3分　◎問合せ先・枚方市教育委員会文化財課☎050-7105-8058

篠山市《ささやまし》古市《ふるいち》〔宿場町〕

古市は、丹後、但馬からの街道が播磨と大阪、有馬に向かう道に分岐する交通の要衝で、高札場であった辻に道標が立つ。馬継を主とする宿場町であったが、近世には、本陣も置かれていた。並行する国道１７６号やＪＲ古市駅に隣接するため、歴史的なまちのエリアとして地区整備計画で位置づけられ、街村集落の景観を保っている。街道に沿って瓦葺き、茅葺きの平入町家が並び、丹波に多い妻入は限定される。一二月一四日には、義士の一人、不破数右衛門ゆかりのお寺の宗玄寺で「古市義士祭」が行われる。（八木雅夫）

街道沿いに間口の大きな平入町家が建つ

◎所在地・兵庫県篠山市古市　◎交通・ＪＲ福知山線古市駅下車、すぐ　◎問合せ先・篠山市教育委員会社会教育・文化財課☎079-552-5792

神戸市《こうべし》道場《どうじょう》〔宿場町〕

道場は、三田《さんだ》から大阪方面に向かう大坂街道と三木から有馬温泉に向かう湯山街道が出合うところ。馬継の宿場町として賑わった。有馬川に並行して続く約６００ｍの町並みは、おもに平入桟瓦葺きの町家群で構成されるが、摂丹型民家の影響を受けたと考えられる妻入の建物が徐々に増える境界の特徴を示す。周辺の開発が急速に進むなか、間口が大きく2階に虫籠窓を有する町家が歴史的な風情を醸し出す。一一月に開催される愛宕神社、天満神社の生市まつりは、生魚を商う「生市」の伝統を今に伝える。（八木雅夫）

平入厨子二階の町家が街道の両側に残る

◎所在地・兵庫県神戸市北区道場町日下部・道場　◎交通・神戸電鉄神鉄道場駅下車、徒歩5分　◎問合せ先・神戸市教育委員会文化財課☎078-322-5798

明石市《あかしし》大蔵谷《おおくらだに》〔宿場町〕

元和四年（一六一八）、明石新城が築城された。同時に、宮本武蔵による町割とされる城下町も建設され、西国街道がこの城下を通った。大蔵谷宿は、城下町東側に隣接し、景観的には一体化していたであろう。半世紀後の万治三年（一六六〇）の記録では、本陣1軒、駕籠問屋3軒、旅籠屋60軒を数え、大宿場町になっていた。城下町の大半は空襲により焼失し、面影は失われているが、大蔵谷では、部分的とはいえ平入本瓦葺き塗屋の町並みが継承された。懐かしさを求めて、訪れる人々は着実に増えている。（八木雅夫）

大蔵八幡町の連続する町家（阪神淡路大震災以前の外観）

◎所在地・兵庫県明石市大蔵町ほか
◎交通・山陽電鉄大蔵谷駅下車、徒歩5分
◎問合せ先・明石市都市計画課☎078-918-5037

橿原市《かしはらし》 八木札《やぎふだ》の辻界隈《つじかいわい》〔宿場町〕

橿原市の中心部にある八木札の辻は、横大路（伊勢街道）が東西に、下ツ道（中街道）が南北に通る古代からの交通の要衝である。江戸時代には宿場町として旅籠が建ち並んでいた。街道に接して大型の伝統的な町家が残り、伊勢街道沿いには、接待場や井戸などがあり、日本風景街道「日本文化のクロスロード（横大路・下ツ道）」として登録された。札の辻にある旧旅籠は、市指定文化財で「八木札の辻交流館」として公開されている。そのほか、河合家住宅、旧六十八銀行、県立畝傍高校、JR畝傍駅などがある。（米村博昭）

宿の中心に建つ「八木札の辻交流館」

◎所在地・奈良県橿原市北八木町・八木町・南八木町　◎交通・近鉄橿原線大和八木駅下車、徒歩3分　JR桜井線畝傍駅下すぐ　◎問合せ先・NPO法人八木まちづくりネットワーク＊連絡先　info@yagi-net.jp

串本町《くしもとちょう》 古座《こざ》〔宿場町〕

古座は紀伊半島最南端を流れる古座川左岸の河口に位置し、熊野街道大辺路《おおへち》が通過している。近世には木材や熊野炭の集積と捕鯨や漁労の中心地として発展してきた。背後の山裾に沿う古い道と川側の新しい道が並行する長さ1㎞ほどの細長い集落で、要所に火除け地・共同作業地としての空地を設けている。道に沿い平入のツシ二階および二階建てで切妻造桟瓦葺きの木造和風建築の正面に縦格子を入れる形式の町家が並ぶ。下流域には木部にパステル調のペイントを塗る、漁労に関係する住宅形式が多く見られる。（山本新平）

伝統的およびペイント塗り住宅が混在

◎所在地・和歌山県東牟婁郡串本町古座
◎交通・JR紀勢本線古座駅下車、徒歩10分　◎問合せ先・串本町産業課☎0735-62-0555

日野町《ひのちょう》根雨《ねう》〔宿場町〕

根雨は、江戸時代に参勤交代に使われた出雲街道と備後に通じる日野往来との交差点にあたり、宿場町として栄え、問屋やお茶屋が軒を連ねていたという。藩主が泊まった本陣の門（日野町指定文化財）が残されている。かつての宿場町には、現在も石州瓦が葺かれた伝統的な町家が建ち並んでいる。そして町並みに彩りを与えているのが、旧根雨公会堂（昭和一五年〈一九四〇〉築・登録有形文化財、現日野町歴史民俗資料館）や旧雲陽実業銀行（昭和四年築）といった近代以降の遺構である。（中野茂夫）

石州瓦葺きの町家が建ち並ぶ根雨の町並み

◎所在地・鳥取県日野郡日野町根雨
◎交通・JR伯備線根雨駅下車、徒歩5分
◎問合せ先・日野町観光協会☎0859-72-0332

松江市《まつえし》八雲本陣《やくもほんじん》〔宿場町〕

宍道は、山陰道と雲南方面からの交通の要衝とされており、近世に宿場町として栄え、町並みが形成されていった。御茶屋として小豆沢家、本陣として木幡家が利用されていたが、現存する遺構は木幡家（享保一八年〈一七三三〉築、国重要文化財）のみで、八雲本陣と呼ばれている。しばしば松江藩の歴代藩主が利用しており、家業として酒造業を営んでいた。絵図12枚が保存されており、屋敷の建物の推移を見ることができる。街道に面して建てられており、漆喰を基調とした山陰地方では古い町家遺構である。（井上　亮）

八雲本陣として知られる木幡家（国重要文化財）

◎所在地・島根県松江市宍道町宍道
◎交通・JR山陰本線宍道駅下車、徒歩5分　◎問合せ先・松江市歴史まちづくり部まちづくり文化財課☎0852-55-5956

美作市《みまさかし》古町《ふるまち》〔宿場町〕

古町は旧大原町にあって大原宿とも呼ばれ、岡山県の北東部、兵庫県との県境に位置し、鳥取藩主の参勤交代の宿として本陣、脇本陣が置かれ、因幡街道の宿場町として賑わった。本陣は白壁の長い塀と唐破風の御成門、数寄屋造の御殿をもち、脇本陣も現存する。江戸後期から明治・大正期の町家には、ナマコ壁や火返し（袖壁）、通し土間等が見られ、4度の大火に見舞われた古町の特色である。また、屋根に伊部瓦が残る町家もある。昭和六一年（一九八六）、県指定町並み保存地区に指定。（岡山県建築士会真庭支部）

大原宿本陣。数寄屋造りの御殿と御成門などが現存

◎所在地・岡山県美作市古町　◎交通・智頭急行智頭線大原駅下車、徒歩5分
◎問合せ先・美作市大原総合支所☎0868-78-3111

新庄村《しんじょうそん》新庄宿《しんじょうじゅく》〔宿場町〕

新庄は、岡山県の北部、鳥取県境に接した農山村の景観を今に残す小さな村である。「東の箱根、西の四十曲」といわれた交通の難所の麓にあり、出雲から鉄を運ぶ鉄の道として開かれた出雲街道の宿場町である。江戸時代には参勤交代の際の宿場町として栄え、現存する本陣・脇本陣、切妻平入の江戸末期の町家から近代までの建築がまとまって見られ、石州赤瓦の屋根が多く残る。通りの両側には日露戦争勝利を記念して植えられた桜並木が、「がいせん桜通り」と呼ばれ、桜の季節は賑わう。（岡山県建築士会真庭支部）

脇本陣の木代邸。新庄宿は東の箱根と並ぶ西の交通の難所

◎所在地・岡山県真庭郡新庄村新庄
◎交通・ＪＲ姫新線中国勝山駅下車、真庭市コミュニティバス40分　◎問合せ先・新庄村産業建設課☎0867-56-2628

福山市《ふくやまし》神辺《かんなべ》〔宿場町〕

神辺は古くから備後南部の拠点であったところで、現在も古墳や条里制《じょうりせい》の遺構が残る。近世には西国街道の宿駅に指定されて本陣などの宿駅関連施設が整備された。街道中心部には御成門《おなりもん》を構えた神辺本陣菅波家住宅（県重要文化財）がその威容を誇っている。西国街道で本格的な本陣建築が残る宿場としては、本陣・脇本陣が対で残る矢掛《やかげ》宿（岡山県小田郡矢掛町）が知られているが、県内では当地だけで、他の漆喰塗の重厚な意匠の町家群とともに、往時の宿場の町並み景観の重要な要素となっている。（迫垣内裕）

漆喰塗の重厚な神辺本陣

◎所在地・広島県福山市神辺町川北・川南
◎交通・ＪＲ福塩線神辺駅下車、徒歩10分　◎問合せ先・神辺町観光協会☎084-963-2230

海田町《かいたちょう》海田《かいた》〔宿場町〕

海田は江戸時代に西国街道の宿駅として繁栄した。慢性的な混雑ぶりを見せる国道２号線から山裾を走る旧街道の県道瀬野船越線に入ると閑静な住宅街が広がり、街道の所々に残る町家が昔のたたずまいを見せている。直線状の街路に面した町家でも建物を斜めに配するものが多く、平入主体の町家ではあるが建物の独立性を高めた街路景観が特徴的である。そのなかで一際目を引くのが千葉家住宅で、天下送り・宿送り役を勤めた来歴をもち、二階建て平入の主屋に隣接して表門つきの書院座敷（県重文）を構える。（迫垣内裕）

旧街道沿いでは一際目立つ千葉家住宅

◎所在地・広島県安芸郡海田町上市・中店・稲荷町・新町　◎交通・ＪＲ山陽本線海田市駅下車、徒歩５分　◎問合せ先・海田町役場☎082-822-2121

広島市《ひろしまし》可部《かべ》〔宿場町〕

可部は広島城下に注ぐ太田川の中流域にあって河川交通の中継地として、また、出雲・石見に至る陸路の要衝として発展した。南北に通る昔の街道は、ほぼ中央で直角に屈曲した枡形《ますがた》を形成し、ここを中心に江戸時代末期から明治・大正頃の町家が約1㎞にわたって続いている。現在はかつての賑わいはなく交通量もめっきり減って閑静な住宅街といった印象である。散在する切妻造、二階建て、平入で外壁を漆喰で塗り籠めた町家が往時の面影を伝えており、以前は妻入町家も混在していた。（迫垣内 裕）

平入漆喰塗の町家が連続する

◎所在地・広島県広島市安佐北区可部
◎交通・ＪＲ可部線可部駅下車、東すぐ
◎問合せ先・広島市安佐北区区政振興課☎082-815-5111

岩国市《いわくにし》本郷《ほんごう》〔宿場町〕

岩国市北部の山間に位置する旧本郷村の中心で、山代街道と岩国往来（石州街道）が交差する交通の要所であり、江戸時代には勘場や市が置かれ栄えた。緩やかにカーブする街道沿いには、石州瓦葺きの入母屋造を中心とした町家が建ち並び、赤褐色の屋根並みがつくる景観が印象的である。錦川の支流である本郷川、本谷川、宇塚川の合流地に開かれた町場であり、家々の背後に流れる河川や道路脇の水路には豊かな水が流れており、町並みとともに山間の豊かな自然が感じられるのも特徴である。（秋月裕子）

街道沿いに石州瓦の家並みが残る

◎所在地・山口県岩国市本郷町本郷
◎交通・錦川鉄道錦川清流線河山駅下車、バス30分　◎問合せ先・岩国市観光振興課☎0827-29-5116

下関市《しものせきし》吉田《よしだ》〔宿場町〕

吉田には、厚狭《あさ》や埴生《はぶ》など12村を管轄する宰判《さいばん》が置かれ、また山陽道と赤間ヶ関街道の分岐点にあたり、本陣のある宿場町として栄えた。これら街道に沿って建ち並ぶ赤瓦の町家の町並みや、柳町などの脇通り、道標、一里塚などに、往時のよすがをしのぶことができる。奇兵隊の屯所として利用された末富家のほか、周辺には奇兵隊陣屋跡、高杉晋作墓のある東行庵《とうぎょうあん》など、幕末の史跡も多く存在する。かつては藩主や幕府目付などが宿泊した御茶屋と、隣接して勘場もあったが、現在は練塀の一部を残すのみである。（原田正彦）

旧山陽道沿いの赤瓦の民家

◎所在地・山口県下関市吉田　◎交通・ＪＲ山陽本線小月駅下車、バス15分
◎問合せ先・下関市文化財保護課☎083-254-4697

宗像市《むなかたし》赤間《あかま》〔宿場町〕

赤間宿は、小倉から宗像、博多、唐津へと向かう唐津街道添いの宿場町である。江戸時代は筑前二十一宿の一つで、宗像地域の物資の集積地として繁栄した。唐津街道は城山から延びる丘陵に沿ってゆるやかに曲線を描き、商家が軒を連ねる。壁や軒裏を漆喰で塗籠めた重厚な町並みで、妻入町家は、正面の軒を切上げた甲造りの屋根が特徴的である。出光興産創業者・出光佐三の生家は、明治二六年（一八九三）建築で宿場を支えた商家の一つ。赤間宿は街道を行き交う人々の往事の賑わいを今に伝える。（松本将一郎）

白壁の町並み。左手は出光佐三生家

◎所在地・福岡県宗像市赤間　◎交通・ＪＲ鹿児島本線教育大学前駅下車、徒歩3分　◎問合せ先・街道の駅　赤間館☎0940-35-24128

古賀市《こがし》青柳《あおやぎ》〔宿場町〕

青柳宿は、慶長一〇年（一六〇五）に唐津街道の宿駅として成立した宿場町である。東北から西南に向かう唐津街道沿いに宿場が約４５０ｍ続き、上町と新町、横町の２ヵ所で折れ曲がりＳ字形の線形をなす。宿場中央には大名が泊まる御茶屋（本陣）、少し離れた両側に町茶屋（脇本陣）が位置し、街道の出入口に構口《かまえぐち》が設けられていた。西の構口には石組みが残っており、往時の様子をしのばせる。唐津街道沿いや裏手には元茅葺き民家が見られ、周囲の田園風景とあいまって農村の宿場の雰囲気が今も残る。（松本将一郎）

上町の町並み。奥は御茶屋跡に建つ青柳醤油

◎所在地・福岡県古賀市青柳町川原
◎交通・ＪＲ鹿児島本線古賀駅下車、バス15分　◎問合せ先・古賀市商工政策課☎092-942-1176

飯塚市《いいづかし》内野《うちの》〔宿場町〕

内野は長崎街道筑前六宿の宿場町で、九州の箱根といわれた難所・冷水峠《ひやみずとうげ》の開削と同時期に整備された。町の長さは南北の構口《かまえぐち》間で約６００ｍ、中央に大宰府へ抜ける宰府道《さいふどう》が始まる三叉路がある。町並みはこの三叉路を中心に三方へ広がり、草葺きと瓦葺き土蔵造の伝統家屋が点在し、西の外れには宰府道に面して御茶屋跡がある。町家は一八世紀建築の酒造業を営んでいた松屋、町茶屋を務めた長崎屋、両替商の小倉屋等が残り、旅人で賑わった宿場町の面影を残している。長崎屋は休憩所として公開されている。（大森洋子）

街道に面して建つ明治13年（1880）建築の小倉屋

◎所在地・福岡県飯塚市内野　◎交通・ＪＲ筑豊本線筑前内野駅下車、すぐ　◎問合せ先・内野宿展示館☎0948-72-5581

筑紫野市《ちくしのし》山家《やまえ》〔宿場町〕

内野から冷水峠を越えると長崎街道筑前六宿の山家がある。山家は長崎街道、日田街道、薩摩街道が交差する交通の要衝で、大規模な宿場町であった。御茶屋は現存しないが、ここでは佐賀藩主や長崎奉行が通行する際に福岡藩主自らが出向き、酒肴や茶菓でもてなす対面儀礼の御出会《おであい》が行われた。西構口は残っており県指定史跡となっている。郡屋跡には当時の土蔵や穀倉が現存する。町家は入母屋桟瓦葺き妻入の松尾屋が残り、御茶屋跡、町茶屋跡、下代屋敷跡とともに宿場町の雰囲気を伝えている。（大森洋子）

郡屋跡の土蔵

◎所在地・福岡県筑紫野市山家　◎交通・ＪＲ筑豊本線筑前山家駅下車、徒歩５分　◎問合せ先・筑紫野市文化情報発信課文化財担当☎092-921-8419

久留米市《くるめし》草野《くさの》〔宿場町〕

草野は耳納《みのう》連山の麓を東西に走る日田街道山辺道《やまべみち》に宿駅として町建てされ、在郷町として発展した。東端の桝形に面して専念寺と須《す》佐能袁《さのお》神社が建ち、西端には連続する大小２つの桝形が設けられ構口を構成していた。草野で最も古い民家である鹿毛《かげ》家は安永九年（一七八〇）頃の建設である。明治期には大地主による大型の質の高い町家が多く建てられ、今日見られる草野の伝統的景観が形成された。洋館の草野銀行が明治四四年に、中野病院が大正三年に建設され町並みにアクセントを与えている。（大森洋子）

平入大屋根の中央に切妻・妻入の中2階がのる鹿毛家

◎所在地・福岡県久留米市草野町　◎交通・ＪＲ久大本線筑後草野駅下車、徒歩７分　◎問合せ先・草野歴史資料館☎0942-47-4410

街道脇に立つ道祖神

愛知県岡崎市・八丁味噌の蔵屋敷　安野光雅・画

4

生業・産業を中心とした町並み

鉱山町（金、銀、銅、弁柄等）、醸造（酒造、醤油等）町、製磁・製陶町、
漆器・漆工の町、製織・藍師の町、鋳物師町、製塩町、製蠟町ほか

さまざまな産物の採集、精製・生産、加工に従事した人々や商人が居住した集落や町場。その産物に応じてさまざまな形態の建物が並び、またその産物の生産の多寡に応じて盛衰があった。

現在の本町通り

桐生市《きりゅうし》桐生新町《きりゅうしんまち》［製織町］

織物とともに生きる人々のまち、桐生新町

重要伝統的建造物群保存地区
選定 平24・7・9

桐生市は、関東平野の北端の一角にあり、利根川水系の一級河川渡良瀬《わたらせ》川、桐生川が流れ、市域の北西部には日本百名山でもある赤城山がそびえたつ、清流と森林を有した山紫水明な地域である。

天正一九年（一五九一）から慶長一一年（一六〇六）にかけて、徳川氏の代官の大久保長安《おおくぼながやす》の手代大野八右衛門《おおのはちえもん》により町立てが行われた。町立てに際し遷座《せんざ》された天満宮を基点とし、南端の浄運寺《じょううんじ》までの東西の幅90間《けん》程度の区間は、6町（現在の本町1丁目から6丁目）で構成された。これに横町（現在の横山町）を含めた地区は「桐生新町」と呼ばれ、町立て当初は徳川氏の直轄地である天領扱いとされていた。現在の重伝建地区の範囲は、桐生新町の一部であり、重伝建地区の名称にもなっている。

桐生新町の中心には、幅が約5間半

◎所在地・群馬県桐生市本町
◎交通・・JR両毛線桐生駅から約1・5㎞、東武桐生線新桐生駅からおりひめバスで10分
◎見所・・桐生新町地区の起点となった天満宮境内にある末社春日社（市指定文化財）は桐生最古（室町後期）の建造物であり、また、権現造の天満宮社殿（県指定文化財）の本殿には、絢爛豪華な彫刻が施されており、往時の栄華がしのばれる。
◎問合せ先・桐生市総合政策部重伝建まちづくり課
☎0277-46-1111

多種多様な建物が混在する桐生新町地区の町並み

(約10m)の道(現在の本町通りとなる道)が通っており、その両側に、間口6〜7間、奥行き40間という、奥行きの深い短冊状の地割が施された。利用形態により一部の敷地では細かく分割され、敷地奥に至るための独特な路地空間が形成されるなど、敷地はさまざまに変化をしているところもあるが、町の中心を通る道(本町通り)の位置や、この道を中心に広がる町の範囲など、特徴的な地割の形態は受け継がれている。

桐生市にとって織物は、近世から近代にかけて町の発展に貢献した代表的な産業である。その歴史は、奈良時代にあしぎぬ(絹織物)を朝廷に献上したことにさかのぼる。関ヶ原の合戦の折には、徳川軍に旗絹を献上し勝利を収めたことで、桐生は吉例地として扱われ、幕府へ織物が納められるようになった。

のちに、織物を換金するための市が天満宮の境内に立ち、やがてこの市は桐生新町全域で行われるようになり、織物業は地域の生業となった。明治三七年

（一九〇四）刊行の『群馬県営業便覧』によると、機屋など織物に関連する業種以外に、日用雑貨や食品などを扱う店などがあり、桐生新町には機屋だけでなく、織物業とかかわりをもったさまざまな業種の建物が建ち並んでいたことがわかる。現在も、重伝建地区内には当時の住商工混在の町の様子を伝える江戸末期から昭和初期（戦前）の建物が残されている。そのなかのひとつに、機屋の工場として使用されていた大谷石《おおやいし》で建てられた国登録有形文化財ののこぎり屋根形態をもつ曽我織物工場などがある。

桐生祇園祭。神輿渡御前の御旅所での神事

　また、重伝建地区の建物の特徴のひとつとして、建物の北側の外壁面が漆喰《しっくい》や煉瓦で施されている建物を目にすることができる。これは、群馬特有の冬季の北風などから、火災の延焼拡大を防ぐための対策として施されたものと考えられ、先人たちの火災から建物を守るための工夫のひとつである。

　重伝建地区の入口に位置する市指定文化財の旧矢野蔵群は、隣接する市指定文化財の矢野本店の味噌・醤油・酒・洋酒・塩・穀蔵などとして建てられた建造物であり、現在は、市の施設として広く市民に活用されている。

　また、本町1丁目から6丁目および横山町では、桐生市で毎年8月に行われる「桐生八木節まつり」にあわせ「桐生祇園祭」が行われている。明暦二年（一六五六）が起源とされる「桐生祇園祭」は、現在でも当時からのしきたりを守りながら、神輿渡御《しんよとぎょ》などが行われ、桐生の伝統的な行事として受け継がれている。

（橋場ひろみ）

大正時代の本通りの景観

のこぎり屋根の旧曽我織物工場。大谷石造、大正11年(1922)の建築

明治22年銅版画「群馬県桐生第一物産売買所」

佐渡市《さどし》相川《あいかわ》【金山】

４００年続いた世界有数の鉱山都市を歩く

ヤマから台地を経て奉行所へ続く京町通り

露頭掘跡の道遊の割戸

相川が鉱山町であったことは多くの人が知るところである。人々の経済生活に最も関係の深い金銀を生産したこと、それが約４００年あまりの長い間続いたことなどによって、日本で最も有名な鉱山といえる。

慶長元年（一五九六）に発見された相川金銀山はまもなく最盛期をむかえ、相川には鉱山関係の労働者や商人たちが大勢入り込んできた。佐渡は徳川幕府の直轄地となり、鉱山開発とともに町づくりも急速に進んだ。慶長八年、大久保石見《おおくぼいわみの》守長安《かみながやす》が佐渡代官に就任し、近世的な地割をもつ町が整備された。町は山から海へと続き、台地と谷間、海岸沿いの平地を巧みに利用した町づくりの工夫・技術・知恵が、今も残されている町並みや景観からうかがえる。

相川町の始まりである上相川地区は、金銀山（道遊《どうゆう》の割戸《われと》）に最も近い海抜１５０〜２５０ｍほどの山の斜面に鉱山

◎所在地・新潟県佐渡市相川
◎交通・・新潟港から船ジェットフォイル１時間５分で両津港へ、両津港からバス１時間、相川下車
◎見所・・大鉱脈の露頭掘跡の「道遊の割戸」。日本初の西洋式立坑（垂直坑道）。北沢地区の選鉱・精錬施設跡。金山資料館では当時の仕事の様子や、採掘・製錬、佐渡小判ができるまでの工程を展示している。
◎問合せ先・世界遺産推進課文化財室
☎0259-63-3195

町として整備された。ほぼ東から西へ下る道を中心に短冊形の敷地を造成し、居住と製錬などの作業場を確保した。鉱山全盛期を過ぎた慶安五年（一六五二）でさえ22町、５１２軒の家があったことが記録されている。

　上相川から南西へ伸びる台地の稜線沿いに道が造られ、周辺に大工町や京町などの町が開けたが、時代が移り、鉱山町の中心は台地の下方へ移ることになる。相川の人々は台地上の町を上町《かみまち》、海岸沿いの町を下町《したまち》と呼び分けている。

　海沿いに開かれた下町はおもに商人や職人が住んだ町で、平入《ひらいり》の町家が連なる。台地上の山の斜面には寺院が集中しており、上寺町《かみてらまち》・中寺町《なかてらまち》・下寺町《しもてらまち》の地名がついている。台地上の上町と海岸沿いの下町を結ぶ坂道が迷路のように入り組んでおり、随所に見られる石垣や石段などの石組み技術も見応えがある。

　佐渡市は、鉱山町相川の歴史的景観の保護をめざし、「佐渡相川の鉱山及び鉱山町の文化的景観」として重要文化的景観の選定を受けるべく、平成二七年（二〇一五）一月に文化庁に申出書を提出している。（高藤一郎平）

金採掘跡の宗太夫坑入口（国史跡整備前）

寺町に見られる石積み。鉱石用の石臼が再利用されている

下町の町並み。平入民家、商家が連続する（撮影 杉本和樹）

金屋町通り。鋳物資料館前から南西を見る

高岡市《たかおかし》金屋町《かなやまち》【鋳物師町】

高岡城下建設で鋳物師が集住した職人町

重要伝統的建造物群保存地区
選定 平24・12・28

金屋町の成立は、慶長一六年（一六一一）、加賀前田《まえだ》家二代当主前田利長《としなが》が高岡開町にあたり、礪波《となみ》郡西部金屋（現在の高岡市戸出西部金屋）から7人の鋳物師《いもじ》を招き、鋳物の町として町立てしたことに始まる。町割にあたって、町の中心部の西側を流れる千保《せんぼ》川の対岸に幅50間《けん》、長さ100間の土地を与え、5ヵ所の吹場《ふきば》を開かせて鋳物づくりを行わせた。その後、この拝領地を中心として、町の発展とともに隣接する横田村などから請地《うけち》を行い、拡大してきたのが現在の金屋町である。

金屋町の鋳物師は、当初は鍋・釜、鋤《すき》・鍬《くわ》などの鉄鋳物を中心に製造していたが、一八世紀後半には、鋳物師の技術と彫金師や仏具師のもつ技術を融合させ、梵鐘・台燈籠などの大型製品から、火鉢・燭台などの日用品やかんざし・煙《きせ》管《る》などの装飾品である銅鋳物をつくるようになった。高岡は現在でも銅器の一大産地であり、金屋町は「高岡鋳物発祥の地」とされている。

保存地区は、東西約140m、南北約

◎所在地・富山県高岡市金屋町・金屋本町
◎交通・・JR北陸本線高岡駅下車、徒歩20分。JR北陸新幹線新高岡駅より10分
◎見所・・高岡鋳物発祥の地として千本格子の家並みなど伝統的な町家が大切に残されている。旧南部鋳造所のキュポラ及び煙突。高岡市鋳物資料館など。
◎問合せ先・高岡市教育委員会文化財課
☎0766-20-1453

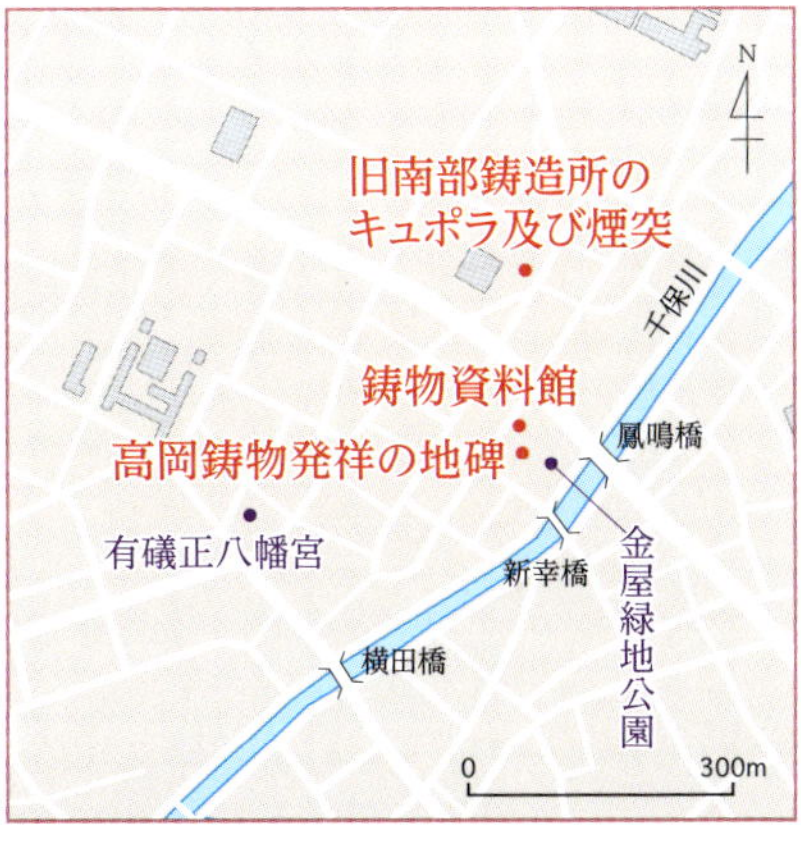

高岡市鋳物資料館

旧南部鋳造所のキュポラ及び煙突

450m、面積6・4haで、旧拝領地とその周辺の範囲である。保存地区の中央を南北に走る金屋町通りの両側は、江戸期から昭和初期までに建てられた町家が軒を連ね、伝統的な町家が最も色濃く残る地区である。

　この金屋町通りを中心として、北側は伝建地区外である内免1丁目まで連続した町並みが続き、板葺き石置き屋根の町家も唯一残る地区である。西側には、金屋町の鋳物の歴史を物語る「旧南部鋳造所のキュポラ及び煙突」（国登録有形文化財）がある。金屋町通りのほぼ中央には高岡市鋳物資料館があり、高岡鋳物発展の過程で使用された鋳物の生産に関する製作用具とその製品等（登録有形民俗文化財「高岡鋳物の製作用具及び製品」および関連資料）を所蔵・展示している。地区の各所には、祠に祀られた地蔵尊が散在し、町並みに色を添えている。本来は水子《みずこ》供養などのために家庭内で祀られていたものが、家族の代替わりや建物の建替えなどにともない、屋外に移して町内の共有物になっていったとされる。

金屋町通り。北東を見る

　町家の敷地は短冊形で、道路側から主屋、中庭をはさんで土蔵を配し、さらにその奥には、つねに火を使用する吹場（鋳造所）を置き、万一の失火の際は、土蔵の開口部を味噌で目張りし、主屋への延焼を防ぐ工夫がなされている。

　金屋町の最も古い町家は、冬期間の屋根の積雪に耐えられるように、大きい登り梁《はり》を正面に見せた切妻造平入《きりづまづくりひらいり》で両端に袖壁《そでかべ》をつけた構造となっており、二階は

御印祭（前夜祭）

低くおさえられ、「アマ」と称される物置として使用されている。いずれの町家も前面に繊細な格子戸をはめ、1階の庇《ひさし》は板葺きとし、2階正面は梁《はり》や貫《ぬき》の周りを白漆喰《しろしっくい》で塗り込めた真壁造《しんかべづくり》町家の伝統的な美しさを備えている。

金屋町は、高岡城下の建設にともない鋳物師が集住して形成された町並みがよく継承され、意匠的に優れた外観や質の高い造作をもつ町家と作業場や土蔵など鋳物製造にかかわる建物がよく残り、特色ある歴史的風致を伝えるなど価値が高いと評価され、平成二四年（二〇一二）に「鋳物師町」としては初めて重要伝統的建造物群保存地区に選定された。

金屋町では毎年、前田利長の命日である六月二〇日（旧暦五月二〇日）に、町を開き鋳物づくりを奨励した利長に感謝し、遺徳を偲ぶ「御印祭」を執り行う。その前夜祭では、老若男女が４００年間唄い継がれる鋳物づくりの労働歌「弥栄《やがえ》節《ふ》」を唄い、その節にあわせて踊る町流しが行われている。（高田克宏）

塩尻市《しおじりし》木曾平沢《きそひらさわ》【漆工町】

わが国の漆器産地を代表する町並み

重要伝統的建造物群保存地区
選定 平18・7・5

木曾平沢は、中山道奈良井宿および贄《にえ》川宿《かわしゅく》の間に位置する木曽漆器の産業町で、近世以降発展してきた。奈良井宿からはおおよそ3㎞ほど北に位置する。

集落の形成は、慶長《けいちょう》七年（一六〇二）の、江戸幕府により中山道が定められたのにあわせて周辺から街道沿いに集住が始まったものと考えられる。こうして成立した木曾平沢の集落は当初は奈良井村の枝郷となるが、次第に独自に発展していくことになる。

木曾平沢を語るとき、木曽漆器の存在を抜きに語ることはできない。集落の形成された当初にはすでに何らかの木工生産がなされていたと思われるが、一八世紀中頃以降には漆器業として奈良井宿と競合するほど拡大するようになり、木曽漆器の主産地へと成長していく。近世以降数度の大火に見舞われた木曾平沢での最後の大火は明治二九年（一八九六）で、上町から中町にかけて焼失した。しかし、近代以降も木曽漆器の産地としての発展を続け、主屋等の建物更新が進み、多様な時代背景の建物が集積し独特の街路空間を形成している。

町並みは中山道に沿い線状の街村的形態をなす。信濃川の支流である奈良井川の上流側から、上町、中町、下町となるが、鉤の手により明確に分かれている奈良井宿の町並みとは違い、それぞれの町境は不明確なものとなっている。また、木曽漆器の産地として、中山道に平行して金西町《きんさいちょう》という裏通りが大正時代に開けたことも町の特徴といえる。

中山道は木曽谷の微地形に沿ってゆるやかに湾曲するが、敷地割は比較的平行になされるため、上町や下町では、間口《まぐち》が狭く奥行きの深い短冊状の敷地割が通りに正対しなくなり、街路と建物の間に台形状の残地を残すようになる。これを吾持《あがもち》という。このため、とくに下町では

◎所在地・長野県塩尻市木曽平沢
◎交通・・JR中央西線木曽平沢駅下車、徒歩3分
◎見所・・わが国の漆器産地のなか重伝建選定となった唯一の町並み。主屋奥の塗蔵などでは現在でも漆器の生産が行われている。工程的に埃や光を嫌うが、機会があればぜひ製作作業もご覧いただきたい。
◎問合せ先・塩尻市ブランド観光商工課
☎0263-52-0280

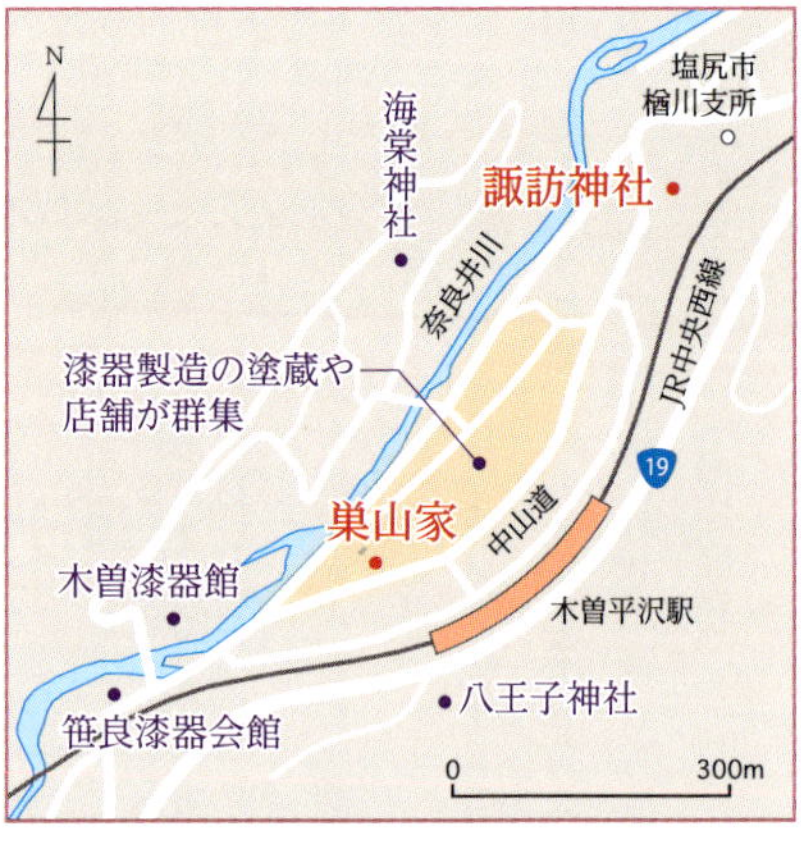

上：毎年9月23日の竹祭り時の設え（中町）、下：町中から紅葉を見る（金西町）

主屋が雁行《がんこう》し、独特の街路空間を形成している。

木曾平沢の屋敷構えは、通りに面して主屋があり、その奥には中庭を介して離れや塗蔵《ぬりぐら》と呼ばれる漆器生産のための土蔵や作業場、離れなどが連なる。主屋は出梁造《だしばりづくり》を基本とするが、いわゆる近代和風建築といわれる建物も多く混在する。金西町も含んだ中山道沿いと諏訪神社の一帯は、平成一八年（二〇〇六）に国の重要伝統的建造物群保存地区に選定された。それ以降現在に至るまで修理・修景事業や防災施設整備事業などが継続的に行われている。

単体の文化財としては、巣山家住宅（国登録文化財）がある。その主屋は近代の立ちの高い出梁造である。また、享保一七年（一七三二）築の諏訪神社本殿（市指定文化財）は朱塗り社殿である。表通りから見る木曾平沢の町並みは、とくに南に隣接する奈良井宿と比較して町並み整備がさほど進捗していないことを差し引いても、少し古いが雑多な建物が

北側から木曾平沢の町並みを望む。奥には鳥居峠が見える

集まっているようにしか見えない印象がある。しかし、雑多に見えるファサードの裏に伝統的な建物が隠れていたり、主屋奥の塗蔵で行われている漆器の生産など、少し注意深く見ると漆工町の特徴をうかがい知ることができる。建物によっては中庭あるいは塗蔵までの見学ができる場合があるのでぜひお声がけのうえ、内部をご覧いただきたい。

木曾平沢では毎年六月の第1週末に木曽漆器祭が行われる。産地ならではの品揃えと、普段は直接販売しない職人による直売などもあり、地区一番の人出となる。（石井健郎）

主屋が少しずつずれて並び、町家の側面が見える（下町）

与謝野町《よさのちょう》 加悦《かや》〔製織町〕

縮緬工場や生糸商家が並ぶ「ちりめん街道」

重要伝統的建造物群保存地区
選定 平17・12・27

加悦　ちりめん街道の景観。座敷前面に腰高の「エンガキ」がある

京都府与謝野町は京都府北西部の丹後半島の付け根に位置し、旧加悦町の中心部は、そのほぼ中央・野田川沿いの加悦谷にある。加悦谷は古代から丹後と奈良・京都を結ぶ交通の要衝であった。中世には京都実相院の荘園「賀悦庄」となり、寛正六年（一四六五）に賀悦庄から実相院へ絹織物を納めた記録がある。

現在の加悦地区は、天正八年（一五八〇）に、当時丹後を支配していた細川藤孝《ほそかわふじたか》の重臣有吉立言《ありよしたつのぶ》が現在の町の北方の山上に安良城を築城し、麓近くに城下町を建設したことに始まる。しかし、三年後に有吉氏は城を放れ、加悦は城下町としての役割を終え、以後市場町となり、一七世紀後半には市場町の機能も停止し、地方の中心としての在郷町となっていった。

享保七年（一七二二）に京都西陣から縮《ちり》緬織《めんおり》の技術が伝えられると、短期間に縮緬機の数を増加させた。中世からの精好《せいごう》織《おり》や紬織の技術的蓄積があったこと等がこれを可能にしたと考えられている。丹

◎所在地・京都府与謝郡与謝野町加悦
◎交通・・北近畿タンゴ鉄道宮津線野田川駅下車、車で10分
◎見所・・旧尾藤家住宅は旧縮緬商の大邸宅で洋館もある。旧加悦駅舎は鉄道資料室として公開。また旧加悦町役場は観光協会の事務局があり、展示と観光情報発信を行っている。
◎問合せ先・与謝野町教育委員会教育推進課
☎0772-43-2193

西山家製糸工場　明治29年から41年にかけて建設。力織機による縮緬生産への転換を図った

旧尾藤家洋館と中庭。洋館は昭和3年の建設

後縮緬は宮津藩の重要な税収源のひとつとして発展の道をたどり、また明治初期には日本海の北前船《きたまえぶね》の船主となる者も現れ、加悦は丹後地方における流通経済の拠点として重要な地位を占めるようになった。加悦の縮緬の生産は昭和四八年頃に最盛期を迎えたが、その後、国民の生活スタイルの変化により縮緬の生産量は激減した。しかし、今なお丹後地方は国内の絹織物の3分の1を生産する主生産地としての地位を維持し、加悦町でも縮緬の生産が続けられている。

杉本成史家住宅。家の前に「縮緬発祥之地」の石碑が建てられている

加悦の歴史的町並みは主として地元で「ちりめん街道」と名づけている旧街道沿いの地域である。ちりめん街道の中央あたりで街路に2カ所のクランク状の折れ曲がりがあり、防御を重視する城下町特有の地割を伝えている。街道沿いには江戸期から戦前にかけての古い建物が多く並んでいる。街路に面する大部分の町家は切妻《きりづま》造《づくり》平入《ひらいり》二階建てで、通り土間をもつ4間取りのものが多い。1階正面はかつて織機を設置していたミセノマの前面をハタヤマドと称する腰高窓、あるいは少し高い格子窓とし、ザシキ前面は腰の高さほどのエンガキをつける。

このほか、地区内には城下町建設にともなって遷座《せんざ》された天満神社や宝巌寺等の寺社、縮緬工場や織工たちの宿舎、大規模な生糸縮緬商家など、縮緬関連施設も各所に残されている。また旧加悦鉄道加悦駅舎、旧加悦町役場庁舎など、加悦の近代を語る建築物も保存公開されている。（苅谷勇雅）

京都市《きょうとし》伏見《ふしみ》・南浜《みなみはま》〔醸造町〕

濠川沿いを中心に広がる酒蔵と町家の町並み

濠川沿いの酒蔵が並ぶ景観。　観光船も運航されている

伏見は京都市の南部にあり、古くから京都、大坂、奈良、近江を結ぶ中継地であった。文禄元年（一五九二）、豊臣秀吉は指月《しづき》の丘に城郭を築き、文禄三年より城下町の町割を始めた。城下には各大名の屋敷を置き、伏見城の外堀として築いた濠川の内側に商人の町を配した。秀吉の死とその後の伏見城の破却により伏見は大きな打撃を受けたが、やがて角倉了以《すみのくらりょうい》による高瀬川運河開削により、伏見は淀川と高瀬川を介して京都と大坂を結ぶ河川交通の中心ともなり、町は繁栄した。とりわけ伏見港のある京橋や南浜一帯は過書船《かしょぶね》や三十石船《さんじっこくぶね》、二十石船などが行き交う港町としてにぎわった。

伏見はかつて「伏水」と表され、良質な地下水が豊富なところで古くから酒造業が立地していたが、他の醸造地との競争もあって江戸時代の生産高はそれほど伸びなかったという。明治中頃から品質改良や鉄道利用による関東方面等への販路拡大等により、伏見の酒は全国に広まり、町には大名の伏見屋敷跡等を利用して酒蔵が建ち並んだ。

◎所在地・京都府京都市伏見区南浜町ほか
◎交通・・京阪電鉄本線中書島駅下車、徒歩6分
◎見所・・月桂冠旧本社「伏見夢百衆」は観光案内所・喫茶。月桂冠大倉記念館。濠川沿いの酒蔵景観。寺田屋。新高瀬川沿いの松本酒造の酒蔵や煉瓦煙突等。
◎問合せ先・伏見観光協会
☎075-623-1360

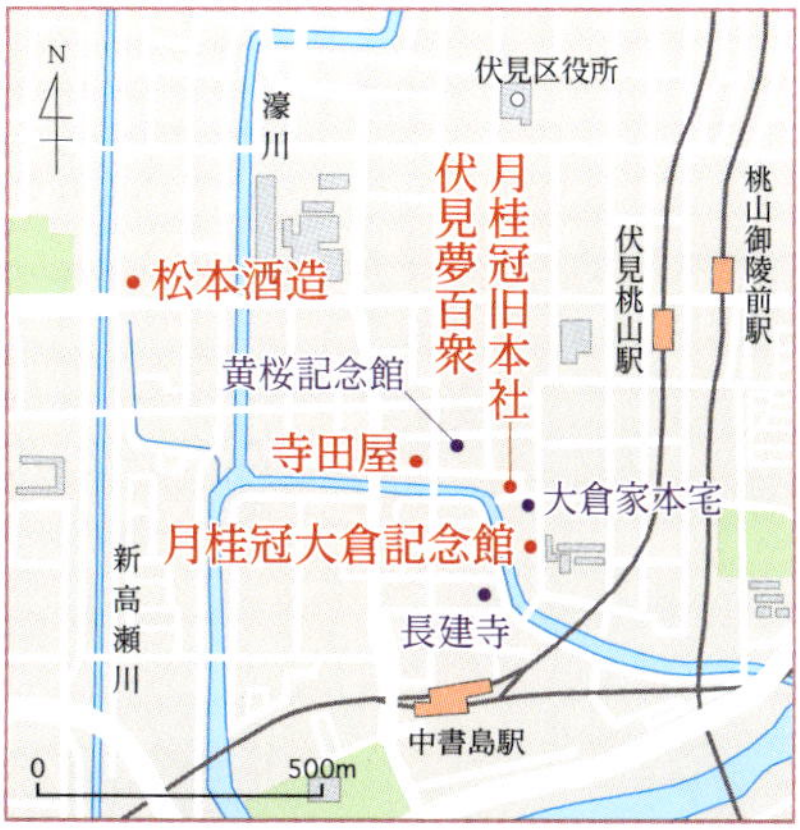

月桂冠大倉記念館　酒造用具等の展示館

黄桜酒造等の酒蔵や店舗。ビールの生産も行っている

伏見の酒蔵と酒造家の本家である重厚な町家は、かつて、南浜界隈ではいたるところに見ることができたが、酒蔵の技術革新による四季醸造等コンクリート造工場への建て替えやマンション等への転進が進み、酒蔵が軒を並べる景観はかなり少なくなっている。それでも南浜町の濠川沿いには月桂冠酒造の明治三九年（一九〇六）建造の大きな酒蔵が白壁と焼板壁の妻面の連なりを見せ、柳の並木とともに独特の景観を形成している。また、その東側の本材木町あたりには、北から南へ、大正八年（一九一九）建造の月桂冠旧本社、文政一一年（一八二八）建造の大倉家本宅、明治四二年建造の月桂冠大倉記念館が矩折型に長く並んでいる。月桂冠旧本社は現在は観光案内所等として活用されている。また大倉家本宅は太い酒屋格子と虫籠窓《むしこまど》が続く大きな間《ま》口《ぐち》の町家で、酒造創業家の重厚さを伝える。大倉記念館は通り沿いの町家と酒蔵を改装して、酒造用具等の展示館としたもので、昭和五二年（一九七七）の開館以来すで２５０万人の入館者があったという。また、周辺には現役の酒蔵や酒蔵を改造したレストラン等がある。濠川にかかる京橋あたりはかつて伏見港があった場所であるが、その北には幕末期争乱の舞台となった船宿の寺田屋がある。鳥羽伏見の戦いで焼失し、現在の建物は再建されたものである。

このほか大手筋通りの新高瀬川沿い北側には松本酒造の土蔵群がある。最も目立つのは大正一二年（一九二三）建造の大黒蔵で、土蔵造二階建てで桁行《けたゆき》40mの土蔵3棟を南北方向、新高瀬川に沿って並べている。このほか吟醸酒蔵、煉瓦倉庫、八角形の煉瓦煙突等があり、菜の花や桜の季節に新高瀬川沿いから見る景観は人気が高い。（苅谷勇雅）

松本酒造の酒蔵や煉瓦煙突　新高瀬川沿い。大黒蔵（大正12年）等

朝来市《あさごし》生野《いくの》〔鉱山町〕

重要文化的景観に選定された鉱山町の町並み

生野ミュージアムセンターとまちづくり工房井筒屋（左奥）

生野銀山は大同二年（八〇七）に銀が出たと伝えられ、天文一一年（一五四二）に但馬守護職の山名祐豊《やまなすけとよ》が銀石を掘り出し、これが開坑の起源といわれる。近世に入ると、享保元年（一七一六）に「生野代官所」が置かれ、生野銀山は最盛期を迎え、幕府の財政を支えた。明治元年（一八六八）には日本初の官営鉱山（政府直轄）となり、フランス人技師ジャン・フランソワ・コアニエを鉱山師兼鉱学教師として雇い、製鉱所（精錬所）を建設し、生野で日本の近代化鉱業の模範鉱山・製鉱所の確立をめざした。以後、国内有数の大鉱山として稼働してきたが、昭和四八年（一九七三）に閉山した。

生野は、近代産業遺産としての評価に加え、江戸期の生活とともにあった地役人や山師の住宅といった歴史文化遺産群が一体化し、住民が誇りと思う町並みを形成しているところに大きな魅力がある。平成二六年（二〇一四）三月、生野銀山を中心とする地域は、「生野鉱山及び鉱山町の文化的景観」として国選定重要文化的景観となった。（八木雅夫）

◎所在地・兵庫県朝来市生野町口銀谷
◎交通・・JR播但線生野駅下車、徒歩15分
◎見所・・銀鉱山の坑道と生野銀山文化ミュージアムを見学するには、駅よりバスで8分の生野銀山口下車、徒歩10分で「生野銀山」（シルバー生野）へ。口銀谷地区では、まちづくり工房井筒屋、ミュージアムセンター、旧生野鉱山職員宿舎、志村喬記念館が、まちあるきの拠点となっている。
◎問合せ先・生野町観光協会（朝来市観光情報センター）
☎079-679-2222
蟹仙洞博物館（長谷川）
☎023-672-0155

海南市《かいなんし》黒江《くろえ》【漆工町】

のこぎり歯状の家並みがつづく漆器の町

のこぎりの歯状の家並み。建物が通りに対して斜めに「のこぎり歯」状に雁行した形で建っている

レンガの家（旧漆精製工場）

黒江の漆器は、室町時代に庶民の生活道具の椀づくりに始まった。その後、天正一三年（一五八五）の羽柴秀吉の紀州攻めにより、根来寺《ねごろじ》から逃れた根来塗職人も黒江に入ったといわれる。江戸期には紀州藩の保護を受けて発展し、越前・会津・山中と並び四大漆器生産地として名をはせた。

現在の川端通りは広い道幅をもつが、かつては通りの中央を川が流れ両側に漆器問屋などが軒を並べた。川端通りの西端は旧黒江港で廻船によって漆器が大阪や四国に運ばれた。大正年間に川が埋められて現在の通りになったが、うだつのある銅板張りの重厚な商家や漆器蔵などが点在している。

川端通りの北と南の路地に入ると、黒江の特色であるのこぎり歯状の家並みが見られる。家の前に三角形の空き地があるのが特色である。江戸時代に黒江の入江を埋め立てた時に平行四辺形の区画割りをしたことからこのような特色が生まれた。煉瓦造りの旧漆精製工場、連子格子の美しい町家が見られる。（中西重裕）

◎所在地・和歌山県海南市黒江
◎交通・・JR紀勢本線黒江駅から徒歩10分
◎見所・・黒江には国登録有形文化財の池庄漆器店と尾崎林太郎家住宅がある。川端通りの商家や東端に清酒「黒牛」の名酒蔵、川端通りの北の通りののこぎり歯状の家並み。
◎問合せ先・海南市観光協会 ☎073-483-8461

港町湯浅に栄えた醸造の歴史を今に伝える大仙堀

湯浅町《ゆあさちょう》 湯浅《ゆあさ》〔醸造町〕

醤油醸造の伝統が生きて五感に薫るまち

重要伝統的建造物群保存地区
選定 平18・12・19

紀伊半島中部西岸の湾奥に位置する湯浅町は、有田地方の柑橘類生産地でもある山地が海にせまる自然環境に位置する小都市である。平安時代末期から勢力を誇った土豪《どごう》の湯浅氏の本拠地として栄え、陸路と海路の要衝であった湯浅は、熊野参詣において上皇《じょうこう》や貴族が滞在する重要な宿所の役割を果たした。中世に入り、熊野信仰が武士や庶民の間にも広まると「蟻の熊野詣」と表現されるほど多くの人々が熊野三山をめざすようになり、参詣の道が整備されるとともに町場が発達し、近世初頭にかけて臨海市街地域が開発されていった。

近世の湯浅は、紀州藩内有数の商工業都市として殷賑《いんしん》をきわめる。鎌倉時代の禅僧覚心《かくしん》（法燈国師《ほっとうこくし》）が宋より伝えた「金《きん》山寺味噌《ざんじみそ》」の製造過程から生まれたといわれる国内の醤油醸造は、湯浅で産業として成立する。藩の保護を受け、文化年間（一八〇四～一八）には92軒もの醤油屋が営業していたといわれるほど、湯浅の代表的な産業となった。また、漁業や

◎所在地・和歌山県有田郡湯浅町
◎交通・・JRきのくに線湯浅駅下車、徒歩約15分
◎見所・・醸造の町家や土蔵が建つ「通り」と、情緒ある「小路」の町並みを歩けば、手づくりの伝統製法を守る老舗醸造元から醤油の香りが漂ってくる。世界に誇る日本の食文化の歴史がここにある。
◎問合せ先・湯浅町観光協会
☎0737-63-2525

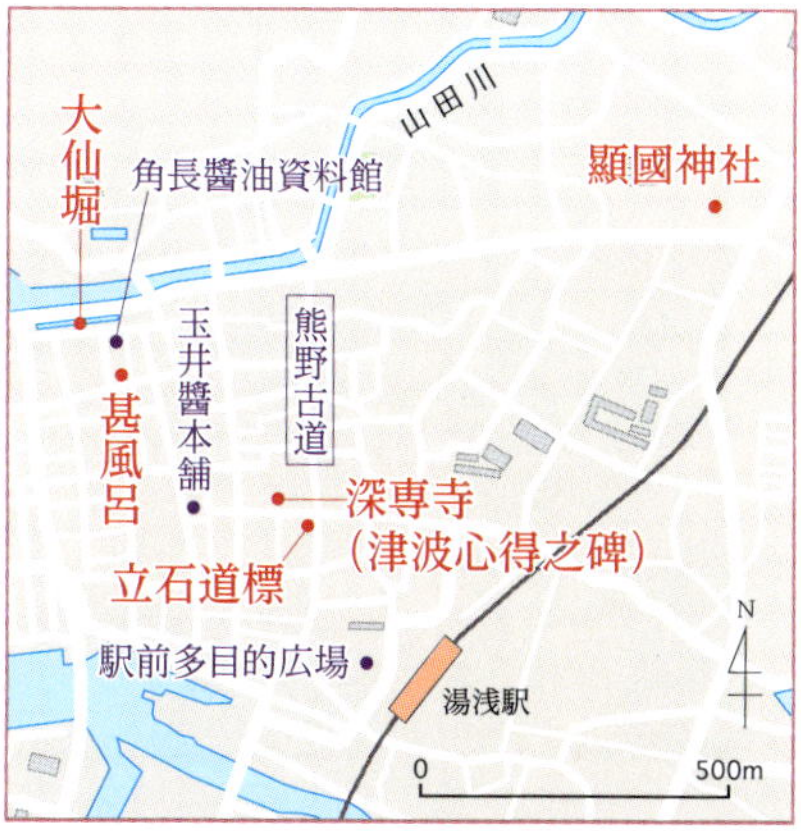

漁網製造なども盛んで、優れた操船技術をもった漁民たちが遠く九州や関東、北海道まで漁場を開拓している。この漁民たちの活躍により、房総半島に醤油醸造が伝えられて広まった。明治維新後は、醤油醸造家は減少したが、近代においても湯浅は有田郡の行政・経済の中心地として発展した。

現在の重伝建地区は、一六世紀末期頃に開発されたといわれる北町、鍛冶町、中町、濱町《はままち》を中心とする醤油醸造業が最も盛んであった一帯にあたる。「通り」と幅員の狭い「小路《しょうじ》」で面的に広がる特徴的な地割と、醸造業関連の町家や土蔵を代表とする近世から近代にかけての伝統的な建造物がよく残されている。主屋の基本形式は切妻造平入《きりづまづくりひらいり》で瓦葺きとし、重厚な本瓦葺きの伝統が大正時代頃まで残る。古いものは建ちの低いつし二階で、大壁漆喰塗《おおかべしっくいぬり》の二階には虫籠窓《むしこまど》が開けられ、一階には片引大戸《かたびきおおど》や格子などの建具がたてられる。軒下の仕上げや袖壁《そでかべ》、庇《ひさし》に下げられる幕板《まくいた》など、建築年代等により変化する細部の意匠が多様に見られる。屋内ではトオリニワと居室が一体となった大空間が印象的に現れる。町家のほか、長屋、銭湯、寺院・神社や、醤油蔵が建ち並ぶ大仙堀《だいせんぼり》などからなる町並みは、醤油と金山寺味噌に加え、近郷の海産物や柑橘類の香り・味とともに、生業と生活が息づきつつ、昭和・平成の今日の現役の姿に至る歴史的風致をよく伝えている。（神吉紀世子・前田和昭）

小路の辻に建つ大正期建築の銭湯跡歴史資料館「甚風呂」は住民活動の場である

町家の内部はトオリニワと居室が一体となった大空間

仕込蔵の梁や天井には蔵酵母と呼ばれる麹菌が棲み、上質な醤油を醸成する

大田市《おおだし》大森銀山《おおもりぎんざん》【鉱山町】

遺跡と自然と暮らしが調和する世界遺産

重要伝統的建造物群保存地区
選定 昭62・12・5　範囲拡大 平19・12・4

大森の町並み。豊かな自然のなかに石州瓦の町家が建ち並ぶ

大田市は島根県のほぼ中央に位置し、北に日本海、南に中国山地を擁する町で、大森銀山伝統的建造物群保存地区は市の南西部の山間部にある。保存地区は、平成一九年（二〇〇七）七月に登録された世界遺産「石見《いわみ》銀山遺跡とその文化的景観」を構成する主要な資産のひとつであり、豊かな遺跡と自然の中に今なお人々の暮しが営まれている。

石見銀山は、一四世紀初めに発見されたと伝えられ、その本格的な開発は大永六年（一五二六）、博多の商人神谷寿禎《かみやじゅてい》の入山後、灰吹法《はいふきほう》による銀精錬を始めてからである。慶長五年（一六〇〇）以降は徳川幕府が直轄する天領となり、江戸時代を通じて幕府による管理運営が行われた。

産銀量の最盛期は一七世紀初頭とみられ、この頃には海外にも多く輸出されれ

◎所在地・島根県大田市大森町

◎交通・・JR山陰本線大田市駅からバス石見銀山世界遺産センター下車または大森代官所跡下車

◎見所・・石見銀山世界遺産センターで、町並みを含む石見銀山遺跡全体の歴史や価値について学ぶことができる。熊谷家住宅(国重文)をはじめ、代官所跡や地役人の旧宅、郷宿、町家、寺社、羅漢寺五百羅漢の石造物など、多くの伝統的建造物が建ち並び、暮らしのある世界遺産として山間にたたずむ石州瓦の町並みが豊かな自然のなかに溶け込んでいる。

◎問合せ先・大田市教育委員会石見銀山課
☎0854-84-9155

代官所の御用達や郷宿、掛屋などを務めた熊谷家住宅（重要文化財）

岩山の岩窟内に安置される羅漢寺の五百羅漢（国史跡）

熊谷家住宅（重要文化財）の座敷で催される「雑もの茶会」（秋）

駒ノ足の町並み。切妻造平入の町家が軒を連ねる

た。中世以来銀山支配の拠点として山吹城麓に置かれていた役所が、寛永年間（一六二四～四三）に大森の町に移ると、大森が行政上の拠点となって陣屋町としての性格を帯びていき、代官所の周囲に同心などの武家屋敷や商家、郷宿などが配される現在の町割が構成されていったと考えられる。大森の町は江戸時代を通じて石見銀山とその周辺150余村支配の中心となった。

保存地区は、幕府が銀の生産活動の場を柵《さく》で囲って管理した銀山区域と、その北側に隣接する大森区域の町場からなる。両区域とも江戸時代の旧佐摩村に包括され、大森区域は旧大森町と羅漢町、明治町（上佐摩下）から、銀山区域は旧銀山町の一部（下河原・休谷）から構成される。

保存地区の範囲は、南の山吹城跡の山麓から北の代官所跡周辺に至る約2・8㎞の町並みとその周辺を含む約162・7haである。バイパスとなる県道が早くに建設されたこともあり、銀山川が流れる谷筋に沿って多くの伝統的建造物が良好に残され、山裾には地区の歴史にかかわる寺社や生活の営みにかかわる墓地や石段、水路、岩盤を加工した遺構も多い。伝統的建造物とこれらを結ぶ生活道が一体となって鉱山町の歴史的景観を良好に伝えており、昭和六二年（一九八七）に重要伝統的建造物群保存地区に選定されている。

銀山区域は、銀山閉山とともに衰えたため、伝統的な家屋はまばらであるが、大森区域は、寛政一二年（一八〇〇）三月に駒ノ足から出火した大火によって町並みの大半を焼失したものの、地役人や郷宿などの旧宅、町家、土蔵など、大火後の建築を中心として伝統的建造物が集中して残っている。なかでも、代官所の御用達や郷宿、掛屋などを務めた有力商人の屋敷である重要文化財熊谷家住宅（江戸時代後期）では、季節ごとにしつらいを替え、体験学習や茶会、かまどを用いた催しを行うなど工夫を凝らし、伝統的な住宅の価値や昔の暮らしを伝える活用が積極的に行われている。

　町家は、軒の低い切妻造《きりづまづくり》、平入《ひらいり》、桟瓦葺きを基本とし、屋根には独特のつやと赤味をもつ石州《せきしゅう》瓦が多く用いられている。外壁は中塗仕上げとして軒まわりを塗り籠め、開口部を少なくするものも多い。明治以降の二階建ての町家は軒高も高く、壁を漆喰《しっくい》仕上げとするものや、開口部を大きく取り、細かい格子戸《こうしど》などを用いる。また、武家屋敷も多く現存しており、通り沿いに門塀を備えて主屋との間にわずかな前庭を有するものと、主屋を通りから大きく引き込んで建て、通り沿いに長屋を有するものが見られる。

　大森銀山の町並みは、銀山とともに発展した町の形態をよく残し、周囲の豊かな自然環境とともに固有の歴史的風致を形成しており、地区では石見銀山学習など、文化遺産を活用した教育活動も盛んであり、石見銀山基金助成制度を用いた建造物修理も行われるなど、文化財の保存と活用に多くの示唆に富む取り組みが展開されている。（小野将史）

山間の自然の中にたたずむ大森銀山の町並み

高梁市《たかはし》吹屋《ふきや》〔鉱山町〕

銅山とベンガラ生産で栄えた赤瓦の町家と土蔵

重要伝統的建造物群保存地区
選定 昭52・5・18

高梁市吹屋は岡山県西部の吉備高原上に位置し、成羽の旧城下町から吹屋往来と呼ばれる県道をさらに北方へ約9㎞の山間にある。ここは近世以降、銅山と弁《べん》柄《がら》で繁栄した町であり、また備後東城地方と成羽を結ぶ鉄や米、炭などの物資の中継地としての役割も果たしていた。

この地方一帯は古来、銅を産出していたと伝えられるが、それが具体的に明らかとなるのは近世初期以降である。正保年間（一六四四〜四八）以降、吹屋の銅山は吉岡銅山と呼ばれ、その後、泉屋《いずみや》（住友家）、地元資本家である大塚家等が経営にあたったが、近世を通じて幾度も盛衰をくりかえし明治に至っている。明治六年（一八七三）、吉岡鉱山の稼業権を岩崎《いわさき》弥《や》太郎《たろう》が買収して近代的経営に乗り出し、明治末から大正初め頃まではわが国三大銅山のひとつに数えられる盛況を呈した。しかし、その後は次第に衰え、

◎所在地・岡山県高梁市成羽町吹屋
◎交通・・JR伯備線備中高梁駅からバス50分
◎見所・・町並み地区に旧片山家住宅、郷土館、明治の頃の弁柄工場を復元したベンガラ館等の公開施設。なお、吹屋銅山笹畝坑道、広兼邸、西江邸など、銅山や弁柄関連の公開施設が近隣にある。
◎問合せ先・高梁市教育委員会社会教育課文化係
☎0866-21-1516

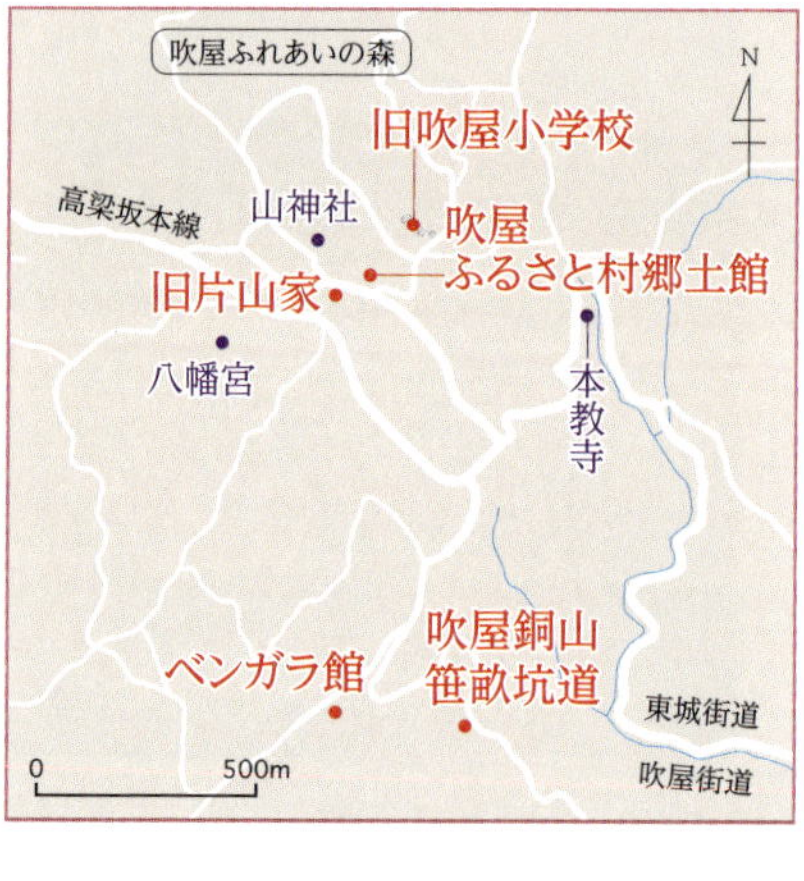

吹屋ふるさと村郷土館。入母屋造・妻入。明治12年。吹屋の代表的な建物のひとつ

旧吹屋小学校中央本館。木造洋風2階建て。寄棟造。明治42年竣功

吹屋銅山笹畝坑道入口

吹屋の町並み。谷間の街道沿いに石州瓦と弁柄色の壁の家々が続く

昭和六年（一九三一）には閉山した。戦後に一時再開され細々と続けられたが、昭和四七年には完全に閉山し現在に至っている。

　吹屋の弁柄生産は一八世紀初め頃から始まったと伝えるが、宝暦年間（一七五一〜一七六三）以降、硫化鉄鉱が産出し、これから良質の緑礬《りょくばん》が得られたので、これを原料として盛んに弁柄を生産するようになった。弁柄生産は明治以降も続き、とくに昭和六年の銅山の閉山以降は唯一の地元産業となり、昭和四〇年代末まで弁柄が生産された。

　この2つの産業を背景として、銅山の間歩《まぶ》近くに早くから坑夫集落ができたと考えられるが、問屋、小売商等の町並みが街道沿いにできたのは江戸中期・後期であろう。起伏の多い丘陵に囲まれた高原の狭い盆地に東側の下谷がまず開かれ、やがて西にやや離れた下町・中町・千枚が発展した。

　歴史的町並みは下谷と旧道によって結ばれる下町・中町・千枚に至る約1・2

吹屋の町並み。入母屋・妻入の塗屋造の家屋

㎞の道沿いである。敷地はおおむね街道に面して短冊状で奥行が長いが、奥行が短く間口《まぐち》が長いものもある。街道際に主屋や土蔵等が建ち、敷地後方に蔵や納屋等の付属屋が配置されるのが一般的である。下谷と中町には大きい屋敷構えの家が多い。主屋は江戸時代末期から明治初期の建築が約8割あり、切妻造《きりづまづくり》、入母《いりも》屋造《やづくり》、平入《ひらいり》、妻入《つまいり》のものが混在し、変化のある町並みを形成している。

　間口の大きい町家はいずれもかつての弁柄豪商の家で、すべて平入である。正面は1、2階とも格子《こうし》を用いるものが多く、屋根は赤褐色の石州《せきしゅう》瓦で葺き、土壁に弁柄を混ぜ、格子も弁柄塗とする等、弁柄色の特色ある町並みを構成している。周囲の自然環境も良好である。

　吹屋の中町の通り南側の旧片山家住宅は一八世紀中頃から弁柄の製造を始め、江戸末期から明治期にかけて繁栄した商家である。通りに面して主屋と宝蔵が建ち並び、後方には米蔵、弁柄蔵、その他多くの蔵等が並んでいる。片山家は幕末までに整えられた屋敷構成を良く保持するとともに、中国地方の山間部における代表的な江戸後期の商家として重要文化財に指定されている。

　なお、保存地区に隣接した旧吹屋小学校（県指定文化財）の木造洋風校舎は、切妻平屋建の東西2棟が明治三三年、寄棟造二階建ての中央本館は明治四二年に竣工したもので、現役の木造校舎として国内最古であったが、平成二四年（二〇一二）三月に閉校した。今後、補強修理して保存活用が図られる予定である。（苅谷勇雅）

片山家住宅。江戸後期の主屋のほか、宝蔵、米蔵、弁柄蔵、仕事場及び部屋が重文

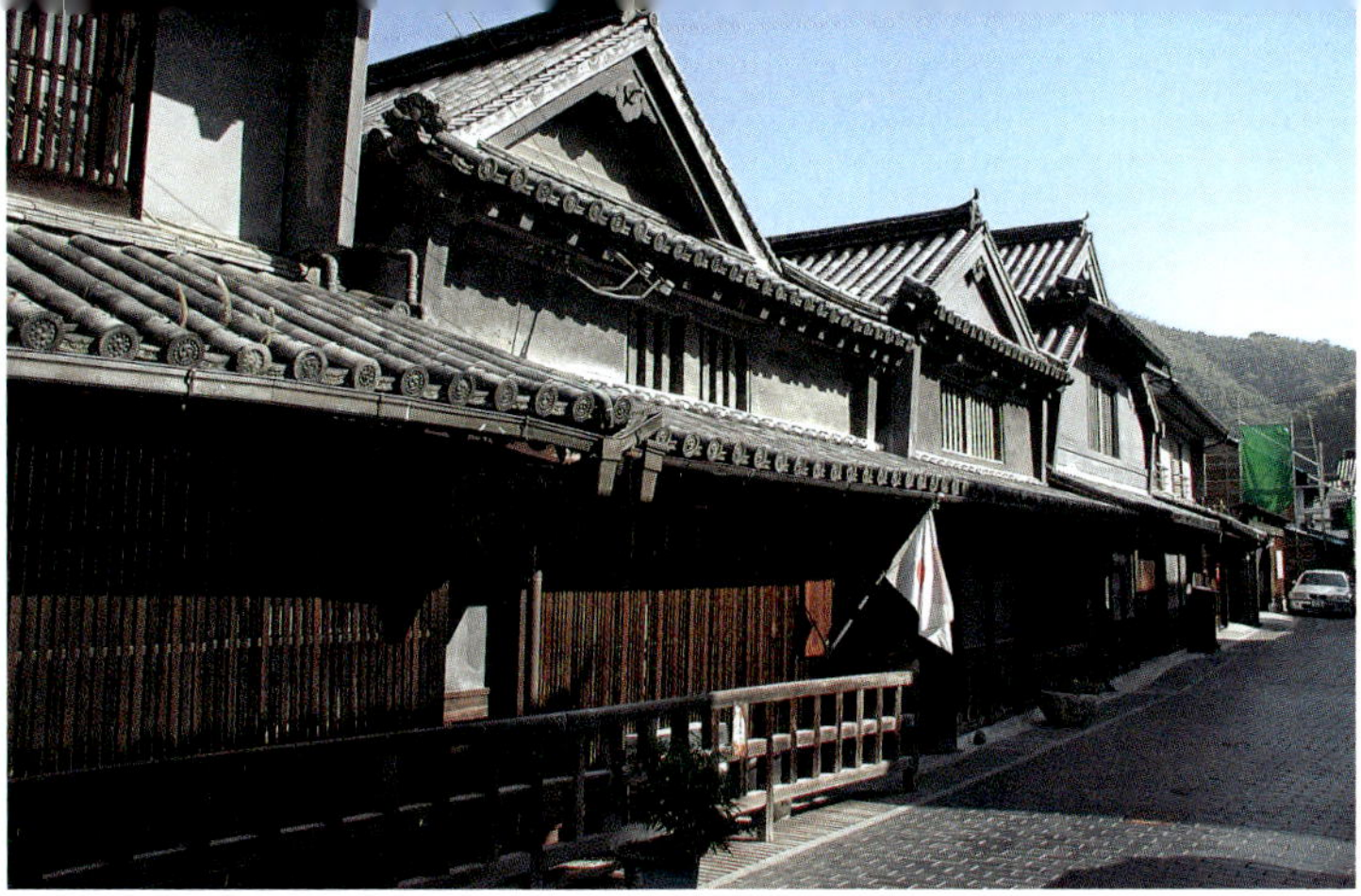

竹鶴邸。左端から切妻平入と３棟の入母屋妻入の塗屋造建物が並ぶ。ＮＨＫ連続テレビ小説「マッサン」のモデルの竹鶴政孝の生家

竹原市《たけはらし》竹原地区《たけはらちく》〔製塩町〕

多様なデザインの格子が目を引く重厚な町家群

重要伝統的建造物群保存地区
選定 昭57・12・16

竹原は広島の東方、呉と三原の中間にある瀬戸内海沿岸の町である。竹原付近は八世紀には安芸国沼田郡の郷の一つとして都宇郷《つうごう》となり、一一世紀初め頃に賀茂川の上流一帯が都の下鴨神社に寄進され、「都宇・竹原荘」となった。中世に入って小早川《こばやかわ》氏の支配するところとなり、室町時代の末には入江の奥の馬橋古市が港を控えた市場集落として栄えた。その後、土砂の堆積によって古市が港としての機能を失うと、一六世紀半ばには下流の海に近い寺山の山麓の下市に移り、次第に人々が移住してきた。

江戸時代には広島藩の支配地となり、正保元年（一六四四）には町年寄が置かれ、町としての形態が整えられた。この頃から入江の埋め立てが行われたが、この土地は脱塩が十分できず稲作には適さなかった。このため塩田としての開発が行われ、赤穂から技術者を招いて慶安三年（一六五〇）から入浜《いりはま》式による塩の生産が開始された。以後、備後一の製塩地として繁栄を続けた。寛文一二年

◎所在地・広島県竹原市本町一丁目ほか
◎交通・・JR山陽本線竹原駅下車、徒歩5分
◎見所・・松阪邸は、波打つような独特の大屋根や中二階の塗籠の菱格子窓等に特色があり、見学可。ほかに町並み保存センター、竹原市歴史民俗資料館（木造洋館・昭和六年）など。
◎問合せ先・竹原市建設産業部産業文化課観光文化室
☎0846-22-7730

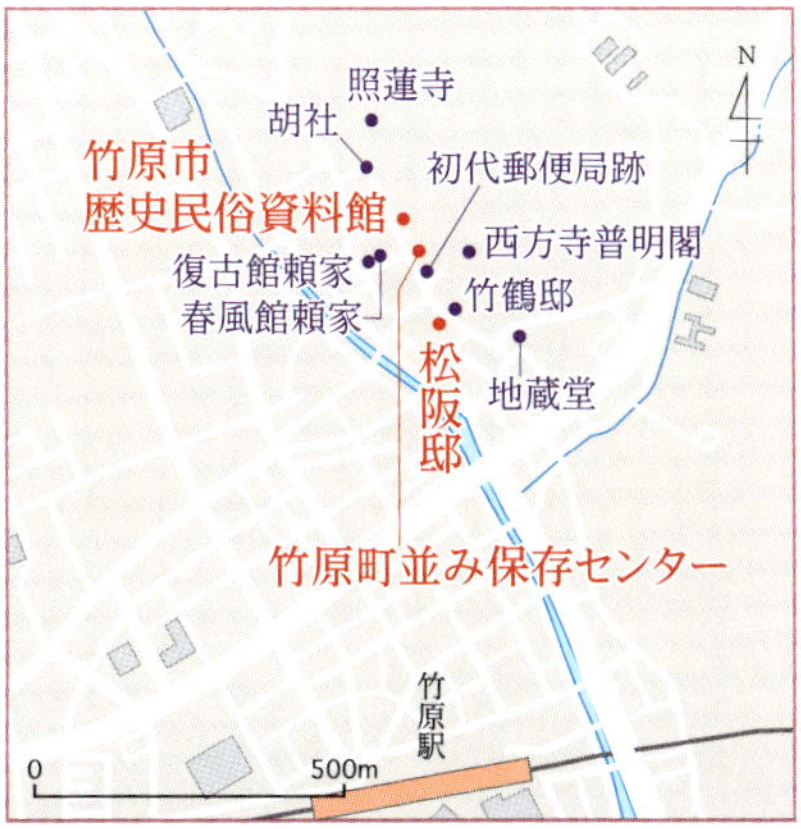

西方寺の山門付近から町並みを見下ろす。重厚な甍が続く

（一六七二）に西廻り航路が始まると塩の積み出しその他物資の集散等、回船業や酒造業によってさらに町は発展した。当初は上市、中町、下市の一筋の本町の町並みであったが、賀茂川の瀬替えや埋め立ての進展により一八世紀末頃までに現在の地形ができあがった。江戸時代後半になると塩田経営による経済力を背景として、頼山陽《らいさんよう》を中心とした頼家一門をはじめ上層町人たちによって学問・文化の隆盛をみた。

明治になっても製塩業を中心とする経済構造にそれほどの変化はなかったが、塩田の埋め立て地に昭和九年（一九三四）に呉線が開通し駅が設置され、工場が誘致されると旧市街から埋め立て地に向かって商店が延び、社宅ができるなど市街地が拡大した。昭和三五年に塩田が全面廃止となると、旧塩田地に商店、官庁、住宅等ができ、その結果本町通りを中心とする旧市街地の構造は大きな変化をまぬがれた。

歴史的町並みは、寺山山麓の本町通り

沿いの南北約５００ｍを中心とした区域で、ほぼ江戸時代初め頃の市街地に相当する。本町通りの北端には江戸中期頃の建物である胡《えびす》堂があり、通りはここで直角に折れ曲がり、少し行くと再び北に折れて山陽道に合流する。南端近くには地蔵堂がある。本町通りの東には寺山の緑があり、山腹の西方寺《さいほうじ》、普明閣《ふめいかく》、照《しょう》蓮寺《れんじ》が町並みと一体となって歴史的な景観を構成している。

　通りに沿う建物は二階建て、切妻造、瓦葺きの漆喰塗《しっくいぬり》大壁の町家で、その大半が江戸時代中頃から明治時代に建てられたものである。角地には入母屋造《いりもやづくり》の建物が建ち、中央部には広い敷地の屋敷がある。屋敷の塀越しに庭の樹木がみえ、町並み景観に変化を与えている。

　町家の一階の正面意匠は出格子《でごうし》、平格子で特色づけられる。格子は古いものは太いものが多いが次第に細くなり、江戸時代の末になると従来の竪格子のなかに横格子を加え、多様な組み合わせによって繊細かつ華やかな意匠を構成し、統一のなかにも変化のある魅力的な景観を醸し出している。重要文化財に指定されている復古館頼家住宅（主屋は安政六年〈一八五九〉）および春風館頼家住宅（主屋は安政二年再建）等の大規模な家では、主屋に数寄屋《すきや》風の意匠の座敷、奥に茶室、露地を築き、さらにその奥に土蔵を設け、かつての竹原町人の財力と文化の高さをよく示している。（苅谷勇雅）

復古館頼家住宅主屋。表屋造。酒造業や製塩業を営んだ。重文

胡（えびす）堂。本町通りの北端に位置する。商業の神。19世紀前期。一間社流造

初代郵便局跡の建物。明治４年。入母屋・妻入・本瓦葺き。西芳寺への参道入口

普明閣。西方寺の観音堂で宝形造本瓦葺き、舞台造、明和２年（1765）建築

内子町《うちこちょう》八日市護国《ようかいちごこく》【製蠟町】

木蠟《もくろう》生産で栄えた大規模な塗屋造の町家群

重要伝統的建造物群保存地区
選定 昭57・4・17

上芳我家正面。明治27年。重要文化財

内子は中世末から近世初期にかけて西南端の願成寺《がんじょうじ》と北端に近い高昌寺《こうしょうじ》の門前町として始まり、その後、市が開かれて六日市や八日市の町が形成され、小田川の水運を利用した物資の集散地として、また金毘羅参詣や四国遍路などの交通の要所として栄えた。大洲藩の紙役所が置かれ、近郷で生産する楮《こうぞ》や紙の買上所、集散所でもあった。

江戸時代後期に櫨《はぜ》の実から採る木蠟《もくろう》の生産を始めた内子の芳我弥三右衛門《はがやざえもん》はその品質の改善に努め、木蠟の伊予《いよ》晒法《さらしほう》を考案した。内子では、以後は製蠟が主要産業となって蠟の晒場や野井戸が八日市から六日市にかけての広い範囲に分布し、町は発展した。製蠟は江戸時代末期から明治時代にかけて最盛期をむかえ、街道沿いには製蠟業者等の建物が並んだ。当時、内子の本芳我家《ほんはがけ》の晒蠟工場は全国一の規模であったという。大正時代、木蠟が急速に西洋蠟にその地位を譲り、また、県道の整備により旧街道沿いが交通の要衝としての機能を失うとともに川舟による水運も衰退し、内子は次第に近隣の農村を商圏とする商いの町となっていった。

◎所在地・愛媛県喜多郡内子町八日市・護国・本町
◎交通・・JR予讃線内子駅下車、徒歩10分
◎見所・・木蠟資料館上芳我邸、商いと暮らし博物館、内子座等。内子町ビジターセンターA・runzeは元警察署（昭和一一年建設）の洋風建築を改修した総合観光案内所。
◎問合せ先・八日市・護国町並保存センター ☎0893-44-5212

歴史的町並みは、坂町、八日市、護国の街道沿いの約６００ｍに及ぶ。街道に沿って二階建て、平入《ひらいり》、瓦葺きの主屋が連続するが、その大半は江戸時代後半か

桝形を望む。白や黄色の漆喰大壁の町家が並ぶ。なまこ壁をつけている建物もある

ら明治時代に建てられたものである。これらの建物の外壁は白または黄色味を帯びた塗屋《ぬりや》造《づくり》で、袖壁《そでかべ》を付けたものが多く、2階と袖壁の腰をなまこ壁としたものも見られる。壁面や開口部は、種々の意匠の縁取り、彩色した鏝絵《こてえ》の懸魚《げぎょ》等で飾られるものもあり、往時の内子の繁栄と巧みな職人芸を伝えている。

八日市の中央部には製蝋の最盛期であった明治時代中頃の建築になる本芳我家（明治一七年〈一八八四〉建築、重文）や上《かみ》芳我家（明治二七年建築、重文）等の広い屋敷があり、大規模な主屋や土蔵などの付属屋が街道に面して建ち、町並み景観の中心的存在となっている。また、本芳我家の南にある大村家（重文）は江戸後期の寛政年間（一七八九〜一八〇一）の建築で、内子のなかでは最も古い民家のひとつである。

内子は歴史的建造物の公開活用が活発に行われているところである。前述の上芳我家は町の「木蠟資料館」として主屋、窯場、作業上等の内部を公開するとともに、敷地内に重要有形民俗文化財の展示棟を備えている。「町家資料館」は寛政五年（一七九三）に建設された町家（旧米岡家）を復原修理し、公開しているものである。

そのほか江戸後期から明治期の商家を活用した「商いと暮らし博物館（内子町歴史民俗資料館）」や「文化交流ヴィラ高橋邸」などの公開活用施設がある。

上芳我家側面。木蠟の生産で財を築いた芳我家の分家。木蠟史料館として公開。明治27年。重文

また、八日護国地区の南西にある「内子座」は大正五年（一九一六）に建設された町民の娯楽を目的とした劇場で、回り舞台、花道、桝席等を備え、約650人を収容する本格的な芝居小屋である。昭和六〇年（一九八五）に町民の熱意で復原修理され、さまざまなイベントに活用され、公開されている。平成二七年（二〇一五）、重文に指定された。

大村家住宅。寛政年間。内子で最も古い町家。重文

なお、内子町では、このような保存地区での成果を町内他地域にも広げるべく、まちづくりの柱のひとつに「村並み保存」を掲げ、農村景観の保全運動も進めており、石畳地区等で住民ぐるみの実践が重ねられている。（苅谷勇雅）

内子座。大正5年（1916）。回り舞台、花道、桝席等を備える本格的劇場。重文

本芳我家１階。明治17年。重文。出格子やそれを支える持ち送り等の凝った意匠

黒漆喰塗籠・二階建て・妻入の重厚な今泉今右衛門展示場の建物。天保元年（1831）

有田町《ありたちょう》有田内山《ありたうちやま》【製磁町】

幕末から続く有田焼関連の和洋風の建物群

重要伝統的建造物群保存地区
選定 平3・4・30

佐賀県の有田町有田内山は、江戸時代にヨーロッパにまで知られた有田焼磁器の窯元の中心地域である。中世には有田氏の支配下にあったが、天正四年（一五七六）有田氏は竜造寺《りゅうぞうじ》氏に降り、次いでその重臣鍋島《なべしま》氏が実権を握り、以後は近世を通じて鍋島氏の本藩領に属した。

文禄の役に出陣した鍋島直茂《なおしげ》が連れ帰った朝鮮の陶工李参平が、有田の泉山に白磁鉱を発見（国史跡「泉山磁石場」）し、元和二年（一六一六）頃、近くの白川天狗谷《しらかわてんぐだに》にはじめて磁器窯を開いた（国史跡「天狗谷窯跡」）ことにより、やがて渡来《とらい》工人や日本人陶工が集まって谷筋の各所に登窯が築かれ、急速に集落が形成された。佐賀藩は陶磁業を重点産業として磁器窯を保護育成し、増加した窯を内山と皿山《さらやま》地区に集中させた。

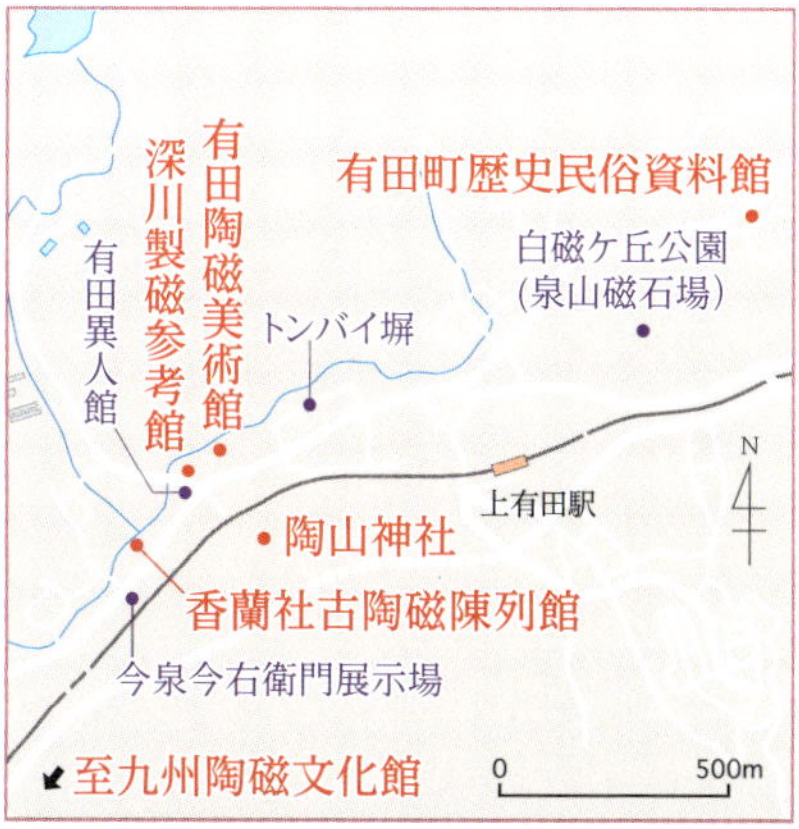

◎所在地・佐賀県西松浦郡有田町
◎交通・・JR佐世保線上有田駅下車、徒歩15分
◎見所・・九州陶磁文化館は陶芸文化の総合拠点。香蘭社陳列館、深川製磁参考館等、有田陶磁美術館等の展示施設。また泉石に有田町歴史民俗資料館。陶山神社は陶祖「李参平」を祀る。
◎問合せ先・有田町教育委員会文化財課
☎0955-43-2678

正保頃（一六四〇年代）に酒井田柿右衛門が赤絵制作に成功すると、佐賀藩は陶工を赤絵町に集めて住まわせた。そして、磁器生産の資源や技術の流出防止と運上銀の確保のため皿山代官所を設け、

また番所を置いて監視した。こうして、色絵磁器の国内生産はほぼ有田に独占されるようになり、伊万里港を経由して各地に販売された。

有田焼は、国内で高い評価を得ただけでなく、オランダ東インド会社により欧州各国に「イマリ」の名で輸出され、貴重品として王侯貴族が競って収集するところとなった。一七世紀末までには当時世界最高の声価を得ていた明《みん》の染付赤絵や青磁・白磁をも圧倒し、一九世紀まで質、量ともヨーロッパの磁器生産をリードしていた。こうして内山地区は一九世紀初めには「有田千軒」といわれるほどのにぎわいを見せていた。そして慶応三年（一八六七）のパリ世界博覧会に有田焼を出品したり、明治維新直後の有田窯業の危機にあっては、電信用の碍子《がいし》の生産等新分野を開拓するとともに、進歩的な業者が「製磁会社」を組織して活動するなど、進取の気性があふれていた。

有田の町は、昭和六年（一九三一）～七年頃、表通りの拡幅が行われ、通り沿いの敷地は前庭が削られ、建物の曳き屋や建て替えなどが行われた。この結果、通り沿いに壁面が揃い、その時点での伝統的技術により町並み全体として和洋の意匠が調和した景観が形成された。

歴史的町並みは、近世に上の番所と下の番所で囲われていた有田内山のうち、大通り沿いを中心とする約２㎞の細長い区域である。伝統的建造物としては表通りの商家、窯元の屋敷、洋館ならびに社

トンバイ塀。泉山の大公孫樹（おおいちょう）から奥への路地や裏通り沿いに多い。古窯の耐火煉瓦等を再利用したもの

岩尾磁器の木造三階建て・下見板張りの建物

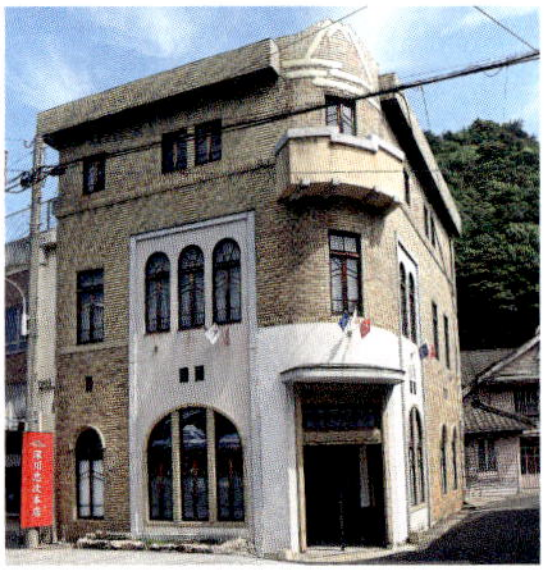

深川製磁所陳列所。木造三階建て・スクラッチタイル貼り。昭和９年。右奥に木造・下見板張りの事務所建物等が見える。明治期

黒漆喰塗籠の店舗（左）と香蘭社古陶磁陳列館（右）が並ぶ町並み

寺建築など、和風から洋風まで、また妻入《つまいり》、平入《ひらいり》などさまざまな建物がある。泉山には文政一一年（一八二八）の大火で唯一焼け残った窯元池田家の主屋があり、上幸平と大樽には妻入の比較的間口《まぐち》の小さい商家が明治・大正・昭和の各時期にわたり、まとまって町並みをつくっている。札の辻の周辺から本幸平は洋風の建物も多く、明治九年建設のアーチ型窓とバルコニーをもつ木造・二階建て擬洋風の有田異人館（佐賀県指定文化財）、明治三八年（一九〇五）建設の香蘭社《こうらんしゃ》古陶磁陳列館、昭和八年の深川製磁参考館などがある。赤絵町には和風の古い商家群があり、今泉今右衛門家は大火直後の天保元年（一八三〇）の建設である。中ノ原と岩谷川内にも古い大型の妻入商家が多い。泉山の大公孫樹《いちょう》（国指定天然記念物）から奥への路地や裏道沿いには、窯壁に使用された耐火レンガや窯道具を赤土で塗り込めたトンバイ塀と呼ばれる土塀があり、有田の歴史の一端を示している。（苅谷勇雅）

鹿島市《かしまし》浜中町八本木宿《はまなかまちはちほんぎしゅく》【醸造町】

茅葺き町家や酒蔵が軒を連ねる町並み

重要伝統的建造物群保存地区
選定 平18・7・5

八本木宿の継場。宿場での人馬の継立ての業務を行った建物

　鹿島市は、佐賀県の南西部に位置し、東は有明海、南は多良《たら》岳山系に囲まれた、自然豊かな町である。鹿島市の２つの重要伝統的建造物群保存地区は、浜川河口近くの左岸に浜中町八本木宿地区、そのやや下流の右岸に浜庄津町浜金屋《はましょうづまちはまかなや》町《まち》地区がある。

　町の成立は、中世にさかのぼると考えられ、保存地区が存在する「浜」は、慶長一四年（一六〇九）に成立した鍋島《なべしま》支藩鹿島藩領に属した。鍋島藩では兵農分離が徹底せず、鹿島鍋島藩でも武士は在地に分散して居住した。『安政五年（一八五八）家中着到帳』によると、藩の武士７８９名のうち１２４名が浜に居を構え、城下町に次ぐ藩内第二の町として栄えた。

　鹿島藩領には、長崎脇街道として鹿島城下と保存地区を通り多良へ至る、多良海道が設けられた。長崎警護役を任じられた佐賀藩では、佐賀から長崎へ至る主街道として利用した。

　嘉永四年（一八五一）の「藤津郡能古見郷図」や江戸期の『郷村帳』によると、浜中町には本陣の機能を果たした御客屋・高札・番所、八本木宿には御茶屋（上使屋）と札馬が置かれ、鹿島藩領における宿駅機能が集結されたことが知られる。

◎所在地・佐賀県鹿島市浜町・古枝
◎交通・・JR長崎本線肥前浜駅下車、徒歩約5分
◎見所・・「酒蔵通り」と呼ばれる多良海道には、中島酒造場、旧中島政次家住宅、明治につくられた光武酒造の別宅を改装した光武酒造新宅などが建ち並ぶ。
◎問合せ先・鹿島市建設環境部都市建設課都市計画係
☎0954-63-3415

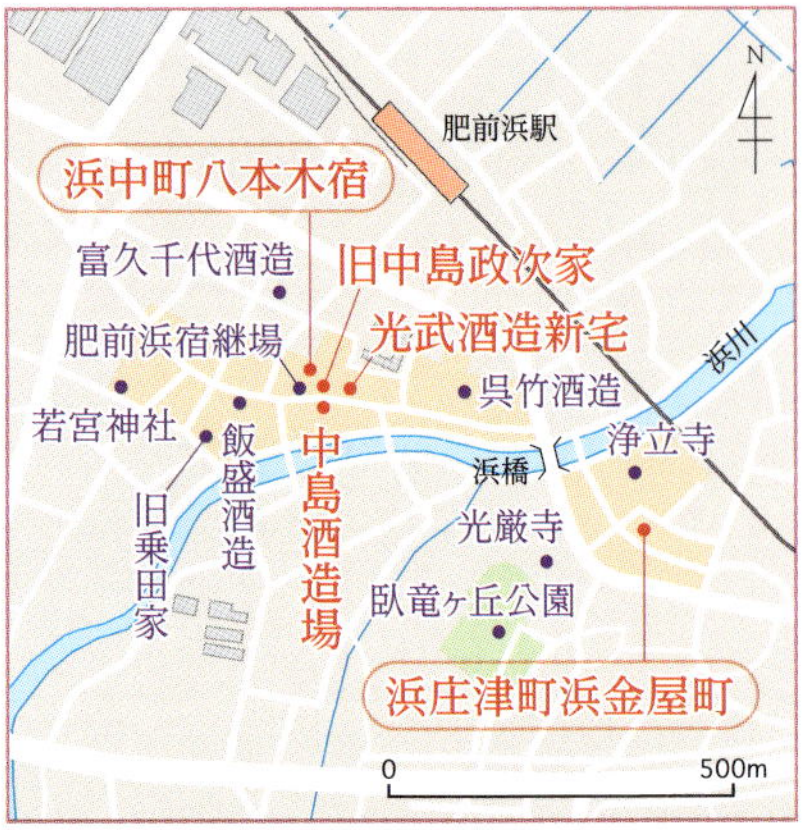

八本木宿の武家住宅。旧乗田家住宅（鹿島市重要文化財）

近世前期に整備された多良海道とともに、浜中町八本木宿の町並みが成立した可能性が導かれる。この町並みは、『承応元年（一六五二）物成帳』に基づく地割復原図にうかがえ、水路で囲繞された規格性の強い地割のなかに武家屋敷らしき大規模宅地も見出せる。

文政一一年（一八二八）に発生した大火で、町家建築の多数が焼失した。この大火を契機として、瓦葺き居蔵造《いぐらづくり》町家が建ちはじめた。ほかに土蔵や酒蔵、茅葺き町家も建てられ、多様な建築様式が混在する町並み景観を形成している。とりわけ、江戸期に始まる酒造業は、明治期の規制緩和にともない成長産業となり、昭和前期に最盛期を迎えた。江戸期から昭和前期まで建てられつづけた酒蔵は、今日まで多く残され、保存地区の景観を特徴づける大きな要素となっている。

町家の平面構成は、下手に裏庭まで通じる通り土間を設け、上手に部屋を並べる形式が基本である。間口《まぐち》の規模によって異なるが、土間に沿って部屋が1列に並ぶ単列型と、2列以上並ぶ複列型に大別され、ミセ、ブツマ、ザシキ、チャノマ、ダイドコロ等の部屋が配される。主屋奥の中庭を囲むように、下手通り土間奥にカマヤ、上手ザシキ奥に風呂、便所を設けるのが、配置計画の典型例となる。

浜中町八本木宿の多良海道は、「酒蔵通り」と呼ばれ、春に各酒蔵合同の蔵開きイベントをはじめ、県内最大規模のスケッチ大会など、さまざまなイベントが開催され、重伝建選定以降、急激に来訪者が増加している。（江島祐輔）

鹿島酒蔵ツーリズム。酒蔵通りを散策する観光客

堺市《さかいし》北旅籠町《きたはたごちょう》【職人町】

堺は古代から海に開かれ、早くから発展してきた都市である。慶長二〇年（一六一五）大坂夏の陣の兵火を受けたのち、徳川幕府により「元和の町割」が行われた。西方の海側を除く三方を濠で囲む環濠都市とし、その街区構成は現在も基本となっている。なかでも北旅籠町周辺では、打刃物等の伝統産業が今も盛んで、職住一体の生活様式が残る。都市化のなかで、歴史的なまちなみの面影は薄れつつあるが、今春「まちなみガイドライン」が作成され、歴史的なまちなみの再生に向けての取り組みがスタートした。（小林初惠）

北半町北旅籠町の町並み

◎所在地・大阪府堺市堺区北旅籠町
◎交通・南海電鉄本線七道駅下車、徒歩5分　◎問合せ先・堺市役所文化財課☎072-228-7198

東広島市《ひがしひろしまし》西条《さいじょう》【酒蔵町】

酒どころとして全国的に名を馳せる西条は、江戸時代には四日市宿という西国街道の宿駅であった。西条の酒造地としての始まりは延宝三年（一六七五）といわれるが、酒造で知られるようになったのは、明治中頃のことである。JR西条駅の南側を東西に走る旧街道には伝統的な赤瓦の町家や蔵が残る。造り酒屋が集中する街道沿い一帯が「酒蔵通り」として整備され、酒都西条を象徴する壮大な酒蔵建築群が見られる。醸造用の蔵や林立するレンガ造の煙突が独特の景観をつくりだしており訪れる人も多い。（迫垣内裕）

旧街道沿いには赤瓦の酒造蔵や商家が残る

◎所在地・広島県東広島市西条本町他
◎交通・JR山陽本線西条駅下車、徒歩5分　◎問合せ先・東広島市観光協会☎082-420-0310

石井町《いしいちょう》　藍畑《あいはた》【藍屋敷】

吉野川下流域には、洪水の被害を避けるために屋敷全体を1mほど地上げして、周囲を長屋門・藍寝床・蔵などで取り囲む、「藍師の屋敷は城構え」といわれた風景が残されている。石井町の田中家は昭和五一年二月、主屋や藍納屋・藍寝床など11棟が国の重要文化財に指定された。主屋は、寄棟茅葺きの四方を本瓦の下屋が取り囲む「四方下・四方蓋」である。藍住町の奥村家は昭和六二年四月に県の有形文化財に指定され、入母屋本瓦葺き二階建ての主屋や3棟の藍寝床など13棟の建物からなる。（田村栄二）

城構えの藍師屋敷・田中家

◎所在地・徳島県名西郡石井町藍畑字高畑705◎交通・JR徳島線石井駅下車、タクシーで7分　◎問合せ先・田中家☎088-674-0707

小豆島町《しょうどしまちょう》苗羽《のうま》・馬木《うまき》〔醤油の町〕

製塩業の衰退が見えはじめた江戸末期、いち早く醤油造りに転換した小豆島。原材料の調達や麹の培養に適した気候はもとより、進取の気性に富んだ島の人々の情報収集力と行動力の賜である。明治の最盛期に約４００軒あった醤油醸造所は、苗羽・馬木地区を中心に約20軒となった。しかし現在も桶（小豆島では「こが」と呼ぶ）を用いた天然醸造手法を守りつづけている。関連施設の多くは有形文化財に登録されており、町は登録有形文化財維持保全活動支援事業を定め、町ぐるみで保存活用に取り組んでいる。（多田善昭）

小豆島・醤（ひしお）の郷馬木散策路

◎所在地・香川県小豆郡小豆島町　◎交通・小豆島・土庄港から小豆島バス坂手港行きで馬木、あるいは丸金前下車すぐ　◎問合せ先・小豆島町商工会☎0879-82-1011

伊万里市《いまりし》伊万里《いまり》〔陶磁器の積出港〕

江戸時代に伊万里は肥前地域で生産された陶磁器の積み出し港として、千軒在所と呼ばれるほど栄えた町であった。この港から輸出された陶磁器は国内外まで運ばれ、港の名称から伊万里焼と呼ばれた。万延元年（一八六〇）の絵図には、通りに沿って商家が建ち並ぶ様子が描かれているが、現在では建物の老朽化にともない、町並みとしての保存が難しい状況である。文政八年（一八二五）に建てられた旧犬塚家住宅が伊万里市陶器商家資料館（市指定重要文化財）となっており、当時の面影をよく残している。（船井向洋）

陶器商家資料館（右から３つ目の建物）

◎所在地・佐賀県伊万里市伊万里町甲　◎交通・ＪＲ筑肥線・松浦鉄道伊万里駅下車、徒歩5分　◎問合せ先・伊万里市陶器商家資料館☎0955-22-7934

那覇市《なはし》壺屋《つぼや》〔焼物の町〕

壺屋の地名はかつて首里王府が窯業振興のため、尚貞王《しょうていおう》一四年（一六八二）に各地の陶工をこの地に集めたことに始まる。上焼と荒焼の技術が独立並行して現在まで継承され、南《ふえー》ヌ窯（荒焼窯）と東《あがり》ヌ窯（上焼窯）それぞれの登り窯が現存する。今は煙害問題等により両登り窯は使用されていない。平成一四年（二〇〇二）に壺屋地区都市景観形成地域として約8haが指定された。かつての陶工の屋敷構えをよく残す新垣家住宅が国指定重要文化財となっている。（前原信達）

往時の姿を残す壺屋のスージグヮー（路地）

◎所在地・沖縄県那覇市壺屋　◎交通・沖縄都市モノレール（ゆいレール）牧志駅下車徒歩8分、安里駅下車徒歩８分　◎問合せ先・那覇市観光協会☎098-862-1442

北海道函館市・高田屋嘉兵衛像近くの通り　安野光雅・画

5

海や川の港を中心とした町並み

港町（倉庫群、洋館群、石橋群）、川（河）港、
河岸の町ほか

近世を通じて船による流通が発達し、海や川の港沿いに町が展開した。また、これと密接な関係をもつ倉庫群・石橋群が造られた。さらに幕末から明治にかけて設けられた開港場や外国人居留地では、今もこれに関連する税関や銀行、外国人の住宅や教会、学校などが残り、異国情緒を伝えている。

小樽市《おたるし》小樽《おたる》

〔港町・倉庫群〕

運河の水辺に倉庫と工場群が映える景観は唯一無二

小樽は、明治後期から昭和一〇年代にかけてわが国屈指の港湾都市として繁栄した。その契機は日露《にちろ》戦争の講和条約（明治三八年〈一九〇五〉）で、南樺太を領土としてカムチャツカの漁場へ進出したことである。小樽港はその窓口になった。内陸交通の基盤は開拓使が敷設した幌内《ほろない》鉄道であり、炭鉱の幌内（三笠）と港の手宮《てみや》（小樽）を結ぶ鉄道（明治一五年年全線開通）は函館本線に発展し、その要所の小樽に人が集い、物資が集積した。

小樽港の本格的な整備は防波堤の建設から始まった。北防波堤は日本で最初のコンクリート造りとして明治四一年に完成。設計は小樽築港事務所長の廣井《ひろい》勇《いさみ》である。彼は明治一四年に札幌農学校を卒業し、ただちに開拓使に奉職して炭鉱開発の煤田《ばいでん》開採《かいさい》事務係に勤めた。そこにアメリカ・レンセラー工科大学を卒業した松本荘一郎《まつもとそういちろう》（事務副長、のちに鉄道庁長官）と平井晴二郎《ひらいせいじろう》（建築科長、後に帝国鉄道院総裁）がいた影響であろうか、3年の勤務でアメリカへ渡り、ドイツへ留学して研鑽を積み、母校の教授となって帰国した。

小樽に運河を建設することを決断したのも廣井である。運河をつくり艀《はしけ》船で荷を運搬する計画とした。運河の建設工事は岸辺から幅40mの水辺を残し、その先を埋め立てて陸地を造成。大正一二年（一九二三）に完成した。

岸辺には荷役のための大きな石造り倉庫が明治二〇年代から軒を連ねていた。倉庫の構造は木骨石造《もっこつせきぞう》と呼ばれ、木で骨組みをつくり、外壁に厚さ20㎝ほどの石を積み、鎹《かすがい》で連結する。簡易な石造りであることから全国各地に建てられたが、地震に弱いために棟数が減少し、現在最も多く残っているのが小樽である。

さて、運河の造成でできた埋立地の3

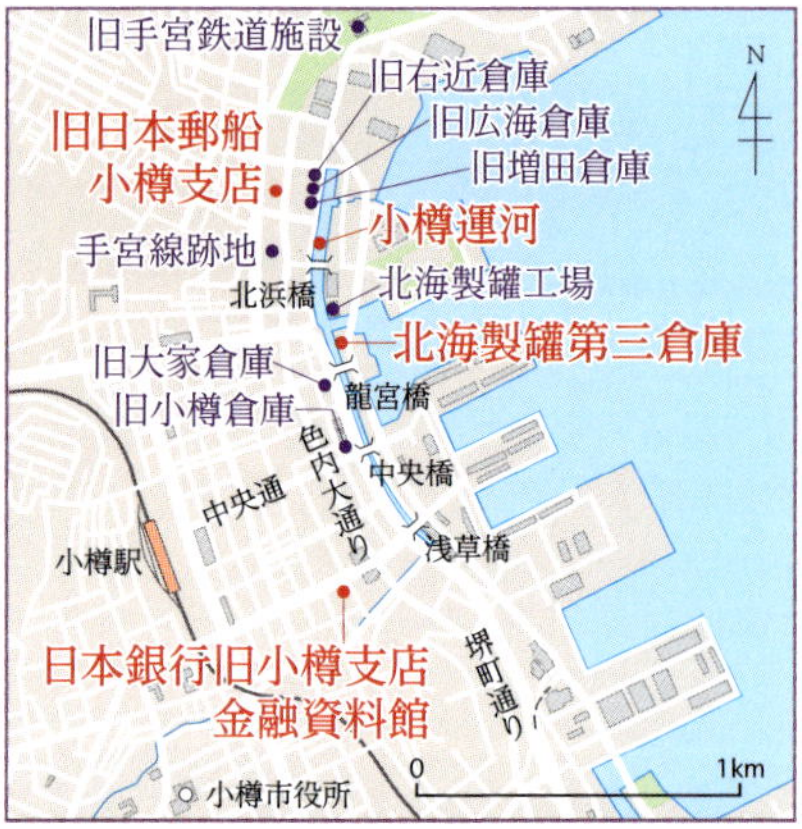

◎所在地・北海道小樽市色内
◎交通・・JR函館本線小樽駅下車、徒歩10分
◎見所・・運河沿いの石造り倉庫群の内部を改装したレトロなレストランなども多数営業している。夜は運河沿いの散策路にガス灯が灯り、ロマンチックな雰囲気に包まれる。毎年2月「小樽雪あかりの路」の会場は運河の水面に浮かぶ浮き玉キャンドルが幻想的な風景となる。
◎問合せ先・小樽市観光振興室
☎0134-32-4111

毎年恒例の「小樽雪あかりの路」と運河の光景

運河の北に建つ旧右近倉庫（右手、明治27年）と旧広海倉庫（明治22年）

旧日本郵船小樽支店（明治39年、国指定重要文化財）と石造り倉庫

分の1は缶を製造する会社（北海製罐）の工場群である。日露戦争の終結でカムチャツカ沖に漁場を拡張する北洋漁業が本格化し、缶を漁場にもちこむ必要に迫られた。そこで運河の造成地が工場用地になったのである。北海製罐の大正期から昭和一〇年までの建物は、注目に価する。それらは、海を埋めた地盤に建てた鉄筋コンクリート造りの大規模建築であり、90年を経た今もなお現役で稼動している。きわめて希少な事例といえる。

また、市民による運河保存運動を忘れてはならない。一九七〇年代後半から運河を埋めて道路を建設する都市計画に対し、運河の水辺と倉庫群の景観を守る保存運動が起きた。運河建設と同じ10年の運動を経て、昭和五九年（一九八四）埋め立の幅を半分にすることで決着した。近代化遺産の景観を守る市民運動として、わが国の先駆的事例といえる。そのおかげで運河の水辺に石造り倉庫と鉄筋コンクリート造りの工場群が映る唯一無二の景観が残ったのである。（駒木定正）

姥神大神宮祭の様子

中歌町の旧中村家

江差町《えさしちょう》中歌町《なかうたちょう》・姥神町《うばがみちょう》〔港町〕

いにしえを語り新たな絵巻を描き続ける港町

江戸・明治初期にヒノキアスナロやニシン等の北前船《きたまえぶね》交易等をもとに、日本海沿岸に形成、発展した港町である。海産物の仲買商を営んだ商家・旧中村家住宅、漁業・商業・廻船問屋を営んだ横山家をはじめとした木造板張りの歴史的建造物、土蔵造りや瓦屋根の建物や、大正ロマンを感じさせる破風《はふ》屋根やカラフルなペンキ塗り下見板張りの洋風の建物などが混在し、時代の重層性と文化を積極的に取り入れた開放性が感じられる。

現在の町並み景観は、明治期以降の過疎化により失われかけたが、昭和末から平成初期に、官民協働により街路整備と文化財保存や町並み景観の修景、そして商店街活性化の取り組みを複合的に実施したことで再生されたものである。新しいものを好む北海道の気風と歴史資源に恵まれた地域の特性の両立をめざし、侃々諤々《かんかんがくがく》の議論のなかで取り組まれた事業であった。このときに事業推進の原動力となった江差町歴まち商店街協同組合が、現在も同様の理念でまちづくりを日々進めており、現地に行くとその様子をうかがうことができる。（池ノ上真一）

◎所在地・北海道檜山郡江差町中歌町・姥神町
◎交通・・JR函館駅前発バス1時間40分
◎見所・・壱番蔵、ぱんやBecky、皐月蔵チャミセなどの再生された蔵。生活の利便性と歴史資源の両立を基本理念として取り組む町の体温が感じられる。
◎問合せ先・江差町歴まち商店街協同組合 ☎01395-2-0531

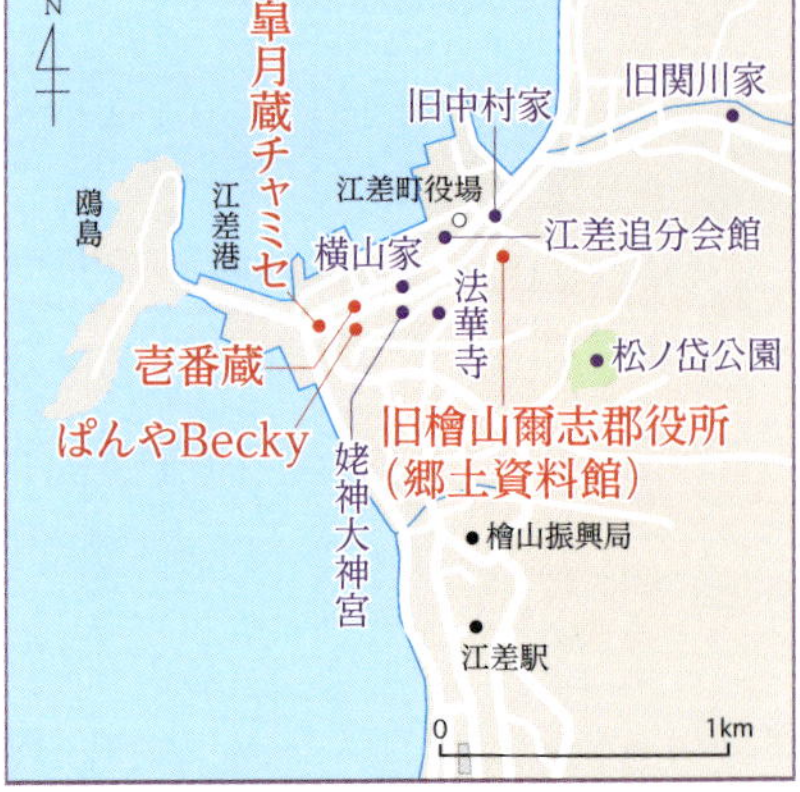

函館市《はこだてし》元町末広町《もとまちすえひろちょう》〔港町〕

開港場として明治以降の和洋の建築が坂沿いに並ぶ

重要伝統的建造物群保存地区
選定 平1・4・21

ハリストス正教会復活聖堂（重要文化財、大正５年）

函館は天然の良港で、早くから海産物の集散地として拓けた。函館（明治二年〈一八六九〉まで「箱館」）の地名の起源ともなった河野政通《こうのまさみち》の館が建設されたのは、享徳三年（一四五四）頃といわれる。一八世紀前半に松前藩《まつまえ》の番所が置かれ、寛政一一年（一七九九）には幕府が蝦夷地を直轄領とし、その役所を設けた。安政元年（一八五四）の日米和親条約により同六年に箱館が開港し、ロシア、イギリスの領事館が設けられ、外国人が函館山山麓の高台を中心に居住した。明治初期には新政府の開拓使庁が置かれ北海道の行政の中心となったこともあるが、その後は北海道の玄関口として、また外国貿易港・北洋漁業港として発展した。

函館山北麓の一帯、とくに港を見下ろす現在の元町公園の敷地は、享和二年（一八〇二）に幕府の箱館奉行所が設置されて以来、開拓使庁、函館区役所、北海道函館支庁などが置かれ、その周辺には病院、税関、外国公館、銀行商社等が集中するなど、函館の政治経済の中心地として機能してきた。その後、大火が相次ぎ、その対策として明治一一年（一八七八）、大火後の第一次市区改正で防火線として大通りを12間《けん》に拡幅し、翌

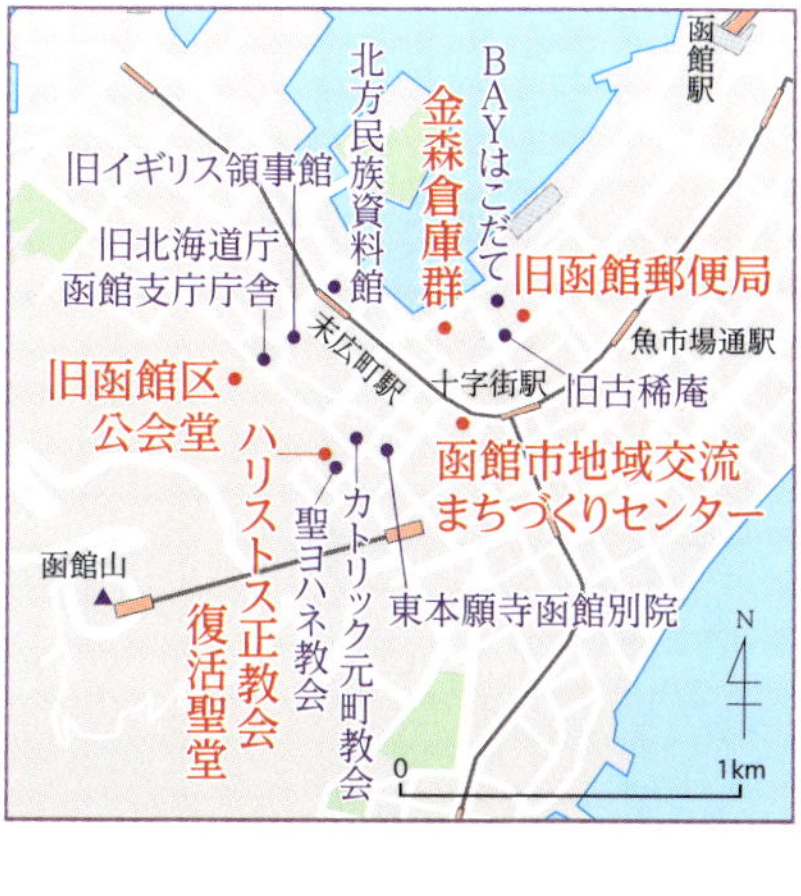

◎所在地・北海道函館市元町末広町八分
◎交通・・JR函館駅から市電末広町下車
◎見所・・旧函館区公会堂、金森倉庫群、ハリストス正教会復活聖堂、旧函館郵便局、和洋折衷住宅など。函館市地域交流まちづくりセンターは大正一二年創建の丸井今井呉服店函館支店の建物を再生利用。
◎問合せ先・函館市教育委員会生涯学習部文化財課
☎0138-21-3456

年の大火後の第二次市区改正では、基坂《もといざか》を20間に拡幅して新たに二十間坂を整備、その他の街路も6間または12間に拡幅するなど、この時期にほぼ現在の道路網が整備された。

しかし、この地区ではその後明治四〇年(一九〇七)および大正一〇年(一九二一)にも大火があった。さらに昭和九年(一九三四)大火により二十間坂より東部のほとんどが焼失したが、西部は明治から大正・昭和初期にかけての雰囲気をとどめることになった。

元町末広町の保存地区は、函館山山麓から港へ向かう斜面地に広がる西部地区の東端に位置し、基坂から旧函館区公会堂、さらにハリストス正教会の一画を経て大三坂《だいさんざか》を下り、港際の煉瓦倉庫群に至る、延べ約1・5㎞のコの字形の道筋に沿った町並みである。基坂は旧税関敷地に近い港際から元町公園に至る坂道で、函館山を背に旧函館区公会堂を正面に見上げる大きな空間となっている。坂の両側は、旧英国領事館や函館市立病院、旧日本銀行函館支店等の公共施設が多い。元町公園内の旧北海道庁函館支庁庁舎と旧函館区公会堂(重文、明治四三年)は、ともにコリント式柱頭飾をもつ堂々とした建築物である。元町公園の東方の旧英国領事館のある街区には洋風や和風の緑の多い邸宅群がある。公会堂からハリストス正教会への道沿いの西寄りでは妻入《つまいり》や平入《ひらいり》の町家が、また東寄りにはピザ

和洋折衷町家。左は旧古稀庵、明治42年

和風、和洋折衷、洋風などさまざまな様式の建物が並ぶ町並み。右手前は大正６年

金森倉庫群。煉瓦造、明治42年

旧函館区公会堂(重要文化財、明治43年)

ンチン様式のハリストス正教会復活聖堂(重文、大正五年)、ゴシック様式のカトリック教会、鉄筋コンクリート造り和風の東本願寺函館別院(重文、大正四年)、現代風建築の聖ヨハネ教会と、異なる様式の宗教施設が集中する。この一画から港際へ下る大三坂沿いは、1階が和風で2階が洋風の異なる意匠を組み合わせた函館独特の和洋折衷町家が多い。港際には大規模な煉瓦造の金森倉庫群が建ち並び、反対側の二十間坂通りに面しては、煉瓦造の旧函館郵便局をはじめ、業務施設や和洋折衷町家がある。

このように元町末広町地区は、道の折れ曲がる景観上の要所にそれぞれ性格の異なる大きくて目立つ歴史的建造物があり、それらを結ぶ道沿いにはまたさまざまな形式の住宅が建ち並び、全体として港町らしい町並みをつくっている。

この地区は、北海道近代化の先駆けとなった開港場として、明治以降の和洋の文化が混在折衷するかたちで形成された町並みをよく残している。(苅谷勇雅)

酒田市《さかたし》山居倉庫《さんきょそうこ》〔倉庫群〕

川畔に並ぶ明治の庄内米貯蔵用の木造大型倉庫群

最上川は古来、内陸から日本海まで米をはじめ、さまざまな物資を運び続けてきた。河口の町、酒田はこの最上川とともに生き、発展してきた。

山居倉庫への荷揚げの坂。右は事務所

古代の酒田は最上川沿いの水駅の終点として、また出羽国府の外港として水陸両用の結節点の位置を占め、中世には、直江津とともに日本海北方の主要港の位置を保っていた。戦国末期には戦国大名の最上氏や南部氏の物資調達、輸送上の軍役を果たす大商人が現れた。戦国末期の酒田は三十六人衆を中心に、堺や桑名などとともに自由都市として栄えた。元和八年（一六二二）、最上氏にかわって酒井忠勝《さかいただかつ》が入部すると、酒井氏は大規模な土木水利事業を始め、新田開発を行って産米の増殖に努めた。酒田にはこの貢《こう》米《まい》を収める米蔵が建ち並び、また最上川を下って集められる貢米の幕領や奥羽諸藩の蔵も次々に建設された。寛文一二年（一六七二）、河村端賢《かわむらずいけん》によって西廻り航路が開発されると酒田は急激に発展した。一八世紀中頃になると新興商人がしだいに頭角を現してきた。なかでも本間《ほんま》家は広大な新田を足場に財を蓄えて全奥羽にまたがる大名貸しを始め、領内外の払米《はらいまい》をほとんど一手に請け負って利潤

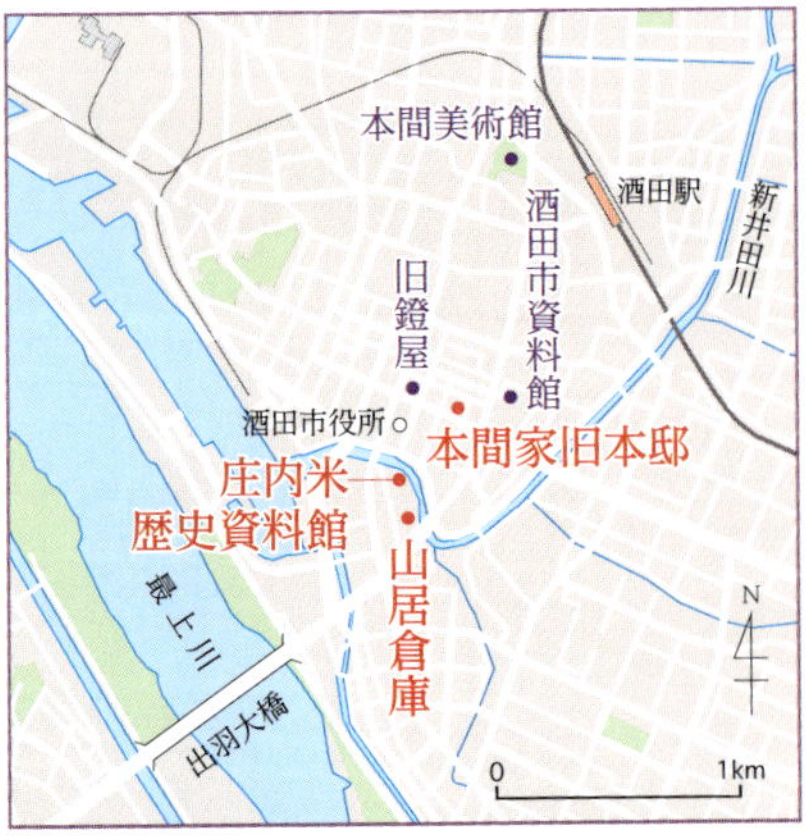

◎所在地・山形県酒田市山居町
◎交通・・JR羽越本線酒田駅から庄内交通バス10分、山居町下車徒歩すぐ
◎見所・・山居倉庫の北端の庄内米歴史資料館では倉庫の歴史や農家の暮らしの展示等が見られる。川沿いの荷揚げのスロープには復元された「小鵜飼船」がある。石畳の道を行くとすぐに本間家旧本邸。
◎問合せ先・庄内米歴史資料館
☎0234-23-7470

最上川と新井田川にはさまれた山居島に14棟の倉庫が並ぶ

を得るとともに、その財力を使って町政にも力を尽くした。

明治維新後、庄内藩の御用倉の新井田《にいだ》蔵は民政局の所有となっていたが、明治一九年（一八八六）には全て本間家の所有するところとなり、本間家「いろは蔵」として名をとどろかせた。庄内地方では米作の増産意欲がこの頃から高まり、生産量が増加した。このため、同二六年、酒田米穀取引所が新たに新井田川沿いの山居町に付属倉庫を建設した。

山居倉庫は盛土して地盤をつくり、防湿のためその上を60㎝の厚さまでにがりで固めて床をつくり、さらに塩を30㎝も敷いたという。また屋根は空気の流通がよい置屋根とした。また、背後に西日と強風を防ぐケヤキ並木を設けた。はじめは7棟であったが、明治三〇年には14棟、1800坪の規模となった。山居倉庫はその厳重な保管の手法によって、規格が一定した良質米を大量に供給したので倉庫の信用は非常に高かった。川舟のにぎわいは、鉄道網の整備やトラック輸送の発達などに次第に影をひそめたが、山居倉庫それ自体は創立当時の姿をおおむねとどめ、現在も庄内米の中心的な貯蔵施設のひとつとして活用されている。

ケヤキ並木を背景に新井田川沿いに美しい白壁を並べる山居倉庫は酒田の伝統を語るとともに、今も有数の米集散地であることを示すシンボルである。（茄谷勇雅）

倉庫群の裏とケヤキ並木の景観

14棟の大規模な米倉庫が並ぶ

横浜市《よこはまし》みなとみらい地区《ちく》および関内地区《かんないちく》〔港町・洋館群〕

幕末開港以来の居留地に近代港湾施設、近代建築が集中

神奈川県横浜市は東京都区部に次ぐ日本第二の人口を抱える大都市である。横浜市域は古くから開発が始まり、江戸時代には神奈川湊《かながわみなと》をもつ神奈川宿等が栄えたが、安政五年（一八五九）に締結された日米修好通商条約に基づき、神奈川湊の対岸の横浜村に開港場が短期間で建設された。開港場は川や堀割で出島的に区画され、橋には関門が設けられ、開港場内を関内と呼んだ。開港場内のほぼ中央、現在の県庁付近に神奈川運上所《うんじょうしょ》が建設され、その西側は日本人居住地、東側は外国人居留地とされた。その後、関内を中心とした横浜枢要部のまちづくりは、明治政府によるお雇い外国人の第一号である英国人ブライトンによる近代的な都市計画理論と技術の導入、欧米諸国との対等条約の締結にともなう明治三二年（一八九九）の居留地制度の解消等により、大きく様相を変えた。

一方、近代的な港湾施設の整備は明治二二年に始まり、防波堤、灯台、桟橋、連絡鉄道などが整備された。また、一号ドックや二号ドック等が建設された。その後、明治三二年から港湾の第二期工事が始まり、新港埠頭が整備され、その保税倉庫として通称赤レンガ倉庫が建設された。

大正一二年（一九二三）の関東大震災では、横浜は東京以上の被害を受け、建物の多くは倒壊や火災によって失われた。さらに第二次世界大戦の横浜大空襲によっても大きな災禍を受けた。しかし、その復興過程において、横浜市民は、港町としての活性化を図りつつ、多くの魅力ある建造物や界隈を生み出した。

昭和四六年（一九七一）から始められた横浜の都市デザイン行政は、主要な目標のなかに地域の歴史的、文化的資産を尊重することを掲げ、関内地区を中心に市内各地の多くの近代建築の保存と活用、魅力の演出に成果を挙げてきた。

◎所在地・神奈川県横浜市中区日本大通

◎交通・・JR根岸線関内駅および横浜市営地下鉄関内駅下車、徒歩10分

◎見所・・第二号船渠（ドック）はダイナミックな空間。赤レンガ倉庫は店舗、レストラン、展示施設が集合している。開港広場横の開港資料館は開港期を中心とした歴史資料を展示。

◎問合せ先・横浜市都市整備局企画部都市デザイン室
☎045-67-2023

旧横浜船渠第二号船渠。明治29年。現存する最古の民営石造乾船渠。ランドマークタワーの足元にある

関内地区の近代建築は枚挙にいとまがない。代表的なものとしては、明治三七年の旧横浜正金《しょうきん》銀行本店本館（現県立歴史博物館・重文）、大正六年の横浜市開港記念会館（重文）、昭和三年の神奈川県庁本庁舎、昭和九年の横浜税関本関庁舎がある。また開港広場に面して昭和六年の旧横浜英国領事館（現横浜開港資料館旧館）および昭和八年の横浜海岸教会がある。さらに海岸通りには大正一一年の旧英国七番館（現戸田平和記念館）、昭和二年のホテルニューグランドがある。

みなとみらい地区には、ランドマークタワーの足元に明治二九年の旧横浜船渠《せんきょ》第二号船渠（ドック・重文）、日本丸を浮かべる明治三一年の同第一号船渠（重文）がある。また新港埠頭に保税倉庫（赤レンガ倉庫）があり、二号倉庫は明治四四年、一号倉庫は大正二年の竣工である。また、桜木町駅と新港地区を結んでいた旧横浜臨港線の廃線跡は「汽車道」としてプロムナードの整備がなされ、明治四二年建設のトラス橋2基等が保全活用されている。（苅谷勇雅）

横浜正金銀行。明治37年。妻木頼黄設計。現県立歴史博物館

横浜税関本関事務所　昭和９年。「クイーン」の愛称で親しまれている

横浜市開港記念会館、横浜開港50周年を記念して建築された。「ジャック」の愛称で親しまれている

横浜市《よこはまし》山手地区《やまてちく》〔港町・洋館群〕

海の見える旧居留地に近代の洋風住宅等が集中

山手234番館。山手通り沿いに震災後に建てられた外国人向け共同住宅。現在はギャラリー等に活用

横浜市の山手地区は、海抜10～40mの丘陵上にあり、文久二年（一八六二）に起きた生麦事件をきっかけに、翌年、英仏両国が山手の駐留権を得て兵営を設置することから開発が始まった。山手は土地が高く湿気も少ないので眺望にも優れ、低地である関内地区の外国人居留民からの要望を受けて慶応三年（一八六八）から住宅地、墓地等の開発が始まり、山手通り、谷戸坂の2本の尾根道を中心に街区割りが行われた。明治一〇年（一八七七）以降、ガス、上下水道が敷設され、また外国人建築家の設計による住宅、教会、劇場、病院、学校等が建てられ、公園などが整備された。関内地区と同様、明治三二年に居留地制度は廃止されたが、外国人の居住は続いた。

大正一二年（一九二三）の関東大震災により横浜は壊滅的な被害を蒙《こうむ》り、山手も一時荒廃したが、やがて外国人も山手にもどり、あらためて学校や教会、住宅等を建築した。今日残っている洋風建築群はおおむねこの時期のものである。山手地区は第二次世界大戦の横浜大空襲により再び被害を受けたが、今も多くの洋風建築が山手地区に伝えられている。昭和四〇年代に入ると良好な住宅地

◎所在地・神奈川県横浜市中区山手町
◎交通・・JR根岸線石川町駅下車、徒歩7分
◎見所・・山手地区には横浜市が所有・保存管理する洋館が7棟あり、見学や休憩には便利。山手地区の北端にある「港の見える丘公園」からの展望はすばらしい。園内には山手一一一番館やイギリス館、大佛次郎記念館等がある。
◎問合せ先・横浜市都市整備局企画部都市デザイン室
☎045-671-2023

としての魅力を求めてマンション建設計画が相次ぎ、横浜市は昭和四七年（一九七二）、都市デザイン行政の一環として「山手地区景観風致保全要綱」を定め、独自の眺望景観確保や建築用途・建《けん》蔽《ぺい》率の制限等の行政指導を始めた。さらに全市的な詳細な歴史的資産調査に基づき昭和六三年には歴史的建造物等の保全活用を支援する「歴史を生かしたまちづくり要綱」を制定し、山手地区でも住民、所有者とともに多くの洋風建築の修復、復原、活用が進められてきた。これにより山手地区は居住環境の維持向上とともに、文教文化地区、観光地区としての魅力を高めている。

山手地区には約70棟の洋風建築があるといわれるが、そのうち横浜市が管理し保存公開している洋風建築だけでも7棟ある。このうち元町公園に面している山手二三四番館は昭和二年に建築された外国人向け共同住宅、また元町公園内にあるエリスマン邸はＡ・レーモンドの設計により大正五年に建築されたものを近年移築したもの、同じくベーリック・ホールはＪ・Ｈ・モーガンの設計により昭和五年に竣工したもの、そして石川町駅に近いイタリア山庭園にある外交官の家は、Ｊ・Ｍ・ガーディナーが設計して東京の渋谷区に明治四三年に建てられた外交官内田定槌《うちださだつち》の住宅を近年、ここに移築したものである。

このほか、山手二三四番館の北側に大谷石貼りの山手聖公会《せいこうかい》（クライストチャーチ）がある。昭和六年にＪ・Ｈ・モーガンの設計により建築された。さらにその北に、外国人墓地に対面して山手資料館がある。明治四二年に本牧に建てられた住宅を移築したものである。

山手地区は緑多い環境の中に、折れ曲がり起伏する街路に沿って多くの洋風建築がゆったりと分布し、異国情緒を感じさせる、魅力ある街である。（苅谷勇雅）

エリスマン邸。平成２年に現在地に移築。展示や喫茶等に活用

外交官の家。旧内田家住宅。重文。外交官の生活展示等の公開施設

山手聖公会。鉄筋コンクリート造、大谷石貼。城塞風の端正なデザイン

ベーリックホール。山手の外国人住宅のなかでは最大規模。公開施設

山手資料館。和洋併設型住宅。横浜や山手に関する資料を展示

佐渡市《さどし》宿根木《しゅくねぎ》〔港町〕

江戸時代に発展した浦都市がそのままに

重要伝統的建造物群保存地区
選定平3・4・30

船主の家の内部。床は柿渋を塗り、建具や梁・天井も漆塗り

宿根木は佐渡島の南端、小木《おぎ》半島の海岸に位置する。小さな入り江に小川（称光寺川）が注ぎ込んでおり、川筋の谷間と海岸を利用して宅地を確保した。

昭和三六年（一九六一）に県道が開通するまでは三方を海岸段丘に囲まれ、唯一南方が海に開けているという特異な地勢である。小木半島の南面には、このような谷間に開かれた集落が多く、それは海岸線と直交する一本筋の町並みであるが、そのなかで宿根木は海岸に広場をもてるゾーンがあり、半島では一番大きな集落となっている。

川筋は、慶長検地では未整備であるが元禄検地では、ほぼ現在と同じ川筋に整備されたことが確認できる。

建造物の保存修理が進むなかで、川方向に地盤が沈下していることがわかり、もともとの川がかなり広い範囲で河原をもっていたことがうかがえる。背後の崖を切り落とし、その砂利で河原と浜辺を埋め立てて土地を確保した。道筋（宿根木では集落内の道を小路《こうじ》という）を決めてそれに従って宅地を割り付けるという、現代の団地造成と同じ手法がとられていたようだ。はじめて訪れた人は、この小路を迷路のようだという。少しなれ

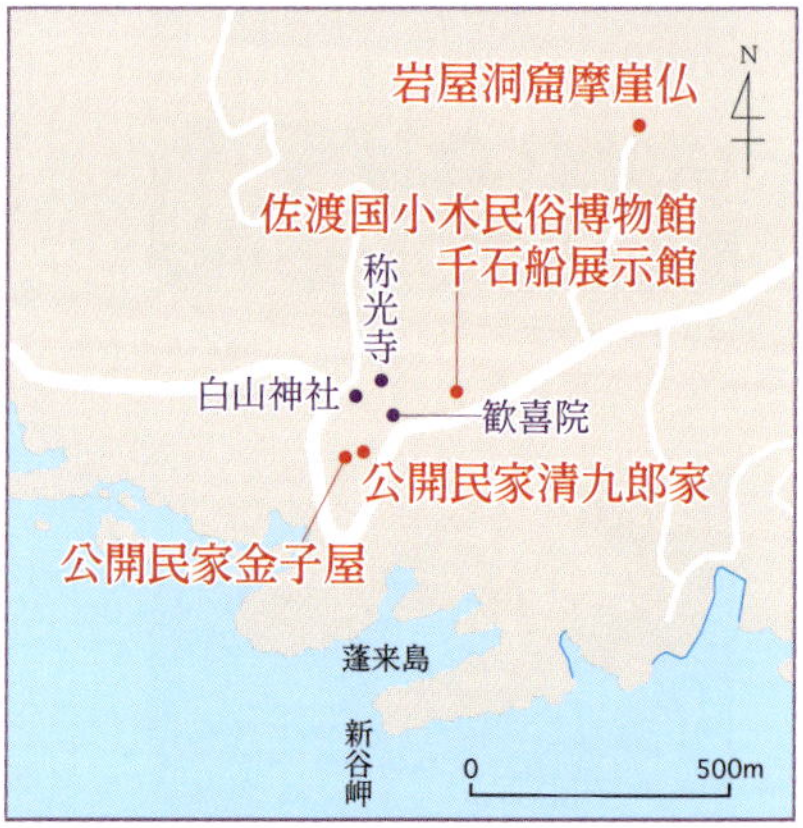

◎所在地・新潟県佐渡市宿根木
◎交通・・直江津港から船で2時間40分小木港へ、小木港から新潟交通佐渡宿根木線沢崎行きバスで15分
◎見所・・船大工と船主の集落で家屋の外観は質素な板張りであるが、室内はベンガラの漆塗りなど豪華な仕上げがなされている。公開施設は船主の清九郎家、船大工の金子屋（3月～11月）。
◎問合せ先・佐渡国小木民俗博物館
☎0259-86-2604

てくると、よくもこんなに詰め込んだものだと感心したり、あきれたりするようだ。

宿根木の紹介で必ずといっていいほど登場する「三角家」は、その宅地が三角形なため普通の長方形の建物を移築したときにこの形に収まった。注意深く観察すれば至るところに角が直角ではない建物があることに気づく。

約1haほどの谷間の土地に、建物が228棟あり、そのうち106棟が伝建に特定され、地区全体の保護に取り組んでいる。

宿根木は鎌倉時代の弘安八年（一二八五）に小名《しょうみょう》の帰属をめぐる争いの記録に「宿禰宜」と紹介されているのが最古の記録である。それ以前から船を操り、海を渡る生業の人々が定住しており、その利権を争い宿根木浦合戦が勃発した。その後も中世回船の湊として稼業したが、佐渡金山の最盛期を迎える慶長六年（一六〇一）に徳川領となり、同一九年に小木湊が佐渡奉行所指定の渡海場になると、寄港地小木に対する近世海運の基地となっておおいに栄えることになる。村には船主、水夫をはじめ船大工や鍛冶屋などの諸職が集住し、谷のなかに入りきれない状態になった。村の地割は、今も江戸時代と何ら変わりない状態で残されている。

建物の外観は、屋根は石置き木羽葺きで、下見板《したみいた》は竪板《たていた》張りが主流である。一見質素に見える外観ではあるが、主屋の内部は見応えのある、ベンガラの漆塗りが当時の繁栄ぶりを今に伝えている。吹《ふき》屋《や》（岡山県）のベンガラが日本海側に広まり、能登地方の漆塗り技術とともに回船で佐渡に伝わったものであろう。

村のなかには、瀬戸内海の御影石《みかげいし》、島根県の石州《せきしゅう》瓦、三国《みくに》港九頭竜川の勺谷《しゃくだに》石《いし》など回船でもちこまれたものが散見され、それらが村づくりに活躍したことを伝えている。（高藤一郎平）

三角家の様子。川の中州であった場所を造成した

大正時代の入り江風景。車道はなく三方は崖である

滑川市《なめりかわし》滑川《なめりかわ》〔宿場町〕

加賀藩の物資集散地として賑わう

北陸街道沿いの町並み

「ぼんぼこさ」を屋号とした旧宮崎酒造。店舗兼住宅、麹蔵、酒蔵、衣装蔵の4棟が国の登録文化財。

間近に聳える立山連峰を背にして富山湾に臨む風光明媚な地である。江戸時代は北国《ほっこく》街道沿いの宿場町として、また加賀藩の年貢米などの物資集散の港町としても大いに賑わった。町屋の特徴は、切《きり》妻造《つまづくり》・平入《ひらいり》で、二階の両脇に防火・防犯のためのコワキ（袖壁）を立ち上げ、一階には腕木で支えられたコヤネ（庇）を設ける。コヤネの先端にはガンギ（雁木）またはサガリ（下り）と呼ばれる霧除けが取り付けられる。建具は外側に格子戸や簀戸《すど》、次に障子、一番内側に蔀戸《しとみど》を入れるのが興味深い。間取りはトオリニワに面して表から順にミセ、オイ、ブツマなどの諸室を並べ、一番奥に中庭に面してザシキを設ける。オイの部分は太い梁や貫を何層にも重ねた「枠の内」と呼ばれる豪快な梁組の吹き抜け空間とし、そこには屋根に設けられたヤグラと呼ばれる明り取りから光が降り注ぐ。

（永井康雄）

◎所在地・富山県滑川市
◎交通・・富山地方鉄道中滑川駅下車、徒歩5分またはあいの風とやま鉄道滑川駅下車、徒歩20分
◎見所・・典型的な町家の城戸家や菅田家、前田侯の本陣だった養照寺や旧宮崎酒造、数寄屋造の廣野家、土蔵造の小沢家など。四月から五月はホタルイカ漁が行われ、幻想的な光景と絶品の刺身が味わえる。
◎問合せ先・NPO法人滑川宿まちなみ保存と活用の会
☎080-7002-9784城戸
または☎090-6275-1419小森

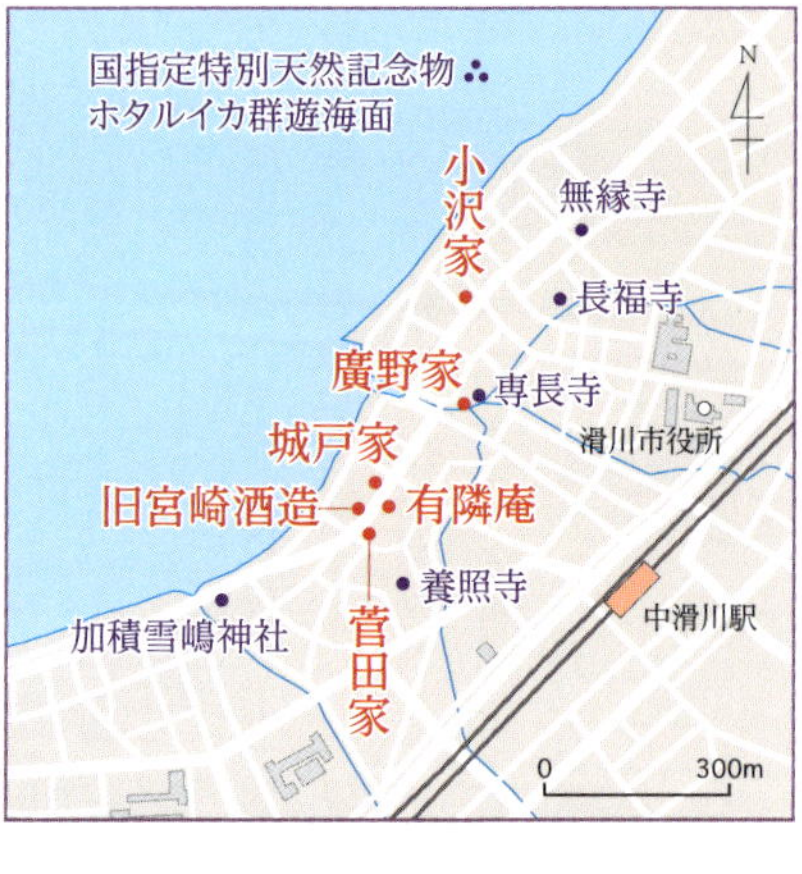

神戸市《こうべし》北野町山本通《きたのちょうやまもとどおり》

山手に並ぶ明治・大正期の異人館や和風住宅

〔港町〕

重要伝統的建造物群保存地区
選定 昭55・4・10

神戸は瀬戸内海東端の大阪湾に臨み、大輪田の泊、兵庫の津として古くから栄えてきた。近代都市としての神戸の発展は、安政五年（一八六二）のアメリカをはじめとする五カ国との修好通商条約の締結による兵庫港の開港の決定に始まる。

風見鶏の館(旧トーマス邸)。外壁煉瓦積二階建て、塔屋付、寄棟造、石綿スレート葺き。重文。手前は北野町広場

この条約では開港場に外国人居留地の設置が義務づけられていたが、政情不安の時期にあって整備が大幅に遅れたため、周辺部に日本人との雑居地が認められた。雑居地では外国人は日本人との契約のもとに土地、家屋を借り、また新築することができるようになった。そのおもな地域に選ばれたのが居留地の北方の六甲山麓の山手で、この付近は段状の田畑のところどころに集落や溜池の散在する農村であったが、明治二年（一八六九）より英国人への永代貸しが始まっている。そして明治五年には山手地区開発のため、東西三条、南北五条の道路工事が着手され、山手と居留地を結ぶ幹線道路も開設された。さらに明治二一年より第二次山手新道開設工事が行われ、異人館の建築も二〇年代後半から活発となった。山手方面の異人館の建設は明治三〇年代が最も盛んであったが、昭和初期まで建設が続いた。山手地区はこれら洋風建物と質の高い和風住宅が加わって、異国情緒豊かな、また六甲山麓の傾斜地に

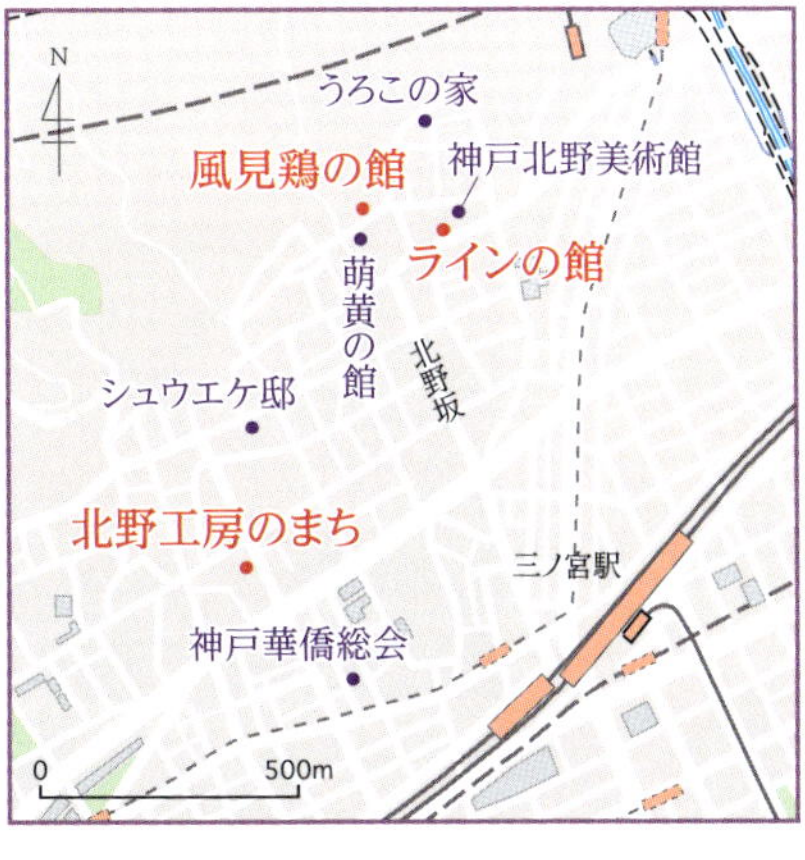

◎所在地・兵庫県神戸市中央区北野町
◎交通・・JR神戸線三ノ宮駅、阪急神戸線・阪神本線三宮駅下車、徒歩10分
◎見所・・風見鶏の館、ラインの館は神戸市所有で公開。ほかに公開している異人館は多数。山手通り三丁目の「北野工房のまち」は旧北野小学校を活用した店舗や工房。
◎問合せ先・神戸市教育委員会文化財課文化財係 ☎078-322-5798

山本通南側の町並み。手前はシュウエケ邸。その左に門邸

山本通南側の町並み。左に門邸。右はシュウエケ邸

あることもあいまって変化に富む独特の町並みが形成された。明治期以降の各年代の住宅の変遷を見ることができるのも特徴といえよう。

最盛期には100棟を越していた異人館も、戦災や戦後の建て替えなどで減少し、また重要文化財の旧ハッサム住宅や旧ハンター住宅のように、他所へ移築されたものもある。しかし、今もなおここには重要文化財旧トーマス邸、同旧シャープ邸（小林家住宅・萌黄《もえぎ》の館《やかた》）をはじめとする33棟の異人館が残っている。これに7棟の和風建築が共存している。

異人館は広い敷地にゆとりをもって大型の建物が建てられ、各建物の意匠や色彩がそれぞれ異なるのが特色といえよう。全体としてみれば、木造・二階建て・寄棟造《よせむねづくり》・瓦葺きで、一階には玄関ホール・居間・応接室・食堂などを設け、二階には寝室を主とした個室をとり、物置などを備えているものが多い。外壁は下見板張《したみいたば》りにペンキを塗ったもの

ラインの館（旧ドレウエル邸）。木造二階建て

北野通の町並み。中央は洋館長屋。明治41年木造二階建て

が多く、窓は外側に鎧戸《よろいど》をつけた縦長の上げ下げ窓とし、要所にベイ・ウィンドーを設ける。また、正面にはベランダがつけられる。ただし、日本の寒冷な気候にあわせて建具等で室内化されている。和風住宅はゆったりした敷地を構えた明治末から大正期の建築が多い。純粋に和風のものも少なくないが、洋館を併設したものや洋風の細部を取り入れたものもある。

　これらの異人館等の敷地はレンガ塀や生垣等で囲われ、周りは傾斜や屈曲に富む路地が続き、背後の山と敷地内の豊かな緑が魅力的な景観を形成している。

　平成七年（一九九五）一月の阪神淡路大震災により、神戸市が未曾有の被害を受けたのは知られるとおりである。北野町山本通地区も例外でなく、異人館や和風住宅の多くが甚大な被害を被った。とりわけ異人館は煉瓦煙突の落下や屋根瓦の落下、内外の壁や天井の剝離等の大きな被害を被った。しかし、幸いにも火災が発生せず、人々の復興への意思と行政や民間による所有者への資金援助等により、ほぼかつての歴史的景観とにぎわいを取り戻している。（苅谷勇雅）

萌黄の館（小林邸））。木造二階建て、寄棟造、桟瓦葺き、明治36年、重文

神戸華僑総会（旧ゲンセン邸）。木造二階建て、切妻造、桟瓦葺き、明治42年頃

廻船問屋嶋屋を保存活用している海駅館の表構え

たつの市《し》室津《むろつ》〔港町〕

摂播五泊の一つとして栄えた瀬戸内の海駅

室津は三方を山がとりかこむ天然の良港。八世紀初期に編纂された『播磨国風土記』に「此《こ》の泊り、風を防ぐこと、室の如し」とある。江戸時代には、参勤交代により西国大名が船から上陸する海の宿駅として繁栄し、一八世紀の最盛期には、この小さな集落に6軒の本陣が置かれた時期もあった。また、姫路藩は、御茶屋（迎賓館）で朝鮮通信使を迎え饗応した。

平成六年（一九九四）五月、室津は兵庫県の景観形成地区に指定された。地区内の建築物の修景を支援する制度も整っている。現在、大規模な町家を保存・活用した市立の室津民俗館と室津海駅館を拠点にしながら、町並みを活かしたまちづくりが展開されている。盛夏にあちらこちらの町家におひなさまが飾られる「八朔《はっさく》のひな祭り」の復活をはじめ、歴史・文化や季節感を活かした町の演出が住民自身により実践されている。（八木雅夫）

◎所在地・兵庫県たつの市御津町室津
◎交通・・山陽電鉄網干駅より神姫バス大浦行23分、室津バス停下車
◎見所・・室津地区は兵庫県の景観形成地区に指定され、たつの市立室津民俗館と室津海駅館で歴史文化を展示紹介している。本殿が国指定重要文化財となっている賀茂神社において四月初めに行われる小五月祭りは県指定民俗文化財。
◎問合せ先・たつの市教育事業部文化財課（たつの市埋蔵文化財センター）
☎0791-75-5450

伝統的な建物が現役の工場・店舗として生活にとけこんでいる

港、河川、遊水地などの水辺空間がまちの特徴を印象づける

倉敷市《くらしきし》玉島《たましま》

〔港町・商家〕

生活感あふれる町並みと水辺空間

玉島地区は、倉敷美観地区の西約10㎞に位置する。その名が示すように古来、瀬戸内に浮かぶ小さな島々であったが、江戸時代の初期から、港町の建設と新田開発で干拓が進められ、羽黒神社を中心に放射状に延びる市街地が形成された。以降、明治中期まで岡山県のおおむね西半分である備中地域の物流の拠点、瀬戸内有数の港町として繁栄し、当時をしのばせる町並みとなっている。

また、古い町並みだけではなく、石積み護岸、水門などの干拓の遺構が独特の水辺空間となっており、店舗の数は減少したものの昭和の雰囲気を色濃く残した商店街は、地域の暮らしを支えながら、温かみのある景観となっている。

このように、派手さはないものの、多様な景観に恵まれた玉島の町並みであるが、伝統的な建物、水辺空間は少しずつ失われてきており、過去から引き継いだものをどのように後世に伝えていき、生活していくかが課題となっている。（高杉 滋）

◎所在地・岡山県倉敷市玉島
◎交通・・JR新倉敷駅からバス・タクシー10分、山陽自動車道玉島ICから自動車で15分
◎見所・・伝統的な建築物が食品製造工場、店舗、住居として数多く活用されており、独特の水辺空間とともに生活感あふれる町並みとなっている。
◎問合せ先・倉敷観光コンベンションビューロー 玉島観光案内所 ☎086-522-0019

福山市《ふくやまし》鞆《とも》〔港町〕

潮待ちの港に残る歴史的港湾施設や社寺、町家群

鞆港の景観。正面に常夜灯、いろは丸記念館。右端に重文の太田家住宅朝宗邸

　広島県福山市鞆は、福山市の南端の瀬戸内海に突き出た沼隈半島の東南端にあり、古くから潮待ちの港として栄えてきた。鞆は万葉集の頃から港として登場し、源平合戦、南北朝の戦い、足利義昭《あしかがよしあき》の鞆での長期逗留など、古くから歴史の重要な舞台であった。江戸時代の鞆は、関ヶ原の戦い後に安芸備後《あきびんご》を与えられた福島正則《ふくしままさのり》が鞆城を築いた際の町割が基本となっているが、北前船《きたまえぶね》や九州船の交易地として賑わい、朝鮮通信使の毎回の寄港地・宿所となり、オランダ使節や琉球使節の来航や幕末の三条実美《さんじょうさねとみ》ら七卿《しちきょう》の寄航、いろは丸事件の坂本龍馬らの交渉など、繁栄と歴史的事件を重ねていった。

　こうした歴史を反映して、鞆には鞆港とその関連の波止《はと》や燈籠《とうろう》、雁木《がんぎ》、焚場《たでば》、船番所《ふなばんしょ》などの歴史的港湾施設や、鞆城跡や沼隈神社、安国寺などの神社・寺院、重厚な町家などがきわめて多量にかつ重層的に残されている。また、仙酔島、弁天島等の瀬戸内海の島々や背後の山々など、鞆の歴史的、景観的魅力は枚挙にいとまがない。世界文化遺産を審査するイコモスからも高く評価されている。

　鞆の歴史的な民家は、およそ南北900m、東西約500mの広域に分布している。この範囲の民家は、既指定の文化財建造物を除いても、江戸期のもの80棟、明治期のもの91棟、大正・昭和戦前期のもの303棟が確認されている。

◎所在地・広島県福山市鞆町西町ほか
◎交通・・JR山陽本線福山駅からバス30分
◎見所・・太田家住宅、「いろは丸展示館」、海際の雁木、「鞆の津の商家」など。鞆城跡には「鞆の浦歴史民俗資料館」がある。西方の山手の医王寺からの鞆の浦の眺望がよい。
◎問合せ先・福山観光コンベンション協会
☎084-926-2649

鞆の浦の眺望。鞆の浦周辺は早くから名勝や瀬戸内海国立公園に指定されている

鞆港の西岸にある太田家住宅は江戸時代より名産保名酒《ほうめいしゅ》等の製造を行い、栄えた商家の構えをよく残しており、一八世紀中期に建築された主屋をはじめ蔵、釜屋等9棟が重要文化財に指定されている。狭い街路をはさんでこれと向かい合う太田家住宅朝宗《ちょうそう》邸は、一八世紀後期に隠居座敷と本陣を兼ねた別宅として建てられたもので、主屋、門屋、離屋が重要文化財に指定されている。

これらを含めて、鞆城跡以南の鞆港に近い区域には江戸時代や明治時代の町家等がとくに集中しており、福山市は8・6haを市の伝統的建造物群保存地区に指定し、保存事業を実施しているが十分とはいえず、伝統的建造物の腐朽が進んでいる。崩壊しつつある重要な歴史的建造物もある。また、保存地区の指定範囲が港湾施設や鞆城北側の歴史的市街地、寺町など鞆の豊富な歴史遺産を適切に包含していないことも課題である。

鞆湾について、広島県の埋立架橋計画は中止されたが、県は新たに護岸整備と管理道路建設計画を提示している。埋立架橋同様、鞆港の歴史的景観に少なからぬ影響を与えるものとして懸念される。

（苅谷勇雅）

鞆港の雁木。重要な歴史的港湾施設

鞆の町並み。狭い街路沿いに歴史的建造物が連なる

鞆の津の商家（公開）。主屋は江戸末期、土蔵は明治。鞆の典型的な町家

海でとれた魚を街角で売る晩よりさん（上）
みはらし亭から尾道水道の眺め（右上）
坂のまちを登るとたどり着けるパン屋（右下）

尾道市《おのみちし》市街地地区《しがいちちく》〔港町〕

わが国の海の道交易が創生した多様性都市

尾道は、近畿から日本海沿岸、さらに大陸へつながる瀬戸内の道、そして出雲などの日本海側から瀬戸内へつながる道の十字路に、交易と流通の拠点として中世に形成され発展した港町である。

まず目につくのは、三山を背景とする寺院伽藍《がらん》の数々と参道の石段、そこから見晴らす尾道水道と対岸の向島、さらには瀬戸内の多島美である。そして中・近世に由来する、海岸線に並行に軒を連ねる港町と、出雲街道沿いの長江の町並みがある。さらに近・現代の海運業や造船業等の繁栄により、寺院群の境内である斜面地に旦那衆による茶園・庭園文化の近代和風建築・庭園、上流層向けの擬洋館の邸宅、中下流層向けの長屋等の住宅が、古寺や参道、石垣と絡み合う。

近年は、とくに坂のまちや海岸沿いの多様な歴史的建造物の再生が、市民団体や民間事業者などにより積極的に行われ、観光を活用した地域課題の取り組みへと発展をみせ、現代の町並みを生き生きとしたものとしている。（池ノ上真一）

◎所在地・広島県尾道市長江等
◎交通・・JR尾道駅より徒歩
◎見所・・みはらし亭、島居邸洋館、ネコノテパン等の坂のまちの再生物件と付近の町並み。いずれも坂のまちの営みに溶け込んだ再生がされており、ずっと以前からそこで営業してきたような絶妙な空気を味わえる。
◎問合せ先・尾道観光協会
☎0848-37-9736

若胡子屋跡。地区内に唯一残る江戸時代のお茶屋跡

呉市《くれし》豊町御手洗《ゆたかまちみたらい》

瀬戸内航路の潮待ち、風待ち港として栄えた港町

〔港町〕

重要伝統的建造物群保存地区
選定 平成6・7・4

呉市豊町は瀬戸内海の中央よりやや西寄りに浮かぶ芸予《げいよ》諸島のひとつで、島の周囲約20㎞の大崎下島《おおさきしもじま》を中心とする。この島は、室町時代末期までは伊予国（現在の愛媛県）に属しており、慶長年間に安芸国の所領となった。

御手洗は、大崎下島の東端部に位置し、江戸時代初期には農耕地として開かれていたが、瀬戸内海航路の「沖乗り」の発達にともない、風待ち・潮待ちの港として着目され、寛文年間（一六六一～七三）にこの地に集落が形成された。やがて、諸国の廻船を相手に米・豆類・綿・茶等を中心とする中継ぎ貿易も行われるようになり、問屋業も生まれた。また、西国大名が参勤交代に際して寄港することも多く、船宿を指定した藩もあり、瀬戸内交通において重要な位置を占めるようになった。

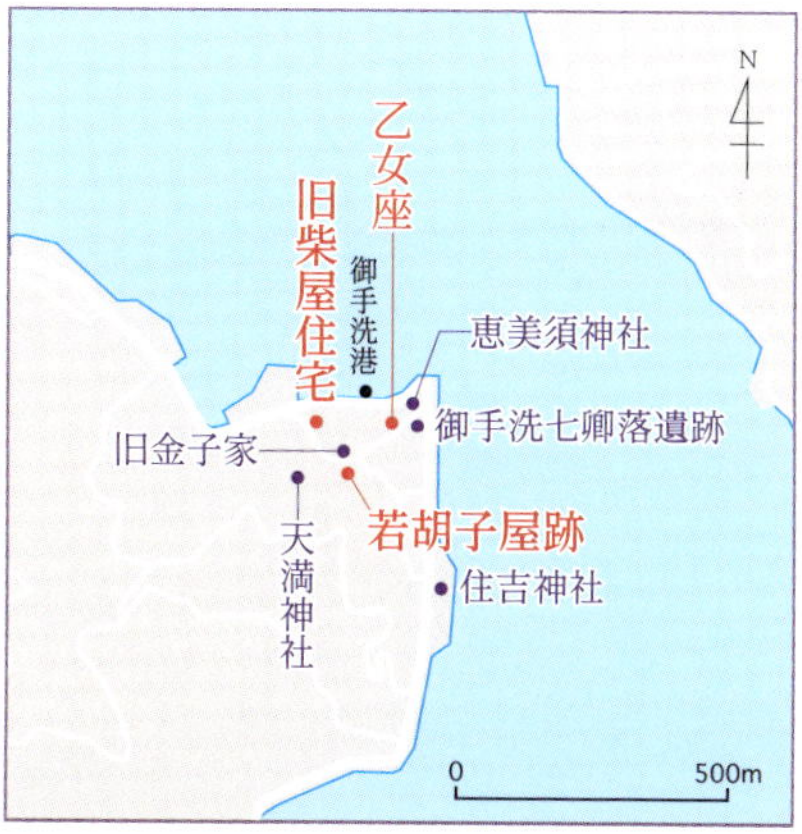

◎所在地・広島県呉市豊町御手洗
◎交通・・JR呉駅または広駅前バス停から「とびしまライナー」乗車「御手洗港」バス停下車
◎見所・・江戸時代から明治・大正・昭和初期の建物が混在する町並みは、若胡子屋跡や旧柴屋住宅など歴史的建造物がたくさん残っており、瀬戸内の風待ち・潮待ちの港町としての風情をよく伝えている。
◎問合せ先・呉市文化スポーツ部文化振興課
☎0823-25-3463

御手洗が港町として急成長するにつれて、人口・戸数は急激に増加し、それに

乙女座。昭和初期のモダンな劇場を復元

ともない土地の狭い御手洗は数度にわたって埋め立てられ、文政一一～一二年（一八二八～二九）には藩の事業として御手洗の南端の千砂子浜《ちさごはま》に大規模な波止も築造された。

　保存地区の伝統的な建造物は、一八世紀前半から昭和初期にかけての伝統的な瀬戸内の島の港町における各時期の建物であり、建築形態は、比較的間口《まぐち》が狭く奥行きの長い妻入《つまいり》の町家と、棟割長屋に代表されるような平入《ひらいり》の町家が多い。このように、常盤町の主要道路に沿って切《きり》妻造《づまづくり》、妻入の町家が建ち並ぶ一帯は、港町として繁栄した様相をよく伝えている。住吉町は、近世に西国諸藩が利用した船宿の遺構が残るほか、中小の伝統的な町家が海岸通りに沿って建ち並び、千砂子波止等の港湾施設と一体となって港町の風情を伝えている。

　町家は、切妻造桟瓦葺きを基本とし、外部構成は、２階部分が漆喰《しっくい》大壁で、庇《ひさし》部分からの１階が真壁《しんかべ》であるものが多い。平面構成は基本的には土間の隣に居室が１列に並ぶ１列型の間取り形式であり、建築規模については梁間《はりま》６間《けん》の大規模なものから、２間半の小規模な長屋までさまざまな規模のものが残っている。町家では、旧柴屋住宅（市指定文化財）が公開されている。

　町家以外の建物として、江戸時代のお茶屋跡の若胡子《わかえびす》屋跡（県史跡）がある。御手洗には広島藩から許可を受けたお茶屋が４軒もあり、瀬戸内海きっての歓楽街としても有名だった。この若胡子屋の離れ座敷は天井、障子の腰板、雨戸に屋久杉が使われ、障子は赤漆の塗框《ぬりかまち》で往時の隆盛がうかがわれる。現存するお茶屋では日本最古といわれている建物である。

旧柴屋住宅。「伊能忠敬御手洗測量之図」に描かれた建物

　御手洗の伝統行事として、毎年七月の第４土曜日に行われる「御手洗櫓《やぐら》祭り」は、「天満宮」や復元した昭和初期の劇場「乙女座」の前などを通りながら、低い軒が連なる地区内のほぼ全域を櫓や神《み》輿《こし》で回る。また、夜廻しになると、櫓《やぐら》を地面に投げるように荒々しく倒し、「倒しては起こし、担いでは倒す」をくりかえす勇壮な祭りである。江戸時代か

常盤町の町並み。通りに沿って建ち並ぶ町家

ら続くこの祭りは、船乗りや旅人をもてなす花魁がいた頃には、花魁が櫓の周りで三味線を弾いたり踊ったりと、たいそうな華やかさだったと伝えられている。

さらに、家々の軒先に飾られている一輪挿しが町並みに彩りを添えており、来訪者を温かく迎えるおもてなしの心あふれた魅力的な町である。（里田謙一）

御手洗櫓祭り。毎年７月の第４土曜日に行われる勇壮な祭り

光市《ひかりし》室積《むろづみ》〔港町〕

均質な町並みを実現した近世の港町

旧磯部家住宅（「光ふるさと郷土館別館」）。国の有形文化財に登録されている旧南町に現存する町家建築

札辻付近の町並み、商家の町家建築が連続する札辻から早長八幡宮門前

周防五浦のひとつ室積は、山口県光市の東部に位置し、象鼻ヶ岬《ぞうびがさき》によって波風を遮られた天然の良港で、古来より瀬戸内航路の要衝として賑わった港町である。

中世の町並みは、港町とともに普賢寺《ふげんじ》一帯に門前町の性格をあわせ展開する。その名残が普賢市《いち》（普賢祭）である。その後、宝暦期（一七五一頃）の検地と撫育方の新設を緒に、明和期（一七六四頃）の築港と海商通りを軸とした計画的な町割、安永期（一七七二頃）の米蔵と室積会所の設置など、近世中期に集中した萩藩の経済政策の足跡が現在の町並みの基盤となっている。普賢寺一帯と、寛文期（一六六一頃）に現在地に遷宮となった早長《はやおさ》八幡宮の2つの核をつなぐように連続する商家の町並みは、今も、札辻周辺や豪商磯部家を活用した光ふるさと郷土館別館などにその姿を残す。間口《まぐち》3間半、奥行き20間程の敷地が連続する地割に大きな改変がなく、それらを縦横に縫う脇道「あいご」が生活動線として今も受け継がれる港町らしい伝統的な町並みである。（赤松 悟）

◎所在地・山口県光市室積
◎交通・・JR山陽本線光駅下車、バス15分
◎見所・・「普賢寺」「普賢堂」一帯を起点に、「光ふるさと郷土館」「札辻（高札場）」を経由して「早長八幡宮」へと至る海商通りの町並みと、稠密な町並みを支えた「あいご」の散策。
◎問合せ先・光市観光協会
☎0833-48-868

砂州の尾根筋を形成する吹上（ふきあげ）の坂に沿って緩やかにカーブする本町の町並み

萩市《はぎし》浜崎《はまさき》【港町】

日本海に開かれた萩城下町の玄関口

重要伝統的建造物群保存地区
選定 平13・11・14

浜崎は、萩城下町が展開した三角州の北東に突き出した砂州の東側、松本川河口に位置する。萩城下町を形成する町の大半が、萩城下町の建設時に設定された堀内などの城内に向かう東西方向を基軸としたグリット状の町割に組み込まれているのに対し、浜崎は砂州の尾根筋に南北に伸びる本町を中心に、浜崎新町などの諸町が取り囲む特異な町割がなされている。

また、萩城下の町は町奉行の管轄下にあるのに対し、浜崎には「浜崎宰判《さいばん》」と呼ばれる萩藩の領地を治める勘場《かんば》が別に置かれていた。この浜崎宰判は、浜崎の諸町に加え、萩の沿岸部に点在する7つの浦と萩沖の6つの島を治める萩藩の海を統治する一大拠点であった。町並みの中央部の川沿いには、浜崎宰判の勘場の建物のほかに、御座船《ござぶね》など藩の軍船を収納する「御船倉《おふなぐら》」と呼ばれる屋根付きの収納庫が建ち並んでおり、現在もそのひとつが国指定史跡として遺されている。

◎所在地・山口県萩市浜崎町
◎交通・・JR山陰本線東萩駅から徒歩15分、または萩バスセンターから市内循環まぁーるバスに乗り換え御船倉入口バス停下車、徒歩3分
◎見所・・町並みの中心部にある旧山中家住宅・旧山村家住宅は内部が一般公開されている。また、浜崎の町並みマップが配布されているほか、旧萩藩御船倉の内部も随時、案内してもらえる。
◎問合せ先・萩市観光課 ☎0838-25-3139

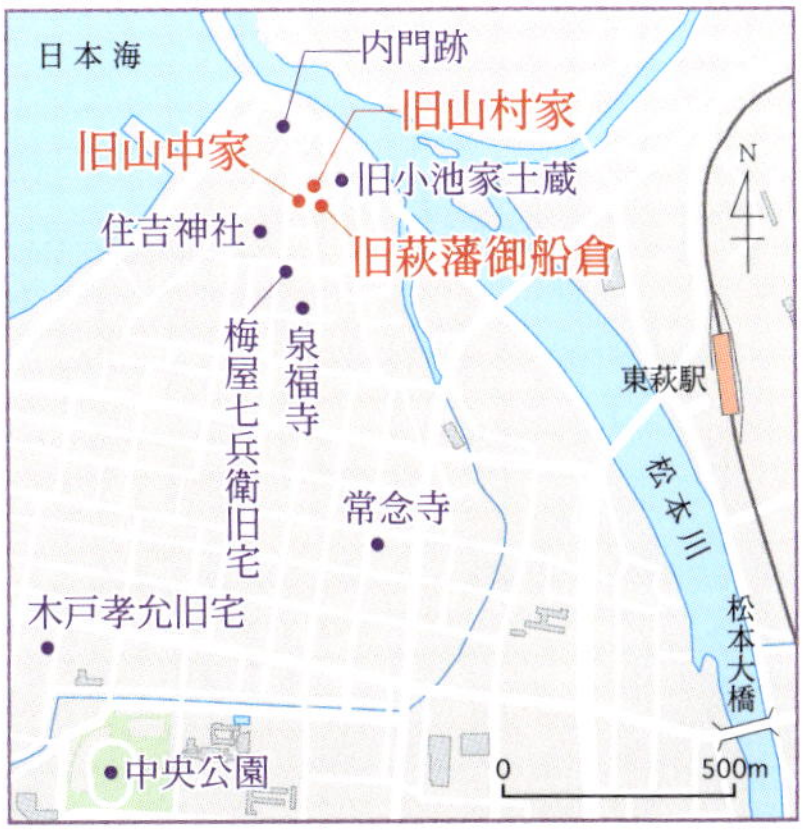

真壁造平入の町家が続く閂町（かんぬきまち）の町並み

このほかにも、本町の北端には閂門《かんぬき》が設けられ、門の内側には藩の蔵屋敷が置かれたほか、港にも出入りする船や荷揚げの管理をする御番所が置かれるなど、萩藩の港町として重要な役割を果たしていた。

一方で、萩城下町の生活物資や近隣の漁村から水揚げされる魚などを扱う河港を中心に、これらを取り扱う廻船問屋や魚問屋が軒を連ね、港町としておおいに繁栄した。近代に入っても商船の定期航路が置かれ、萩の物流拠点として繁栄を続けた。大正期に鉄道が敷設され、徐々にその機能を失うものの、水揚げされる魚を加工し、干物やちりめん、蒲鉾などにする水産加工業は発展し、現在にまで受け継がれている。

町並みは、砂州の尾根筋に沿って緩やかにカーブする本町を中心に町家の主屋が櫛比《しっぴ》する。それぞれの敷地は、通りに面して間口が狭く、奥行きの深い敷地に主屋、離れ、土蔵を並べ、その間には庭園や茶室なども遺され、豊かな都市文化が花開いたことを物語る。主屋は、屋根を切妻造《きりづまづくり》桟瓦葺きとした厨子《つし》二階建てを基本とする。正面の構えは1階を間口いっぱいに蔀戸《しとみど》と大戸《おおど》を建てこんだ開放的な造りとし、規模の大きなものや扱う商売によっては上手に格子戸を設ける。2階は、壁面に貫《ぬき》を見せた真壁造《しんかべづくり》とし、窓は手摺《てすり》つきの引き違い障子戸とするもの、出格子《でごうし》を設けるもの、虫籠窓《むしこまど》とするものなど多様な形式が見られる。浜崎にはこうした町家が現在でも数多く存在し、このうち町並みの中心部にある旧山中家住宅、旧山村家住宅、旧小池家土蔵、梅屋七兵衛旧宅などが一般公開されている。

藩の軍船が格納されていた旧萩藩御船倉（国史跡）。かつては川に面し、直接に船が出入りしていた

港町浜崎の信仰を集める住吉神社の夏祭礼で旧城下を巡行する御船山車。後ろは公開施設のひとつである旧山村家住宅

町並みの背後の日本海沿岸には、イリコや干物の加工場が一面に広がっていた。現在もこれらを天日干しする風景が見られる

　こうした浜崎の町並みを舞台に花開いた文化のひとつに、現在は萩市の夏祭りとしても市民に親しまれている住吉祭りがある。御船山車《おふねだし》に連座した地謡組《じうたいぐみ》の旦那衆が「御船謡」（山口県指定無形民俗文化財）を朗唱しながら旧城下を巡行する様子は、浜崎の町人文化を今に伝えている。また、平成一三年（二〇〇一）に重要伝統的建造物群保存地区として国の選定を受ける前後から、地元住民有志によるまちづくり組織「浜崎しっちょる会」が結成され、毎年五月に町並み全体をひとつの博物館に見立てたイベント「浜崎伝建おたから博物館」の開催や町並みガイドなどを行い、町並み保存のまちづくりに取り組んでいる。

　このように、浜崎はその立地を生かし、萩藩の海を治める拠点と、萩城下町の物流と水産加工業を支える河港という二つの性格を帯びた港町として繁栄を極め、それによって築かれた町並みと、これを舞台として花開いた祭礼や生活文化に、往時の様子がしのばれる。（大槻洋二）

丸亀市《まるがめし》塩飽本島町笠島《しわくほんじまちょうかさしま》〔港町〕

美しい備讃瀬戸に浮かぶ塩飽水軍の本拠地

重要伝統的建造物群保存地区
選定昭60・4・13

本島港に到着し海岸沿いを東へ進むと、間近に見る瀬戸大橋にまず圧倒される。この巨大な近代の建造物を眺めながら笠島地区へ向かう。一気に100年以上時代をさかのぼり、江戸の雰囲気を残した町並みに誘われる。

岡山県と香川県にはさまれた備讃《びさん》瀬戸に浮かぶ大小28の島々、塩飽《しわく》諸島。いわずと知れた塩飽水軍の本拠地である。天正一八年（一五九〇）豊臣秀吉は塩飽水軍の功績に対し、船方650人に朱印状を与え、塩飽1250石の領有を認めた。塩飽ではこの船方たちを大名、小名に準じて「人名《にんみょう》」と呼ぶ。その後明治の廃藩まで人名による自治制度が続いたが、江戸中期以降は塩飽船方への需要が減少したため、船大工の技術を生かした「塩飽大工」として瀬戸内の島や中国地方で活躍した。この塩飽諸島の中心的存在が本島である。

本島の8つの集落のうち北東部に位置する笠島地区は、北に海が開け、三方を東山・光厳寺山・西山という丘陵に囲まれた、約200m四方の集落である。笠島城があった東山からは岡山・香川の対岸まで見渡せるが、1km先に浮かぶ向島が集落をうまく隠しているため、港にかなり近づかないかぎり船から集落の存在を確認することができない。水軍にとって恰好の港であった。

笠島地区の主道路は、南北に走る「東小路《とうしょうじ》」、海岸線に並行する「マッチョ通り（町通りの転訛）」、東小路と尾上《おのうえ》神社を結ぶ「田中小路」であり、櫛状に通る細い枝道は奥まで見渡せないように工夫されている。通りには江戸時代後期から戦前に建てられた伝統的建造物が、現在も100棟余り立ち並ぶ。本瓦葺きの厨《つ》

◎所在地・香川県丸亀市本島町笠島
◎交通・・丸亀港からフェリー（本島汽船）約30分。児島観光港からフェリー（六口丸海運）約30分。本島港から笠島まで徒歩約20分。レンタサイクル約10分／車約5分
◎見所・・江戸後期から戦前の建造物が100棟余り現存し、眞木邸・旧真木邸・藤井邸・吉田邸などは内部の見学もできる。周辺の山際にはかつての繁栄をしのばせる寺社や中世の城跡も残る。
◎問合せ先・本島パークセンター（観光案内所）
☎0877-27-3328
笠島まち並み保存センター
☎0877-27-3828

東山から眺める笠島地区

東小路に建ち並ぶ町家形式の建物群

お大師参りで賑わう笠島

マッチョ通りと東小路の分岐に建つ眞木邸

子《し》二階、上階に虫籠窓《むしこまど》や格子窓を設け、下階は腰格子付き雨戸構えと出格子《でごうし》を組み合わせた町家建築が中心である。ほとんどは平入《ひらいり》で、坂道に沿う建物は花崗岩の切石を高く積んだ基壇の上に建っている。

眞木《さなぎ》邸では海鼠壁《なまこかべ》をふんだんにあしらった外観とともに、内蔵や二階造りの外蔵も見ることができる。旧眞木《まき》邸は典型的な田の字型の4間取りを前後で食い違わせ、前栽をつくっているのが特徴で、カマバの上には煙ぬきも見られる。数少ない妻入《つまいり》の建物としては藤井邸があり、内部も見学できる。これらはいずれも江戸時代の建築である。建築年代は少し下るが、吉田邸は見ごたえのある塩飽大工意匠の家として公開されている。

笠島は瀬戸大橋開通の3年前、昭和六〇年（一九八五）に国の重要伝統的建造物群保存地区に選定された。それから約30年、景観だけでなく建物内部の整備にも積極的に取り組む姿が各所に見られる。

再び瀬戸大橋に対面し、時間軸を戻しながら本島を離れる。近代的な風景と伝統的な風景、歴史、それを守る人々に一度に触れられる島である。（多田善昭）

大川市《おおかわし》小保《こぼ》・榎津《えのきづ》〔港町〕

久留米藩と柳川藩の藩境に発展した二つの町

町別当を務めた旧吉原家（重要文化財）

現在も酢の醸造を続けている高橋家

筑後川河口に位置する小保・榎津は筑後川支流の花宗川《はなむね》に面し、中世の船着き場から小保八幡神社門前に成立した市町《いちまち》を起源とする。江戸時代には掘割を境に小保は柳川藩《やながわ》に、榎津は久留米藩に属していた。街道が出会う浄福寺前の小広場から花宗川に向かう2本の通りを中心に、小保と榎津の町並みが面的に広がる。藩境の町を象徴するように八幡前の通りには、境を示す石柱が28本並んでいる。

江戸中期には港町の中心が別の町へ移って在郷町として発展し、明治になると多くの船大工や指物師《さしものし》がいた榎津では木工業が興隆し、大川木工の礎となった。町並みには、江戸期から明治にかけての土蔵造の重厚な町家やその後の真壁《しんかべ》造《づくり》町家が残る。小保の町別当を務めた吉原家《よしわらけ》の文政八年（一八二五）建築の主屋は、式台玄関をもつ入母屋《いりもや》本瓦葺きの堂々たる家屋で、塀で囲われた広い敷地に建つ。榎津の一八世紀中期に建てられた高橋家は、現在も酢の醸造が続けられている。（大森洋子）

◎所在地・福岡県大川市小保・榎津
◎交通・・西鉄柳川駅下車、西鉄バス佐賀駅行き中原高木病院前下車、徒歩10分
◎見所・・小保にある重要文化財の旧吉原家、町家の吉原義郎家、武家住宅の緒方家、榎津の中村紙店、庄分酢（高橋家）は江戸時代建設時の姿がよく残っている。藩境の石列も面白い。
◎問合せ先・大川観光情報センター
☎0944-87-0923

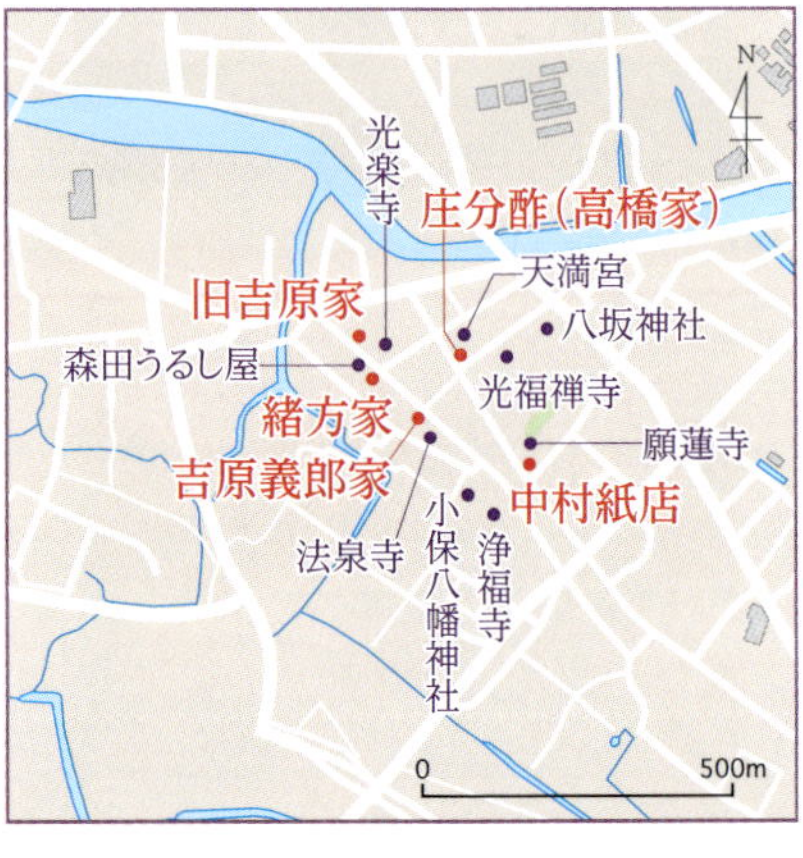

北原白秋生家。沖端最古の町家

柳川城下の外堀とつながる沖端の掘割

柳川市《やながわし》沖端《おきのはた》〔河港〕

北原白秋が育った沖端

有明海に注ぐ沖端川下流左岸に位置する漁師町の沖端は、柳川の観光地としての顔をもつ。沖端川と掘割とをつなぐ船溜りの両岸には細い道に面して家々が密集するが、近世にさかのぼる住宅はほとんど残っていない。北原白秋生家は明治三四年(一九〇一)の大火での焼失を免れた沖端最古の町家で、幕末から明治初期に建設された重厚な土蔵造りである。市中の掘割を巡る川下りは柳川観光の目玉であり、その下船場周辺に並び建つ町家のなかにも明治期にさかのぼるのは数棟しかない。古い町家の多くは、道沿いに平入の切妻造《きりづまづくり》が建ち、それから奥に建物が続いて棟をT字形に配る形態をとる。風になびく柳並木の掘割沿いには、恵比須を祀る石祠、沖端の信仰の中心である水天宮がある。掘割は、白秋の詩情を育んだ「水郷柳河」として国の名勝に指定され、白秋生家と水天宮も名勝に含まれる。(松岡高弘)

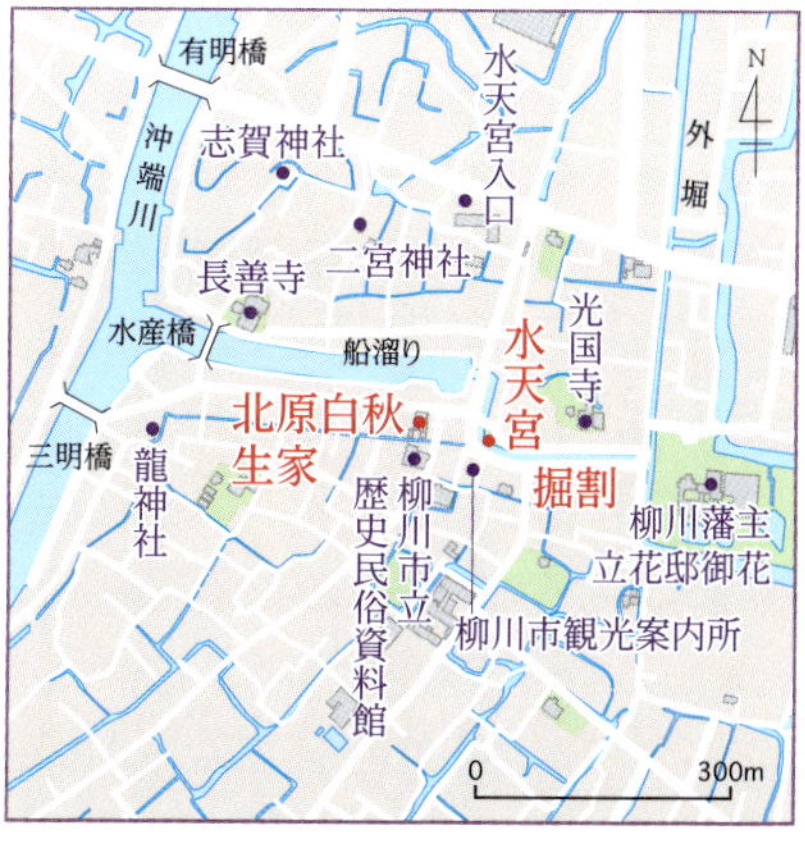

◎所在地・福岡県柳川市沖端町・稲荷町・矢留町・矢留本町

◎交通・・西鉄柳川駅からバス20分(水天宮入口下車)、徒歩10分

◎見所・・有明海に注ぐ沖端川河港の漁村集落と掘割を巡る川下り下船場の観光地。詩聖北原白秋の生家、沖端の信仰の中心である水天宮、美しい掘割と柳並木等、魅力的な空間。

◎問合せ先・柳川市観光案内所
☎0944-74-0891
柳川市立歴史民俗資料館
☎0944-73-8940

中島川にかかる眼鏡橋。寛永11年（1634）架橋。重要文化財

長崎市《ながさきし》中島川《なかしまかわ》〔石橋群〕

外国貿易で栄えた中島川沿いに架かる石橋群

長崎市の中島川は市内の中心部を流れる小河川で、市街北東部から長崎湾の旧出島付近に流れている。元亀二年（一五七一）から長崎港で中国も含めてポルトガル、オランダ等との南蛮貿易が始まったが、外国船の積み荷は小舟に乗って中島川を上り、川岸の町々で陸揚げされて、町は非常に栄えたという。この時期、当時往来した中国人の架橋技術に学び、寛永一一年（一六三四）、唐僧如定《にょじょう》の尽力で最初の橋、眼鏡橋が架けられた。二連石造アーチ橋としては日本最古の橋である。その後、僧や通事などの中国出身者、日本の貿易商人や大衆の浄財で中島川には20もの石橋が建設された。この技術は次第に九州各地に伝わり、各地で多様な石橋が建設された。

昭和五七年（一九八二）、記録的な集中豪雨により中島川は氾濫し、石橋群は流出や半壊など大きな被害を蒙《こうむ》った。市民の運動により大半が元通りのアーチの石橋として復旧され、眼鏡橋等の両岸には洪水に備えて地下バイパス水路が建設された。その上は中島川公園として整備されている。（苅谷勇雅）

◎所在地・長崎県長崎市南山手町
◎交通・・JR長崎本線長崎駅から路面電車大浦天主堂下下車、徒歩5分
◎見所・・中島川石橋群および中島川公園。近くに復原整備された出島（史跡、和蘭商館跡）がある。
◎問合せ先・長崎市経済局文化観光部観光推進課
☎095-829-1314

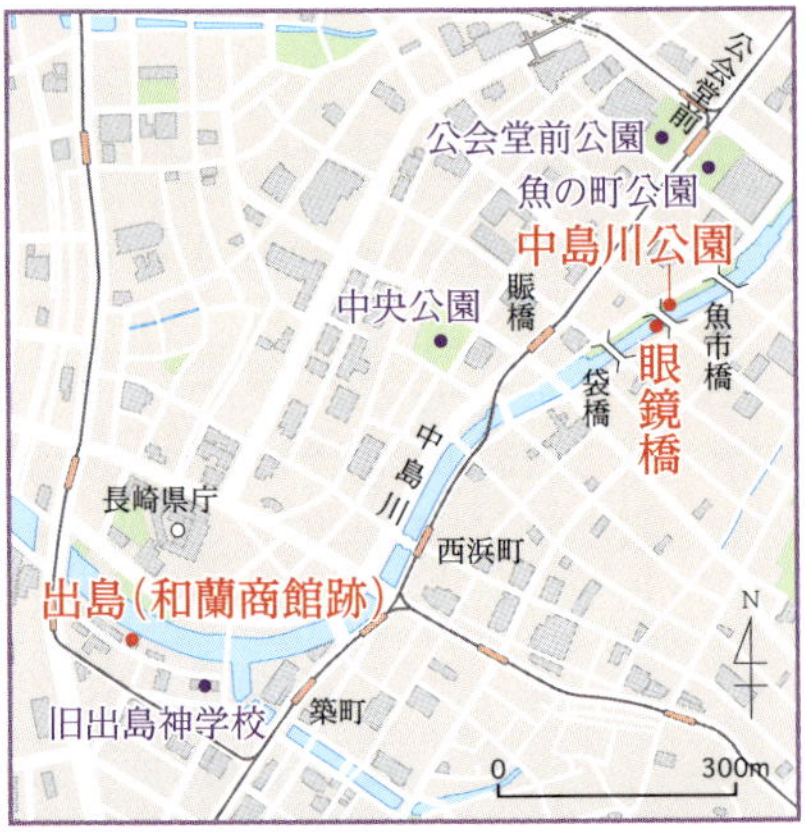

長崎市《ながさきし》東山手《ひがしやまて》〔港町〕

旧居留地の旧領事館や洋館、私立学校等

重要伝統的建造物群保存地区
選定 平3・4・30

東山手甲十三番館とオランダ坂。十三番館には休憩所・喫茶がある

長崎市は九州の北西部に位置し、長崎半島および西彼杵《そのぎ》半島の一部を市域とする。中心市街地はこの両半島の付け根に向けて奥深く湾入する長崎湾に面する。

長崎は中国との交易が古く、これに加えて日本初のキリシタン大名、大村純忠《おおむらすみただ》はポルトガルとの貿易をねらって、元亀二年（一五八〇）に長崎を開港した。その後長崎は豊臣秀吉に没収され、長崎奉行の支配のもと貿易港として発展する。江戸幕府は鎖国体制を完成させると対外貿易を長崎に限定したため、長崎の町はオランダや中国との独占貿易でさらに発展した。

安政五年（一八五八）に幕府は日米修好通商条約を結び、これを契機に長崎は横浜、箱館、兵庫＝神戸、新潟とともに開港し、外国人居留地が建設されることとなった。条約締結直後に出島の南方の大浦川をはさんだ丘陵の東山手と南山手が居留地に設定された。続いて大浦海岸、下り松海岸等が埋め立てられ、埋め立て地の海岸沿いには遊歩場（バンド）が連続して建設され、明治三

◎所在地・長崎県長崎市東山手町
◎交通・・JR長崎本線長崎駅から路面電車公会堂前下車、すぐ
◎見所・・東山手甲十三番館はオランダ坂の入口にあり、休憩できる。東山手十二番館、東山手洋風住宅群（7棟）も公開されている。
◎問合せ先・長崎市文化観光部文化財課文化財係
☎095-829-1193

年(一八七〇)に長崎居留地は完成した。居留地は海岸沿いの上等地、その背後の中等地、山手の下等地に分類され、等級ごとの賃貸料で居留者に貸し出された。また、居留地には「市議会」、「商業会議所」と呼ばれる居留外国人の自治組織が設立された。その後、日本は明治三二年、不平等条約の改正に成功し、居留地制度は廃止された。

東山手の居留地は大浦の海岸沿いの商館や海を見下ろす高台にあり、イギリス、ポルトガル、プロシア等の領事館が建ち、領事館の丘といわれたという。そのほかは外国人の住宅が並んだ。居留地制度が廃止されると領事館の跡地はミッション系の学校敷地となった。

東山手伝統的建造物群保存地区は、旧東山手居留地の大部分と海岸沿いの大浦町に建つ旧英国領事館を含む範囲である。地区内の住宅建物は桟瓦葺き、下見《したみ》板張《いたば》りペイント塗りで、開放的なベランダを付けている。東山手十二番館(重文)は明治元年に建立された東山手で最も古い洋館建物で、木造平屋建て、桟瓦葺き建物である。東山手洋風住宅群と名づけられた7棟の洋館は明治二〇年代に賃貸用住宅として建てられたと推定されるもので、現在は町並み保存センターや資料館等として公開活用されている。大浦の旧長崎英国領事館(重文)は明治四一年に建立された煉瓦造二階建て建物で、意匠・造形に優れている(現在修理工事中)。

このほか、東山手にはオランダ坂の石畳や石垣、石溝、石標等、居留地の面影を語るものが多い。(苅谷勇雅)

東山手十二番館。明治元年建設で東山手で最も古い。重文

東山手の7棟の洋風住宅群。町並み保存センター、写真資料館等として活用

旧長崎英国領事館と領事館の小径。明治41年、煉瓦造二階建て。重文。修理工事中

活水学園の校舎群。オランダ坂の上にミッション系の大学等の校舎がそびえる

マリア園。福祉施設。煉瓦造三階建て・寄棟造、明治31年（1898）。

長崎市《ながさきし》南山手《みなみやまて》〔港町〕

高台の居留地の洋風住宅、大浦天主堂等

重要伝統的建造物群保存地区
選定 平3・4・30

長崎市南山手地区は、出島の南方、大浦川の南の丘陵に、東山手と同時期に外国人居留地として造成されたところで、港の眺望に優れている。しかし、明治維新後、外国貿易の舞台は次第に長崎から横浜、神戸へと移って外国商人の移転が続き、のちには華僑《かきょう》が進出した。明治三二年（一八九九）の条約改正によって居留地制度が撤廃となり、地域は次第に変化していったが、今も居留地時代からの建造物群が伝えられている。長崎市南山手伝統的建造物群保存地区は、その南山手の旧居留地の大部分と、海岸寄りの松が枝町の一部の歴史的建造物を含む区域である。

南山手の北方寄り、石段を登ったところにある大浦天主堂は、元治元年（一八六四）に建立された日本最古の現存するキリスト教教会（国宝）である。フランス人のための教会として、フランス人宣教師の指導のもとにわが国の大工棟梁がはじめて洋風建築を手がけたものである。隣接して旧羅典《ラテン》神学校（重文、明治六年）、長崎教区大司教館（重文

◎所在地・長崎県長崎市南山手町
◎交通・・JR長崎本線長崎駅から路面電車大浦天主堂下下車、徒歩5分
◎見所・・大浦天主堂。グラバー園。長崎市べっ甲工芸館（旧長崎税関下り松派出所）。旧香港上海銀行長崎支店記念館。
◎問合せ先・長崎市文化観光部文化財課文化財係
☎095-829-1193

大正三年〈一九一四〉がある。これらは南山手の歴史的景観の入口を構成する重要な建築物である。

　大浦天主堂等に続いて、南側に旧グラバー邸（重文、文久三年〈一八六三〉）をはじめ、旧リンガー邸（重文、明治元年〈一八六八〉頃）、旧オルト邸（重文、慶応元年〈一八六五〉）等、幕末から明治にかけての外国商人たちの洋風住宅がある。これに加えて、これらの周囲に旧ウォーカー邸、旧スチイル記念学校、旧自由亭、旧三菱第二ドックハウス等、長崎市内にあった幕末から明治にかけての建物を移築復元して、全体を「グラバー園」として公開している。グラバー園より南側は静かな住宅街で、明治初期から中期にかけての洋風住宅等が点在し、これらをドンドン坂等の石段や石の坂道がつなぎ、独特の情緒をかもしだしている。

　海岸沿いは幾度もの埋め立てで様相が変わってしまったが、松ヶ枝には2棟の重要文化財の建物が残っている。ひとつは旧長崎税関下り松派出所（明治三一年）で、煉瓦造平屋建ての小規模建物であるが、明治時代の税関施設の様子を伝えている。もうひとつは、「旧香港上海銀行長崎支店」（明治三七年）である。煉瓦造三階建て、切妻造《きりづまづくり》で、正面にコリント式の列柱が並んでペディメントを支える堂々とした外観をしている。この建物は下田菊太郎《しもだきくたろう》の設計した国内唯一の作品で、現在は記念館として歴史展示やホールとして利用されている。（苅谷勇雅）

グラバー園の旧グラバー邸。グラバーは造船、採炭、製茶貿易業で活躍。重文

グラバー園の旧オルト邸。オルトは製茶貿易で活躍。重文

旧長崎税関下り松派出所。煉瓦造平屋建て。長崎市べっ甲工芸館として公開。重文

大浦天主堂、日本最古の現存するキリスト教会。元治元年(1864)。国宝

本町地区に建ち並ぶ町家群

平戸市《ひらどし》的山大島神浦《あづちおおしまこうのうら》

「捕鯨」の小漁村から近世港町へ発展した町家群

〔離島の漁村・港町〕

重要伝統的建造物群保存地区
選定平20・6・9

平戸市的山大島は、平戸から海上15㎞に位置する島である。大島の歴史的基盤は、中世の豪族大島氏と江戸初期の井元氏鯨組の存在である。

大島氏は貞応三年（一二二四）に大島の地頭《じとう》職となり、記録に残るだけでも寛永六年（一六二九）まで少なくとも405年にわたり大島を支配した。この間、明応四年（一四九五）に天降神社が現在地に遷宮され、ほぼ同時代に真言宗金剛院、天正一六年（一五八八）に浄土宗西福寺が開山している。社寺は、大島氏という武士団を背景に神浦の集落が形成されたことを示す証でもある。

近世に入ると、井元氏鯨組が鯨場を設け、神浦集落の基礎になった。神浦湾左側の西止浦に鯨解体作業所を置き（西町付近）、東神浦の近辺を埋め立てて捕鯨業に必要な諸施設（網工場等）を整備し

◎所在地・長崎県平戸市的山大島

◎交通・・JR長崎本線佐世保駅から西肥バスに乗り換え平戸桟橋下車、第二フェリー大島で的山下船。島内循環バスで約20分。

◎見所・・島全体が自然・文化遺産であるなかで、湾正面にある天降神社から右手に伸びる本町沿いには、平松家、出口家、井元家、丸田家、大浦家など、一八世紀前期から一九世紀前期にさかのぼることができる伝統的住宅が建ち並び、漁村から港町に発展していった往時をしのばせる。

◎問合せ先・平戸市文化観光部文化交流課文化遺産班
☎0950-22-4111

（本町付近）、町並みの基盤が形成された。井元家鯨組は享保一一年（一七二六）頃廃業したが、藩政時代には他の土地から多くの産物や新技術が導入され、移住してくる者も多かった。北九州から出漁してきた人々が定住した小倉町という町名も残る。

　明治に入ると、和式捕鯨は姿を消し、漁法や水産加工業が発展した。そして、遠くは伊勢、岡山などから漁船が来航して、料亭が並び、「海の宿場町」として県下有数の港町として栄えた。

井元家鯨組の組工場だったと考えられる大浦正安家住宅

18世紀後期の建築と推定される出口悦子家住宅

　神浦には、江戸期にさかのぼる町家建築が数多く残されている。陸側は、慶長期（一五九六～一六一五）から元和期（一六一五～二四）にかけて神浦湾の水辺に成立した漁業集落で、湾岸の崖地に沿って奥行きの浅い宅地に1列2室の町家が並んでいる。浜側は、埋立地である組工場跡地等の再開発によるものと推定され、組工場の流れをくむ建物や、奥行きの長い宅地に1列3室の町家が建設されている。

　町並みの中心を占める本町地区は、往時の姿が最も色濃く残され、一八世紀にさかのぼることができる大浦家、出口家、丸田家、一九世紀前期の建築である平松家、井元家などが立ち並ぶ。

　間口《まぐち》を広く構える大浦正安家住宅は、屋号を「ろや」と称して艪《ろ》を製造販売していた。床の間と長押《なげし》を備えた奥の間があるものの、復元すると、梁間《はりま》3間《げん》、桁《けた》行《ゆき》4間半の上家の前後に大下屋を架け降ろし、上家内には柱を一本も建てず、大空間を有する建物で、町家建築ではなく、何らかの作業場であった建築と考えられる。柱は手斧仕上げで、面も大きく取られ、建築年代は相当さかのぼると考えられ、井元家鯨組の組工場を構成した施設群の遺構と見なすことができるだろう。建築年代は、鯨組を廃業した享保期（一七一六～三六）以前、経年感からすると、一八世紀前期までさかのぼることができよう。

　このほか、出口悦子家住宅は、一八世紀後期の建築と推定され、間口が狭い典型的な浜側の町家建築である。

　この旧大島村では藩政時代からの伝統芸能がいくつも保存継承されている。長崎県指定無形民俗文化財「大島の須古踊」「大島のジャンガラ」、市指定無形民俗文化財「大島の流儀」「大島の六歳念仏」である。そのほか、しめ焼き、おくんちなどがある。過疎化・高齢化のなかで、豊かな自然と歴史を生かした地域振興が期待されている。（三島伸雄）

上町南部の町並みと旧美々津郵便局舎

日向市《ひゅうがし》美々津《みみつ》〔港町〕

白壁土蔵造の廻船問屋が軒を連ねる港町

重要伝統的建造物群保存地区
選定 昭61・12・8

日向市は宮崎県北部の港湾都市であり、美々津はその南部に位置する町である。九州山脈を源流とする耳川は、大きく蛇行しながら日向灘へと注いでおり、この耳川右岸の河口に日向市美々津重要伝統的建造物群保存地区は所在している。美々津は神話における神武東遷《じんむとうせん》の出発地として伝えられており、美々津の名称も「天皇が舟出した港」を意味する「御津《みつ》」が転訛したものではないかともいわれている。

美々津の歴史は古く、隣接する遺跡からは旧石器時代の遺構や遺物が検出されている。また、弥生時代の竪穴《たてあな》式住居跡からは瀬戸内系や畿内系の甕《かめ》や壺が出土しており、当時の活発な交流をうかがわせるものである。平安時代の『延喜《えんぎ》式《しき》』には日向国の駅名に「美弥《みみ》」の名称が記載されており、地理等の諸条件からも美々津が比定地としてあげられている。美々津の歴史が明らかになってくるのは江戸時代の元禄期（一六八八〜一七〇四）

◎所在地・宮崎県日向市美々津町
◎交通・・JR日豊本線美々津駅下車後、徒歩10分。東九州自動車道日向市ICから車10分
◎見所・・伝建地区は6つの特色ある地域に分かれており、それぞれで風情ある景観が楽しめる。日向市歴史民俗資料館や美々津軒・美々津まちなみセンターでは、建物内部の見学も可能。
◎問合せ先・日向市教育委員会文化生涯学習課
☎0982-52-2111

頃からで、高鍋藩領に属し秋月氏の支配を受けている。高鍋藩ではその領国を城下・城付地・飛地と呼び分けており、美々津は城付地に属している。藩の重要な港町であり、藩主の参勤交代時には御出船・御入船の港に指定されている。そのため御仮屋のほかに津口番所や藩蔵等が置かれている。高鍋藩が行った美々津の都市計画では、直線的な街路や整然とした短冊形の町割を整備している。また、「ツキヌケ」と呼ばれる2カ所の火《ひ》除地《よけち》では4基の共同井戸を設けており、防火対策の意識が高かったことがうかがえる。藩では財政難を改善するために、木炭や手漉《す》き和紙の生産を奨励するなど林業を中心とした改革を進めている。これらの特産品は、備後屋・明石屋・播磨屋・泉屋といった廻船問屋がほぼ独占的に取り扱っており、大阪方面に出荷することで繁栄をもたらすこととなった。また、その帰路には関西地方の特産品や美術品を持ち帰ってくることで、文化の担い手ともなっている。

下町のツキヌケと共同井戸

ツキヌケの一部が残る路地

明治時代になって新政府により殖産興業が推進されると、美々津の商いは以前にも増して盛んとなり「美々津千軒」といわれるほどの繁栄をもたらすこととなる。

　現在の町並みは、江戸時代後期から明治・大正時代にかけての町家が軒を連ねるもので、町割もよく旧態を残している。木造厨子《つし》二階建ての大壁造を基本とした町家づくりで、通り庭をもち、「みせ」「なかのま」「ざしき」などが並んでいる。外壁は漆喰塗《しっくいぬり》壁と板壁で仕上げており、意匠的な格子《こうし》・虫籠窓《むしこまど》・なまこ壁・持ち送り・バンコなどが優れた景観をつくりだしている。

　上町の北部は、渡舟場跡へと続く町並みで、旧矢野家（美々津軒）や旧近藤家（美々津まちなみセンター）といった大壁造の質の高い町家が並んでいる。上町の中南部は、県道が通る商業活動が盛んな地域である。旧美々津郵便局舎は洋風の建物で、和風の町並みにインパクトを与えている。中町の中北部は江戸時代の

中町北部の町並みと日向市歴史民俗資料館

美々津まちなみセンター(旧近藤家)

上町北部の町並み

町家が多く残る町並みで、廻船問屋「河内屋」の建物は、日向市歴史民俗資料館として公開している。中町の南部は小さな建物が多く見られ、堤防越しに伝わってくる潮の香りや波の音が漁村の雰囲気を醸し出している。下町は小さな路地が縦横にめぐっており、隠れ家的な印象を与えている。とくに石畳と町家がコラボレーションする風景は、思わず歩きたくなる町並みである。町並みの背面は寺社が並ぶ緑地帯であり、高台に上ると町並み越しに日向灘を一望することが可能である。大海原を昇ってくる朝日は大変美しい。(太川裕晴)

日南市《にちなんし》油津《あぶらつ》〔港町〕

飫肥杉と鰹・鮪漁で栄えた港町

堀川運河と堀川橋

杉村金物本店

油津は飫肥《おび》藩伊東《いとう》家の外港として江戸時代から栄えた港町である。明治時代になって、木造船の船材として有名な飫肥杉を搬出して盛えた。大正二年（一九一三）には宮崎県で最初の軽便鉄道が開通し、大正六年には全国7カ所の漁港整備事業で、九州で唯一指定を受けて整備を行い、大正一〇年には、宮崎県で最初の上水道を整備するなど、宮崎県のなかで最も都市基盤整備が進んだ港町であった。その後まもなく、昭和初期からのマグロの豊漁が続き、東洋一の鮪基地として繁栄した。

油津には当時の繁栄を物語る杉村金物本店や油津赤レンガ館、渡辺家住宅などとともに、堀川運河の石積み護岸や堀川橋など、多くの文化財建造物が残されている。堀川運河は市民による保存運動によって、埋め立てから一転して整備されることになり、現在までに港から見法寺橋までの区間が整備された。平成四年（一九九二）には「男はつらいよ」第45作のロケが行われた。（福田幸夫）

◎所在地・宮崎県日南市油津
◎交通・・JR九州・日南線油津駅から徒歩10分
◎見所・・江戸時代に開削された「堀川運河」と明治三六年に築造された石橋の「堀川橋」、木造三階建ての杉村金物本店、油津赤レンガ館など、多くの国登録有形文化財が点在する。
◎問合せ先・宮崎県日南市観光協会
☎0987-31-1134

由利本荘市《ゆりほんじょうし》石脇《いしわき》〔川港町〕

石脇は、鳥海山《ちょうかいさん》および周辺の渓流を集めて本荘平野の穀倉地帯を形成し日本海に注ぐ子吉川の河口付近に位置する。子吉川をはさんで本荘城下町の対岸にあり、亀田藩の川港町として発展した。背後に新山を抱え良質の伏流水が得られることから、明治以後には酒造業や醸造業が興った。新山の緑を背景に、地形に沿って展開する奥行きの深い町並みも趣がある。明治期の大火等により近世の遺構はほとんどないが、11棟が国の登録有形文化財に登録される齋彌《さいや》酒造店の遺構群などが、当時の繁栄を今に伝えている。（崎山俊雄）

石脇の町並み。齋彌酒造店前の景観

◎所在地・秋田県由利本荘市石脇　◎交通・ＪＲ羽越線由利本荘駅下車、車10分　◎問合せ先・由利本荘市教育委員会文化課☎0184-32-1337

常総市《じょうそうし》水海道《みつかいどう》〔河岸の町〕

水海道は利根川水系の河岸の町として、江戸時代後期から戦前期にかけて商業的な繁栄をとげた。旧市街地は河岸のあった鬼怒《きぬ》川に沿った南北の通り（元町・本町）とこれと直角に交わる東西の通り（栄町・宝町）、南北に延びる下妻《しもつま》街道（諏訪町）からなるH字型の街路を中心に広がる。現在でも2階軒に出《で》桁《げた》を用い、1階下屋が突き出る江戸型の町屋が散見される。なかには五木宗《ごきそう》煉瓦蔵（明治一五年〈一八八二〉築）や江戸屋薬局（安政六年〈一八五九〉築）など煉瓦を用いた建造物も見られる。（藤川昌樹）

五木宗煉瓦蔵（登録文化財）

◎所在地・茨城県常総市水海道元町ほか　◎交通・関東鉄道常総線水海道駅下車、徒歩10分　◎問合せ先・常総市教育委員会生涯学習課文化係☎0297-23-2111

佐渡市《さどし》赤泊《あかどまり》〔港町〕

佐渡島の南海岸に位置する赤泊は、江戸中期以降に佐渡奉行の渡海港として栄えた港町である。平入《ひらいり》町家の町並みが多い佐渡では珍しく、赤泊の町並みは平入町家と妻入《つまいり》町家が混在している点が特徴といえる。平入町家と比較して妻入町屋は間口《まぐち》が広く、築年代が古いものが多い。また、それぞれの町家が窓付き雨戸や欄干、天窓など優れた意匠を有しており、多様な要素によって町並みが構成されている。とくに、中町の旧田辺九郎平邸は八角形の望楼をもつ町家で、まちのシンボルとして大切にされている。（松井大輔）

望楼が見える中町の町並み

◎所在地・新潟県佐渡市赤泊　◎交通・寺泊より佐渡汽船高速船で約1時間　◎問合せ先・佐渡市観光振興課☎0259-63-5116

坂井市《さかいし》三国《みくに》〔港町〕

福井県嶺北《れいほく》地方の三国は、九頭竜《くずりゅう》川の河口の港町で北西から南東へと細く延びる低地に立地し、地域では「帯の幅ほどあるまち」といわれている。起源は不詳だが古代、中世前期には荘園年貢の積出港、近世港は北前船《きたまえぶね》の西廻《にしまわり》航路の寄港地として近代の鉄道輸送が浸透するまでおおいに栄え、特に明治一〇年代に繁栄をきわめた港町である。湾曲した自然地形に沿って、妻入屋根の前面部に平入屋根を設置した「かぐら建て」に代表される町家が数は減っているものの建ち並び、三国湊の商家の町並みを今に伝えている。(中島 伸)

登録有形文化財の「旧岸名家」

◎所在地・福井県坂井市三国町 ◎交通・えちぜん鉄道三国駅下車 ◎問合せ先・三国會所☎0776-82-8392

松崎町《まつざきちょう》松崎《まつざき》〔港町〕

松崎は、リアス式海岸の伊豆半島西岸のわずかな沖積地にある。江戸から明治に活躍した左官職人入江《いりえ》長八《ちょうはち》の故郷でもある。松崎には火災や風雨から建物を守るため、平瓦を壁に張り目地を漆喰《しっくい》で盛りあげた海鼠壁《なまこかべ》の建築が多い。建物の全面を海鼠壁にした全身海鼠の建物もある。市街には17棟の蔵、8棟の住宅が残されている。明治の商家中瀬邸、海鼠《なまこ》壁通りの近藤家、伊豆文邸、山光荘(旧依田家住宅)などが際立っている。また欄干を漆喰でデザインされたときわ橋そばには、火の見櫓が凛として立っている。(塩見 寛)

呉服商家だった中瀬邸(右)と時計塔(左)

◎所在地・静岡県賀茂郡松崎町 ◎交通・伊豆箱根鉄道駿豆線修善寺駅からバス1時間40分 ◎問合せ先・松崎町企画観光課☎0558-42-3964

長浜市《ながはまし》菅浦《すがうら》〔港町〕

菅浦は、琵琶湖北端の葛籠尾崎《つづらおざき》半島にある集落で、琵琶湖と急峻な山にはさまれた狭い扇状地に立地する集落で、昭和四六年(一九七一)に道路が開通するまでは船が唯一の交通手段であった。菅浦は奈良時代以来、湖北の港として重要な位置を占めており、隣村との抗争などに対応するため自衛の構えとして「四方門」をつくり、現在集落の東西に門が残っている。建物は、港に沿うように石垣積みの上に、湾に面して妻入、平入の民家が立ち並んでいる。湖岸集落の独特の景観がよく保存されている。(池野 保)

湖岸集落の景観を伝える菅浦

◎所在地・滋賀県長浜市西浅井町菅浦 ◎交通・JR北陸本線木之本駅からバス琵琶湖大浦下車 ◎問合せ先・長浜市教育委員会文化財保護センター☎0749-64-0395

高島市《たかしまし》海津《かいづ》〔港町〕

海津は琵琶湖北西部の湖岸に面し、西近江路と呼ばれる京都・大津から北陸に通じる幹線道路の重要な宿場町として、また日本海から大津を結ぶ港町、漁村としての特徴ある町並み景観を有している。街道に面して家々が建ち並び、建物は二階建て、瓦葺きで、平入と妻入が混在し、妻入は正面に半間の庇を設けている場合が多く見られる。家の裏側は切石を積んだ石垣が琵琶湖に面して町の端から端まで続き、各家とも石垣から湖面に下る石段を有する特徴のある水辺景観を見せている。（池野　保）

海津の宿場町・港町の景観

◎所在地・滋賀県高島市マキノ町海津　◎交通・ＪＲマキノ駅からタウンバス高原線で約2分海津下車、すぐ　◎問合せ先・びわ湖高島観光協会☎0740-33-7101

大津市《おおつし》　本堅田《ほんかたた》〔港町〕

本堅田は、滋賀県湖西の琵琶湖岸に位置し、中世以来、湖上交通や漁業などの諸権利を保持しつつ発展した堅田の中心地域である。その町並みは、江戸時代を通じて、北国街道と湖岸沿いを交差する3本の道沿いに広がり、現在は、湖から引き込んだ堀や内湖の一部は埋め立てられているものの、町割や遺構が残されている。また、満月寺浮御堂《まんげつじうきみどう》や出島の灯台（いずれも景観重要建造物）、居初《いそめ》家《け》天然図画亭《てんねんずえてい》（滋賀県指定文化財）やヴォーリズ事務所設計の日本基督教団教会（登録有形文化財）も見られる。（高橋大樹）

殿原衆の系譜を引く堅田郷士の居初家住宅

◎所在地・滋賀県大津市本堅田　◎交通・ＪＲ湖西線堅田駅下車、徒歩10分　◎問合せ先・びわ湖大津観光協会☎077-528-2772

赤穂市《あこうし》　坂越《さこし》〔港町〕

坂越は、三方の山並みと、湾内に浮かぶ海上の神域生島《いきしま》が風波を防ぐ天然の良港である。城下町赤穂が成立する前から荘園年貢の積み出しで賑わい、幕末には生産が増大した塩の積出港となった。舟運で千種川を下ってきた荷は陸路で鳥井坂を越えて、大道を通り港に運ばれた。大道と海岸沿いの道が交わるあたりには、大庄屋奥藤家や廻船問屋の家々が並ぶ。付近には、藩主御成《おなり》の間「観海楼」を2階に有する旧坂越浦会所、奥藤酒造、旧奥藤銀行を活用した坂越まち並み館が位置し、訪問客をもてなしている。（八木雅夫）

鳥井坂に向かう坂越大道の町並み

◎所在地・兵庫県赤穂市坂越　◎交通・ＪＲ赤穂線坂越駅下車、徒歩20分　◎問合せ先・赤穂観光協会☎0791-42-2602

淡路市《あわじし》　江井《えい》〔港町〕

淡路島西浦の江井は、文安年間（一四四四～四九）の中世より「兵庫関雑船納帳」に記録が残る。嘉永三年（一八五〇）に堺より伝わった線香生産が定着しており、全国7割の生産量を誇る。さわやかな香りが漂い、線香蔵が港に接して建ち、廻船が立ち寄った港町の景観を継承している。阪神淡路大震災を乗り越えた往時をしのばせる町並みが町筋を形成する。なかでも、商家の高見家住宅（江戸後期、回船問屋）と中尾家住宅（明治中期、醤油製造・呉服屋）は、兵庫県景観形成重要建造物に指定されている。（八木雅夫）

阪神淡路大震災を乗り越えた町並み

◎所在地・兵庫県淡路市江井　◎交通・ＪＲ三ノ宮駅または舞子駅下車、淡路交通高速バス高田屋喜兵衛公園行きで江井下車　◎問合せ先・淡路市教育委員会社会教育課☎0799-64-2520

湯梨浜町《ゆりはまちょう》　橋津《はしづ》〔港町〕

橋津集落の橋津川沿いには、鳥取藩の藩倉として利用されていた土蔵が3棟残されている。かつての橋津村は年貢米の集積地となっており、宝暦三年（一七一九）頃の記録によると、12棟の蔵に4万7０００俵もの米が納められ、納米が多いため御蔵奉行が詰めていたという。藩倉は土壁が厚く塗られた土蔵造であるが、床下部分には土壁を設けないことで通風を確保するという独特な構造となっている。現在では周辺の町並みも様変わりしているが、水運により栄えた地域の記憶を今に伝えている。（小林久高）

藩倉のひとつ「古御蔵」

◎所在地・鳥取県東伯郡湯梨浜町橋津
◎交通・ＪＲ倉吉駅から路線バス約20分
◎問合せ先・湯梨浜町教育委員会☎0858-35-5367

美保関町《みほのせきちょう》　美保関《みほのせき》〔港と町家〕

美保関は、古くは海関が置かれ、海上交通の要地とされ、漁業を中心とした海岸沿いの寄港地として廻船問屋や旅籠《はたご》が多く軒を連ねる港町として栄えた。当時物資を運ぶために舗装・整備された青石畳通りは、雨に濡れると青く光るといわれ、美保神社（重要文化財）から佛谷寺を結ぶ参詣路となっている。青石畳通りは、しまね景観賞（平成一二年〈二〇〇〇〉・平成一五年）を受賞しており、数寄屋風《すきやふう》の旅館美保館本館（明治四一年〈一九〇八〉築・登録有形文化財）が残されている。（井上　亮）

青石畳通り沿いの町並み。左が美保館

◎所在地・島根県松江市美保関町美保関
◎交通・JR山陰本線松江駅からバス60分
◎問合せ先・松江市歴史まちづくり部まちづくり文化財課☎0852-55-5956

擬洋風建築の四階楼
（室津）

上関町《かみのせきちょう》上関《かみのせき》・室津《むろつ》〔港町〕

室津半島先端の室津とその対岸に浮かぶ長《なが》島《しま》の上関は、狭い海峡をはさんで対峙する漁村集落である。いずれも海岸と山間を繋《つな》ぐ細い道の両側に家々が建ち並ぶ。室津のシンボルは、明治一二年（一八七九）に建設された四階楼《しかいろう》。木造四階建て寄棟造《よせむねづくり》で、漆喰塗大壁に縦長窓やコーナーストーンを配した擬洋風建築である。上関は、朝鮮通信使の歴史をもち、古くから海上交通の要地として発展した。漆喰壁の窓に黒い縁取りのある民家が特徴的で、なかでも虫籠窓《むしこまど》を菱形とした坂田家はこの地区を代表する民家である。（原田正彦）

菱形虫籠窓がユニークな坂田家（上関）

◎所在地・山口県熊毛郡上関町長島、室津
◎交通・ＪＲ山陽本線ＪＲ柳井駅下車、バス50分　◎問合せ先・上関町観光協会☎080-2898-2014

山口市《やまぐちし》阿知須《あじす》〔港町〕

阿知須は、江戸時代から明治にかけて、関西や九州に米や石炭を運ぶ廻船業で栄えた。このうち縄田地区には、大火に見舞われた歴史により、防火機能に優れた「居蔵造《いぐらづくり》」と呼ばれる廻船問屋の建物が何棟か残され、白壁の町並みを形成している。明治一七年（一八八四）に建てられた中川家は、瓦葺きの屋根、漆喰塗大壁、なまこ壁、また防火戸として機能する泥戸等、現在は阿知須地域の民俗資料などを展示する「阿知須いぐらの館」として、一般に公開されている。（原田正彦）

なまこ壁も美しい居蔵造の中川家

◎所在地・山口県山口市阿知須縄田北
◎交通・ＪＲ山陽本線阿知須駅下車、徒歩10分　◎問合せ先・山口市文化財保護課☎083-920-4111

宇多津町《うたづちょう》 古街《こまち》 〔港町〕

穏やかな瀬戸内海に面する香川県には室町時代から多くの良港が開け、宇多津も例にもれず港町として栄えた。現在は県道をはさんで新・旧に町が区分され、「古街」と呼ばれる旧市街地の街道（背骨のみち）沿いには、江戸末期から昭和初期の町家建築が並ぶ。一般的な町屋の屋根は切妻造《きりづまづくり》だが、古街では角地に面する建物や隣家との間に余裕がある場合に、入母屋造《いりもやづくり》が見られる。この街道が向かう宇夫階《うぶしな》神社の本殿は、伊勢神宮外宮《げくう》の多賀宮《たかのみや》御正殿の御古材一宇の頒賜を得て再生した神明造《しんめいづくり》の本殿である。（多田善昭）

古街・背骨のみちの景観

◎所在地・香川県綾歌郡宇多津町　◎交通・JR予讃線宇多津駅下車、徒歩15分、タクシー 5分　◎問合せ先・宇多津町役場まちづくり課☎0877-49-8009

多度津町《たどつちょう》 高見島《たかみしま》 〔港町〕

かつて80人を超える「人名《にんみょう》（塩飽船方《しわくふなかた》）」を有した高見島。近年、瀬戸内国際芸術祭の会場となったことではじめて存在を知り、訪れた人もいるだろう。浦集落で現在見られる石垣は、江戸初期の大火災後、人名たちが中心となって計画的に造成したものとされ、積まれた時代によって石の種類や積み方が明らかに異なることが見てとれる。塩飽大工の残した優れた建築を愛でるとともに、迷路のような坂の路地を歩きながらその違いを楽しむことも、高見島での魅力的な時間の過ごし方である。（多田善昭）

高見島浦集落の石垣

◎所在地・香川県仲多度郡多度津町高見　◎交通・多度津港からフェリー(三洋汽船)約25分　◎問合せ先・多度津町産業課☎0877-33-1113

宗像市《むなかたし》 大島《おおしま》 〔港町〕

筑前大島は、宗像市神湊《こうのみなと》から北に約11kmの沖合に位置する。島の最高峰である御嶽山《みたけさん》には、古代より海上交通の神様である宗像大社三宮のひとつ、中津宮《なかつみや》が鎮座する。中津宮に寄り添うように、大島南岸には漁業や廻船業で栄えた町並みが展開する。土地が狭隘なため、漁師の屋敷では浜辺に石垣を築き、漁具を納める網蔵や直屋の主屋を配す。中心部には、海岸線に平行して両側町が形成され、妻入町家が櫛比《くしひ》状に並ぶ。玄界灘に浮かぶ大島には、漁師の暮らしと宗像大社への信仰が今も息づいている。（松本将一郎）

海上から眺める大島の町並みと御嶽山

◎所在地・福岡県宗像市大島　◎交通・宗像市営神湊渡船場からフェリーで30分　◎問合せ先・おおしま観光案内所☎0940-72-2226

福津市津屋崎《ふくつしつやざき》〔港町〕

津屋崎は玄界灘沿岸に位置する中世以来の港町である。玄界灘の荒波からのがれるように、渡半島《わたりはんとう》に抱かれた入海は天然の良港。江戸から明治にかけて、入海を干拓した塩田の積出し港として五十集舟《いさばぶね》と呼ばれる商舟が往来した。海上交易で繁栄したその姿は津屋崎千軒と呼ばれ、港へ向かう千軒通りを軸に町並みが発展した。千軒通りは、商家や加工業者で賑わい、入母屋もしくは切妻屋根、平入の町家が立ち並ぶ。鉤手の一角には豊村酒造が建ち、高くそびえる煙突がランドマークとして目を惹く。（松本将一郎）

千軒通りの枡形。奥は豊村酒造の町家と煙突

◎所在地・福岡県福津市津屋崎　◎交通・ＪＲ福間駅下車、バス15分　◎問合せ先・福津市まちおこしセンター津屋崎千軒なごみ☎0940-52-2122

唐津市呼子《からつしよぶこ》〔港町〕

呼子町は佐賀県北西部、東松浦《まつうら》半島の北端に位置し、古代より大陸への窓口として海上交通の優れた要衝であった。呼子の町並みは、中世にさかのぼる港町の地割を母体とし、近世前期から中期にかけて発展したもので、江戸期から昭和前期までに建設された漁師や網元の町家や商家、寺社などが海側と陸側に密度高く現存し、松浦町には江戸中期以降の呼子の繁栄を牽引した鯨組主旧中尾家の住宅（県重文、一八世紀後期）が残る。捕鯨によって栄えた呼子は、玄海の豊かな魚食文化を今に伝える港町である。（小野将史）

呼子町東中町の町並み

◎所在地・佐賀県唐津市呼子町呼子
◎交通・ＪＲ唐津駅下車、唐津大手口バスセンターからバスで30分　◎問合せ先・唐津観光協会☎0955-74-3355

街道脇に置かれた庚申塔

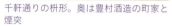

桶狭間が近い有松　安野光雅・画

宮本武蔵駅付近　安野光雅・画

歴史的町並み保存への取り組み

近年、歴史的町並みや文化財建造物の保存・活用、そしてこれらを含む歴史的まちづくりについて、全国的に大きな関心が集まっている。これまでの各地の人々の長年にわたるさまざまな努力や試みの蓄積のうえに、地域の歴史や文化を大切にするまちづくりが当然のこととされるようになってきた。このような国民の価値観の変化に対応して、文化財の保存・活用や地域の歴史、文化、伝統を重視する歴史的まちづくりに関する法制度や施策も充実しつつある。

文化財保護については、歴史的集落や町並みの保存を目的とする伝統的建造物群保存地区制度が昭和五〇年(一九七五)の文化財保護法改正によって生まれ、平成八年(一九九六)には登録文化財制度、平成一七年(二〇〇五)には文化的景観の保護制度が文化財保護法の改正によって創設された。また、平成一六年(二〇〇四)には景観保全の基本法というべき景観法が制定されている。さらに平成二〇年(二〇〇八)には文化庁の「文化財総合把握モデル事業」が開始され、同年、「地域における歴史的風致の維持及び向上に関する法律」いわゆる「歴史まちづくり法」が文化庁、国交省、農水省の三省庁共同で施行された。

ここでは、歴史的集落・町並みの保存とこれを根幹とした歴史まちづくりについて、制度の成り立ちや現状、各地の取り組みなどについて紹介したい。

一 歴史的町並みの保存をめざして

(1) 歴史的町並みへの関心の高まり

日本で最初に歴史的町並みの保存を提唱したのは、倉敷の当時倉敷紡績等の社長であった大原総一郎氏といわれる。第二次世界大戦の戦禍から、市民ぐるみで復旧と復元に取り組んだドイツ南部の中世の城壁都市ローテンブルクにちなみ、「倉敷を日本のローテンブルクにしよう」と訴えた。これを受けて倉敷では先覚者、地域住民らが昭和二四年(一九四九)に「倉敷都市美協会」を設立し、倉敷川畔等の歴史的町並み景観の保存に乗り出した。これがその後の「美観地区」の指

写真1　美山北の遠望(京都府)

定等につながり、美しい倉敷の町並みの保存と整備を実現した。

わが国の歴史的集落・町並みの保存について全国的に国民の関心が高まりはじめたのは昭和四〇年頃からであろう。昭和三〇年代からわが国は高度経済成長等により社会経済状況が大きく変動し、自然環境の大規模な破壊や激甚な公害の発生が起こり、開発一辺倒のなかで、各地の歴史や文化を語る文化財や固有の歴史的集落・町並みは急速に失われていった。これらを危惧する国民の声は高まり、たとえば、昭和四一年（一九六六）には議員立法で「古都における歴史的風土の保存に関する特別措置法」、いわゆる「古都保存法」が成立し、奈良・飛鳥や京都、鎌倉等の歴史的風土の保存事業が始まった。しかし、古都保存法は対象が法律により定められる「古都」の市町村にかぎられていることや歴史的景観の凍結的保存をめざすものであることなどから、全国の、そして現代に活きる歴史的集落や町並みの保存制度とはなり得なかった。このため、その頃から各地で独自の歴史的集落・町並み保存の模索が始まった。

なお、フランスでは一九六二年（昭和三七）に通称マルロー法が制定され、そのなかで世界で初めて体系的な歴史的街区の保存制度が設けられ、一九六五年（昭和四〇）にはパリのマレ地区が保護街区に指定されている。イギリスでも一九六七年（昭和四二）に保存地区制度

写真2　旧大原家住宅（倉敷市）

写真3　ローテンブルク（ドイツ）

写真4　チェスターの町並み（イギリス）

を盛り込んだシビックアメニティ法が制定され、翌年には、バース、チェスター、チチェスター、ヨークという4つの歴史都市の保存に関する優れた報告書が刊行されている。

(2) 歴史的まちなみ保存への住民と地方自治体の努力

倉敷の「都市美協会」の活動以降、わが国の早い時期での住民による町並み保存運動としては、昭和四一年(一九六六)に発足した高山市の上三之町《かみさんのまち》町並保存会があげられる。高山祭の屋台組を基盤とした地元組織である。この会の規約は「この会は、会員が地域内において新築・改築・改装する場合、前側だけでもできるだけ町並にふさわしく自主的に創意工夫すること(以下略)」等を申し合わせ、実際に効果を挙げたという。翌昭和四二年には長野県南木曽《なぎそ》町の旧妻籠《つまご》宿で東大教授太田博太郎氏らによる歴史的町並みの調査が実施された。翌年には全戸が参加する住民団体「妻籠を愛する会」が設立され、その直後から住民と行政と学識者のスクラムにより旧宿場の保存復原事業が開始された。

そして、その頃より他の地域でも町並み保存や景観保全の取り組みを強めていった。急激に変貌する歴史的町並みの保存に向けて、国の法律による施策が整わないなかで、ともあれ独自の条例等による規制誘導と修理等への支援をめざすものであった。昭和四三年の金沢、倉敷、昭和四六年の柳川、昭和四七年の高梁、萩、高山、京都、神戸、横浜、昭和四八年の松江、津和野、南木曽等で条例や要綱の制定が相次いだ。

写真5　妻籠(長野県南木曽町)

一方、昭和四五年(一九七〇)九月に文化庁がユネスコと共催した「京都・奈良伝統文化シンポジウム」では、歴史的地域の保存と開発について総合的に論議され、その保存に向けての制度化が勧告された。また、昭和四七年二月二四日の朝日新聞では「保存・再生の必要な歴史的町並み」の特集を組み、全国の１６９箇所の町並みを挙げている。全国の自治体や住民団体に照会してまとめたもので、わが国の歴史的町並みについての初めての具体的な数字であった。ちなみに、歴史的集落・町並みへ人々を誘う国鉄の「ディスカバー・ジャパン」の観光キャンペーンが始まったのもこの年であった。

奈良県橿原《かしはら》市の旧寺内町《じないまち》今井町は、昭和二九年の伊藤ていじ氏による初めての民家調査以来、東大等の大学や奈良文化財研究所による民家・町並みの大規模な調査を重ねた。今井の町並みは、「町並みの法隆寺」とも称されるほど、古い寺院や民家が密度濃く集積する特別の歴史的町並みとして研究者には認識されていたが、昭和四〇年代には周囲の濠の埋め立て等開発が進む危機的状況にあった。このため、今井寺内町の結束の中心である称念寺の今井住職が、研究者らの支援も受けて昭和四六年に「今井町を保存する会」を結成し、町並みの保存に乗り出した。また、有松《ありまつ》絞りの産地として、絞問屋の重厚で大規模な建物が並ぶ愛知県名古屋市有松でも同じ年に「有松まちづくりの会」が発足した。のちに「全国町並み保存連盟」を結成することになる妻籠、今井、有松の3つの保存団体が昭和四六年までに発足したのである。

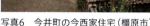

このように、昭和四〇年代後半は歴史的町並み保存への住民、自治体の動きが活発化した時期であった。かたや、昭和四七年六月に田中角栄氏は『日本列島改造論』を発表し、その直後に総理大臣に就任し、国土全般のさらなる開発を主導するという時代でもあった。

写真6　今井町の今西家住宅（橿原市）

写真7　有松の服部家住宅（名古屋市）

一方、文化庁は昭和四五年頃から歴史的集落・町並みの保存方策について本格的に検討を始めた。先述の文化庁とユネスコが同年に共催した「京都・奈良伝統文化シンポジウム」の勧告をも踏まえたものといえよう。文化庁は昭和四七年には最初の集落町並み保存対策研究協議会を開催し、翌年には高山、倉敷、萩の3市の集落町並み調査を行った。そして、昭和四九年には市町村への補助事業として「伝統的建造物群保存対策調査」が始まった。

こうした各地の住民、自治体の先駆的な取り組みや文化庁の行政的な準備を踏まえて、文化財保護の観点から昭和五〇年(一九七五)に設けられた歴史的集落・町並みの保存制度が「伝統的建造物群保存地区」制度である。

二　歴史的町並みの保存制度

(1)伝統的建造物群保存地区について

本書上下巻で紹介するように、わが国には多数の歴史的文化的価値のある歴史的町並みがあり、各地でその保存と活用についてさまざまな努力が続けられている。伝統的建造物群保存地区制度は、これら歴史的町並みの保存活用について、国としてはじめて体系的、制度的に支援と促進を図ろうとしたものである。この伝統的建造物群保存地区制度は平成二七年度(二〇一五)に制度創設四〇周年を迎え、わが国が選定する重要伝統的建造物群保存地区はすでに110地区に達し、着実にわが国社会に定着してきた。

●伝統的建造物群保存地区制度の特色

昭和五〇年(一九七五)の文化財保護法改正で「周囲の環境と一体をなして歴史的風致を形成している伝統的な建造物群で価値の高いもの」が文化財の種別のひとつに加えられた。伝統的な建造物群とは、たとえば、宿場町、門前町、城下町(武家屋敷等)、明治以降の洋風建造物群等であって、建築後相当年数を経過した建造物により構成され、全体としてその位置、規模、形態、意匠等の特色が維持されているものである。建造物には建物のほか、門・塀や石垣、橋等の土木工作物も含まれる。これら伝統的な建造物群と景観上密接な関係がある樹木、池、庭園などは環境物件として特定され、保護対象とされる。

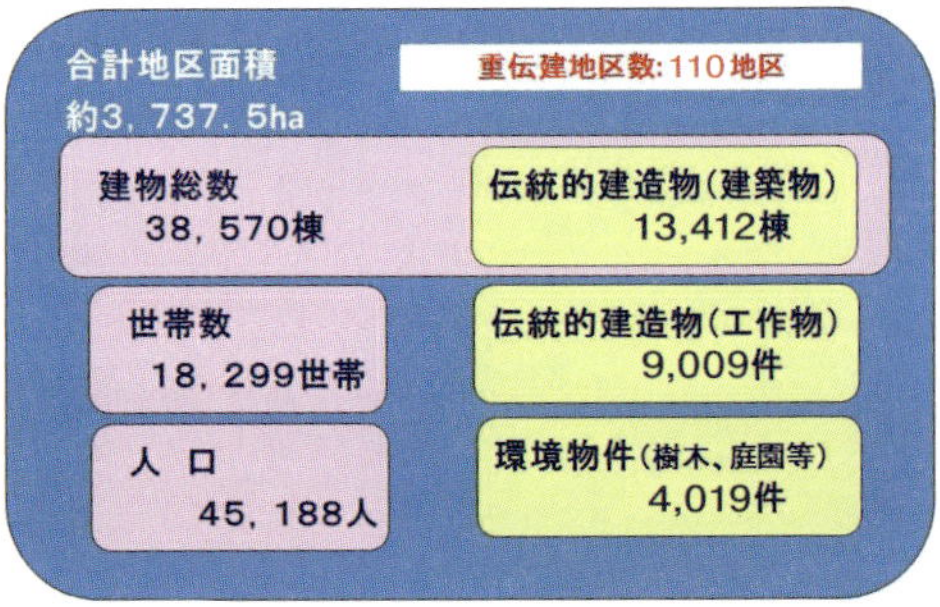

図1　重伝建地区の基本情報。平成27年(2015)4月現在

伝統的建造物群は個々の伝統的な建造物を単体の文化財として指定するのではなく、その集合体を伝統的建造物群として新しい種別の文化財と位置づけたもので、その伝統的建造物群およびこれと一体となっている環境を全体として保存するために一定範囲を伝統的建造物群保存地区(以下、伝建地区)として決定する制度を設けた。

伝建地区制度は、文化財である伝統的建造物群だけでなくそれ以外の建築物等や周囲の環境についても、現状変更の規制や誘導をすること、またその修理や復旧、修景について所有者等が行う工事費に対する補助や税制上の優遇措置を講じるなど、総合的に保存・活用しようとする点で、他の文化財保護制度と異なる大きな特色をもっている。

また、この伝建地区が国や都道府県ではなく、市町村の都市計画または保存条例に基づき決定されることは、伝建地区の決定が地域のまちづくりと密接に関連づけられ、市町村の立場で判断されることを意味している。市町村において文化財保護法令と都市計画法令が緊密に連結されること、さらに伝建地区内の建造物等の現状変更の許可や保存事業は市町村およびその教育委員会が主体的に行う仕組みとなっているのである。国は市町村が決定した伝建地区について、申し出を受けてわが国にとって価値が高いものを重要伝統的建造物群保存地区（以下、重伝建地区）に選定するが、その直接的な効果は、国が市町村が行う保存事業に補助できるようになること、税制上の優遇措置をとることにあり、選定により国による規制等が新たに発生するわけではない。また、いうまでもなく、国の重伝建地区としての選定は、市町村からの申し出があってはじめて可能となるのであって、この点でも、国自らが指定する重要文化財や国宝等の制度とは著しい違いをもっている。

　このように、伝建地区制度は他の文化財保護制度と比べると、市町村の主体性、自主性を尊重し、また、まちづくりの視点を強くもった特色ある制度である。

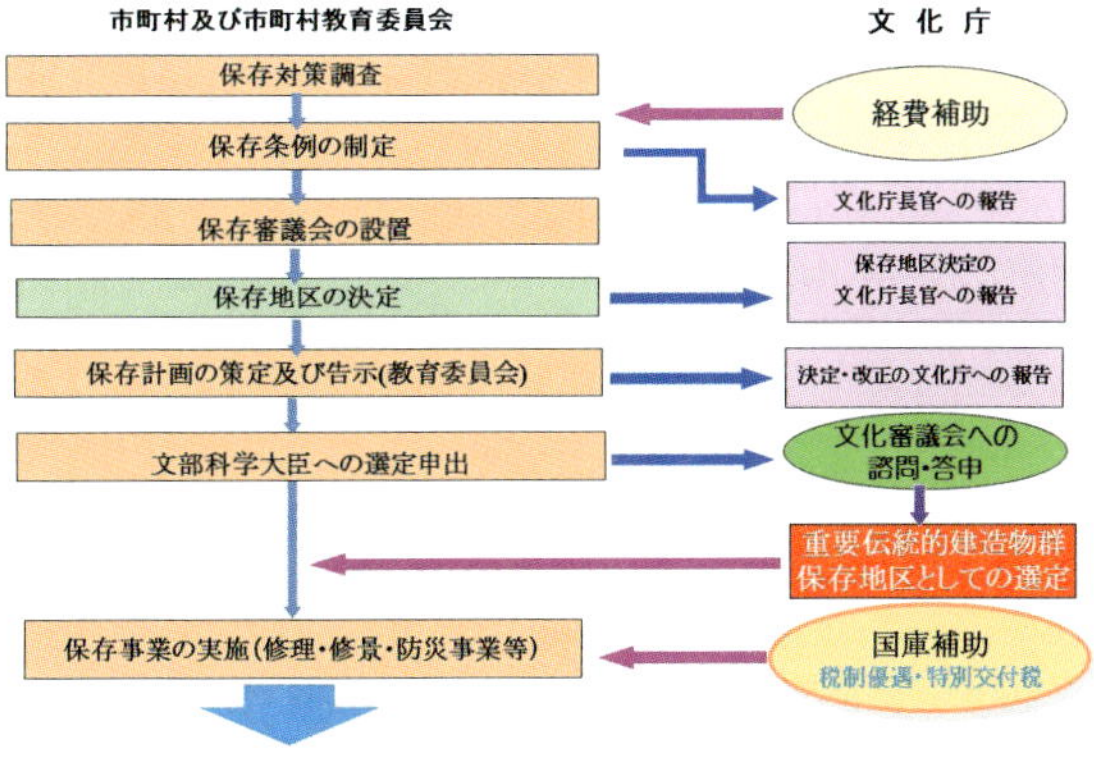

図2　伝建地区の決定と重伝建地区の選定の仕組みと流れ（文化庁）

●伝建地区の決定と重伝建地区の選定

　歴史的集落・町並みの保存はそこに居住する人々が地区の歴史的価値や個性に魅力を感じ、それに誇りや愛着を抱くことから始まる。

　伝建地区制度による保存事業の流れは、図2「伝建地区の決定と重伝建地区の選定」で示される。その概略を記すと、まず最初に歴史的集落・町並みを有する市町村が文化庁等の補助を得て、学識者や地元の建築士会等の協力を得て「伝統的建造物群保存対策調査」を実施し、その歴史的文化的価値や住民意向の確認、まちづくりの観点からの課題整理等を行う。次に、現状規制の内容や保存計画の策定等について定めた「伝統的建造物群保存地区保存条例」を制定する。

　この保存条例に基づいて「伝統的建造物群保存地区保存審議会」が設置され、市町村教育委員会等で作成された保存地区の範囲や保存計画案等について審議する。そして保存審議会での審議・答申を得て「保存地区の決定」が行われるが、都市計画区域では保存地区は市町村の定める都市計画として決定される。この決定にあたっては事前に地域住民等に十分説明し理解を得ることが必要である。また、都市計画区域以外の地域における保存地区の決定は保存条例に基づき行われる。

保存条例の制定と保存地区・保存計画の決定によって伝建地区の保存事業はスタートするが、市町村は文部科学大臣に対して重伝建地区の選定を申し出ることができる。選定の申し出を受けると文化庁はその保存地区について、文化財としての価値の調査を行い、文化審議会に重伝建地区としての選定について諮問し、答申が得られれば、重要伝統的建造物群保存地区として選定される。選定基準は次のように定められている。

伝統的建造物群保存地区を形成している区域のうち次の各号の一に該当するもの

(一)伝統的建造物群が全体として意匠的に優秀なもの

(二)伝統的建造物群及び地割がよく旧態を保持しているもの

(三)伝統的建造物群及びその周囲の環境が地域的特色を顕著に示しているもの

●伝建地区における現状変更の規制と誘導

伝建地区では、保存計画によって伝統

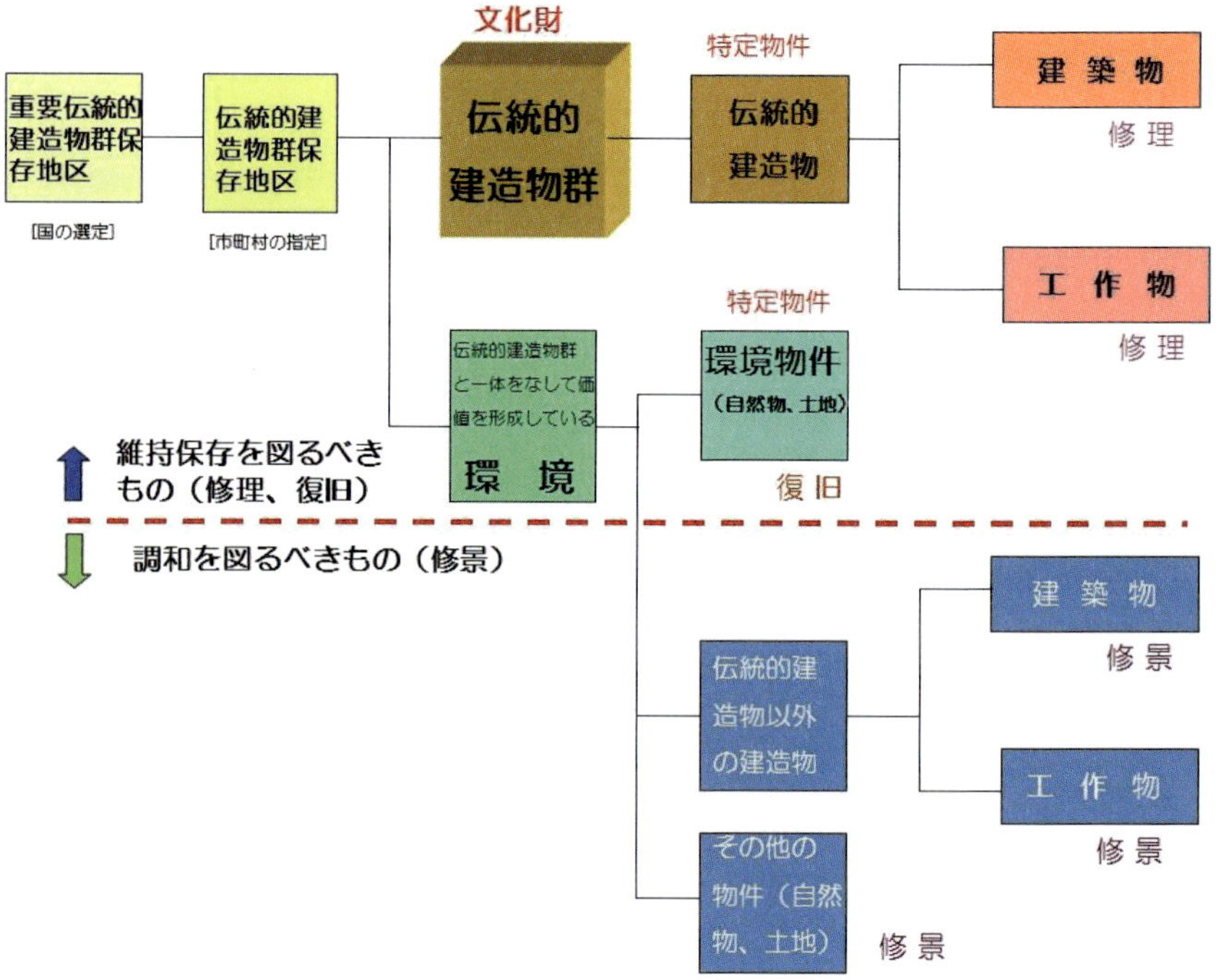

図3　伝統的建造物群保存地区制度の用語の説明

的建造物や環境物件を特定する。特定にあたっては所有者等の合意を必要とする。伝建地区内では、伝統的建造物の外観の一部改修、一般建築物や工作物の新築・増築、土地の造成、木竹の伐採、土石の採取など、地区内で行われるほとんどの現状変更の行為は市町村教育委員会と市町村長に対して許可申請が必要である。ただし、この許可制度の規制は主として外観上の形態や意匠、構造の変更を対象としており、道路などから通常見えない建物内部については規制は及ばない。もちろん伝統的建造物は内部も価値あるものが少なくないが、伝建地区制度では、住民の生活や営業等との両立を図るため規制の対象とはしていない。伝建地区の中核となり、建物内部も含めて保存が必要な、とくに重要な建造物については、市町村、都道府県または国の指定文化財として指定し、より積極的な保存を図ることとなる。

伝統的建造物群保存地区制度の用語

●修理と修景

保存地区では、伝統的建造物として特定された建造物は、必要に応じて、その外観を維持、もしくは復原、復旧するなどの修理を行う。修理は、その建造物の歴史的特性や技法を十分尊重して、価値を維持・向上させることが肝要である。

　伝統的建造物以外の一般建築物の改修や新・増築などは「修景」と呼ばれる。修景は当然、許可申請が必要である。修景とは、もともと造園の分野の用語で、環境に手を加えて景観として美しく整えることとされる。伝建地区における修景を適切に行えば、伝統的建造物群とその周辺環境がより整えられることになり、伝建地区の価値を増大させることになる。その意味でも、修景は伝統的建造物の修理等に劣らず重要な意味をもっている。修景は、伝建地区に期待される、一定の変化を許容しつつ創造的な保存、動態的な保存を実現する事業において、大きな役割を果たす。

(2) 登録文化財と文化的景観

伝建地区のように直接歴史的町並みの

写真8　機那サフラン酒製造本舗土蔵（長岡市）

写真9　通天閣（大阪市）

保存を目的とするものではないが、歴史的町並みの保存と深い関連をもつ制度に登録文化財制度と文化的景観制度がある。

●登録文化財

　近年、国宝や重要文化財のような歴史的学術的に極めて高い価値を有する文化財だけでなく、地域に存在する身近な建造物等が、比較的建築年代が新しいものであっても、地域のシンボルとして保存が望まれるようになった。登録文化財制度は、こうした国民的な関心と期待を受けて、平成七年（一九九五）の文化財保護法の改正により制度化された。所有者の同意のもとで国の文化財として登録して社会的に認知し、積極的に保存と活用を図る制度である。最初は建造物のみを対象としていたが、平成一六年に美術工芸品、有形の民俗文化財、記念物をも対象とするよう拡充されている。所有者や一般国民の強い支持を得て登録文化財建造物は急速に増加し、現在までにすでに1万件を超えている。これらは住宅や旅館、事務所など、その本来の機能を果たすとともに、ギャラリーやカフェ・レストラン、集会所など他用途へ転用しての活用も活発に行われている。個々人の思い出や愛着に直接つながる建造物が、また日常親しく接する街角の建造物が、地域や国民の社会的文化的な共有財産となり、地域の交流空間、芸術文化の拠点となりつつある。

　歴史的町並みが残る地域において、建造物の登録がやや集中的に行われるのも登録制度のひとつの特色である。歴史的町並み地区には当然ながら歴史的建造物が多く、登録候補となるものが多いが、その地域がさまざまな理由ですぐには伝建地区やその他の保存施策に乗らない場合、地域内の歴史的建造物を積極的に登録し、その認知と保存を図るとともに、伝建地区等の指定に結びつけることが行われている。実際、茨城県桜川市真壁《まかべ》、栃木県栃木市、その他多くの地域で歴史的建造物の登録を集中的に行い、効果を挙げている。

　とくに桜川市の旧真壁町では平成一七

写真10　真壁（茨城県桜川市）　石蔵　震災前

写真11　真壁（茨城県桜川市）　石蔵　震災後

年までに広い範囲に分布する約１００件の歴史的建造物を有形文化財として登録し、町を挙げて建造物の保存に取り組んできた。そして平成二一年には伝建地区の指定、同二二年にはその歴史的市街地の中心部が重要伝統的建造物群保存地区に選定され、さらに歴史まちづくり計画を策定し国の認定を受けた。その直後の平成二三年三月に起きた東北太平洋沖大地震により伝建地区内の建物の80％に復旧工事が必要となる大きな被害を受けた。また、伝建地区外の登録有形文化財も甚大な被害を受けた。

その復旧にあたり、伝建地区内の登録有形文化財を含めた建造物は伝建地区の災害復旧事業予算で、また地区外の登録有形文化財建造物は茨城県の補助事業と国交省の街なみ環境整備事業が併用されて所有者の負担が大きく軽減された。登録有形文化財の修理は設計監理経費のみが補助対象で、通常は工事費は補助対象とされないが、所有者の保存意志を支え、登録有形文化財としての価値を回復するため、震災の緊急措置として公費が支出されることとなったのである。これを受けて、真壁の震災復旧事業はかなりの進捗を見ており、歴史的町並みがよみがえりつつある。

●文化的景観の保護

文化的景観の保護制度は、平成一六年（二〇〇四）に文化財保護法に加えられた新しい文化財保護制度である。文化的景観は「地域における人々の生活又は生業及び当該地域の風土により形成された景観地」と定義されている。具体的には農耕、漁労、居住、流通・往来、採掘・製造等の日々の生活に根ざした身近な景観をさす。最初の重要文化的景観に選定されたのは滋賀県近江八幡市の水郷景観である。琵琶湖から続く内湖のへりにヨシの群落があり、それに面する円山町等の地域の人々はヨシを育成し、採取し、ヨシズ（暑さや視線をさえぎるスクリーン）等に加工し、生計を立ててきた。刈り取られた葭原《よしはら》は次のヨシの育成の栄養となるよう焼かれる。このように、ヨシ

写真12　重要文化的景観「近江八幡の水郷」

図4　重要文化的景観の保護対象地域のイメージ（文化庁発行のパンフレットより）

と人々の生活が密接に結びついた水郷の集落景観が維持されている。このほか、佐賀県や和歌山県等の斜面地の限られた土地に段々に田をつくり、米を栽培する棚田の景観、北海道の広大な耕地を守る防風林等の文化的景観がある。これまでに全国で47箇所の重要文化的景観が選定されている。

文化的景観制度は歴史的町並みを直接保護する制度ではなく、ゆるやかな規制で支援制度も異なるが、文化的景観の指定区域に歴史的な集落や町並みを含むこともあり、結果的に歴史的町並みの保存にも寄与している。

(3) 市町村による独自の歴史的町並み保存事業等

本書上下巻で紹介するように、全国には重要伝統的建造物群保存地区をはじめ多くの歴史的町並みがあるし、このほかにもさらに多くの歴史的町並みが各地に存在している。各地の自治体、住民はそれぞれ保存の取り組みを続けているが、それぞれの歴史的町並みのおかれた状況、条件によって取り組みの内容はさまざまである。

代表的な歴史都市である京都市では多岐多層にわたる景観施策のなかで、歴史的町並み保存施策としては伝建地区保存事業のほか、祇園町南側、祇園縄手・新門前、上京区小川の各地区を対象とした「歴史的景観保全修景地区」、伏見南浜や三条通等合計9地区を対象とした「界わい景観整備地区」制度を実施している。また、金沢市は「歴史(古)を感じさせるちょっとした(小)いいまちなみ」を「こまちなみ」と名づけ、9つの保存区域を定め、修理修景への補助を行っている。他の自治体、たとえば岡山県高梁市は吹屋地区が重要伝統的建造物群保存地区に選定されているが、城下町高梁の中心部の高梁地区で平成一〇年より「歴史的町並み保存地区整備事業」を進めてきた。

そして、平成一六年にようやく景観施策の基本法といえる景観法ができると、多くの自治体が景観行政団体となり、景観計画を定め、また景観条例を制定し、歴史的町並みについても法と条例に基づき保全施策を進めるようになった。これらの施策の推進にあたっては国交省の「街なみ環境整備事業」が各地で活用されている。

このように伝建地区制度を核に、国の他の制度の活用、さらに自治体の独自の施策により、歴史的町並みの保存事業は全国的に活発になっている。(苅谷勇雅)

写真13　高梁市本町の町並み

〔写真説明〕

写真1　京都府美山北地区遠望　京都府南丹市美山北伝建地区は、丘陵を背景に由良川の北岸の斜面に段状に展開する茅葺き集落で、河岸近くまで田が広がる。

写真2　旧大原家住宅　倉敷伝建地区の倉敷川沿いに建つ。一九世紀初めから大正にかけて建築された主屋や蔵等で構成される。重要文化財。

写真3　ローテンブルク　ドイツ南部の城壁がめぐる中世都市。第二次世界大戦の爆撃により大破したが、市民の努力と世界中からの寄付によりほぼ復旧した。

写真4　イギリス　チェスターの町並み。イングランドのローマ時代からの城郭都市。一九六八年にチェスター等の4つの歴史都市の保存に関する報告書が刊行され、注目された。

写真5　妻籠宿　長野県南木曽町の旧妻籠宿では昭和四〇年代初めから、住民と行政が一体となって旧宿場町の復原と周辺の自然景観の保全に取り組んだ。

写真6　今井町　今西家住宅。奈良県橿原市今井町は、戦国時代に称念寺を中心に一向宗の信徒が形成した環濠城塞都市である。今西家住宅は慶安三年(一六五〇)に建立。重文。

写真7　名古屋市緑区有松　服部家住宅。有松は江戸時代中期より有松絞の産地として知られた。服部家住宅は有松絞の有力問屋で、広い間口で大きなうだつを掲げる主屋や海鼠壁の重厚な蔵が旧東海道沿いに並んでいる。

写真8　登録文化財の例　機那サフラン酒製造本舗(新潟県)大正末建設。サフラン酒の醸造で財をなした商家の蔵。巧みな左官技術により鳳凰、麒麟、恵比須、大黒、十二支などの極彩色の鏝絵で開口部の塗戸などを飾る。

写真9　登録文化財の例　大阪市の通天閣。登録有形文化財は建築物だけでなく、橋やダム、テレビ塔など多種類の工作物も含まれる。通天閣は昭和三一年に建設されて大阪のシンボル的な鉄塔。

写真10　真壁の石蔵　震災前。茨城県桜川市真壁地区は東北太平洋沖大地震で歴史的建造物の大半が被災した。写真10、11は大谷石積みの蔵の震災前と震災後の状況。現在は復旧が進んでいる。

写真11　真壁の石蔵　震災後。

写真12　重要文化的景観「近江八幡の水郷」。滋賀県近江八幡市八幡伝建地区の北東、西の湖周辺のヨシの群生地・栽培地と円山等の集落は自然と生活・生業が深く結びついた文化的景観として、平成一八年(二〇〇六)、わが国最初の重要文化的景観に選定されている。

写真13　岡山県高梁市本町の町並み。城下町高梁の中心部の高梁地区で平成一〇年より市の独自の「歴史的町並み保存地区整備事業」を進めてきた。

町並み用語解説

本書中に使用されている主な町並み関係用語を五十音順に配列しています。

［あ行］

相方積み（あいかたづみ）　石を多角形に加工し、互いに噛み合うように積む方法。沖縄独特の積み方で、グスク（城）や石塀等で用いられている。亀甲乱れ積みともいう。

穴太衆積み（あのうしゅうづみ）　穴太積みともいう。穴太は大津市の地名で、この地に居住した人々により積まれた石垣。自然石をあまり加工せず巧みに組んで積み上げる。安土城をはじめとする全国の多くの城郭や大津市坂本の里坊の町並みの石垣が知られる。

雨端（あまはじ）　沖縄の民家主屋の四方に設けられた庇《ひさし》。雨端柱と呼ぶイヌマキ等の自然木の柱がまわり、軒を支える。玄関をもたない沖縄の民家では、この下が接客等に利用される。

イオニア式（いおにあしき）　ギリシャ古典建築の3つの様式のひとつ。紀元前六世紀中頃にイオニアから起こり、紀元前五世紀にはギリシャ本土でも用いられるようになった。紀元前六世紀のイオニア式神殿としてエフェソスのアルテミス神殿が挙げられる。アテネのエレクティオン神殿はこの様式の代表。柱には礎盤があり、柱頭は曲線状の渦巻をもつ。

伊東忠太（いとうちゅうた）　明治〜昭和期の建築家、建築史家であり、建築評論家。東京帝国大学教授。平安神宮、築地《つきじ》本願寺、本願寺伝道院ほか100以上の建築作品がある。また「法隆寺建築論」ほか多数の論文を発表し、建築史の体系の樹立や建築思潮の形成に大きな功績を残した。

犬走り（いぬばしり）　建物の外壁の庇の下や塀と街路の境の間の狭い空間で、たたきや石、コンクリートなどで固めた部分。

犬矢来（いぬやらい）　塀や建物の下部を保護するために竹を曲げて並べた囲い。おもに関西の町家等に用いられ、足元を優美に飾る。

卯建（うだつ）　町家等の切妻《きりづま》屋根の両端部につくられた小屋根付きの袖壁。屋根より突き出ているもの（本うだつ）、屋根庇の下に納まっているもの（袖うだつ）等がある。防火壁としてつくられたものであるが、経済力を示す装飾的な意味も強い。岐阜県美濃市美濃町や徳島県美馬《みま》市脇町南町などに特徴的。

馬出し（うまだし）　城門前に築いた土塁で、人馬の出入りを見えにくくしたもの。角形や半円形がある。

馬継ぎ宿（うまつぎしゅく）　駅馬を乗り継ぐための宿場。

絵様（えよう）　木造建築で肘木《ひじき》などの部材に彫った文様。唐草、若草、波、渦、雲などの形をつくる。制作年代判定の指標となる。

大壁造（おおかべづくり）　柱その他の構造材が表に出ないように壁のなかに塗り込める構造形式。

御仮屋（おかりや）　薩摩藩が設けた外城である「麓」に置いた在地の役所で、地頭仮屋ともいう。

置き屋根（おきやね）　厚く土で塗り込めた土蔵の屋根の上に、防火と断熱のため、別構造で二重に載せた屋根。火災時には取り除くこともできる。

落ち棟（おちむね）　主屋の棟を高低2段とした場合の下段の棟。

表屋造（おもてやづくり）　おもに近畿地方の町家で、表通りに店を構え、奥に平行して主屋を建て、間を玄関棟で連結する形式。表造《おもてづくり》ともいう。

［か行］

廻船問屋（かいせんどんや）　近世、貨物等を輸送する船と荷送人の間に立って貨物運送の取り次ぎを業とした問屋。船問屋。

解体修理（かいたいしゅうり）　文化財建造物の修理で、構造材まで破損や緩みが生じている場合、屋根から土台、基礎まですべてをいったん取り外して部材を補修し、また補強を行ったうえで再び組み立て直す手法。

界わい景観整備地区（かいわいけいかんせいびちく）　京都市の市街地景観整備条例により、まとまりのある景観の特性を示している市街地の地域で、市街地景観の整備を図る必要があるものとして指定された地区。上賀茂郷、三条通、伏見南浜、西京樫原、上京北野、千両ケ辻、本願寺・東寺、先斗町《ぽんと》の8地区が指定されている。

懸造（かけづくり）　社寺などで崖や池の際《きわ》に架け渡してつくられた建物、またその構造方法。長い柱や貫《ぬき》で下部を固める。懸崖造《けんがいづくり》、崖造《がけづくり》ともいう。

河岸（かし）　河川等の岸に設けられた船着き場や港。周囲に蔵や市場ができることもある。

河積（かせき）　河川の横断面において、高水敷面より下部で流水の占める断面積。

合掌（がっしょう）　建築において2つの材を山形に組み合わせたもの。岐阜県白川村や富山県五箇山《ごかやま》等の大型の草葺き民家は小屋裏を何層にも区切るほど大きな合掌構造で、合掌造と呼ばれる。

冠木門（かぶきもん）　掘立の2本の親柱の上部に貫（冠木）を通して、その下に扉をつけた門の形式。屋根はない。

兜造（かぶとづくり）　養蚕農家等にみられ、屋根裏に設けた蚕室の採光や通風のために、寄棟造茅葺きの妻側の軒を切り上げている。

唐破風（からはふ）　屋根の妻部分の板（破風板）の中央部が起《むく》り、左右両端が反《そ》っているもの。おもに玄関や門、向拝《こうはい》などに取り付けられる。格式や装飾性をもつ。

看板建築（かんばんけんちく）　主として東京や関東周辺で、関東大震災後に商店などで用いられた外観のデザインの様式。建物の前面を看板のように垂直に上げ、モルタルや銅板、タイルなどの耐火素材で覆い、洋風のデザインで装飾したもの。建築史家の藤森照信氏らが命名した。

北前船（きたまえぶね）　近世中期以降明治初期にかけて、日本海、瀬戸内海、大阪を結ぶ西回り航路で貨物輸送に使われた船。船主自らが商品を買い、それを売買することで利益をあげた。船主の出身地としては福井県の小浜《おばま》、石川県加賀市橋立、輪島市黒島等が知られる。「きたまえせん」ともいう。

来待石（きまちいし）　島根県松江市宍道《しんじ》町来待で産出される凝灰質砂岩。灰褐色で軟質。石燈籠、建物の土台や棟等の建材や石州瓦《せきしゅうがわら》の釉薬材料など、幅広く使用される。

京間畳（きょうまだたみ）　江戸時代以降、京都を中心としておもに関西で使われた6尺3寸×3尺1寸5分の大きさの畳。京間の柱は京間畳を敷いた外側に配置されるので、柱の内法は3尺1寸5分の整数倍となる。

切妻屋根（きりづまやね）　屋根の頂部の棟から下る両側の屋根面が本を伏せたような山形をなし、棟の端部（妻）が垂直に切り取られた形状の屋根。シンプルで一般的な屋根形状である。

近代化遺産（きんだいかいさん）　幕末から第二次世界大戦期頃までに建設され、日本の近代化に貢献した発電所・工場などの産業遺産、鉄道・駅舎などの交通遺産、ダム・橋梁などの土木遺産をいう。

近代和風建築（きんだいわふうけんちく）　主として明治以降に伝統的な技法や意匠を用いて

つくられた住宅や公共建築、宗教建築等をいう。

グスク（ぐすく） 沖縄本島南部を中心として南西諸島に分布する城、とりで。13世紀頃から造られ、14世紀末から15世紀初めが完成期。中城《ナカグスク》、今帰仁城《ナキジングスク》等が有名。

曲輪（くるわ） 中・近世の城郭において土塁・石垣・濠池などで囲った一画地。通常の城郭は2つ以上の曲輪で構成され、本丸、二の丸、三の丸などと名づけられる。

径間（けいかん） 橋梁などの構造物で支点と支点の間の距離。

桁行（けたゆき） 桁は側柱《がわばしら》の上に載って垂《たる》木《き》を受ける水平材で、桁行は垂木と直角の方向を指す。また、その桁の両端間の距離をいう。

下屋（げや） 本屋の外壁に接してつくられた片流れの屋根、またはその下にある部分。

郷士（ごうし） 江戸時代、武士の身分をもちながら農業に従事した者、また武士の待遇を受けていた農民。藩によって制度や呼称に違いがある。

講中宿（こうじゅうしゅく） 講を結んで社寺に詣る信仰者の団体が宿泊する宿場。山梨県早川町赤沢など。

向拝（こうはい） 社殿や仏堂の正面の階段の上に張り出した庇《ひさし》の部分。「ごはい」とも読む。

郷宿（ごうやど） 江戸時代、農民等が公用で城下町や陣屋町等へ行った際の定宿。

虎口（こぐち） 城郭や陣営の要所に枡形をつくって、曲がって出入りするようにした出入り口。

柿葺き（こけらぶき） 屋根葺きの一種で、スギやサワラ等の厚さ3㎜程度の薄い割板（柿）を重ねて葺くもの。軽快で美しい曲線をつくる。

ゴシック様式（ごしっくようしき） ロマネスクに続く美術様式で、12世紀中頃、北フランスに興り、ルネサンス様式が登場する15世紀末頃まで、ヨーロッパ各地で主として建築に用いられた。頭が尖ったアーチ（尖頭アーチ）、肋骨で補強した曲面天井（リブヴォールト）、控壁（バットレス）等が特徴。

鏝絵（こてえ） 漆喰《しっくい》による浮彫りの総称で、土蔵の妻などに紋所、竜・水などの文字や松竹梅等の絵を描くもの。さらに欄間《らんま》や掲額、天井、内壁、土蔵の扉にまで及ぶ。

木羽葺き（こばぶき） 柿葺きと同じで、スギやサワラ等の薄い割板を重ねて葺くもの。秋田県仙北市角館の武家屋敷等で用いられている。新潟県佐渡市宿根木では石置き木羽葺きの屋根が多い。

胡粉（ごふん） 牡蠣の殻その他の貝殻を粉末にし、精製した白色の顔料で、塗料や絵の具、化粧品等に用いられる。建築では、木部の塗料として、また漆塗りの下地等として用いられる。

こまちなみ 金沢市が独自の条例で進めているまちなみ保存制度。伝建地区以外の「歴史（古）を感じさせるちょっとした（小）いいまちなみ」を「こまちなみ」と名づけ、現在9地区で保存事業を実施している。

駒寄せ（こまよせ） 京都等の町家の格子戸や塀の前面に設けて、車や動物などから建物を保護するための高さ1～1・5ｍの低い木製の柵。

コミセ（こみせ） 秋田、青森県地方などの町家の正面に設けられた下屋で、人々が内側を通行できるもの。下屋柱の間に蔀《しとみ》戸《ど》を立てることもある。積雪時にはとくに便利である。青森県黒石市仲町では連続して残っている。「小見世」「小店」とも表記する。新潟県や鳥取県等では雁木《がんぎ》という。

コリント式（こりんとしき） ギリシャ古典建築の3つの様式のひとつ。古代のコリントから起こったもので、他の2様式（ドーリア式、イオニア式）よりのちに成立した。アーカンサスの葉をモチーフとした華麗な柱頭が特色。

コンドル（こんどる） ジョサイア・コンドル。日本の近代建築の発展に最も功績のあった英国人建築家。一八七七年に25歳で来日し、一九二〇年に日本で没する。工部大学校教師等を務め、辰野金吾、佐野利器ら日本人建築家を育てる。鹿鳴館、ニコライ聖堂、三菱一号館など多くの建築作品を残した。

［さ行］

在郷町（ざいごうまち） 市場経済の発展にともなって城下町以外の街道沿いや農村部に成長した町場で、商工業者のほか農民も多く居住した。領国内の流通の結節点として商工業機能を担ったが、通常、行政的には町ではなく、農村として扱われた。

桟瓦葺き（さんがわらぶき） 社寺や一部の民家にみられる平瓦と丸瓦による本瓦葺きは、重く、高価でもあったため、一般の家屋には使われなかった。一七世紀後半に平瓦と丸瓦を一枚に簡略化した、断面が波形の軽い、安価な桟瓦が発明された。この桟瓦を使った桟瓦葺きは一般の町家等にも普及した。現代の一般的な瓦屋根の葺き方である。

式台（しきだい） 住宅における公式の出入口である玄関の前の低い板敷きの部分。武家や上層の商家・農家等に設けられた。

錣葺き（しころぶき） 兜の錣のように、屋根の流れ面が途中で一段下がり、全体として二段となっている屋根の葺き方。

史跡（しせき） 貝塚、集落跡、城跡、古墳などの遺跡のうち、歴史上、学術上価値の高いもの。とくに価値が高く、保護が必要なものは文化財保護法により国や自治体によって指定される。

下見板張り（したみいたばり） 壁の横板張りで、上の板が下の板の上部に少し重なるように取り付けたもの。

地頭仮屋（じとうかりや） 薩摩藩が設けた外城である「麓」に置いた在地の役所で、御仮屋《おかりや》と同じ。

蔀戸（しとみど） 町家等において戸締まりのため柱間に嵌め込む2枚の横戸。2枚とも上から嵌め込まれる場合、下の戸は落とし込み、上の戸は外部もしくは内部に跳ね上げ、吊り金具で留めることもある。柱間を全面開放とすることができる。

寺内町（じないまち） 一五世紀初頭から一七世紀初頭にかけて北陸、近畿、東海地方一帯に、おもに浄土真宗系の寺院を中核に建設された自主自衛の宗教都市のことで、今も奈良県橿原市今井町や大阪府富田林市富田林地区などはその面影を伝えている。

仕舞屋（しもたや） もとは商家であったが、その商売をやめた家、また商家でない普通の家。

笏谷石（しゃくだにいし） 福井市足羽《あすわ》山付近で採取されたうす青色の火山礫質凝灰岩で、古くから墓石や石仏、敷石や塀など多様に活用された。北前船等の船を安定させるための底荷としても用いられ、北海道や津軽、高岡等広い範囲に流通した。北前船主の里として知られる加賀市橋立では石垣、棟石、階段、路面、水路等に使われている。

修景（しゅうけい） 造園等の分野で景観を美しく整えることをいうが、伝統的建造物群保存地区制度では、伝統的建造物以外の建造物が周囲の伝統的建造物と調和するように、外観を改造または改築、新築することをいう。ただし、町並み保存は生きた生活の場を保存の対象としているので、現代生活を営むうえでの機能上の要求と保存上の要求との調整が必要となってくる。修景では、建物の形を整えることだけでなく、両者をいかにバランスよく共存させるかが重要である。

重要文化的景観（じゅうようぶんかてきけいかん）　「文化的景観」は文化財保護法で〝地域における人々の生活又は生業及び当該地域の風土により形成された景観地でわが国民の生活又は生業の理解のために欠くことのできないもの〟と定義されている。文化的景観のなかでとくに重要なものは、都道府県または市町村の申出に基づき「重要文化的景観」として国が選定する。平成二七年六月の文化審議会答申により重要文化的景観は50件となる。

宿駅（しゅくえき）　街道筋で旅客を宿泊させ、また荷物の運搬に必要とする人馬を継ぎ立てる施設のある集落または町。古代、中世から設置され、地方の交通・経済の中心となった。宿場と同じ。

宿坊（しゅくぼう）　寺社で僧侶・修験者や信者・参拝者が宿泊する施設。江戸時代、各地の寺社で整備され、特定の地域の信者等と特定の宿坊が結びついて、参拝者を集めた。

常居（じょうい）　青森、秋田、岩手各県地方の民家においてみられる一種の居間。

素木造（しらきづくり）　塗装されず、また樹皮もついていない、木の地肌そのままの木材で造られた建物。

真壁造（しんかべづくり）　和風木造建築に使われている伝統的な壁の構法のひとつで、壁を柱と柱の間に納め、柱・梁《はり》が外面に現れる壁による建物のつくり方。

陣屋（じんや）　江戸時代の郡代・代官、地頭等が任地に構えた屋敷内の役所と住宅。また小藩の大名の居所。

陣屋町（じんやまち）　陣屋や代官所が置かれた町。

杉皮葺き（すぎかわぶき）　スギの樹皮で屋根を葺いたもの。民家、数寄屋、四阿（あずまや）、庭門などに見られる。

透塀（すきべい）　神社や廟などの塀で、中程を連子《れんじ》や透彫《すかしぼり》にして、内部が透けて見えるようにしたもの。日光東照宮の塀など。

スクラッチタイル（すくらっちたいる）　成形後、表面を櫛引《くしびき》して平行の浅い溝をつくり、焼成した粘土タイル。昭和初期の建物によく使われている。

直家（すごや）　突出部をもつ曲屋造《まがりやづくり》・中門造《ちゅうもんづくり》に対して、平面が単純な長方形の民家建物の総称。

スレート葺き（すれーとぶき）　粘板岩や頁岩の薄板（スレート）で葺いた屋根。東京駅丸の内駅舎をはじめ、多くのスレート葺き屋根の近代建築がある。

せがい造（せがいづくり）　船枻造り。江戸時代の民家において側柱上部から腕木を出して小天井をはり、深い軒をつくるもの。建物の格式や立派さを表現する。かしき造り、出桁造《だしげたづくり》等、さまざまな呼称がある。

石州瓦（せきしゅうがわら）　島根県の石見地方で生産されている粘土瓦。１２００度以上の高温で焼成され、凍害に強く、丈夫な瓦として寒冷地で多く用いられる。独特の赤褐色で知られる。

セセッション（せせっしょん）　一九世紀末～二〇世紀初頭にかけてドイツ、オーストリアに興った芸術の革新運動で、分離派と称した。日本では大正九年（一九二〇）、東京帝国大学の卒業生である石本喜久治、堀口捨巳、森田慶一、山田守らが分離派建築会を組織し、活発に建築作品展や講演会、作品集出版等を行った。

千本格子（せんぼんごうし）　竪の目の細かい、繊細な格子で、町家やお茶屋等の通り側に使われる。目隠の効果が高い。

総構え（そうがまえ）　城をめぐる堀のほかに、城下町全体を囲い込んだ堀とその内側の土居などの防御施設を指す。総構えの城下町は多いが、金沢城下町は内惣構と外惣構の二重の総構えが廻っていた。

袖卯建（そでうだつ）　町家等の切妻《きりづま》屋根の両端部につくられた小屋根付きの袖壁を卯建というが、そのうち屋根庇の下に納まっているものを袖卯建という。防火壁としてつくられたものであるが、経済力を示す装飾的な意味も強い。

袖蔵（そでぐら）　町家で店舗等の脇にある蔵で、切妻《きりづま》面を正面に見せる。主屋の防火壁の役割ももつ。

［た行］

出梁造（だしばりづくり）　棟に直角方向の構造材である梁を外壁より外まで出して二階部分を迫《せ》り出す構造。梁の先に桁を置くので出桁造（だしげたづくり、でげたづくり）ともいう。また、「でばりづくり」ともいう。

辰野金吾（たつのきんご）　明治の代表的な建築家。嘉永七年（一八五四）、佐賀県に生まれる。工部大学校造家学科の第1回卒業生。帝国大学工科大学教授、同工科大学学長等を歴任し、後進を指導する一方、造家学会（のちの日本建築学会）を設立。また日本銀行、奈良ホテル、東京駅、大阪市中央公会堂等多くの建築設計を行う。

駄屋（だや）　中国、四国地方において牛を飼うための空間をいう。

千鳥破風（ちどりはふ）　屋根の斜面に設けた三角形の破風。中世以後、神社社殿の正面に、また近世以後には城の天守や櫓に主として装飾として巧みに組み合わされ重用された。

茶屋（ちゃや）　喫茶や接待などのために庭内に設けたひなびた建物。また、近世以降、客に飲食や遊楽の場を供した施設。お茶屋等。

中二階建て（ちゅうにかいだて）　通常の二階建て（本二階建て）よりは低く、平屋よりはやや高く構えた二階建て。

中門造（ちゅうもんづくり）　新潟、福島、山形、秋田県などに見られる茅葺き民家の一形式で、大棟と直角に突出した部分（中門という）をもつ造り。通路や厩《うまや》、便所等からなる棟を張り出した厩中門のほか、座敷・寝間、台所等を突出した中門もある。岩手県下に多い曲屋《まがりや》造《づくり》は、広い厩を突出したもので、母屋の土間とつながる。

築地塀（ついじべい）　両側に板を立て、内に土を詰め、突き固めてつくった塀。上に瓦や板などで葺いた小屋根をつける。寺院や邸宅などの周りを囲うものが多い。

厨子二階（つしにかい）　厨子は民家等の屋根裏部屋で、厨子をもつ低い二階建てをいう。物置や蚕室、使用人部屋等として用いられた。「ずしにかい」「つし」等とも呼ばれる。

角屋（つのや）　本屋から直角に突出部を有する民家の造り。突出部は玄関、座敷、厩などさまざまで、曲屋《まがりや》、中門造《ちゅうもんづくり》はこの一種である。

妻入（つまいり）　屋根の破風（三角形部分）が見える方向を正面として出入口を設ける建築形式。

出格子（でごうし）　近世の民家で、柱より外側に30㎝～45㎝程度突出してつくられた格子。左右の隅に格子柱が立てられる。

鉄骨煉瓦造（てっこつれんがぞう）　鉄骨骨組と一体化して耐力を高めた煉瓦造。東京駅丸の内駅舎や旧舞鶴海軍兵器廠魚形水雷庫（現・舞鶴赤れんが博物館）などが代表例。

伝統的建造物（でんとうてきけんぞうぶつ）　伝統的建造物群保存地区において保存計画で伝統的建造物群を構成する建築物およびその他の工作物として、所有者の同意を得て特定されたもの。その特性を維持するための修理や復旧事業が継続的に行われる。

土居（どい）　近世以後の高知県、愛媛県等における地頭、名主、郷士などの屋敷。中世の土豪屋敷が土塁・濠を廻らせていたのに始まる。

登録記念物（とうろくきねんぶつ） 文化財保護法による史跡・名勝・天然記念物として指定されているもの以外の記念物のうち、保存および活用のための措置がとくに必要とされるものとして、国により登録されたもの。平成二七年七月現在で遺跡、名勝地、動植物・地質鉱物で合計92件ある。

登録建造物（とうろくけんぞうぶつ） 文化財保護法による登録有形文化財のうち建造物をいう。築後おおむね50年を経過し、国土の歴史的景観に寄与しているもの、造形の規範になっているもの、再現することが容易でないもの、という基準のいずれかに適合し、所有者の同意を得たものを国が登録する。平成二七年一〇月現在で1万３８２件ある。

通り庭（とおりにわ） 民家における土間形式のひとつで、表口から裏口へ抜け、裏庭へ出られるようになっているもの。片側に土間を設けている町家はほとんどがこの形式。通り《とお》土間《どま》ともいう。

土座（どざ） 民家における床形式の一つで、床板を張らないで、屋内の土間に籾殻等を敷き、その上にむしろを延べて居室としたもの。

ドリス式（どりすしき） ギリシャ古典建築の3様式のひとつで最古のもの。柱は太く短く、エンタシスと呼ばれる膨らみをもつ。礎盤はもたない。皿型の簡素な柱頭飾は特徴のひとつ。パルテノン神殿（紀元前４３８年竣工）はドリス式神殿の完成期の美しさを示す。ローマ建築でも用いた。ドーリア式。

ドレンチャー（どれんちゃー） 外部からの延焼を防止するために、圧力水を送水して散水ノズルから水幕を張るように放水する消火設備。建物の屋根、外壁、軒先、窓等に散水ノズルを配置し、ポンプ等で配水する。

［な行］

中塗仕上げ（なかぬりしあげ） 中塗は左官工事や塗装工事等で下塗のあとに、塗装面を平滑にして仕上げに備える層、またその作業をいう。土壁では中塗仕上げのままでも土のもつ素朴な雰囲気を味わうことができる。

長屋門（ながやもん） 近世の大名、旗本、家老などの屋敷に見られる門形式のひとつで、家臣の居所としての長屋と門とが結合したもの、また民家において使用人の部屋や物置を脇に設けた門をいう。間口の広い門となる。

海鼠壁（なまこかべ） 建物の外壁の仕上げ方のひとつで、方形の平瓦を壁に張り、目地に漆喰《しっくい》を海鼠形（半円形）に盛り上げたもの。城郭や武家の長屋門、民家の土蔵等の腰壁の保護と意匠として用いられる。

縄張（なわばり） 本来は土地に縄を張って境界を定め、自他を区別したり、特別の区域を決めることであるが、戦国時代以降、城郭において、曲輪《くるわ》や堀、門、虎口《こぐち》等の配置計画をいうようになった。

塗籠造（ぬりごめづくり） 防火のために建物の柱や軒等の木部も含めて外壁に厚く土を塗り、覆う工法をいう。塗屋造と同じ。

ネオ・ルネサンス様式（ねお・るねさんすようしき） 19世紀前半からヨーロッパで始まり、日本を含む世界へ広がった、ルネサンス様式の復興をめざした建築の様式。ネオ・バロックなど、一連の歴史主義的動向の現れのひとつ。

根太天井（ねだてんじょう） 民家の天井形式のひとつで、二階の床を支える構造材である根太や床板をそのまま現した天井。

登梁（のぼりばり） 木造の小屋組において、屋根勾配などにあわせて斜めに架けられた梁。勾配天井や天井を設けない場合に用いられる。小屋裏の空間を広くとることができ、蔵の小屋組などに多用される。

［は行］

箱棟（はこむね）　屋根の最上部に木製の箱をつくり大棟としたもの。通常、頂部には瓦を葺く。側面は瓦や漆喰《しっくい》で覆う場合もある。

ばったり床几（ばったりしょうぎ）　おもに関西の町家でミセノマの正面の軒先に柱の外側に軸吊りされている縁台。縁台の脚は外側のみにつけられ、縁台を揚げたときに台の裏側に納まるようになっている。元来は商品棚（見世棚）として作られた。揚見世《あげみせ》ともいう。

鼻（はな）　部材の先端部。

破風（はふ）　切妻《きりづま》屋根や入母屋《いりもや》屋根の妻側の三角形の部分、またその母屋や桁の鼻（先端部）を隠すために取りつける板。

羽目板張り（はめいたばり）　板の端を羽重ねにして縦または横に張ったもの。縦羽目、横羽目がある。

梁間（はりま）　小屋組で梁と平行の方向のこと、またその方向の外側の柱と柱の間の寸法のこと。

ビザンチン様式（びざんちんようしき）　コンスタンチノープル（イスタンブール）を中心に四世紀から六世紀にかけて発達し、一五世紀中頃まで続いたビザンチン帝国（東ローマ帝国）のキリスト教建築様式。大ドームと内部の華麗なモザイク等が特徴的でハギア・ソフィア大聖堂は、代表例の一つ。

火除け地（ひよけち）　火災の延焼防止、避難路確保、消防活動の便宜の目的で設けた空地。単なる空地と土手を設けている場合がある。

平入（ひらいり）　建物の大棟に平行な方向を平《ひら》といい、これと直角方向に入口のあることを平入という。すなわち建物の長手方向側に入口があること。

平格子（ひらごうし）　民家において柱間内に納めて（柱から突出せず）つくられた格子のこと。近世に入って出格子《でごうし》が現れた。

檜皮葺き（ひわだぶき）　檜の表皮を使って葺いた屋根。古来から伝わる屋根葺き手法で、通常は長さ75㎝程度に揃えた檜《ひのき》の皮を少しずつずらしながら重ねていき、竹釘で留める。優美な傾斜の曲線が特徴。重要文化財等に指定されている社寺等に多い。

復原（ふくげん）　建造物などを失われたかつての状態に戻すことをいう。一般的には復元と同義であるが、文化財建造物の保存・修理工事では修理にともなう調査に基づき厳密に根拠を検討して再現することを復原といい、遺跡上での失われた建造物の再現を復元として区別することもある。

分棟型（ぶんとうがた）　民家で、構造的に棟が分かれていながら屋根を接して建てられ、空間的には一連のものとして使われる形式。居室部分と土間や釜屋を別棟とするものが多い。

弁柄（べんがら）　酸化鉄（Fe203）を主成分とする濃い赤みの褐色の顔料で、インドのベンガル地方で産出したことから「べんがら」といわれる。日差しで変色しにくく、耐熱性にも優れ、古来から木材や壁、瓦の着色保護材などとして多用されてきた。「ベンガラ」「紅殻」とも表す。

放水銃（ほうすいじゅう）　近隣の山火事、野火、隣接家屋の火災等からの延焼を防止するために固定した筒先から高圧の水を噴出し、消火や冷却、輻射熱の吸収等を行う設備。木造建物、とくに茅葺きや柿《こけら》・檜皮葺き等の植物性屋根の建物の防火には重要である。

本瓦葺き（ほんがわらぶき）　平瓦（凹向きに少し反《そ》った板状の瓦）、丸瓦（凸向きに半円状になった瓦）を交互に使って葺く屋根の形式で、古くから社寺や城郭に用いられてきた。民家でも比較的古い建物や上層の家に多く、また奈良県や和歌山県、広島県等の民家に多い。土蔵は一般的に本瓦葺きが多い。

本陣（ほんじん）　江戸時代の宿場町に設けられた幕府指定の施設で、大名や宮家、門跡、公家などの宿泊や休憩に使われるもの。大規模な建物で、通常の住屋のほか、書院造の座敷等を備える。

本二階建て（ほんにかいだて）　中二階建てに対して通常の高さの二階建て。

本棟造（ほんむねづくり）　主として長野県南部に見られる民家の形式のひとつ。切妻《きりづま》造板葺きで妻入《つまいり》の大型家屋で、庄屋や本陣などの建築形式であった。大きな妻面は白壁に束と貫《ぬき》を縦横に表し、雀おどしと呼ばれる棟飾りをつけるなど、風格を感じさせる。

［ま行］

曲屋（まがりや）　草葺き民家の形式のひとつで、鈎型に曲がった突出部をもつ。突出部は地方により、広い廐《うまや》、土間や座敷等、違った用途で用いられ、それにより平面形状も異なる。通常、突出部基部に入口をもつが、突出部に廐などを設け、その正面を入口とするものを中門造《ちゅうもんづくり》という。

柾葺き（まさぶき）　断面が台形の薄板の厚みのある方を下にして羽重ねにして屋根を葺くこと。薄板を葺くことでは柿《こけら》葺きと同様であるが、断面が台形であること、板厚が4・5～9㎜とやや厚いこと等が異なる。

桝形（ますがた）　城や宿場町の出入口に石垣や土手で壁を方形に築き、前後に食い違いに出入口を設け、外敵等を進入しにくくしたもの。

間歩（まぶ）　鉱山で鉱石を採るために掘った穴、坑道。

見世蔵（みせぐら）　17世紀中頃からつくられはじめた土蔵造りの店舗。一般的な塗屋造りより耐火性がある。通常は二階建てで、一階の前面には土戸を入れ、他の開口部もすべて厚い土の扉をつける。

ミセ造り（みせづくり）　漁村の軒先に設けられた柱間装置で、シタミセと呼ばれる下方に開く縁側風の板と、上方に揚がる戸板で構成される。徳島県牟岐町出羽島、徳島県海陽町鞆浦、高知県東洋町甲浦等に見られる。ぶっちょう(舞帳、蔀帳)造りともいう。

向唐破風造（むかいからはふづくり）　武家屋敷や寺院の方丈等の前に建てられる門の形式のひとつで、門の正面および背面に唐破風をつけるもの。

起り破風（むくりはふ）　破風板が上方に対して凸型に反っている破風。逆に上方に対して凹型に反《そ》っている破風を反り破風という。

虫籠造（むしこづくり）　厨子《つし》二階に虫籠窓をもつ民家の形式。近世の京阪地方の町家に始まり一般化した。

虫籠窓（むしこまど）　京都、大阪、奈良等の町家の厨子二階の正面壁に開けられた窓で、土もしくは漆喰《しっくい》で厚く覆った縦格子(虫籠)をもつもの。

棟門（むなかど）　門の形式のひとつで、本柱2本で控柱をもたず、切妻造・平入《ひらいり》の門。御所や公家、武家、寺院等の門に使われる。「むねもん」「むなもん」ともいう。

棟木（むなぎ）　建物の小屋組の頂部に桁行《けたゆき》方向に取り付ける横木。小屋組を桁行方向につないで固めるもの。

棟束（むねづか）　小屋組において棟木を支える束。むなづか。

名勝（めいしょう）　文化財保護法によって、庭園・橋梁・峡谷・海浜・山岳その他の名勝地で、芸術上または鑑賞上価値の高いものとして国により指定されたもの。「名勝」と「特別名勝」がある。

免震構造（めんしんこうぞう）　地震による建物の振動を緩和するため、基礎と建物本体との間に積層ゴムやバネ、ローラー等を設けて建物に地震の揺れを直接伝えない構造。

モダニズム（もだにずむ）　20世紀以降に起こった芸術運動で、伝統にとらわれない前衛的な動向の総称。建築においては過去の様式建築を否定し、合理的、機能的な建築を理想とする近代建築運動が起こった。コルビュジエ、ミース、ライトが近代建築の3巨匠とされ、日本でも前川国男、丹下健三、槇文彦等がその旗手とされる。

持ち送り（もちおくり）　壁や柱から突出して庇《ひさし》、梁、棚等を支える部材。優れた意匠のものも多い。

［や・ら・わ行］

薬医門（やくいもん）　武家や公家等の屋敷の門の形式のひとつで、本柱の後方に控柱2本を立て、切妻《きりづま》屋根を架けた門。棟の位置が本柱と控柱の中間より前方にくる。

矢倉（やぐら）　城郭等において四方を展望するために設けた高い構造物をいう。民家においては煙出しまたは換気のために棟に設けられる越屋根付きの開口部をいう。

屋地（やち）　家の建つ敷地。屋敷の土地。

八棟造（やつむねづくり）　近世初期に建設された豪華な民家形式のひとつ。反《そ》り屋根にいくつかの千鳥破風《はふ》を化粧として据え、ときに妻を二重として重ね破風をつけ、そこに懸魚《げぎょ》もつけ、外観は塗込めとするなど、凝った造り。奈良県橿原市今井町の今西家住宅などがその代表。

破れ目地（やぶれめじ）　煉瓦やタイル等の目地で、上下2段以上垂直に連続しないもの。

雪持林（ゆきもちりん）　集落背後の急斜面にあって雪崩から集落を守る林。富山県南砺市の菅沼、相倉のブナ・トチ・ミズナラなどからなる雪持林は、集落を守る重要な存在であるとともに、森の豊かな自然環境を伝えている。

要害（ようがい）　戦略上重要な地に築いた砦。また、地方知行制の形態をとった仙台藩が大身の家臣に与えた知行地の防御施設。居館を中心に曲輪を配して櫓・土塁・石垣・堀などを備え、実質的には城であった。岩手県金ケ崎町の金ケ崎要害も領内21の要害のひとつ。

寄棟造（よせむねづくり）　屋根の形式のひとつで、大棟の両端から四隅に降棟《くだりむね》の降りている屋根。

ラウンドアバウト（らうんどあばうと）　環状交差点。交差点中央に円形のスペース（中央島）をもち、その周りの環状道路を一方向に通行する。信号や一時停止線などがないため、十字の交差点よりスムーズな流れが期待できる。兵庫県豊岡市のラウンドアバウトは最も早い事例。

歴史的景観保全修景地区（れきしてきけいかんほぜんしゅうけいちく）　京都市の市街地景観整備条例で、歴史的景観を形成している建造物群が存する地域で、その景観を保全し、または修景する必要があるものとして指定した地区。祇園町南、祇園縄手・新門前南、上京区小川の3地区が指定されている。

連子格子（れんじごうし）　町家等において格子の上部の台輪と中敷居の間に設けられる粗い間隔の縦格子。中間に貫《ぬき》を通す。

脇本陣（わきほんじん）　江戸時代の宿場町において本陣の補助として使われる幕府指定の施設。本陣が塞がっている場合、大名、旗本、宮家、勅使等が宿泊や休憩に用いた。

和洋折衷（わようせっちゅう）　日本風と西洋風の様式をほどよく取り合わせて用いること。函館では開港以来、1階が和風、2階が洋風の外観意匠をもつ木造住宅が多く造られた。構造はすべて和風。（苅谷勇雅）

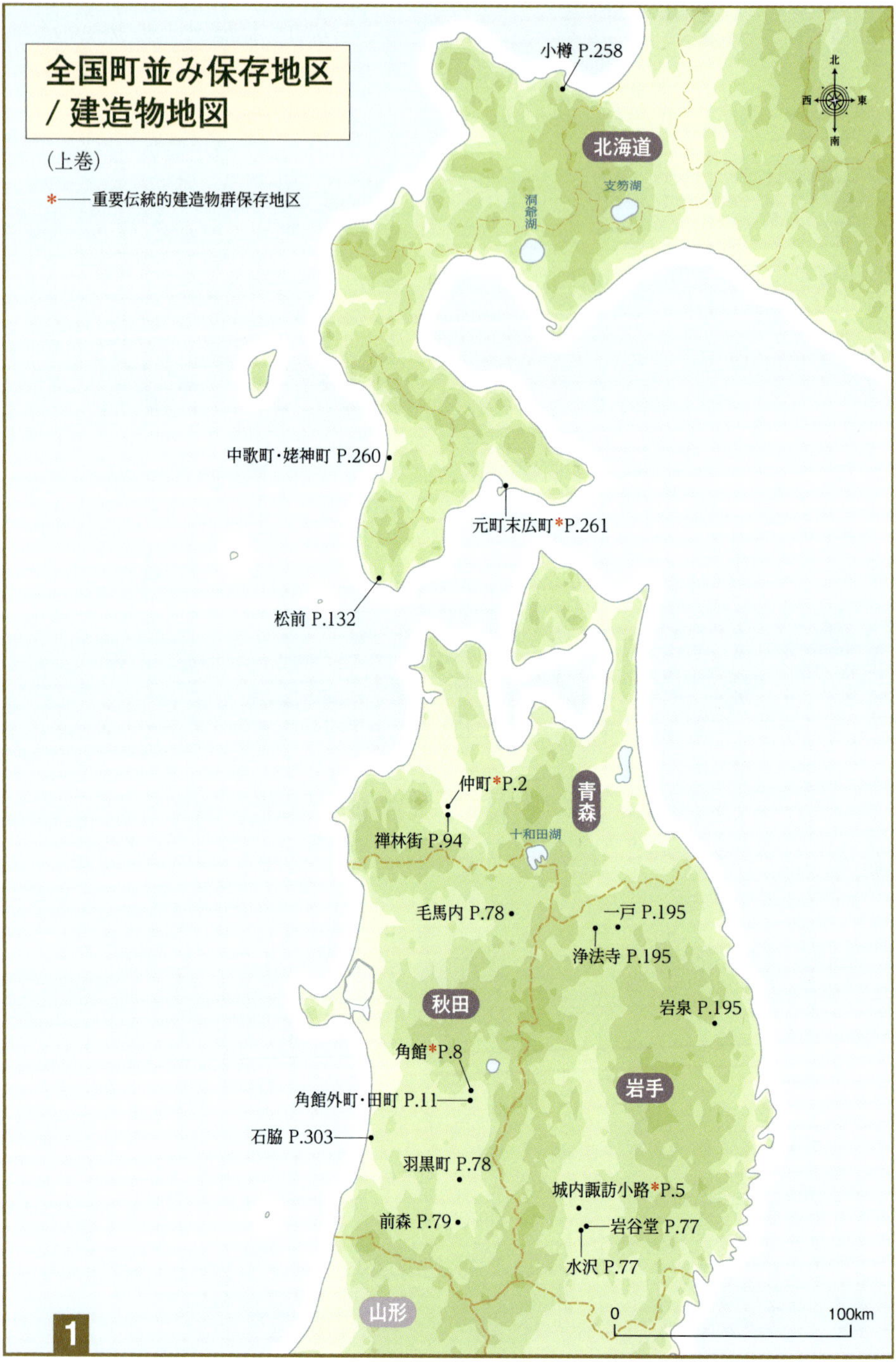
全国町並み保存地区
/ 建造物地図
(上巻)
*——重要伝統的建造物群保存地区
小樽 P.258
北
西
東
南
北海道
支笏湖
洞爺湖
中歌町・姥神町 P.260
元町末広町*P.261
松前 P.132
仲町*P.2
青森
禅林街 P.94
十和田湖
毛馬内 P.78
一戸 P.195
浄法寺 P.195
秋田
岩泉 P.195
角館*P.8
岩手
角館外町・田町 P.11
石脇 P.303
羽黒町 P.78
城内諏訪小路*P.5
前森 P.79
岩谷堂 P.77
水沢 P.77
山形
0
100km
1

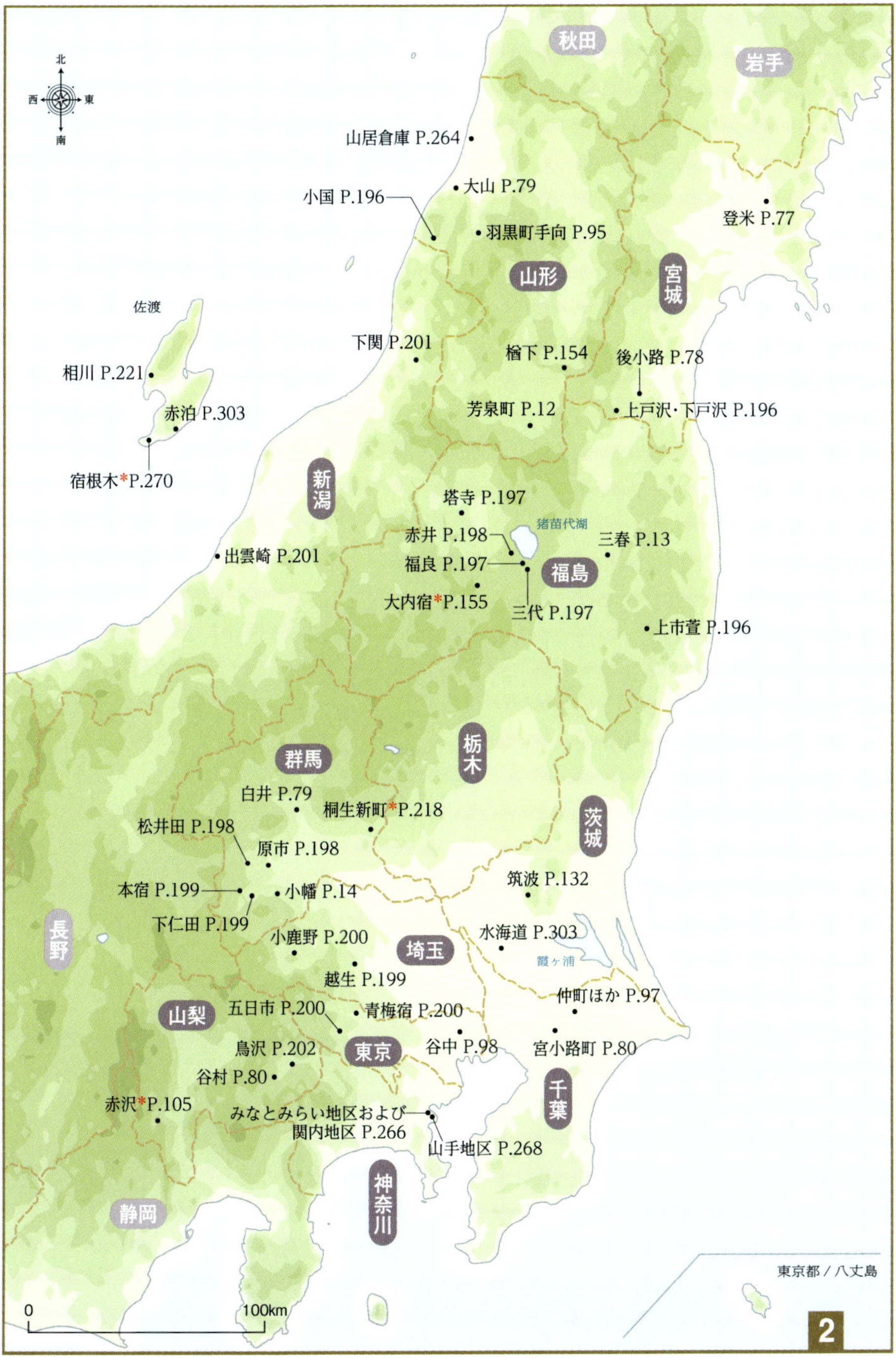
北
西
東
南
秋田
岩手
山居倉庫 P.264
大山 P.79
小国 P.196
羽黒町手向 P.95
登米 P.77
山形
宮城
佐渡
下関 P.201
檜下 P.154
後小路 P.78
相川 P.221
赤泊 P.303
芳泉町 P.12
上戸沢·下戸沢 P.196
宿根木*P.270
新潟
塔寺 P.197
猪苗代湖
赤井 P.198
三春 P.13
出雲崎 P.201
福良 P.197
福島
大内宿*P.155
三代 P.197
上市萱 P.196
群馬
栃木
白井 P.79
桐生新町*P.218
茨城
松井田 P.198
原市 P.198
筑波 P.132
本宿 P.199
小幡 P.14
下仁田 P.199
長野
小鹿野 P.200
水海道 P.303
埼玉
霞ヶ浦
越生 P.199
仲町ほか P.97
五日市 P.200
青梅宿 P.200
山梨
鳥沢 P.202
東京
谷中 P.98
宮小路町 P.80
谷村 P.80
千葉
赤沢*P.105
みなとみらい地区および
関内地区 P.266
山手地区 P.268
神奈川
静岡
東京都／八丈島
0
100km
2

北
西
東
南
新潟
金屋町*P.223
石川
卯辰山麓*P.101
滑川 P.272
善光寺と門前町 P.107
長町 P.16
寺町台*P.103
富山
群馬
松代 P.19
井波 P.132
三国 P.304
城端 P.100
海野宿*P.161
大聖寺 P.17
板取 P.201
郷原 P.163
望月 P.202
洗馬 P.203
椿坂 P.208
本山 P.203
長野
木之本宿 P.208
贄川 P.203
小野 P.202
菅浦 P.304
岐阜
福井
藪原 P.204
木曾平沢*P.226
海津 P.305
福島 P.204
奈良井*P.165
郡上八幡北町*P.21
熊川宿*P.158
柏原 P.181
須原 P.204
加悦*P.229
野尻 P.205
山梨
鵜沼宿 P.172
馬籠 P.171
大平 P.205
西舞鶴 P.80
赤坂 P.205
太田宿 P.174
妻籠宿*P.168
琵琶湖
兵庫
京都
鞍馬 P.185
醒井 P.182
岩村町本通り*P.23
上賀茂*P.113
滋賀
鳥居本宿 P.183
本町 P.26
園部 P.81
善利町 P.29
嵯峨鳥居本*P.120
本堅田 P.305
愛知
由比倉沢 P.206
西本願寺 P.119
坂本*P.110
御油・赤坂宿 P.207
産寧坂*P.116
関宿*P.177
静岡
枚方宿 P.209
本町 P.206
一身田 P.109
北旅籠町 P.254
伏見・南浜 P.231
伊勢路 P.208
島田河原 P.176
大阪
本町・紺屋町 P.83
富田林*P.123
八木札の辻界隈
P.210
三重
松崎 P.304
白須賀 P.206
高野山 P.133
奈良
黒江 P.234
古市 P.207
今井町*P.126
湯浅*P.235
殿町 P.28
市場庄 P.180
和歌山
古座 P.210
0
100km
3

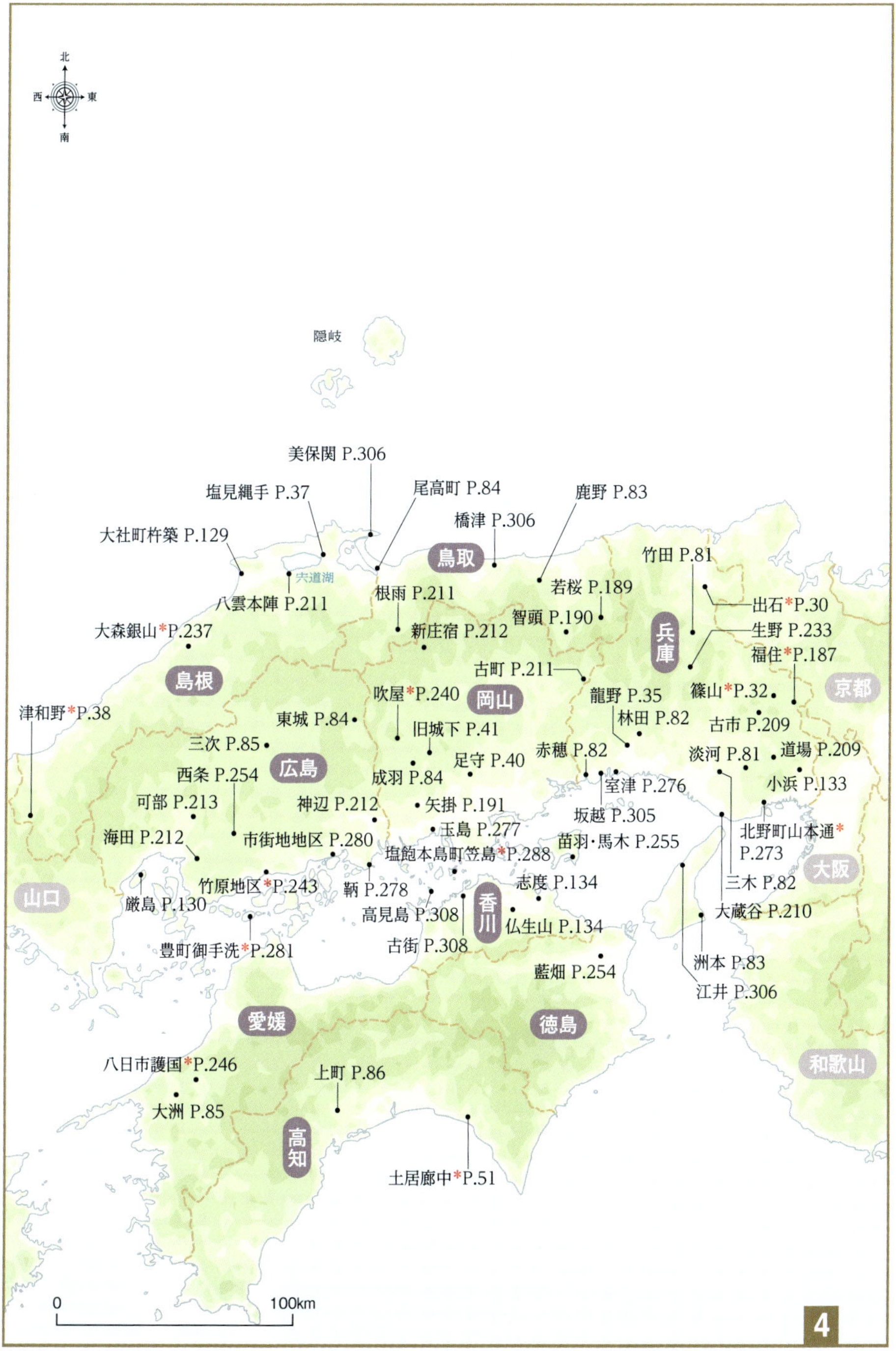
北
西
東
南
隠岐
美保関 P.306
塩見縄手 P.37
尾高町 P.84
鹿野 P.83
橋津 P.306
大社町杵築 P.129
鳥取
竹田 P.81
宍道湖
八雲本陣 P.211
根雨 P.211
若桜 P.189
出石*P.30
智頭 P.190
大森銀山*P.237
新庄宿 P.212
兵庫
生野 P.233
福住*P.187
古町 P.211
島根
吹屋*P.240
岡山
龍野 P.35
篠山*P.32
京都
津和野*P.38
東城 P.84
林田 P.82
古市 P.209
旧城下 P.41
三次 P.85
赤穂 P.82
淡河 P.81
道場 P.209
広島
足守 P.40
西条 P.254
成羽 P.84
室津 P.276
小浜 P.133
可部 P.213
神辺 P.212
矢掛 P.191
坂越 P.305
北野町山本通*
P.273
海田 P.212
玉島 P.277
市街地地区 P.280
苗羽・馬木 P.255
塩飽本島町笠島*P.288
大阪
山口
竹原地区*P.243
志度 P.134
三木 P.82
鞆 P.278
香川
厳島 P.130
高見島 P.308
大蔵谷 P.210
仏生山 P.134
豊町御手洗*P.281
古街 P.308
洲本 P.83
藍畑 P.254
江井 P.306
愛媛
徳島
和歌山
八日市護国*P.246
上町 P.86
大洲 P.85
高知
土居廊中*P.51
0
100km
4

北
西
東
南
島根
広島
山口
萩城城下町 P.44
堀内地区*P.45
平安古地区*P.48
浜崎*P.285
佐々並市*P.192
本郷 P.213
吉田 P.213
長府 P.50
宮市 P.133
城下町と錦帯橋 P.42
阿知須 P.307
室積 P.284
上関・室津 P.307
対馬
厳原 P.58
壱岐
大島 P.308
赤間 P.214
津屋崎 P.309
木屋瀬 P.194
青柳 P.214
秋月*P.53
呼子 P.309
内野 P.214
山家 P.215
福岡
中津 P.88
的山大島神浦*P.297
柳町 P.86
英彦山 P.131
杵築 P.59
400 小城 P.86
佐賀
善導寺 P.134
伊万里 P.255
森 P.89
日出 P.88
有田内山*P.249
草野 P.215
五島列島
高津原 P.87
愛媛
小保・榎津 P.290
大分
長崎
臼杵 P.60
浜中町八本木宿*P.252
沖端 P.291
竹田・久住 P.62
神代小路*P.56
新町・古町 P.87
佐伯 P.89
中島川 P.292
南山手*P.295
下ノ丁・中ノ丁・古丁 P.55
東山手*P.293
熊本
福江 P.87
佐敷 P.88
宮崎
美々津*P.299
出水麓*P.66
里 P.91
高鍋・南高鍋 P.89
前田 P.90
高岡町 P.90
入来麓*P.70
蒲生 P.69
鹿児島
飫肥*P.63
加世田 P.75
高山 P.90
油津 P.302
秋目 P.91
知覧*P.72
0
100km
5
種子島

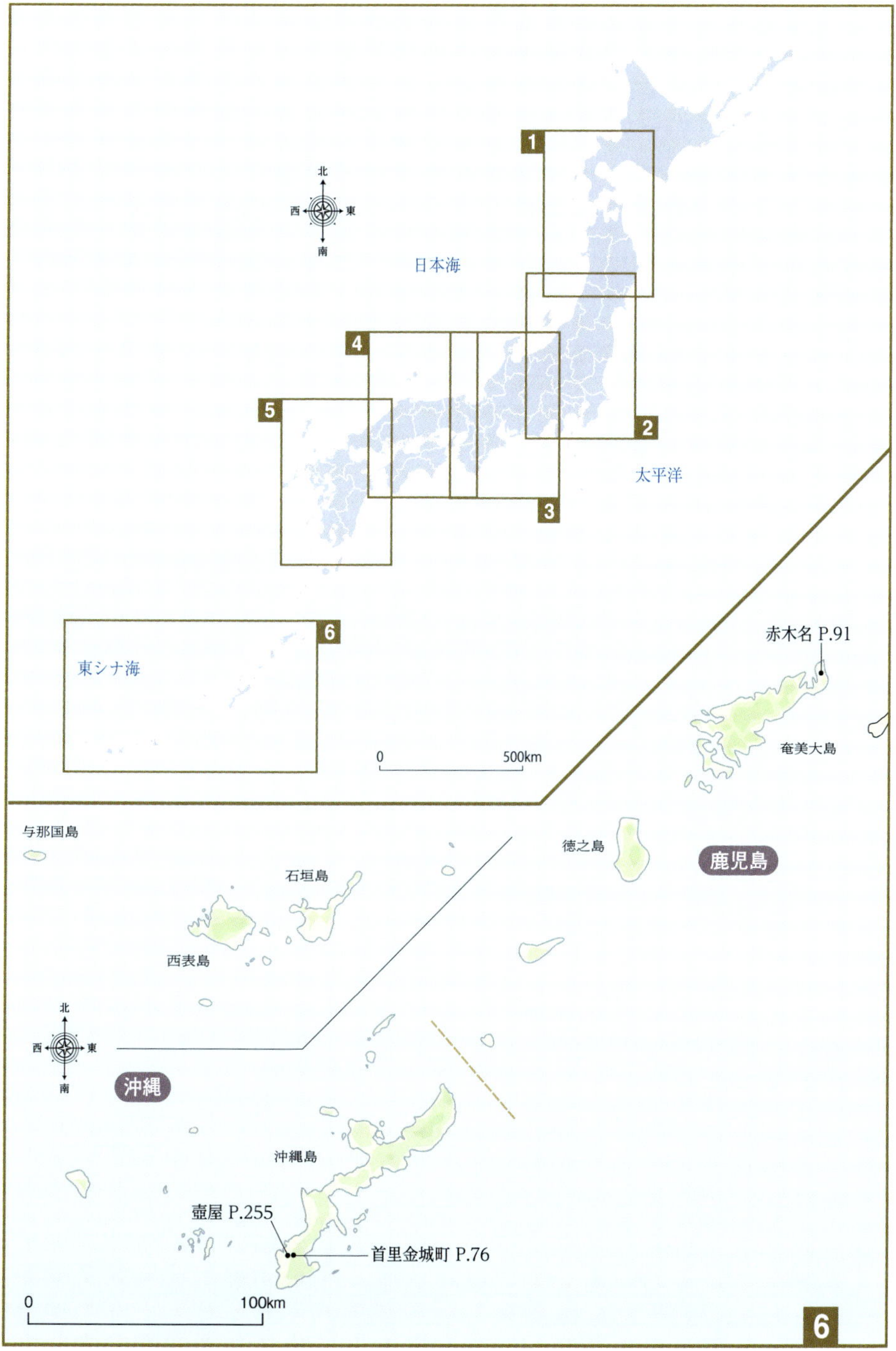
北
西
東
南
日本海
1
2
3
4
5
6
太平洋
東シナ海
0
500km
赤木名 P.91
奄美大島
与那国島
徳之島
鹿児島
石垣島
西表島
北
西
東
南
沖縄
沖縄島
壺屋 P.255
首里金城町 P.76
0
100km
6

町並み収録地区名一覧

赤字：本巻掲載地区名称
＊：重要伝統的建造物群保存地区
下巻掲載の地区名称・種別は上巻作成時の暫定のもの

都道府県名	市町村名	地区名称	種別	掲載ページ
北海道	小樽市	小樽	港町・倉庫群	258
	江差町	中歌町・姥神町	港町	260
	函館市	元町末広町＊	港町	261
	小樽市	祝津	漁家建築群	
	泊村	泊	漁村集落	
	寿都町	寿都	漁村集落	
	松前町	松前	寺町	132
青森県	黒石市	中町＊	商家町	
	弘前市	禅林街	寺院群	94
	弘前市	仲町＊	武家町	2
岩手県	一戸町	一戸	宿場町	195
	二戸市	浄法寺	宿場町	195
	岩泉町	岩泉	宿場町	195
	盛岡市	鉈屋町	町家	
	住田町	世田米	蔵造町家	
	奥州市	岩谷堂	城下町・商家町	77
	奥州市	水沢	城下町	77
	奥州市	見分森	散居集落	
	金ケ崎町	城内諏訪小路＊	武家町	5
宮城県	村田町	村田＊	商家町	
	登米市	登米	武家屋敷・河港	77
	大崎市	竹谷	農村集落	
	白石市	後小路	武家屋敷	78
	白石市	上戸沢・下戸沢	宿場町	196
秋田県	仙北市	角館＊	武家町	8
	仙北市	角館外町・田町	町人地・武家地	11
	横手市	増田＊	在郷町	
	鹿角市	毛馬内	在郷小城下町	78
	横手市	羽黒町	城下町	78
	湯沢市	前森	城下町	79
	羽後町	飯沢	農村集落	
	由利本荘市	石脇	川港町	303
山形県	酒田市	山居倉庫	倉庫群	264
	鶴岡市	羽黒町手向	宿坊群	95
	尾花沢市	銀山温泉	温泉町	
	米沢市	芳泉町	武家町	12
	鶴岡市	大山	城下町	79
	鶴岡市	小国	街道集落	196
	上山市	楢下	宿場町	154
福島県	いわき市	上市萱	仙道五駅	196
	三春町	三春	城下町	13

都道府県名	市町村名	地区名称	種別	掲載ページ
福島県	喜多方市	三津谷	煉瓦蔵集落	
	喜多方市	杉山	農家集落	
	喜多方市	喜多方	商家町	
	会津坂下町	塔寺	宿場町	197
	会津若松市	七日町通りほか	商家町	
	会津若松市	赤井	宿場町	198
	郡山市	福良	宿場町	197
	郡山市	三代	宿場町	197
	下郷町	大内宿＊	宿場町	155
	南会津町	南郷	農村集落	
	南会津町	前沢＊	山村集落	
	南会津町	水引	山村集落	
	檜枝岐村	檜枝岐	山村集落	
茨城県	桜川市	真壁＊	在郷町	
	結城市	結城	町家群	
	つくば市	筑波	社家町	132
	土浦市	土浦	商家町	
	常陸太田市	鯨ヶ丘	商家町	
	筑西市	下館	土蔵造り商家	
	常総市	水海道	河岸の町	303
栃木県	日光市	日光	世界遺産、 重文、登録	
	日光市	足尾	世界遺産、 重文、登録	
	宇都宮市	徳次郎町西根	農村石蔵集落	
	栃木市	嘉右衛門町＊	在郷町	
	栃木市	万町・倭町ほか	在郷町	
	足利市	足利学校	教育施設	
	宇都宮市	大谷	近代化遺産	
群馬県	桐生市	桐生新町＊	製織町	218
	伊勢崎市	境島村	近代化遺産	
	渋川市	白井	城下町	79
	中之条町	六合赤岩＊	山村・養蚕集落	
	安中市	碓氷峠	近代化遺産	
	安中市	原市	宿場町	198
	安中市	松井田	宿場町	198
	富岡市	旧富岡製糸場	近代化遺産	
	下仁田町	下仁田	宿場町	199
	下仁田町	本宿	宿場町	199
	甘楽町	小幡	城下町	14
埼玉県	川越市	川越＊	商家町	
	川越市	仲町ほか	商家町	
	川越市	菓子屋横丁	商家町	
	越生町	越生	宿場町	199

都道府県名	市町村名	地区名称	種別	掲載ページ
埼玉県	小鹿野町	小鹿野	宿場町	200
	秩父市	番場町	商家町	
千葉県	香取市	佐原＊	商家町	
	成田市	仲町ほか	寺院群	97
	佐倉市	宮小路町	武家屋敷	80
東京都	台東区	谷中	寺町	98
	千代田区	丸の内	近代建築群	
	八丈町	大賀郷	島の農村集落	
	青梅市	青梅宿	宿場町	200
	あきる野市	五日市	宿場町	200
	檜原村	人里	農家群	
神奈川県	横浜市	みなとみらい地区および関内地区	港町・洋館群	266
	横浜市	山手地区	港町・洋館群	268
	鎌倉市	鎌倉	寺院・洋館	
新潟県	村上市	杉原ほか	町家群	
	新潟市	古町花街	料亭町	
	新潟市	小須戸	在郷町	
	上越市	高田	町家群	
	佐渡市	相川	金山	221
	佐渡市	宿根木＊	港町	270
	出雲崎町	出雲崎	宿場町	201
	関川村	下関	宿場町	201
	佐渡市	赤泊	港町	303
	柏崎市	荻ノ島	農村集落	
富山県	高岡市	吉久	在郷町	
	高岡市	金屋町＊	鋳物師町	223
	高岡市	山町筋＊	商家町	
	南砺市	相倉＊	山村集落	
	南砺市	菅沼＊	山村集落	
	滑川市	滑川	宿場町	272
	南砺市	井波	寺内町	132
	南砺市	城端	寺内町	100
石川県	輪島市	黒島地区＊	船主集落	
	金沢市	卯辰山麓＊	寺町	101
	金沢市	東山ひがし＊	茶屋町	
	金沢市	主計町＊	茶屋町	
	金沢市	長町	武家町	16
	金沢市	寺町台＊	寺町	103
	金沢市	江戸村	民家園	
	白山市	白峰＊	山村養蚕集落	
	加賀市	加賀橋立＊	船主集落	
	加賀市	大聖寺	武家町	17
	加賀市	加賀東谷＊	山村集落	

都道府県名	市町村名	地区名称	種別	掲載ページ
石川県	白山市	鶴来	市場町	
福井県	若狭町	熊川宿＊	宿場町	158
	小浜市	小浜西組＊	商家町・茶屋町	
	坂井市	三国	港町	304
	南越前町	板取	宿場町	201
山梨県	早川町	赤沢＊	講中宿	105
	甲州市	下小田原＊	山村養蚕集落	
	大月市	鳥沢	宿場町	202
	都留市	谷村	城下町	80
	忍野村	忍草	山村集落	
	笛吹市	鶯宿	山村集落	
	富士河口湖町	長浜	山村集落	
長野県	小布施町	小布施	商家町	
	須坂市	須坂	商家町	
	長野市	善光寺と門前町	門前町	107
	長野市	松代	武家町	19
	千曲市	稲荷山＊	商家町	
	白馬村	青鬼＊	山村集落	
	東御市	海野宿＊	宿場町・養蚕町	161
	塩尻市	郷原	宿場町	163
	塩尻市	木曾平沢＊	漆工町	226
	塩尻市	奈良井＊	宿場町	165
	南木曽町	妻籠宿＊	宿場町	168
	佐久市	望月	宿場町	202
	辰野町	小野	宿場町	202
	塩尻市	平出	農村集落	
	塩尻市	洗馬	宿場町	203
	塩尻市	本山	宿場町	203
	塩尻市	贄川	宿場町	203
	木祖村	藪原	宿場町	204
	木曽町	福島	宿場町	204
	大桑村	須原	宿場町	204
	大桑村	野尻	宿場町	205
	飯田市	大平	宿場町	205
岐阜県	飛騨市	古川	商家町	
	高山市	三町＊	商家町	
	高山市	下二之町大新町＊	商家町	
	白川村	荻町＊	山村集落	
	郡上市	郡上八幡北町＊	城下町	21
	中津川市	馬籠	宿場町	171
	恵那市	岩村町本通り＊	城下町	23
	美濃市	美濃町＊	商家町	
	各務原市	鵜沼宿	宿場町	172
	岐阜市	川原町	商家町	

都道府県名	市町村名	地区名称	種別	掲載ページ
岐阜県	美濃加茂市	太田宿	宿場町	174
	大垣市	赤坂	宿場町	205
静岡県	焼津市	花沢＊	山村集落	
	森町	本町	宿場町	206
	下田市	下田	商家町	
	松崎町	松崎	港町	304
	静岡市	由比倉沢	宿場町	206
	島田市	島田河原	宿場町	176
	湖西市	白須賀	宿場町	206
愛知県	豊田市	足助＊	商家町	
	名古屋市	有松	商家町	
	犬山市	本町	城下町	26
	犬山市	明治村	博物館	
	豊川市	御油・赤坂宿	宿場町	207
	名古屋市	四間道	商家町	
三重県	亀山市	関宿＊	宿場町	177
	津市	一身田	寺内町	109
	松阪市	市場庄	街道集落	180
	松阪市	殿町	御城番屋敷	28
	松阪市	射和・中万	商家町	
	伊勢市	河崎	商家群	
	伊勢市	二見茶屋	茶屋・旅館群	
	伊勢市	古市	宿場町	207
	伊賀市	伊勢路	宿場町	208
滋賀県	長浜市	長浜	商家町	
	米原市	柏原	宿場町	181
	米原市	醒井	宿場町	182
	彦根市	善利町	足軽屋敷	29
	彦根市	河原町・芹町	商家町	
	彦根市	上・下魚屋町	商家町	
	彦根市	鳥居本宿	宿場町	183
	東近江市	五個荘金堂＊	農村集落	
	近江八幡市	円山町ほか	文化的景観	
	近江八幡市	八幡＊	商家町	
	日野町	村井・大窪	商家町	
	大津市	坂本＊	里坊群	110
	長浜市	椿坂	宿場町	208
	長浜市	木之本宿	宿場町	208
	長浜市	菅浦	港町	304
	高島市	海津	港町	305
	大津市	本堅田	港町	305
京都府	伊根町	伊根浦＊	漁村集落	
	与謝野町	加悦＊	製織町	229
	舞鶴市	北吸	煉瓦造群	

都道府県名	市町村名	地区名称	種別	掲載ページ
京都府	南丹市	美山町北＊	山村集落	
	京都市	鞍馬	街道集落	185
	京都市	上賀茂＊	社家町	113
	京都市	吉田神楽岡	銅板葺の住宅群	
	京都市	同志社・同志社女子大学	近代建築群	
	京都市	北野七軒町	茶屋町	
	京都市	南禅寺界隈	別邸群	
	京都市	琵琶湖疏水と岡崎公園	近代化遺産・近代建築	
	京都市	先斗町	花街	
	京都市	三条通	近代建築群	
	京都市	山鉾町	商家町	
	京都市	祇園新橋＊	茶屋町	
	京都市	祇園町南側	茶屋町	
	京都市	産寧坂＊	門前町	116
	京都市	西本願寺	寺内町	119
	京都市	伏見街道	在郷町	
	京都市	嵯峨鳥居本＊	門前町	120
	京都市	伏見・南浜	醸造町	231
	舞鶴市	西舞鶴	城下町	80
	舞鶴市	成生	漁業集落	
	南丹市	下平屋	農村集落	
	南丹市	園部	城下町	81
	木津川市	茶問屋街	商家群	
大阪府	大阪市	北船場	商家群	
	大阪市	中之島	近代建築群	
	富田林市	富田林＊	寺内町・在郷町	123
	枚方市	枚方宿	宿場町	209
	堺市	北旅籠町	職人町	254
兵庫県	豊岡市	竹野町	漁業集落	
	豊岡市	城崎	温泉町	
	豊岡市	豊岡	震災復興の町	
	豊岡市	出石＊	城下町	30
	朝来市	生野	鉱山町	233
	篠山市	福住＊	宿場町・農村集落	187
	篠山市	篠山＊	城下町	32
	神戸市	北野町山本通＊	港町	273
	たつの市	龍野	城下町	35
	たつの市	室津	港町	276
	養父市	大杉	養蚕家屋集落	
	朝来市	竹田	城下町・在郷町	81
	篠山市	古市	宿場町	209
	宝塚市	小浜	寺内町・宿場町	133

都道府県名	市町村名	地区名称	種別	掲載ページ
兵庫県	神戸市	道場	宿場町	209
	神戸市	淡河	宿場町	81
	三木市	三木	城下町・在郷町	82
	明石市	大蔵谷	宿場町	210
	姫路市	野里	商家町	
	姫路市	林田	陣屋町	82
	佐用町	平福	在郷町	
	赤穂市	坂越	港町	305
	赤穂市	赤穂	城下町	82
	淡路市	江井	港町	306
	洲本市	洲本	城下町	83
奈良県	奈良市	元興寺周辺	商家町	
	奈良市	高畑町界隈	商家町	
	橿原市	今井町＊	寺内町・在郷町	126
	宇陀市	松山＊	商家町	
	明日香村	飛鳥・稲渕・栢森	歴史的集落	
	五條市	五條新町＊	商家町	
	大和郡山市	本町・紺屋町	城下町	83
	大和郡山市	稗田町	環濠集落	
	橿原市	八木札の辻界隈	宿場町	210
和歌山県	海南市	黒江	漆工町	234
	湯浅町	湯浅＊	醸造町	235
	串本町	古座	宿場町	210
	那智勝浦町	色川	山村集落	
	太地町	太地	漁村集落	
	高野町	高野山	境内町	133
鳥取県	倉吉市	打吹玉川＊	商家町	
	若桜町	若桜	宿場町	189
	智頭町	板井原	山村集落	
	智頭町	智頭	宿場町	190
	大山町	所子＊	農村集落	
	鳥取市	鹿野	宿場町	83
	湯梨浜町	橋津	港町	306
	日野町	根雨	宿場町	211
	米子市	尾高町	城下町	84
島根県	松江市	塩見縄手	武家屋敷	37
	出雲市	平田	商家町	
	出雲市	大社町杵築	門前町	129
	大田市	大森銀山＊	鉱山町	237
	大田市	温泉津＊	温泉町	
	津和野町	津和野＊	武家屋敷	38
	美保関町	美保関	港と町家	306
	松江市	八雲本陣	宿場町	211
	出雲市	斐川	築地松の農家群	

都道府県名	市町村名	地区名称	種別	掲載ページ
岡山県	津山市	城東＊	商家町	
	岡山市	足守	陣屋町	40
	倉敷市	倉敷川畔＊	商家町	
	高梁市	旧城下	城下町	41
	高梁市	吹屋＊	鉱山町	240
	矢掛町	矢掛	宿場町	191
	美作市	古町	宿場町	211
	新庄村	新庄宿	宿場町	212
	倉敷市	下津井	漁村集落	
	高梁市	成羽	陣屋町	84
	笠岡市	真鍋島	漁村集落	
	倉敷市	玉島	港町・商家	277
広島県	福山市	鞆	港町	278
	福山市	沼隈	農村集落	
	尾道市	市街地地区	港町	280
	竹原市	竹原地区＊	製塩町	243
	呉市	豊町御手洗＊	港町	281
	廿日市市	厳島	門前町	130
	庄原市	東城	城下町	84
	三次市	三次	城下町	85
	福山市	神辺	宿場町	212
	海田町	海田	宿場町	212
	東広島市	西条	酒蔵町	254
	広島市	可部	宿場町	213
山口県	岩国市	城下町と錦帯橋	城下町	42
	岩国市	本郷	宿場町	213
	柳井市	古市金屋＊	商家町	
	上関町	上関・室津	港町	307
	光市	室積	港町	284
	萩市	浜崎＊	港町	285
	萩市	萩城城下町	城下町	44
	萩市	堀内地区＊	武家町	45
	萩市	平安古地区＊	武家町	48
	萩市	佐々並市＊	宿場町	192
	防府市	宮市	門前町	133
	山口市	阿知須	港町	307
	山陽小野田市	木戸・刈屋	漁村集落	
	下関市	吉田	宿場町	213
	下関市	長府	城下町	50
	下関市	豊浦室津	漁村集落	
徳島県	石井町	藍畑	藍屋敷	254
	阿南市	椿泊	漁村集落	
	牟岐町	出羽島	漁村集落	
	海陽町	鞆浦	漁村集落	

都道府県名	市町村名	地区名称	種別	掲載ページ
徳島県	美馬市	脇町南町＊	商家町	
	つるぎ町	貞光	商家町	
	三好市	辻	蔵造民家	
	三好市	池田町	商家町	
	三好市	東祖谷山村落合＊	山村集落	
香川県	小豆島町	苗羽・馬木	醬油の町	255
	東かがわ市	引田	在郷商人町	
	さぬき市	志度	門前町	134
	高松市	女木島・男木島	漁村集落	
	高松市	仏生山	門前町	134
	丸亀市	塩飽本島町笠島＊	港町	288
	宇多津町	古街	港町	308
	多度津町	高見島	港町	308
	多度津町	多度津	商家町	
	三豊市	仁尾	商家町	
愛媛県	新居浜市	立川町	銅鉱山の近代化遺産群	
	新居浜市	星越町	銅鉱山の近代化遺産群	
	内子町	八日市護国＊	製蠟町	246
	西予市	宇和町卯之町＊	商家町	
	宇和島市	岩松	商家町	
	松山市	南斎院	虫籠造商家	
	伊予市	郡中	商家町	
	大洲市	大洲	城下町	85
	愛南町	外泊	漁村集落	
高知県	室戸市	吉良川町＊	在郷町	
	安芸市	土居廓中＊	城下町	51
	東洋町	甲浦	漁村集落	
	室戸市	室戸	防風石垣	
	佐川町	上町	土居下町	86
	四万十町	興津	漁村集落	
	宿毛市	沖の島	漁村集落	
福岡県	北九州市	門司	港町・近代建築	
	北九州市	木屋瀬	宿場町	194
	添田町	英彦山	宿坊群	131
	朝倉市	秋月＊	城下町	53
	うきは市	筑後吉井＊	在郷町	
	うきは市	新川田篭＊	山村集落	
	八女市	八女福島＊	商家町	
	八女市	黒木＊	在郷町	
	大川市	小保・榎津	港町	290
	柳川市	沖端	河港	291
	宗像市	赤間	宿場町	214

都道府県名	市町村名	地区名称	種別	掲載ページ
福岡県	宗像市	大島	港町	308
	古賀市	青柳	宿場町	214
	福津市	津屋崎	港町	309
	飯塚市	内野	宿場町	214
	筑紫野市	山家	宿場町	215
	久留米市	善導寺	門前町・商家町	134
	久留米市	草野	宿場町	215
	直方市	殿町	近代建築	
	八女市	北川内	在郷町	
佐賀県	有田町	有田内山＊	製磁町	249
	鹿島市	浜庄津町浜金屋町＊	在郷町	
	鹿島市	浜中町八本木宿＊	醸造町	252
	嬉野市	塩田津＊	商家町	
	佐賀市	柳町	城下町	86
	佐賀市	上無津呂	農村住宅	250
	小城市	小城	城下町	86
	唐津市	呼子	港町	309
	伊万里市	伊万里	陶磁器の積出港	255
	鹿島市	高津原	武家屋敷	87
長崎県	島原市	下ノ丁・中ノ丁・古丁	城下町	55
	雲仙市	神代小路＊	武家町	56
	長崎市	中島川	石橋群	292
	長崎市	東山手＊	港町	293
	長崎市	南山手＊	港町	295
	平戸市	的山大島神浦＊	離島の漁村・港町	297
	対馬市	厳原	武家屋敷	58
	雲仙市	富津	漁村集落	
	壱岐市	勝本	漁家集落	
	対馬市	椎根	漁村集落	
	五島市	福江	武家屋敷通り	87
熊本県	山鹿市	山鹿	商家町	
	熊本市	新町・古町	城下町	87
	宇城市	松合	漁港	
	八代市	日奈久	温泉街	
	芦北町	佐敷	城下町	88
	天草市	牛深	漁業集落	
大分県	中津市	中津	城下町	88
	杵築市	杵築	城下町	59
	日出町	日出	城下町	88
	別府市	別府	温泉街	
	大分市	戸次	在郷町	
	臼杵市	臼杵	城下町	60
	佐伯市	佐伯	城下町	89
	由布市	湯平	温泉街	

都道府県名	市町村名	地区名称	種別	掲載ページ
大分県	竹田市	竹田・久住	城下町・宿場町	62
	玖珠町	森	陣屋町	89
	日田市	豆田町＊	商家町	
宮崎県	日向市	美々津＊	港町	299
	椎葉村	十根川＊	山村集落	
	日南市	飫肥＊	武家町	63
	日南市	油津	港町	302
	高鍋町	高鍋・南高鍋	城下町	89
	宮崎市	高岡町	郷土集落	90
	都城市	前田	郷土集落	90
鹿児島県	出水市	出水麓＊	武家町	66
	姶良市	蒲生	麓集落	69
	薩摩川内市	入来麓＊	武家町	70
	薩摩川内市	里	島の麓集落	91
	肝付町	高山	麓集落	90
	南九州市	知覧＊	武家町	72
	南さつま市	加世田	麓集落	75
	南さつま市	秋目	麓集落	91
	奄美市	赤木名	奄美の麓集落	91
沖縄県	那覇市	首里金城町	武家屋敷	76
	那覇市	壺屋	焼物の町	255
	伊是名村	伊是名	島の農村集落	
	うるま市	比嘉	島の漁村集落	
	渡名喜村	渡名喜島＊	島の農村集落	
	竹富町	竹富島＊	島の農村集落	
	竹富町	波照間島	島の農村集落	
	石垣市	四箇村	島の民家集落	

編集・執筆者・協力者一覧

◎編著者

苅谷勇雅(かりや ゆうが)元文化庁文化財鑑査官・全国町並み保存連盟副理事長
西村幸夫(にしむら ゆきお)東京大学教授・先端科学研究センター所長

◎解説執筆

赤松　悟　都市環境研究所九州事務所所長
秋月裕子　@キヅキプランニング代表
鯵坂　徹　鹿児島大学工学部建築学科教授
厚村善人　知覧町茅葺き技術保存会
荒牧澄多　川越市立博物館主幹
池ノ上真一　北海道教育大学函館校講師
池野　保　滋賀県教育委員会文化財保護課参事
石井克己　元渋川市文化財保護課長
石井健郎　塩尻市教育委員会生涯学習部社会教育課
稲垣自由　大月市教育委員会社会教育課
井上　亮　日本学術振興会特別研究員
江島祐輔　鹿島市建設環境部都市建設課都市計画係
江面嗣人　岡山理科大学相互情報学部建築学科教授
大河原順次郎　下仁田町歴史民俗資料館
太田正和　小城市教育委員会文化課
大槻洋二　萩市歴史まちづくり部文化財保護課総括専門職
大森洋子　久留米工業大学工学部建築・設備工学科教授
岡崎篤行　新潟大学工学部建設学科教授
岡田文淑　愛媛県内子町元職員
岡本武憲　日南市教育委員会生涯学習スポーツ課担当監
小澤弘道　会津坂下町史編さん室
尾上博一　対馬市教育委員会文化財課
小野将史　佐賀県教育庁文化財課
小宅幸一　いわき市広報公聴課
加田隆志　鹿島市教育委員会生涯学習課
神吉紀世子　京都大学工学研究科建築学専攻教授
木方十根　鹿児島大学工学部建築学科教授
日下和寿　白石市教育委員会生涯学習課
小石川　透　弘前市教育委員会文化財課
小出祐子　京都精華大学非常勤講師
国分俊徹　郡山市教育委員会生涯学習課
小坂謙介　金沢市都市政策局歴史文化部歴史建造物整備課
小林初惠　堺市文化部文化財課主幹
小林久高　島根大学大学院総合理工学研究科講師

駒木定正　北海道職業能力開発大学校特任教授
小山雄資　鹿児島大学大学院理工学研究科准教授
齊藤知恵子　郡上市教育委員会社会教育課文化係
齊藤通也　早川町教育委員会教育担当
斎藤行雄　臼杵の歴史景観を守る会
相模誓雄　仙台高等専門学校建築デザイン学科准教授
崎山俊雄　秋田県立大学建築環境システム学科准教授
迫垣内 裕　比治山大学短期大学部総合生活デザイン学科教授
里田謙一　呉市文化スポーツ部文化振興課
椎原晶子　たいとう歴史都市研究会
塩見 寛　NPO法人くらしまち継承機構
渋谷俊彦　山陽学園大学教授
島田廣巳　1級建築事務所㈱匠工房
嶋村明彦　亀山市文化振興局まちなみ文化財室長
新谷雅之　岡山県建築士会
新保嘉堂　金沢市都市政策局歴史文化部歴史建造物整備課
鈴木章久　青梅市教育部文化課郷土博物館管理係
鈴木徳子　東京都教育庁地域教育支援部管理課文化財保護係
瀬戸 達　NPO法人歴町センター大聖寺事務局長
高杉 滋　NPO法人倉敷町家トラスト理事
高田克宏　高岡市教育委員会文化財課参事・課長
高橋賢一　全国町並み保存連盟事務局長
高橋大樹　大津市歴史博物館学芸員
高藤一郎平　佐渡市宿根木歴史的景観審議会委員
太川裕晴　日向市教育委員会文化生涯学習課
多田善昭　多田善昭建築設計事務所長
谷 直樹　大阪市立住まいのミュージアム館長
田上 稔　福岡県教育庁文化財保護課
玉村幸一　南越前町教育委員会
田村栄二　阿波のまちなみ研究会
土本俊和　信州大学学術研究院工学系教授・建築学科
土屋敦夫　金沢市立江戸村村長
冨田孝浩　北九州市八幡西区役所
中井 均　滋賀県立大学人間文化学部教授
永井康雄　山形大学地域教育文化学部教授
永江寿夫　若狭町歴史文化課長
中島 伸　東京大学大学院工学系研究科都市工学専攻特別助教
中西士典　松阪市教育委員会文化課
中西重裕　㈱K&Nアーキテクツ　建築家
中野茂夫　島根大学大学院総合理工学研究科准教授
中村 武　NPO法人 街・建築・文化再生集団副理事長
中村秀記　五島観光歴史資料館
中村陽二　岡山県建築士会
鳴海祥博　修復建築家
橋場ひろみ　桐生市総合政策部重伝建まちづくり課
花岡拓郎　北海道大学観光学高等研究センター特任准教授
濱崎一志　滋賀県立大学人間文化学部教授
原田正彦　NPO法人まちのよそおいネットワーク

日向　進　京都工芸繊維大学名誉教授
平田禎文　三春町歴史民俗資料館副館長
平松弘孝　豊川市教育委員会生涯学習課文化財係
深川裕二　芦北町教育委員会生涯学習課
福田幸夫　油津堀川運河を考える会
藤井照雄　古民家ゲストハウスやなぎ支配人
藤川昌樹　筑波大学システム情報系教授
藤原義則　妻籠を愛する会常務理事
船井向洋　伊万里市教育委員会社会教育課文化財係
前原信達　㈱都市科学政策研究所
間島　勲　会津若松市史研究会
前田和昭　湯浅町産業観光課伝建推進室
松井大輔　新潟大学工学部建設学科助教
松岡高弘　国立有明工業高等専門学校建築学科教授
松本将一郎　福岡県企画・地域振興部総合政策課
三浦要一　高知県立大学文化学部教授
三島伸雄　佐賀大学大学院工学系研究科教授
三宅　徹　豊岡市出石振興局地域振興課
三宅英機　恵那市文化スポーツ課
宮野桂輔　㈱高木冨士川計画事務所
森屋雅幸　都留市教育委員会生涯学習課
八木雅夫　国立明石工業高等専門学校副校長
山本新平　九度山町教育委員会社会教育指導員
米村博昭　公益社団法人奈良まちづくりセンター
渡辺敏男　盛岡まち並み塾事務局長
岡山県建築士会真庭支部

◎特別協力
山本玲子　全国町並み保存連盟事務局次長

◎協　力
石浦裕治　金沢市都市政策局歴史文化部歴史建造物整備課
大西有加里　多田善昭建築設計事務所
中村泰典　NPO法人倉敷町家トラスト代表理事
山本昌宏　熊本県教育庁文化課

◎写真撮影・提供
（掲載写真は、原則として各項目の原稿執筆者の撮影・提供によるが、一部は市町村教育委員会および観光課・観光協会からの提供もある）
京極　寛
柴崎孝光
石垣市教育委員会文化財課
佐賀市歴史民俗館
泊村教育委員会

◎編集協力
株式会社紀行社　編集協力
曽根田栄夫　地図作成
有限会社洛思社　校　閲
山崎デザイン（山崎登・蔦見初枝）　装丁・デザイン
小野寺由紀子　校　正
中村光宏　本文入力

歴史《れきし》文化《ぶんか》遺産《いさん》　日本《にほん》の町並《まちな》み［上巻］

二〇一六年一月　十五日　第一版第一刷印刷
二〇一六年一月二十五日　第一版第一刷発行

編著者　苅谷勇雅・西村幸夫
発行者　野澤伸平
発行所　株式会社山川出版社
東京都千代田区内神田一－一三－一三
〒一〇一－〇〇四七
振替　〇〇一二〇－九－四三九九三
電　話　〇三（三二九三）八一三一（営業）
〇三（三二九三）一八〇二（編集）
http://www.yamakawa.co.jp/
企画・編集　山川図書出版株式会社
印刷所　半七写真印刷工業株式会社
製本所　株式会社ブロケード

ISBN978-4-634-15081-2